限界費用ゼロ社会

〈モノのインターネット〉と共有型経済の台頭

ジェレミー・リフキン

柴田裕之 訳

THE ZERO MARGINAL COST SOCIETY

THE INTERNET OF THINGS AND THE RISE OF THE SHARING ECONOMY

NHK出版

限界費用ゼロ社会

〈モノのインターネット〉と共有型経済の台頭

THE ZERO MARGINAL COST SOCIETY：
THE INTERNET OF THINGS AND
THE RISE OF THE SHARING ECONOMY

ブックデザイン：松田行正＋日向麻梨子（マツダオフィス）

限界費用ゼロ社会――〈モノのインターネット〉と共有型経済の台頭　目次

＊本文中の〔　〕内は訳注を表す。注番号は巻末の原注を参照。
＊本文中に挙げられた書名は、邦訳版があるものは邦題を表記し、邦訳版がないものは原題とその逐語訳を併記した。
＊原書の「あとがき」の訳は以下のサイトに掲載した。
http://nhktext.jp/0081687_aw

第1章

市場資本主義から協働型コモンズへの一大パラダイムシフト

資本主義は今、跡継ぎを生み出しつつある。それは、協働型コモンズ《コラボレーティブコモンズ》で展開される、共有型経済《シェアリングエコノミー》だ。共有型経済は一九世紀初期に資本主義と社会主義が出現して以来、初めてこの世に登場する新しい経済体制であり、したがって、これは瞠目《どうもく》すべき歴史上の出来事と言える。協働型コモンズは、所得格差を大幅に縮める可能性を提供し、グローバル経済を民主化し、より生態系に優しい形で持続可能な社会を生み出し、すでに私たちの経済生活のあり方を変え始めている。

どの親子もそうだろうが、これら二つの経済体制もおおむね協力し合うとはいえ、互いに反目することもある。そして、親である資本主義は、我が子を養育し、成熟させてやらなければならないものの、子供のほうも、親子関係が発展するなかで親のあり方を変えてゆく。資本主義は、共有型経済の発達を支える新たなビジネスモデルやビジネス手法を生み出せるかぎり、存在し続け、我が子とともに生きてゆくことができる。実際、私たちはすでに、一部が資本主義市場、一部が協働型コモンズにおける共有型経済という、ハイブリッド経済の出現を目の当たりにしている。

だが、今そのごく初期の段階にあってさえ、しだいに明らかになってきていることがある。それは、一〇世代以上にわたって人間の本性に関する説得力ある物語《ナラティブ》を提供し、商業や対人関係や政治といった面で日々の社会生活を支える包括的な構成体系《フレームワーク》を維持してきた資本主義体制が、すでに頂点を極め、徐々に衰退し始めているという事実だ。新たな経済体制への転換の指標はまだ漠然としていて、事例が散見される程度だが、協働型コモンズにおける共有型経済は上げ潮に乗っており、二〇五〇年までには世界の大半で、経済生活の最大の担い手となる見込みだ。ますます合理化してゆく抜け目ない資本主義体制なら、おもにネットワークサービスとネットワークソリューションの情報収集・提供業者として、新しい経済の辺縁で栄え続け、新体制内の弱点を見つけてはそれにつけ込み、強力なニッチプレイヤーとして繁栄できるだろうが、君臨することはもはやない。私たちは部分的に市場を超越した世界へと移行しつつあり、しだいに相互依存の度合いを高めてゆくグローバルな協働型コモンズでともに暮らす術《すべ》を学んでいるのだ。

たいていの人には、これがまったくもって信じ難いことなのは承知している。私たちは、資本主義は空気と同じで自らの存続には不可欠であるという考え方にすっかり染まっているからだ。実際、哲学者や経済学者は何世紀にもわたり、自然を統《す》べるものと同じ法則を使って経済パラダイムの稼働ロジックを説明しようと手を尽くしてきた。だがそうしたパラダイムは、じつは自然現象ではなく人間の手になるものなのだ。

経済パラダイムとしては、資本主義は目覚ましい成功を収めてきた。その歴史は、過去の経済パラダイムよりは比較的短くはあるが、良きにつけ悪しきにつけ、それが人類の歩みに与えた影響は、おそらく他のどんな経済パラダイムよりも劇的で広範に及ぶものだったと言っても差し支えないだろう——狩猟採集生活から農耕生活への移行を除けば。

皮肉にも、資本主義の衰退は敵対勢力の手によってもたらされつつあるわけではない。敵の大軍が表門に押し寄せ、資本主義の殿堂の壁を今にも打ち崩そうとしてなどいない。まったく逆だ。資本主義体制を蝕《むしば》んでいるのは、それを支配している稼働ロジックそのものの劇的な成功の結果にほかならない。資本主義はその核心に矛盾を抱えている。資本主義を絶頂へと果てしなく押し上げてきた、ほかならぬその仕組みが、今やこの体制を破滅へと急激に押しやっているのだ。

資本主義の凋落

資本主義は、人間生活のあらゆる面を経済の舞台に上げるためにある。その舞台では、人間生活は商品と化し、財として市場で交換される。人間の営みのうち、この転換を免れたものは皆無に近い。私たちが口にする食べ物、飲む水、作って使う製品、関与する社会的関係、生み出すアイディア、費やす時間、果ては、私たちの何者たるかのじつに多くを決めるＤＮＡさえも、すべてこの資本主義の大釜に放り込まれ、そこで再編され、値をつけられ、市場へ届けられる。歴史の大半にわたり、市場は人がときおり集まって財を交換する場だった。だが今日、私たちの日常生活の事実上すべての面が何らかの形で商業的交換と結びついている。私たちは市場によって規定されているのだ。

ところが、そこに矛盾がある。資本主義の稼働ロジックは、成功することによって失敗するようにできている。それがどういうことか説明しよう。

近代資本主義の父アダム・スミスは、代表作『国富論』で、市場はアイザック・ニュートンが発見した重力の法則と同じような形で稼働すると断定した。自然界には、いかなる作用にも大きさが等しく向きが逆の反作用があるのと同様、自己制御された市場においても需要と供給とが均衡を保つ。財やサービスに対する消費者の需要が高まれば、売り手はそれに応じて価格を上げる。もし価格が高くなり過ぎれば、需要が落ち込み、売り手は値下げせざるをえなくなる。

フランスの啓蒙主義の哲学者で、スミス同様、古典派経済理論考案の立役者であるジャン＝バティスト・セーも、ニュートン力学からメタファーを借用して、右の前提に第二の前提を加えた。経済活動は永続可能であり、ニュートンの第一法則（慣性の法則）においてと同様、経済の力はひとたび始動したら、外部の力の作用を受けないかぎりその運動を続けると、セーは推論した。彼は、「製品は生み出されるやいなや、それ自体の価値の限度まで、他の製品の市場を創出する。……製品を一つ創出すれば、他の製品のはけ口がただちに開ける」と主張した〔製品が生み出されると、その製品の価値に等しい所得が生産に関与した者にもたらされ、その所得がすべて支出に回るので、それに見合った新たな製品の需要が生まれるという考え方〕[1]。後の世代の新古典派経済学者たちはセーの法則を洗練し、新しいテクノロジーは生産性を上げ、売り手が前より安い単価でより多くの財を生産するのを可能にすると主張した。前より安い財がより多く供給されれば、今度はそれに対する需要が生まれ、その過程で、競争者は独自のテクノロジーを発明して生産性を上げ、自らの財をさらに安く販売し、顧客を取り戻すか、新たな顧客を惹きつけるか、（あるいはその両方を）せざるをえなくなる。この過程全体が永久機関のように稼働する。新たなテクノロジーと生産性向上によって価格が下がると、消費者の手元にはお金が残り、それを別の用途に使えるようになり、こうして売り手はまた新たな競争へと駆り立てられる。

ただし、一つ注意すべき点がある。こうした稼働ロジックは、競争的な市場を前提としている。単独あるいは少数の売り手が競争相手よりも早く成長し、彼らを排除して市場を独占あるいは寡占できれば（とりわけ、当該の財やサービスが必須であれば）、買い手にはほとんど他に選択肢がないので、価格を人為的に高く保つことができる。その場合、独占者や寡占者は、省力型の新たなテクノロジーをもたらして生産性を上げ、価格を下げ、競争力を維持する必要もなければ、そうする気にもならないだろう。短期間ではあるにせよ、こうした事態が起こるのを、私たちは歴史を通して繰り返し目にしてきた。

とはいえ長期的には、新たな競争者がきまって登場し、テクノロジーを飛躍的に発展させ、類似の、あるいは代替の財やサービスの生産性を上げ、価格を下げ、市場の独占体制を崩してきた。

だが、資本主義の経済理論の指針となるこうした前提を、その論理的帰結まで突き詰めたとしよう。こんな筋書きを想像してほしい。資本主義体制の稼働ロジックが、あらゆる人の想像を絶するまでの成功を収め、この競争過程の結果としてこれ以上ないというほどの「極限生産性」に、そして経済学者が「最適一般福祉」と呼ぶものに至るとする。それは、資本主義経済の最終段階において、熾烈《しれつ》な競争によって無駄を極限まで削ぎ落とすテクノロジーの導入が強いられ、生産性を最適状態まで押し上げ、「限界費用《マージナルコスト》」、すなわち財を一単位《ユニット》追加で生産したりサービスを一ユニット増やしたりするのにかかる費用がほぼゼロに近づくことを意味する。言い換えれば、財やサービスの生産量を一ユニット増加させるコストが（固定費を別にすれば）実質的にゼロになり、その製品やサービスがほとんど無料になるということだ。仮にそんな事態に至れば、資本主義の命脈とも言える利益が枯渇する。

市場交換経済では、利益は利鞘《りざや》の形で得られる。たとえば、私は作家として自らの知的仕事の成果を出版社に売り、前払い金と、将来は印税を受け取るのだが、原稿が本となって最終的な買い手に行き着くまでには、外部の原稿整理編集者や製版業者、印刷業者、卸売業者、運送・倉庫業者、小売業者の手を経る。この過程に携わる者がそれぞれ、自らの仕事に見合うだけの利幅をコストに上乗せする。

だが、書籍の製造と流通の限界費用がほぼゼロまで急落したらどうだろう？　じつは、これはすでに起こりつつある。しだいに多くの作家が、出版社や編集者、印刷業者、卸売業者、運送・倉庫業者、小売業者を迂回して、作品をインターネットにアップし、非常に廉価で、あるいは無料で、入手可能にしている。一冊一冊の販売と流通のコストはゼロに近い。コストは、作品を生み出すのにかかった手間と、コンピューターを使用してインターネットに接続する料金に限られる。電子書籍は限界費用がほぼゼロでの製作・流通が可能なのだ。

ますます多くの情報がほぼ無料で何十億という人の手に渡るようになってくるにつれ、限界費用がほぼゼロとなる現象はすでに、出版、通信、娯楽の各業界に大打撃を与えている。今日、ネットワーク化された協働型世界で人類の三分の一以上が、比較的安価な携帯電話やコンピューターで独自の情報を生み出し、それを映像や音声や文字を介して、限界費用がほぼゼロでシェアしている。そして今、限界費用ゼロ革命は、再生可能エネルギー、製造業における3Dプリンティング、オンラインの高等教育を含む、その他のビジネス部門にも影響を及ぼし始めている。すでに世界中で何百万という「生産消費者《プロシューマー》」（自らが消費するものの生産者となった消費者）が、自らが使う環境に優しい《グリーン》電力を限界費用がほぼゼロで生産している。約一〇万人が趣味で3Dプリンターを用い、限界費用がほぼゼロで独自の品物を製造している[2]。その一方で、限界費用がほぼゼロで運営されている無料の大規模公開オンライン講座MOOC（ムーク）には六〇〇万の学生が登録して、世界でも有数の教授たちの教えを受け、大学の単位を取得している。これら三つの例ではみな、先行投資のコストは依然として比較的高いものの、どの部門も急激な上昇カーブを描いて成長しており、過去数十年の間にコンピューターの演算処理能力が指数曲線を描いて上昇し、限界費用がほぼゼロに落ちたのに似ている。今後二、三〇年以内に、広大な大陸《コンチネンタル》ネットワークとグローバル・ネットワークの中のプロシューマーは、限界費用がほぼゼロで、グリーンエネルギーをはじめ、有形の財やサービスをも生み出してシェアし、オンラインの仮想教室《バーチャル》で学ぶようになり、ほぼ無料の財とサービスの時代へと経済を突入させるだろう。

限界費用をほぼゼロに導く革命の当事者の多くは、次のように主張する。ほぼ無料の財とサービスが今よりはるかに広く普及するだろうが、それによって新たな機会が生まれ、十分に利益の出る財やサービスを新たに生み出し、成長を維持し、資本主義体制の繁栄さえ促すだろう、と。「ワイアード」誌の元編集長クリス・アンダーソンは、製品を無料で与えることで潜在的な顧客に別の製品を買わせる手法は、昔から使われていることを指摘し、使い捨て剃刀《かみそり》を初めて大量生産したジレット社の例を挙げている。同社は剃刀を無料で配布して消費者を釣り、その剃刀に装着する替え刃を買うように仕向けたのだ[3]。

同様に今日のミュージシャンは、しばしば自らの音楽を何百万もの人が無料でシェアできるようにオンラインで提供し、熱心なファンを獲得して有料のライブコンサートに来てもらおうとする。「ニューヨーク・タイムズ」紙と「エコノミスト」誌はオンラインで何百万もの人に一部の記事を無料提供し、その読者の何パーセントかがもっと詳しい記事を有料購読することを願っている。この意味では、「無料」というのは有料の購入に向けた顧客基盤構築のための、マーケティング上の工夫なのだ。

だが、そのような期待は先見の明がなく、見通しが甘過ぎですらあるかもしれない。社会の経済生活を形づくる財やサービスのしだいに多くが限界費用ほぼゼロに向かってじりじりと進み、ほぼ無料になるにつれ、資本主義市場はもっと狭いニッチへと後退し、営利企業は非常に特化した製品やサービスを購入する、縮小の一途をたどる消費者基盤を頼りに、経済の辺縁部でのみ生き延びることになる。

限界費用がほぼゼロとなる事態に真っ向から立ち向かいたくないという気持ちはよくわかる。ビジネス界の守旧派は、全員ではないにせよ多くが、未来の世界で経済生活がどう進展するか想像できない。そこでは、財とサービスの大半がほぼ無料となり、利益が消滅し、所有権が意味を失い、市場は不要となる。その折には、どうしたらよいのか?

経済学者の予見

ようやくそう問い始めた人々がいる。彼らは、現代的な経済学理論を築き上げた偉人の一部が、とうの昔にその問題を垣間見ていたという事実を知ったら、少しは気が楽になるかもしれない。たとえば、ジョン・メイナード・ケインズやロバート・ハイルブローナー、ワシリー・レオンチェフといった経済学者は、資本主義の発展が孕《はら》んでいる決定的な矛盾について熟考している。彼らは、遠い将来、新しいテクノロジーが大幅に生産性を上げるとともに価格を下げ、新たな局面を招くのではないかと考えた。

二〇世紀前期、シカゴ大学教授だったオスカー・ランゲは、成熟した資本主義の根底にある問題の難しさをよく捉えていた。すなわち、生産性を向上させ、価格を下げる新しいテクノロジーのイノベーションを目指すことで、資本主義体制は自らの首を絞めることになるというのだ。一九三六年、彼は大恐慌の苦難のさなかに書いた文章で、生産手段の私的所有制度は、はたして経済の発展をいつまでも促し続けるのか、それとも、テクノロジーが進歩する特定の段階で、制度の成功そのものが、さらなる前進の足枷《かせ》になるのかと問うた[4]。

ランゲは次のように述べている。事業主は、財やサービスの価格を下げるテクノロジーのイノベーションを導入すると、時代遅れの生産手段しか持たない競争相手に対して一時的に優位に立つ。相手が投資していた生産手段の価値は下がる。そのため競争相手は、独自のテクノロジーのイノベーションを導入して応じざるをえなくなり、またしても生産性が上がり、価格が下がり、さらなる競争が煽《あお》られる。

だが、市場の大半を一握りの企業が首尾良く押さえ、独占あるいは寡占状態を確立している成熟した業界では、それらの企業は時代遅れのテクノロジーに投下した資本の価値を守るために、経済がさらに発展するのをなんとしても阻もうとするはずだ。ランゲはこう述べている。「すでに投下した資本の価値の維持が事業主の主たる関心事となったときには、経済のさらなる発展は停止、あるいは、少なくとも大幅な減速を余儀なくされる。……この成り行きは、業界の一部が独占的地位を享受しているときには、ことさら顕著なものとなる［5］」

業界の強力な担い手たちは、新たな企業やイノベーションが入ってくるのを制限しようとすることが多い。だが、すでに投下した資本の価値を守るために、より生産性の高い新テクノロジーの導入を遅らせたり止めたりすると、利益の挙がる新たな機会に資本が投下されるのが妨げられ、悪循環が始まる。利益をもたらす新たな投資対象に資本が移れなければ、経済は徐々に失速する。

ランゲは資本家どうしを競わせる闘いを、次のように明確な言葉で説明している。

> 資本主義体制は、旧来の投資対象を保護するために経済の発展を止める試みと、そうした試みが失敗したときに起こる途方もない破綻の繰り返しによって揺らぎ、安定性を失う［6］。

経済発展を妨げる試みは決まって失敗する。新しい起業家が資本主義体制の外縁をたえずうろつきながら、生産性を上げてコストを削減するイノベーションを探し回り、競争相手よりも低い価格で消費者を勝ち取るからだ。ランゲが概説した競争は、長期的には過酷なものとなり、生産性の向上がしきりにコストと価格を下げ、利幅を否応なく縮める。

今日のエコノミストの大半は、無料に近い財やサービスの時代を不安な面持ちで眺めるだろうが、過去の経済学者のなかには、この展望に、慎重を期しつつも強い関心を示す者が多少はいた。今なお相当の重みを持つ経済理論を打ち立てた、畏敬すべき二〇世紀の経済学者ケインズは、「我が孫たちの経済的可能性」と題する小論を一九三〇年に物した。それが発表されたのは、一九二九年に突如として始まった経済の下降が、じつは、どん底へと向かう長い落ち込みの始まりであることに、何百万ものアメリカ人が薄々気づきだしたころだった。

ケインズが見て取ったように、新しいテクノロジーは空前の勢いで生産性を向上させ、財やサービスのコストを削減していた。また、財やサービスを生み出すのに必要な人間の労働を劇的に減らしてもいた。ケインズはその状況を表す新語を考え出しさえし、それを自らの読者に伝えた。「これからの年月には、『技術的失業』という言葉を何度となく耳にすることだろう。これは、労働力の新たな使途を発見しうる速さを、労働力の使用を節減する手段の発見が凌駕するために生じる失業を指す」[7]。ただしケインズは、急いでこう言い添える。技術的失業は、短期的には人々を苦しめるものの、「人類が自らの経済の問題を解決していること」を意味するから、長期的には大いなる恩恵である、と[7]。「こうした[経済的]必要が満たされ、さらなる精力を経済以外の目的に傾けたくなるときが、間もなく、ことによると私たち全員が思っているよりもずっと早く、到来するかもしれない[8]」とケインズは考えていた。彼は、機械がほぼ無料の財やサービスを潤沢に生み出し、人類を労役や苦難から解放し、そのおかげで人間が金銭上の利益にばかり心を奪われず、「いかに生きるべきか」や、いかに従来の枠を超えるかを探究することにもっと集中できるような未来の到来を待望していた。

早くも一九三〇年代に、ランゲとケインズはともに、資本主義体制の核心にある矛盾を予見していた。すなわち、生産性を押し上げ、限界費用を押し下げるという、競争的市場に固有の起業家のダイナミズムだ。消費者が製品の限界費用だけしか支払わないような経済こそ最も効率的であることを、経済学者は昔から理解していた。だが、消費者が限界費用しか支払わず、その限界費用が急速にゼロに近づいてゆけば、企業は投資収益と十分な利益を確保して株主を満足させることができなくなるだろう。したがって業界の大手は、市場優位性を得て独占的支配力を確保し、自らが販売している製品の限界費用より高い価格で買わせようとするだろう。そして、見えざる手によって急き立てられた市場が、限界費用がほぼゼロの最も効率的な経済を目指し、ほぼ無料の財とサービスの実現に向かうのを防ごうとする。このジレンマは、資本主義の理論と実践の根底にある、固有の矛盾なのだ。

ランゲとケインズが所見を述べてから八〇年が過ぎた今、現代のエコノミストたちが資本主義体制の矛盾を孕んだ仕組みにあらためて注目している。新しいテクノロジーが、限界費用がほぼゼロの時代に社会を急速に向かわせるなかで、市場経済を自滅させることなく機能させるにはどうしたらよいか、確信が持てないからだ。

クリントン政権の財務長官でハーヴァード大学元総長のローレンス・サマーズと、カリフォルニア大学バークリー校の経済学教授J・ブラッドフォード・デロングも、二〇〇一年八月、カンザスシティ連邦準備銀行が開いた「情報経済のための経済政策」というシンポジウムで発表した共同論文で、この資本主義のジレンマを取り上げた。当時、新しい情報テクノロジー(IT)と、幕を開けたばかりのインターネット通信革命が、その後の数十年間に資本主義体制を限界費用がほぼゼロという現実に至らしめる勢いだったので、状況はケインズの時代よりずっと切実になっていた。

サマーズとデロングの懸念の中心は、台頭してきたデータ処理テクノロジーと通信テクノロジーだった。これらの「地殻を揺るがすようなイノベーション」はビジネス活動の全面的な再編を強要しており、その及ぼしうる影響の幅広さは、電気の登場に匹敵する、と二人は書いている。サマーズとデロングによれば、進行中のテクノロジーの変革は限界費用を劇的に押し下げるとのことで、これが彼らの論考の出発点となった。「経済効率の最も基本的な条件［は］……価格が限界費用と等しくなること［である］」と彼らは認めた[9]。二人はさらに、「情報財の場合、流通の社会的コストと限界費用はゼロに近い[10]」ことも認めた。ここで問題のパラドックスに行き着く。サマーズとデロングは、次のように主張する。

> もし情報財が生産限界費用（つまり無料）で流通するとしたら、消費者への販売から得られた売上を使って［固定の初期］費用を賄う企業は、そうした財を創造し、生産することができない。情報財を創造して生産するためには……［企業は］自社の製品を誰かに売って利益を得ることが見込めなくてはならない[11]。

サマーズとデロングは、政府が助成金を出して初期費用を賄うことには反対だった。「行政の官僚主義」「集団浅慮」「形式的手続き」といった短所が、「市場の起業家の活力を台無しにする[12]」からだという。

この二人の名高いエコノミストは、「規模の拡大に伴う相当な収穫逓増《ていぞう》〔限界生産力の増加。追加的な原材料の投入に対する産出量の増え方が、生産の拡大とともに上昇してゆくこと〕という条件下で財」が生産される経済において、イノベーションを保護する最善の方法は政府による介入ではなく、短期的な自然独占を奨励することかもしれないと、しぶしぶながら示唆した[13]。そして、サマーズとデロングは、「一時的独占がもたらす力と利益は、民間企業をそのようなイノベーションへと駆り立てるのに必要な報酬である」と主張した[14]。だが二人はともに、これがけっきょく民間企業を苦境に立たせることに気づいていたので、「自然な独占は、経済効率の最も基本的な条件――価格が限界費用と等しくなる――を満たさない」ことを認めた[15]。事実、エコノミストなら誰もが知っているとおり、独占の手法は、将来の競争相手が生産性を上げ、限界費用を削減し、顧客に販売する価格を下げるような新たなイノベーションの導入を抑制するというものだ。それでもサマーズとデロングは、「新しい経済《ニューエコノミー》」においては、この独占は前進するための唯一の方法かもしれないと結論した。そして、二人は驚くべきことに、こう告白した。「複雑に絡み合ったこれらの問題についてどう考えるのが正しいかは不明だが、競争的なパラダイムが完全に適切ではありえないことは明らかだ……とはいえ、いかなるパラダイムがそれに取って代わるのにふさわしいかは、依然として不明である[16]」

サマーズとデロングは、気がつくと救いようのない状況に陥っていた。エコノミストや企業家は、資本主義体制を自滅させるつもりなどなかった(この体制が永遠に君臨すると見込んでいた)が、その稼働ロジックを注意深く眺めると、将来、限界費用がほぼゼロまで下がる時代が必然的に訪れることが明らかになる。限界費用がほぼゼロの社会は、一般の福祉を増進するにはこのうえなく効率的な状態であり、資本主義の究極の勝利を象徴している。ところが、その勝利の瞬間に、資本主義は世界の表舞台から退場せざるをえないのだ。資本主義は、自らを失業に追い込むことはまずありえないものの、限界費用がほぼゼロの社会へ限りなく近づくなかで、かつては比類のなかったその力はしだいに目減りし、稀少性ではなく潤沢さを特徴とする時代においては、まったく新たな経済生活が構成されてゆくことは明白だ。

経済のパラダイムを変える

進展する情報化時代に資本主義の理論と実践が直面する矛盾と難題についてサマーズとデロングが書いた論文の中で、最も興味を惹かれるくだりは、「いかなるパラダイムがそれに取って代わるのにふさわしいかは、依然として不明である」という見解だ。新たなパラダイムが取って代わる可能性について二人がわざわざ言及したところから、異常な事態が積み重なって既存の経済体制の長期的な存続可能性に暗い影を落としていることが窺《うかが》われる。

どうやら私たちは、経済パラダイムの根本的転換の初期段階にあるようだ。しだいに多くの財やサービスがほぼ無料になる社会を構成するのにもっとふさわしい新しい経済の雛形が、資本主義時代の黄昏《たそがれ》の中で出現しつつある。

「パラダイムシフト」という言葉は近年、事実上どんな種類の変化をも指して、むやみに使われているので、「パラダイム」という用語を日常会話にも登場させるきっかけとなった『科学革命の構造』の著者トーマス・クーンの言葉に立ち戻ってみるとよいかもしれない。クーンの言う「パラダイム」とは信念と仮定から成るシステムのことで、そうした信念と仮定は一体となって作用し、統合された一つの世界観を確立し、その信憑《しんぴょう》性と説得力から、ほぼ現実のものと見なされる。そしてクーンは、ニュートン物理学やダーウィンの進化論のように、科学の分野でスタンダードとなり、ほぼ普遍的に受け容れられているモデルを指してこの用語を使った[17]。

あるパラダイムが人口に膾炙《かいしゃ》するかどうかは、そのパラダイムが現実をどれだけ網羅的に記述できるかにかかっている。パラダイムはいったん受け容れられると、その中核を成す前提に疑義を差し挟むのは、あたかも自然の摂理に歯向かうかのようで、仮に不可能ではないにせよ、難しくなる。世の中についての他の見方が相手にされることもほとんどない。というのもそうした見方は、あまりにも明快な事実として受け容れられているものに真っ向から反するからだ。だが、このようにある見方を無条件に受容し、別の見方を思い描くことを拒絶すると、しだいに矛盾が積み重なり、ついには臨界点に達して既存のパラダイムが解体される。そして、そこに見られた特異な例や洞察、新たな展開を、もっとうまく新しい包括的な説明にまとめられるような、従来のものとは違うパラダイムに取って代わられるのだ。

　経済活動を効率的に構成するための最善の仕組みとして長年にわたって受け容れられてきた資本主義のパラダイムは、今や二つの方面から攻撃されている。

　第一の方面では、生態学関連の諸科学や、化学、生物学、工学、建築学、都市計画、ＩＴなどの、従来は別個だった領域をまとめた新世代の学際的研究者たちが、熱力学の法則に基づく新たな理論経済学を持ち出して、標準的な経済理論（ニュートン物理学のメタファーと結びついたもの）の正当性を問うている。経済活動と、エネルギーの諸法則によって課された生態学上の制約との分かち難い関係については、標準的な資本主義理論は事実上何も語っていない。古典派や新古典派の経済理論においては、地球の生物圏を支配するダイナミクスは経済活動にとって単なる外部効果、すなわち、資本主義体制全体の働きには実質的影響をほとんどもたらさない、微小で調整可能な要因にすぎないのだ。

　従来のエコノミストは、熱力学の法則があらゆる経済活動を支配していることに気づいていない。熱力学の第一法則と第二法則は、「宇宙のエネルギーの総量は不変で、エントロピー〔モノと熱の拡散の度合いを示す物理量〕の総量はたえず増加している」としている[18]。第一法則（エネルギーの保存則）は、エネルギーは生み出すことも消し去ることもできない、つまり、宇宙のエネルギーの量は、開闢《かいびゃく》以来同じままだったし、世が終わりを迎えるまで変わらないと断定している。エネルギーの量は不変だが、その形態はたえず変化している。ただしその変化は、有効エネルギーから無効エネルギーへという、一方向的なものだ。ここで熱力学の第二法則が効力を発揮する。この第二法則によれば、エネルギーはつねに、「熱」から「冷」へ、集中から分散へ、秩序から無秩序へと移動する。たとえば、石炭の塊が燃えても、エネルギーの総量は不変だが、二酸化炭素や二酸化硫黄などの気体になって大気中に分散する。失われたエネルギーはないものの、分散したエネルギーはもはや有用な仕事をなしえない。こうして、もう利用できないエネルギーが増えると、エントロピーも増大する。

あらゆる経済活動は、自然界に固体、液体、あるいは気体で存在する有効エネルギーを利用し、財やサービスに変えることで生じる。生産、貯蔵、流通の過程の各段階で、自然界の資源を財やサービスに転換するのにエネルギーが使われるのだ。製品やサービスにどのようなエネルギーが取り込まれていようと、その代償として、価値連鎖《バリューチェーン》〔製品やサービスが生産されて顧客に届くまでに付加価値を生み出すプロセスの連鎖〕に沿って経済活動を進める際に有効エネルギーが使われ、失われている（つまり、エントロピーのつけをためている）。私たちが生産する財は、最終的には消費され、廃棄され、自然界にリサイクルされ、またしてもエントロピーを増大させる。工学者と化学者が指摘するとおり、経済活動においては、自然界の資源を経済的価値に変える過程で、エネルギーの正味の増加はけっしてなく、有効エネルギーの損失あるのみだ。唯一の疑問は、いつそのつけが回ってくるか、だ。

じつは、エントロピーを増大させる一方の工業化時代のつけはすでに回ってきている。厖大な量の炭素エネルギーを燃やして大気中に放出した二酸化炭素が累積し、気候変動が起こり、地球の生物圏が大規模に破壊され、既存の経済モデルに疑問の声が上がっている。それにもかかわらず、経済学は概して、経済活動が熱力学の法則によって左右されるという事実にまだ向き合っていない。経済学者が自らの扱う主題を明らかに誤解しているために、自然科学と社会科学における他のさまざまな専門分野の学者が現行のパラダイムの再考を強いられている。これについては、前著『第三次産業革命――原発後の次代へ、経済・政治・教育をどう変えていくか』の「アダム・スミスとの決別」と題した章で詳しく述べた。

第二の方面では、強力で新しいテクノロジーのプラットフォーム（基盤）が第二次産業革命の深奥から現れつつあり、先に述べたように、資本主義イデオロギーの中心的矛盾は急速に終局を迎えつつある。既存のコミュニケーションのインターネットが、デジタル化された再生可能エネルギーのインターネットや自動化された輸送とロジスティクス（物流）のインターネットと一体化して、すべてを漏れなく結びつける二一世紀の知的《インテリジェント》インフラである「ＩｏＴ」（Internet of Things＝モノのインターネット）が形成されつつあり、それが第三次産業革命を引き起こしている。ＩｏＴは早くも生産性を押し上げ、多くの財やサービスを生産する限界費用をほぼゼロに近づけ、それらの財やサービスを実質的に無料にし、出現しつつある協働型コモンズでシェア可能にしている。その結果、企業の利益が枯渇したり、財産権の効力が弱まったり、稀少性に基づく経済が潤沢さに基づく経済に徐々に道を譲ったりし始めている。

ＩｏＴ（モノのインターネット）

ＩｏＴは、統合されたグローバル・ネットワーク上であらゆるモノをあらゆる人に結びつけるだろう。人、機械、天然資源、生産ライン、ロジスティクス・ネットワーク、消費習慣、リサイクルフローなど、経済生活と社会生活の事実上すべての面がセンサーとソフトウェアを介してＩｏＴプラットフォームと結びつき、あらゆる接続点《ノード》（企業、家庭、乗り物など）にたえず刻々とリアルタイムでビッグデータを供給する。そしてそのビッグデータは高度な分析手法を用いて処理され、予想用のアルゴリズムに転換され、熱力学的効率を改善する自動システムにプログラムされ、生産性を劇的に上げ、経済の全般にわたって、多様な財とサービスの生産と流通の限界費用をほぼゼロにまで引き下げる。

いつでもどこでもコンピューターを利用できる「ユビキタス・コンピューティング」の新時代への移行を促すために、欧州連合の執行機関である欧州委員会が設置した「モノのインターネット欧州研究クラスター」は、分散型グローバル・ネットワーク〔分散型のネットワークとは、インターネットのように水平方向に展開してシェアされているネットワークのこと〕で世界各地を結ぶために多種多様な形ですでに配置されているＩｏＴの事例のいくつかを、詳細に把握している。

ＩｏＴは、工業と商業の部門で広く導入されつつある。企業は商業経路に沿ってあらゆる場所にセンサーを設置し、財やサービスの流れを監視・追跡している。たとえば、小口貨物輸送会社のＵＰＳはビッグデータを用い、アメリカ国内を走る自社の車両六万台の状況をリアルタイムで常時把握している。この大手物流会社は、自社の車両にセンサーを埋め込んで個々のパーツを監視し、故障や劣化の兆候を捉え、路上で費用のかさむ故障が起こる前に交換できるようにしている[19]。

センサーは、利用可能な原材料を記録・伝達し、倉庫の現在の在庫状況を在庫管理の現場に伝え、生産ラインでの障害を修復する。企業や家庭における電気器具の電気使用量の経時変化を測定し、それが送電網における電気価格に与える影響を報告するセンサーもある。電気の消費者は、機器をプログラムして、送電網の電気需要のピーク時に消費を減らしたり、スイッチを切ったりすることで、電気価格の劇的な急上昇を防いだり、送電網全体の電圧低下さえ予防したりして、その分だけ翌月の電気代の支払い額を減らすことができる。

小売店のセンサーは、消費者の行動を測定するために、客がどの商品を見たり、手に取ったり、棚に戻したり、買ったりするかを販売部門やマーケティング部門にたえず知らせる。製品がいつ小売業者に納品され、いつ消費者の手に渡ったかを追跡したり、リサイクルや再利用《リユース》処理に回される資源ゴミの量を監視したりするセンサーもある。供給《サプライ》チェーンの在庫状況や、生産・流通過程を再調整したり、バリューチェーン全体で熱力学的効率と生産性を上げる新たなビジネス手法を導入したりするために、ビッグデータは連日二四時間体制で分析される。

　ＩｏＴは、いわゆる「スマートシティ」を創出するためにも使われ始めている。建物や橋梁、道路といったインフラの振動や部材の状態をセンサーで計測し、人間が構築した環境の構造的健全性を評価し、必要とされる修理をいつ行なうかを判断する。各地域の騒音を追跡し、通りの混雑状況や歩道の歩行者の密度を監視し、自動車と歩行者の通行ルートの最適化を図るセンサーもある。車道の縁に設置されたセンサーは、ドライバーに駐車スペースがあるかどうかを知らせる。スマート道路とインテリジェント・ハイウェイは、事故や渋滞の最新情報をドライバーに提供し続ける。保険会社は、車両にセンサーを搭載して、使用されている時間帯や、車両の位置、一定時間内の走行距離のデータを集め、リスクを予想して保険料率を決める試みを始めている[20]。公共の照明は、中に埋め込まれたセンサーで、周囲の明るさに応じて照明の明暗を調節できる。センサーはゴミ容器の中にまで取りつけられて、ゴミ収集の最適化のためにゴミの量を確認する。

　ＩｏＴは、地球の生態系管理の向上のために、急速に自然環境に適用されつつある。森林では、火災を突発させかねない危険な状態が発生したときに消防士に警告するため、センサーが使われている。科学者は都市や郊外、農村にセンサーを設置し、汚染レベルを計測し、有毒物質を検知すると通報し、人々が屋内にとどまって、なるべくその有毒物質にさらされずに済むようにする。二〇一三年、北京のアメリカ大使館の屋上に設置されたセンサーは、市内の炭素排出量の変化を一時間ごとに報告した。そのデータはただちにインターネット上で公開され、危険な汚染レベルについて住民に警告した。中国政府はこの情報のせいで、人々の健康を守るために、石炭を燃料とする近隣の工場の炭素排出量を削減する措置をとらざるをえなくなり、この地域における自動車交通と、大量にエネルギーを消費する工場での生産に制限まで課した。

センサーは地中にも埋められ、振動や土壌の密度の微細な変動を検知して、雪崩や地面の陥没、火山の噴火、地震の早期警報システムを提供している。ＩＢＭはリオデジャネイロの大気中と地中にセンサーを配置して、最長で二日前に豪雨や地滑りを予想し、市当局が地元住民を避難させられるようにしている[21]。

研究者はセンサーを野生動物の体内に埋め込んだり、周期移動の経路に設置したりして、動物たちの生存や健康に影響を与えかねない環境や行動の変化を評価し、生態系のダイナミクスを回復するための予防的措置がとれるようにしている。センサーは、河川や湖、海にも設置され、改善の可能性を探るために水質の変化を検知したり、生態系における動植物相への影響を測定したりしている。アイオワ州ダビュークで実施されている試験的プログラムでは、デジタル式水量計を家庭に設置し、付属のソフトウェアで水の使用パターンを監視し、漏水の可能性や節水法を家の所有者に知らせている[22]。

ＩｏＴは、食物の生産と流通の方法も一変させつつある。農家はセンサーを使って天候状態や、土壌の湿気の変化、花粉の拡散など、収穫を左右する要因を監視し、自動応答メカニズムを設置して適切な発育条件を整えている。輸送中の野菜や果物の箱にもセンサーが取りつけられ、行方を追跡するとともに、中身の匂いを感知して、傷みそうなら警告を発し、より近くの販売業者へと、配達先を変更できるようにする[23]。

医師はセンサーを人の体に取りつけたり、体内に埋め込んだりすることまでして、心拍数や脈、体温、皮膚の色などの生体情報を監視し、予防策を講じる必要がありそうな重大な変化を知らせてもらう。ゼネラル・エレクトリック社（GE）は、「表情を分析して激しい痛みの兆候や、譫妄《せんもう》状態の始まり、その他の苦しみの手がかりを見つけて」看護師に知らせる、コンピュータービジョン（コンピューターによる視覚認識）ソフトウェアの開発に取り組んでいる[24]。近い将来、身体センサーは本人の電子カルテにつながれ、想定される患者の身体的状態をＩｏＴでただちに診断し、救急医療スタッフを助け、速《すみ》やかな治療を可能にするだろう。

これまでＩｏＴが最も劇的な影響を与えたのは、おそらくセキュリティ・システムだ。犯罪行為を検知するために、家庭やオフィス、工場、店舗、さらには人が集まる公共の場所にまでカメラとセンサーが設置されている。ＩｏＴは、セキュリティ・サービスや警察に通報して迅速な対応を促し、犯人逮捕の手がかりとなるデータを提供する。

ＩｏＴは人間が構築した環境と自然の環境を統一性のある稼働ネットワークに取り込み、あらゆる人間とあらゆるモノが通信して相乗効果を追求したり、社会の熱力学的効率を最適化しつつ地球全体の安泰を確保する形で、相互接続を促したりする。第一次・第二次産業革命のテクノロジー・プラットフォームが、市場交換と個人的利益のために、地球上に無数にあった生態学的な相互依存関係を断ち切って囲い込むのを助長してきたのに対して、第三次産業革命のＩｏＴのプラットフォームは、その過程を逆転させる。私たちが営む経済生活にとってＩｏＴが革新的なテクノロジーとなるのは、それが生物圏の複雑な構成の中へと人類が自らを再統合し、地球上の生態系を危うくすることなく劇的に生産性を上げるのを助けるからだ。循環型経済の中で地球の資源をより少なく、より効率的・生産的に使い、炭素系燃料から再生可能エネルギーへ移行するというのが、今出現しつつある経済パラダイムの決定的特徴だ。新しい時代には、私たちの一人ひとりが、生物圏の神経系の一ノードとなる。

ＩｏＴは、地球上での人類の暮らし方を大々的に転換させ、より持続可能性が高くて豊かな未来へと私たちを導く一方で、データのセキュリティや個人のプライバシーに関して不穏な問題も提起するので、それについては、第5章をはじめ、本書のさまざまな章で詳しく取り上げる。

三つのインターネット

世界でも一流のＩＴ企業のいくつかは、ＩｏＴの構築にすでに取り組んでいる。ＧＥの「インダストリアル・インターネット（産業インターネット）」、シスコの「インターネット・オブ・エブリシング（万物のインターネット）」、ＩＢＭの「スマーター・プラネット（より賢い地球）」、シーメンスの「サステナブル・シティーズ（持続可能な都市）」など、数多くの企てが現在進行中だ。それは、地域や都市、地方、大陸を接続できる第三次産業革命のインテリジェント・インフラを実現させるためのもので、業界ウォッチャーは「グローバルな神経回路網《ニューラルネットワーク》」と呼んでいる。このネットワークは開かれた、分散型・協働型のものとして設計されており、誰でも、どこでも、いつでもアクセスしてビッグデータを利用し、限界費用がほぼゼロで自らの日常生活を管理する新しいアプリケーションを生み出せるようになっている。

ＩｏＴを支持していたグローバル企業も、当初、プラットフォームの核心を成す稼働メカニズムが何によって構成されているのか見極められないでいた。二〇一二年、シスコ社は、取引先の最高情報責任者（ＣＩＯ）たちと第三次産業革命について論じるために、私をベルリンに招いた。翌年、シーメンス社も私を招待し、最高経営責任者（ＣＥＯ）のペーター・レッシャーや、同社のグローバルな役員会、おもだったグローバルな部門責任者二〇人と引き合わせた。どちらの企業のエグゼクティブたちも、ＩｏＴに大いに関心を抱いていた。

シスコ社での会議で、私はまず、歴史上のあらゆるインフラ・システムに共通なものは何かと尋ねた。インフラには三つの要素が必要で、そのそれぞれが残りの二つと相互作用し、システム全体を稼働させる。その三つとは、コミュニケーション媒体、動力源、輸送の仕組みだ。この意味では、インフラは機能拡張用人工装具《プロテーゼ》、すなわち、社会という有機体を拡張する手法と考えることができる。コミュニケーションの手段と、エネルギー源と、何らかの移動手段がなければ、社会は機能しなくなる。

すでに述べたように、ＩｏＴは、コミュニケーション・インターネットとエネルギー・インターネットと輸送インターネットから成り、この三者は単一の稼働システムとして協働する。そしてそれはさまざまな資源を集めたり、財とサービスを生産して流通させたり、廃棄物をリサイクルしたりする際の、熱力学的効率と生産性の向上をたえず追求している。これら三つのインターネットのそれぞれが、残る二つの機能を可能にする。コミュニケーションがなければ、私たちは経済活動を管理できない。エネルギーがなければ、情報を生み出すことも、輸送手段に動力を提供することもできない。輸送とロジスティクスがなければ、バリューチェーンに沿って経済活動を進めることはできない。これら三つの稼働システムが相まって、新たな経済的有機体の生理機能を構成しているのだ。

ＩｏＴを形成するこの三つの相互稼働可能なインターネットによって、あらゆる企業はその機能の転換を余儀なくされる。シスコ社に関して私は、発展してゆくＩｏＴ経済において最高情報責任者がこのまま生き残る可能性に疑問を呈し、将来、ＩＴ、エネルギー・サービス、輸送とロジスティクスは、最高生産性責任者（ＣＰＯ）の監督の下で単一の機能に統合されるだろうと述べた。ＣＰＯは、

ＩＴの専門知識、エネルギーの専門知識、輸送とロジスティクスの専門知識を組み合わせ、ＩｏＴを活用して自社の事業の熱力学的効率と生産性を最適化することを目指す。

シスコ社が本来ＩＴ企業であるのに対して、シーメンス社はもっと多角的で、ＩＴ部門やエネルギー部門、ロジスティクス部門、インフラ部門などを抱えている。シーメンス社の経営陣と会ってみると、これらの部門はどれも、おおむね独立して事業を行なっており、それぞれが自らの製品やサービスを販売していることは明らかだった。そこで同社が企業イメージを一新し、スマートで持続可能な都市の創生を助けるソリューション提供者になるためには、従来は蛸壺化していた各部門が、ＩｏＴ世界の新ビジョンを推進するにあたってそれぞれ他部門にどうすれば価値を付与できるか、話し合いを始めざるをえなくなった。三つのインターネットが単一のＩｏＴシステムとして稼働し、都市や地方、国家の熱力学的効率と生産性の向上を目指すという概念が、突如、意味を成し始めた。厄介なのは具体的な手法、すなわち、どうやって新しいビジネスモデルを生み出し、シーメンス社の強力な各部門をうまく調和させ、包括的なソリューション提供者に変えるか、そして、行政当局がＩｏＴテクノロジーのプラットフォームを構築して、「スマート」で「持続可能」な社会への移行を首尾良く果たすのを、どのように助ければよいか、だ。

ビジネス手法の見直しという問題は、ＩｏＴプラットフォームの急速な発展とともに重要性を増し始めている。私自身が率いる社会的企業、ＴＩＲコンサルティング・グループは、世界一流の建築事務所、エネルギー企業、建設企業、電力会社などの公益企業、ＩＴ企業とエレクトロニクス企業、ロジスティクス企業と輸送企業などの多くから成る。そして二〇〇九年以来、さまざまな都市や地方や国と協働して、ＩｏＴインフラ導入のための第三次産業革命マスタープランを策定している。ただし私も認めざるをえないが、私たちは未知の領域に踏み込んでおり、新たなスマート社会を構築する最善の方法を見つけるために学ぶべきことはまだ山ほどある。だが、これだけはわかっている。ＩｏＴの稼働システムの要《かなめ》は、コミュニケーション・インターネットとエネルギー・インターネットと輸送インターネットを、緊密に連携した稼働プラットフォームにまとめることだ。それぞれが孤立したままであれば、ＩｏＴを打ち立て、スマート社会と持続可能な世界というビジョンを追うことは不可能になる（ＩｏＴの原動力となる仕組みを構成するこれら三つのインターネットについては、今後も本書の中で繰り返し触れることにする）。

協働型コモンズの台頭

ＩｏＴの可能性をめぐる大きな興奮の陰に隠れてしまっているが、あらゆる人とモノを結びつけるグローバルなネットワークが形成され、生産性が極限まで高まれば、私たちは財とサービスがほぼ無料になる時代に向かってしだいに加速しながら突き進むことになる。そしてそれに伴い、次の半世紀の間に資本主義は縮小し、経済生活を構成する主要なモデルとして協働型コモンズが台頭してくる。

私たちは、資本主義市場と政府の二つだけが経済生活を構成する手段であるという考え方に慣れきっているがゆえに、コモンズというもう一つ別の構成モデルが身の回りに存在していることを見過ごしている。だが私たちは、コモンズには日頃から頼っているし、コモンズは市場も政府も提供しないさまざまな財とサービスをもたらしてくれる。コモンズは、資本主義市場と代議政体のどちらよりも長い歴史を持つ、世界で最も古い、制度化された自主管理活動の場なのだ。

現代のコモンズは、生活の最も社会的な側面にかかわる場であり、何十億もの人々が関与している。それはたいがい民主的に運営される、文字どおり何百万もの自主管理組織から成り、慈善団体や宗教団体、芸術団体や文化団体、教育関連の財団、アマチュアのスポーツクラブ、生産者協同組合や消費者協同組合、信用組合、保健医療組織、権利擁護団体、分譲式集合住宅の管理組合をはじめ、公式あるいは非公式の無数の機関がそれに含まれ、社会関係資本〔社会における人々のネットワークや信頼関係〕を生み出している。

民主的に管理されていた従来のコモンズは、どの大陸でも一部のコミュニティで今なお見られる。地方の農業コミュニティは、土地や水、森、漁や狩猟の対象となる魚や鳥獣、牧草地などの共有資源の利権を分かち合い、合意の上でそれらの資源を共同利用している。資源の収用、開発・育成、分配、リサイクルに関する決定は、コモンズの成員によって民主的に行なわれる。さらに、規範や慣習への違反に対する制裁や処罰が統治規定に盛り込まれており、コモンズは自主管理の経済事業体となっている。生産と消費がおもに交換ではなく使用のためになされる、自給自足型の農業コミュニティにおいては、コモンズは統治モデルとしてまずまずの成功を収めてきた。それは、今日の循環型経済の初期原型と言える。

コモンズを生じさせた政治状況を考えると、その成功にはなおさら感銘を受ける。たいていの場合、コモンズの管理が現れたのは封建社会で、そこでは強力な領主たちが地元民を搾取し、荘園の畑で働かせたり、税という形で収穫の一部を差し出させたりして、地代を取り立てた。人々にとって、結束し、共有型経済を形成する以外、手元に残った乏しい資源を最大限に活用する方法はありえなかった。そこからはこんな教訓が得られる。すなわち、コモンズの利権を共有し、その資源を分かち合うべく構想された自主管理と統治の民主的な形態は、人々を隷属状態に保つ専制的な封建体制の下で生き延びるための、適応力のある経済モデルだったのだ。

ヨーロッパ各地での共有地の大規模な囲い込み運動は、封建社会の崩壊と近代的な市場経済の台頭、そして最終的には資本主義体制へとつながり、農村のコモンズに終止符を打ったものの、コモンズに生命を吹き込んでいたシェアの精神を拭い去ることはなかった。小農たちは、自らが学んだ教訓を新しい都市環境にも持ち込み、産業革命が生んだ「工場領主」という、封建領主に劣らぬ苛酷な敵に相対した。都市の労働者と新興の中産階級は、先祖の農奴たちと同様、彼らに共通する資源〔今度は賃金と労働技能という形態の資源〕の利権を分かち合い、新種の自主統治コモンズを生み出した。慈善団体、学校、病院、職種別組合、協同組合、ありとあらゆる種類の大衆文化機関が根づき、隆盛を極め、一九世紀には「シビル・ソサエティ」として知られるようになるものの基礎を築いた。こうした新しいコモンズの機関は、社会関係資本を潤滑油とし、民主的な精神を原動力としていた。そして、何百万という都市住民の福祉の向上に主要な役割を果たすようになった。

二〇世紀にはシビル・ソサエティは、非課税の組織という形で制度化され、その一部は非営利部門と改称された。今日、私たちは純粋に社会的な機能を指すか、組織としての分類を指すかによって、「シビル・ソサエティ」と「非営利部門」という言葉を使い分けているが、意味するものは同じだ。だが、今や新たな世代はこのような古い区別へのこだわりを捨て始め、「社会的《ソーシャル》コモンズ」〔協働型コモンズと本質的に同じ意味だが、著者は文脈によって両用語を使い分けている〕という言葉を好んで使うようになった。

封建時代のコモンズからソーシャルコモンズへという長期の移行の間、各世代が民主的自主統治の原理に手際良く磨きをかけ、それを芸術的な域にまで高めた。現在、世界の多くの国でソーシャルコモンズは市場経済よりも速い成長を見せている。とはいえ、ソーシャルコモンズが生み出すのはおもに、金銭上の価値ではなく社会的価値なので、エコノミストには顧みられないことが多い。それでもなお、社会的経済《ソーシャルエコノミー》〔非営利だが経済活動を行ない、社会的利益や公的利益を追求する経済部門〕は堂々たる勢力だ。ジョンズ・ホプキンズ大学シビル・ソサエティ研究センターが四〇か国で行なった調査によれば、非営利のコモンズの運営費は二兆二〇〇〇億ドルにのぼるという。アメリカ、カナダ、日本、フランス、ベルギー、オーストラリア、チェコ共和国、ニュージーランドの八か国では、非営利部門は、平均で国内総生産（GDP）の五パーセントを占める[25]。これらの国々のGDPに占める割合で比較すると、非営利部門は電気・ガスなどの公益事業の合計を上回り、建設業界に匹敵し、銀行や保険会社、金融サービスとほぼ肩を並べる[26]。

ソーシャルコモンズは善意を生み出す場所であり、社会はその善意のおかげで文化的存在としてまとまっている。市場と政府は、人々の社会的アイデンティティの延長にすぎない。したがって、社会関係資本が絶え間なく補充されなければ、信頼が不足して市場も政府も機能しなくなるのだが、私たちはソーシャルコモンズのことを見下し、あたかも市場や政府に重要性で劣るかのように、「第三セクター」に分類する〔日本では「第四セクター」と呼ばれることもある〕。

とはいえ、ある日私たちが目を覚ましたとき、シビル・ソサエティの組織が一夜のうちに残らず姿を消していたら、社会はたちまちしおれて息絶えるだろう。礼拝の場や学校、病院、コミュニティ支援団体、権利擁護団体、スポーツやレクリエーションの施設、芸術などの文化的機関がなければ、私たちの目的意識やアイデンティティ、私たちを人類という大家族に束ねている社会的絆が失われてしまう。

資本主義市場は私利の追求に基づいており、物質的利益を原動力としているのに対して、ソーシャルコモンズは協働型の利益に動機づけられ、他者と結びついてシェアしたいという深い欲求を原動力としている。前者が財産権や買い手の危険負担、自主性の追求を促す一方、後者はオープンソース〔ソースコード（原型となる設計）の公開、無料または安価な配布、改変・再配布自由の共同利用形態〕のイノベーションや透明性、コミュニティの追求を奨励する。

長い歴史の中で、今ほどコモンズが重要な意義を持つときはない。それは、私たちが今、生み出そうとしているハイテクでグローバルなテクノロジー・プラットフォームならではの特徴のおかげだ。

コモンズという古来の制度に生命を与える類の価値観や稼働原理は、そうした特徴があってこそ最大限に威力を発揮できる。

ＩｏＴは、出現しつつある協働型コモンズにとって、テクノロジー面での「ソウル・メイト」だ。この新しいインフラは、協働を促し、相乗効果を求めやすくするために、世の中に広く行き渡るべく設計されているので、ソーシャルエコノミーを推進するのに理想的なテクノロジーの枠組みとなる。ＩｏＴの稼働ロジックは、水平型のピア・プロダクション〔対等な人（ピア）どうしによる共同生産。マスコラボレーション〕とユニバーサル・アクセス〔誰もが同じようにアクセスしてサービスを利用できること〕と一体性の三つを最適な状態まで高めるというもので、これは、シビル・ソサエティにおいて社会関係資本を育んだり生み出したりするために必須の感性と重なる。この新しいテクノロジー・プラットフォームの目的は、シェア文化の奨励にほかならず、その文化こそがコモンズの神髄だ。まさにＩｏＴのこうしたデザイン上の特徴がソーシャルコモンズを表舞台に引き出し、ハイテクのプラットフォームを与えることで二一世紀の最有力の経済パラダイムに押し上げるのだ。

ＩｏＴのおかげで何十億もの人がピアトゥピア〔ネットワーク上でコンピューターとそのユーザーどうしが対等な関係で通信する方式〕のソーシャルネットワークに関与し、多くの新たな経済的機会と慣行を共創《コクリエート》でき、そうすることで、出現しつつある協働型コモンズでの生活をつくり上げてゆく。このプラットフォームはあらゆる人をプロシューマーに変え、あらゆる活動を協働型にする。ＩｏＴはすべての人を結びつけてグローバル・コミュニティを形づくり、社会関係資本を前例のない規模にまで充実させることで、共有型経済を可能にする。ＩｏＴのプラットフォームがなければ、協働型コモンズは実現不可能だろう。

「collaborative（協働型の）」という英語の形容詞は、二〇世紀に入ってかなりの年月がたつまで存在さえしなかった。グーグルのＮグラム・ビューアーという単語検索で調べると、今起こりつつある変化がはっきり見て取れる。Nグラム・ビューアーを利用すれば、一五〇〇年から二〇〇八年の間に出版され（すでにデジタル化され）た五〇〇万冊の書物を調べ、特定の単語がいつ初めて使われたかを知り、時間経過に伴う使用回数の増減をたどることができる。「collaborative」という単語は最初、一九四〇年代と五〇年代に、ぽつぽつと使われ始め、その後、一九六〇年代後期から今日まで、コンピューターとインターネットのテクノロジーがピアトゥピアの双方向コミュニケーション媒体として台頭するのに足並みを揃えて、使用回数がうなぎ上りになっている[27]。

協働型コモンズはすでに、経済生活に多大な影響を与えている。市場はネットワークに道を譲り始め、モノを所有することは、それにアクセスすることほど重要でなくなり、私利の追求は協働型の利益の魅力によって抑えられ、無一文から大金持ちへという従来の夢は、持続可能な生活の質という新たな夢に取って代わられつつある。

来るべき時代には、新しい世代が協働主義《コラボレーティズム》にしだいに共鳴するにつれ、資本主義と社会主義はともに、かつて社会に対して持っていた支配力を失うだろう。若い協働主義者たちは、資本主義と社会主義の原理の双方から長所を採り入れつつも、自由市場と官僚国家に共通の、中央集中化する性質を排除している。

ＩｏＴは分散型で相互接続しているので、ソーシャルエコノミーにおいて各自が持っている協働型の関係が多様で強固なほど、起業家として深く関与できる。これは、コミュニケーションとエネルギーと輸送の大衆化のおかげで、何十億という人が一人ひとり「パワーを与えられ」ているからだ。だが、そのような「パワー」は、社会関係資本に支えられたピアトゥピアのネットワークに本人が参加することでのみ与えられる。これまで以上に社会的ネットワークに深く取り込まれることによって、より起業家らしく自らの方向性を決めてゆく、新しい世代が成熟しつつある。一九八一〜二〇〇〇年に生まれた、いわゆる「ミレニアル世代」のうちで最も優秀な人々が自らを「社会的起業家」と見なすのは、少しも意外ではない。彼らにとって、起業家的であると同時に社会的であるというのは、もはや矛盾する表現ではなく同語反復なのだ。

何億もの人が自らの経済生活のさまざまな部分を、資本主義市場からグローバルな協働型コモンズへとすでに移しつつある。プロシューマーたちは、自分自身の情報や娯楽、グリーンエネルギー、マスメディア、3Dプリンター製品、大規模な公開オンライン講座を協働型コモンズにおいて限界費用がほぼゼロで新たに生み出したりシェアしたりしているだけではない。自動車や住宅、果ては衣服まで、ソーシャルメディアのサイト、レンタル店、再流通クラブ、協同組合などを通して、低い限界費用やほぼゼロの限界費用でシェアしてもいる。ますます多くの人が、診断を改善して病気に対する新たな処置や治療法を見つけるために、やはり限界費用がほぼゼロで、「患者主導の」医療ネットワークで協働している。そして、若い社会的起業家たちは、生態系に配慮した企業を設立し、クラウドファンディング〔おもにインターネット経由で不特定多数の人が資金を提供すること〕を利用して新規事業の資金を集め、この新しい経済で用いる代替の社会的通貨《ソーシャルカレンシー》さえ生み出している。その結果、市場における「交換価値」は、協働型コモンズにおける「シェア可能価値」に取って代わられつつある。プロシューマーが協働型コモンズで自らの財やサービスをシェアするとき、市場交換経済に適用されるルールブックは社会生活ではほとんど通用しなくなる。

経済的成功の見直し

世界中で見え始めてきている新しい種類の長期的景気停滞と思《おぼ》しきものについて、エコノミストやビジネスリーダー、官僚たちの間で現在議論が起こっているが、それは経済が市場での交換価値から協働型コモンズでのシェア可能価値へ移行するという、目下進行中の大転換の表れなのだ。

世界のＧＤＰは今回の大不況を受けて、伸びが鈍り続けている。エコノミストはその原因として、高いエネルギーコストや人口動態、労働人口の伸び悩み、消費者と政府の負債、世界の収入のうち富裕層に回る額の増加、出費を嫌う消費者による買い控えといったものを指摘するが、その一方で、ＧＤＰの伸びの鈍化を、少なくとも部分的には説明できそうな、より広範に及ぶ根本的な要因が考えられる——その要因は、まだ姿を見せ始めたばかりではあるが。財やサービスを生産する限界費用がさまざまな部門で次から次へとゼロに近づくなか、利益は縮小し、ＧＤＰは減少に転じ始めている。そして、しだいに多くの財やサービスがほぼ無料になるにつれ、市場での購入は減少し、これまたＧＤＰにブレーキをかける。依然として交換経済で購入される財でさえ、量が減ってきている。かつては購入していた財を、共有型経済の中で再流通させたりリサイクルしたりする人が増えたため、使用可能なライフサイクルが引き延ばされ、結果としてＧＤＰの損失を招いているのだ。しだいに多くの消費者が、財の所有よりも財へのアクセスを選択し、自動車や自転車、玩具、道具といったものの使用時間に対してだけお金を払うことを好むようになりつつあり、これがまたＧＤＰの減少につながっている。一方、自動化とロボット工学、人工知能（ＡＩ）のせいで、何千万もの労働者が職を失い、市場での消費者の購買力は縮小を続け、さらにＧＤＰが減少する。それと並行してプロシューマーの数が増え、市場における交換経済から協働型コモンズにおける共有型経済へと経済活動が移るにつれ、ＧＤＰの伸び率はさらに縮まっている。

要するに、不景気の原因は他にもたくさんあるかもしれないとはいえ、重要な変化はようやく起こり始めたところで、それが経済の不振の部分的理由になっている可能性があるのだ。その変化とは、資本主義体制の緩やかな凋落と協働型コモンズの台頭であり、協働型コモンズにおいては、経済的繁栄は市場資本の蓄積よりも社会関係資本の集積によって評価される。今後の年月に予想されるGDPの一貫した下落の原因は、経済的価値をまったく新しい方法で評価する、活気に満ちた新たな経済パラダイムへの転換に、しだいに帰せられるようになってゆくだろう。

その変化がこれ以上ないほど明白に見て取れるのが、経済的成功はどう判断するのが最善かについてのグローバルな議論で、これはますます盛んになってきている。資本主義市場における景気動向を評価する従来の指標であるGDPは、毎年生産される財とサービスの総計を示すことにもっぱら焦点を当てており、好ましい経済成長と好ましからざる経済成長を区別しようとはしない。したがって、有毒廃棄物の投棄場の除染や警察による防犯活動、刑務所施設の拡張といった支出の増大や、軍事支出なども、すべてGDPに含まれる。

今日、金融資本および市場における財やサービスの交換から、社会関係資本および協働型コモンズにおける財やサービスの共有へという経済生活の転換のせいで、景気動向をどう評価すべきかについての社会の考え方が根本から変わりつつある。欧州連合や国際連合、経済協力開発機構、多数の先進工業国と開発途上国が、経済発展の度合いを測定する新たな基準を導入している。それは、経済的生産物の単なる量ではなく、「生活の質」の指標を重視する基準だ。人々の教育水準、医療サービスの普及度、乳児の死亡率と平均余命、環境管理と持続可能な開発の程度、人権の擁護、社会における民主的参加の度合い、ボランティア活動の水準、人々がレジャーに費やせる時間数、貧困線より下の人口の割合、富の公平な分配といった社会的優先事項が、社会全般の経済的繁栄を政府が評価するために用いるカテゴリーに新たに加えられているのだ。GDPという基準は今後数十年の間に、市場交換経済が縮小するのにつれ、経済的指標としての重要性を失ってゆく可能性が高い。おそらく二一世紀のなかばまでには、協働型コモンズにおける生活の質という指標が、各国の経済的繁栄を測るリトマス試験紙の役を果たすようになっているだろう。

交換経済と共有型経済との間で繰り広げられる闘いにおいて、エコノミストたちの最後の拠り所は何かというと、それは、もしすべてがほぼ無料になれば、発明家と起業家は初期費用をどうしても回収できないだろうから、イノベーションを起こして新しい財やサービスを生み出そうとするインセンティブがなくなる（したがって、共有型経済は行き詰まる）という考え方だ。だが現実には、何百万というプロシューマーがソーシャルコモンズで自由に協働し、知的財産権の束縛から解放されてオープンソース化した法的取り決めを利用しながら、新しいITやソフトウェア、新たな形態の娯楽、新しい学習ツール、新しいマスメディア、新しいグリーンエネルギー、3Dプリントした新製品、新しいピアトゥピアの医療研究の取り組み、新しい非営利の社会的起業家のビジネスベンチャーを生み出している。その結果、二〇世紀に資本主義市場経済が経験したイノベーションの大躍進に、少なくとも匹敵するほどの創造性の高まりが起こっている。

台頭する協働型コモンズにおけるイノベーションと創造性の大衆化からは、金銭的な見返りを得たいという願いよりも、人類の社会的福祉を増進したいという欲求に基づいた、新しい種類のインセンティブが生まれつつある。そして、それが功を奏している。

資本主義市場が完全に姿を消すことはなさそうではあるが、それが文明世界の従うべき経済的指針を一手に定めることはもはやなくなるはずだ。限界費用が高いため、市場での交換が正当化でき、投資収益が確実に得られるほどの利益が挙がる財やサービスは依然としてあるだろう。だが、ますます多くのモノがほぼ無料になる可能性のある世界では、社会関係資本が金融資本よりもはるかに重要な役割を果たし、経済生活はしだいに協働型コモンズで営まれるようになるだろう。

本書の目的

本書の目的は、協働型のさまざまな取り組みを単に羅列することではない——芽吹き始めた協働型の世界に関しては、すでに何百という記事や何十という書物が出ているのだから。むしろ本書では、資本主義時代に私たちが生きる拠り所としてきた核心的価値と私たちが築いた制度や機関が、この人間行動の変化によって時代遅れになってゆく経緯を吟味し、来るべき協働の時代を推し進める新しい価値観や制度、機関を探求する。

これまで、台頭してくる協働型文化に関して書かれた多くの本や記事は、新しいビジネスの形態は混乱を招きこそすれ、市場資本主義と、その仇敵である国家社会主義が基盤とする包括的前提を、最終的には脅かさないものと決めてかかってきた。協働型の未来は、社会全体における私たちの関与と創造性を大いに拡張し、事実上すべての分野における制度の下や機関の中での営みを非階層化してゆくが、それでも最終的には、今より人道的で効率的になった資本主義市場の中に収まりうるという見方が、この新しいモデルの最も熱心な推奨者の間でさえ主流だ。

現在のグローバルな資本主義のありようを一瞥《いちべつ》すると、たしかにその力は衰えを知らないように見える。「フォーチュン」誌の世界企業五〇〇社番付に入る企業は、相変わらず地球上のビジネスを支配する力を強め続けており、二〇一一年の売上は世界のＧＤＰの三分の一を上回った[28]。資本主義体制の巨大な力とそれが及ぶ範囲を考えると、資本主義が果たす役割が大幅に縮小した世界は、なかなか想像できない。

ポスト資本主義の生活を予期するのがこれほど難しいのは、一つには、新しい通信テクノロジーやエネルギー源、輸送形態が演じるきわめて重要な役割がわかっていないからだ。この三者は、時間と空間のダイナミックな力を新たな方向に向かわせ、より多くの人が集まって、より複雑で相互依存の度合いが大きい社会的組織にまとまることを可能にする。この変化に伴うテクノロジーのプラットフォームは、インフラを形成するとともに、経済がどう構成され管理されるかをも決める。一九世紀には、蒸気を動力源とする印刷と電信が、石炭を燃料とする鉄道と工場の複雑なシステムを結びつけて管理するコミュニケーション媒体となり、人口密度の高い都市圏を接続して国内市場を網羅した。二〇世紀には、まず電話が、後にはラジオとテレビが、地理的により広範に分散した石油と自動車と郊外の時代の大量消費社会を管理し、そこで商品を売買するためのコミュニケーション媒体となった。二一世紀には、しだいに相互接続が進むグローバル・コモンズにおいて、インターネットが、分散型の再生可能エネルギーと自動化されたロジスティクスと輸送手段を管理するコミュニケーション媒体になりつつある。

第一次・第二次産業革命のテクノロジー・プラットフォームは中央集中化され、トップダウンの指揮・統制下に置かれていた。化石燃料は特定の場所でしか見つからず、地下から取り出してエンドユーザーに行き渡らせるには、中央集中化した管理が必要だからだ。そして、中央集中化されたエネルギー体制は、新しい動力源によって可能になった商取引の猛烈な高速化を管理するための、垂直統合型のコミュニケーション形態を必要とする。

中央集中化したコミュニケーション／エネルギー／輸送マトリックス〔コミュニケーション媒体とエネルギー体制と輸送手段が一つになった基盤〕を確立するには莫大な資本コストがかかるので、これらのテクノロジー・プラットフォームに組み込まれ、それに依存している工業分野や商業分野の新しい企業も、バリューチェーン全般に及ぶ、巨大な垂直統合型の事業を自ら生み出さなければならなかった。それが、投資収益を保証するのに十分な、規模の経済〔生産規模や生産量の増大に伴う収益率の向上。スケールメリット〕を確保する唯一の道だったからだ。第一次・第二次産業革命においては、垂直統合型の企業を確立する初期費用は莫大だったので、巨額の投下資本が必要とされた。

それでも、その巨額の投資は採算がとれた。バリューチェーン全体を一括管理することで、企業はコストのかかる中間業者の一部を排除できたため、限界費用も市場で売られる自社の財やサービスの価格も大幅に削減できた。だが皮肉にも、まさにその垂直統合により、各業界で一握りの市場リーダーが出現してそれぞれの分野を独占することが可能になった。その結果、新規企業はさらに新しいテクノロジーを導入して限界費用と財やサービスの価格を下げるのを妨げられ、市場に足場を確保して十分なシェアを獲得し、効果的に競争するのを阻まれることが頻繁にあった。

第三次産業革命では、オープンアーキテクチャー〔設計構造が公開されていること〕と分散型という特徴を備えたＩｏＴインフラが出現し、協働型コモンズの社会的企業が、資本主義市場で営業している垂直統合型の巨大企業の独占的支配を打ち破ることができる。ＩｏＴは、水平展開型のコンチネンタル・ネットワークやグローバル・ネットワークにおいて、限界費用がほぼゼロでのピア・プロダクションを可能にするからだ。

まず、ＩｏＴのテクノロジー・プラットフォームが依存しているのは再生可能エネルギーで、それはある程度の頻度あるいは比率でどこにでも見つかる。そのうえ、環境からエネルギーを獲得するための採取《ハーベスティング》テクノロジーは、しだいに安くなっており、今後一〇年で携帯電話やコンピューターと同じぐらい安価になるだろう。屋根に降り注ぐ日光や建物の側面に当たる風、キッチンでバイオマス〔生物起源燃料〕に変えられるゴミは、採取テクノロジーへの固定投資が回収されたあとはほぼ無料で、それは、私たちが今インターネットで生み出したりシェアしたりしている情報がほぼ無料なのとまったく同じことだ。ただし、水平型の規模の経済を生み出して社会の全員のために限界費用をゼロにするには、これらの分散した再生可能エネルギーを協働型のネットワークに組み込み、コミュニティや地域全域でピアトゥピアでシェアする必要がある。このような再生可能エネルギーを管理できるだけの柔軟性を持っている仕組みはＩｏＴをおいて他にない。なぜなら、ＩｏＴのテクノロジー・プラットフォームは分散型・協働型かつピアトゥピアであり、再生可能エネルギーのプラットフォームも同様に構成され、組織されることになるからだ。

分散型のＩｏＴインフラを実用化するための固定費は相当な額にのぼるとはいえ、第一次・第二次産業革命の集中型のテクノロジー・プラットフォームを構築して維持するために必要な費用よりははるかに少なくて済む。そのうえ、ＩｏＴは固定費が少ないだけではなく、財やサービスの生産と流通におけるコミュニケーションやエネルギーや輸送の限界費用も下げる。バリューチェーンのあらゆる段階で手数料を課す中間業者の生き残りを事実上一掃することで、中小規模の事業、とりわけ協同組合などの非営利事業や、何十億というプロシューマーは、自らの財やサービスを協働型コモンズで、限界費用がほぼゼロでシェアできる。固定費と限界費用の両方が下がれば、分散型のピアトゥピアのネットワークで新たな事業を起こすための参入コストが劇的に減る。参入コストが少なければ、起業家や協働者になって、コモンズで情報やエネルギー、財やサービスを生み出したりシェアしたりしようという人が増えるだろう。

ＩｏＴのインフラの確立と協働型コモンズによってもたらされる変化は、商業という限られた世界よりもはるかに広範に及ぶ。いかなるコミュニケーション／エネルギー／輸送マトリックスも、社会と経済生活をどのように構成すべきかについての、一連の幅広い規範を伴うものだ。そしてそれは、私たちの能力を高めてくれる新しいテクノロジーによって実現の目処《めど》が立った可能性や潜在性を反映したものとなる。これらの規範は、包括的な信念体系として神聖視されるようになる。すなわち、社会の新しい経済パラダイムは自然の秩序の反映であり、したがって、社会生活を営む唯一の正当な方法であると、人々が信じ込むのだ。歴史上、社会による自然界の秩序の捉え方が、環境との関係性を調整するその社会ならではの方法と相容れない例など、私は一つとして知らない。どの社会も、周りの世界に働きかける自らの方法をなぞった自然観を構築してきた。そうすれば、自らの社会の構成は自然の道理に適っていると安心できるからだ。このように集団的自己正当化が無意識のうちに進行し、民衆の心にしっかりと根づくと、経済と社会の構成のされ方に対する批判は、どんなものであれ異端の説あるいは愚かな言葉と見なされるようになった。なぜならそうした批判は、経済と社会が自然や宇宙を支配している法則と相容れなかったからだ。それぞれの経済パラダイムを支配していた自然観は、つまるところ、現状を守ることに関しては、歴史上の軍隊をすべて合わせたよりも信頼できる、社会の安定の保障者だったのだ。

だからこそ、パラダイムシフトは甚だ破壊的で痛みを伴う。パラダイムシフトは、既存の経済モデルと社会モデルの根底にある稼働ロジックや、両モデルに伴う信念体系とそれらを正当化する世界観にも疑問を呈する。

資本主義市場から協働型コモンズへの移行とともにもたらされるであろう経済的、社会的、政治的、心理的な大変化を完全に理解するには、その一助として 人類の歩みにおけるこの転機を、中世後期に起こった封建的経済から市場経済への移行や、近世に起こった市場経済から資本主義経済への移行に伴って起こった、同じぐらい破壊的な変化の文脈に当てはめるとよいだろう。どちらの移行の場合にも、新しいコミュニケーション／エネルギー／輸送マトリックスへの転換が、新たな経済パラダイムへの転換をどのように引き起こし、人間社会の大半で世界観を根本から変えたかを理解すれば、経済の歩みを先導し、私たちを現在へと導いた発展の仕組みがより把握しやすくなるだろうから。この仕組みが把握できれば歴史的展望が得られ、今度は資本主義市場から協働型コモンズへとパラダイムが再びシフトするなか、今日グローバル経済全体で起こっている激しい変化に対処できるだろう。

第I部

資本主義の語られざる歴史

第2章 ヨーロッパにおける囲い込みと市場経済の誕生

ヨーロッパの封建的経済は、自給自足型のコミュニケーション／エネルギー複合体と特徴づけるのが最もふさわしい。エネルギー・マトリックスの大半は、農奴と牛馬だった。ヨーロッパの森林からは、暖房と小規模な冶金のための熱エネルギーが豊富に得られた。聖職者と、荘園の領地を支配していた少数の地主を除けば、人々は字が読めず、経済生活は口述文化の時間・空間的制約に縛られていた。ローマ人が建設した古い道路は荒れ放題だったので、七世紀から一二世紀にかけて、商業や交易は事実上姿を消し、経済生活は、何千もの孤立した地方で自給自足の農業にほぼ全面的に依存して営まれる素朴な状態に逆戻りした[1]。実質的にすべての経済的生産はすぐさま利用するためのもので、ごくわずかな余剰産物が地元の市《いち》で取引され、ヨーロッパの田園地方に散在する荘園の地所や小村での日常生活を補っていた。

封建時代のコモンズ

ヨーロッパではみなそうなのだが、イギリスでも農耕生活は共有地《コモンズ》を中心に組織されていた。封建領主は、さまざまな条件の下で土地を農民たちに貸していた。自由保有農は、代々土地の保有を保証され、先祖伝来の土地から追い出されることはなかったが、定期借地農はそこまで恵まれておらず、占有（保有）期間は限られており、三世代を超えて土地を保有できることは稀で、その後は、領主が新しい借地契約条件を課すことも、貸すのをやめることもできた。慣習保有農は、領主の裁量、あるいは荘園裁判所の記録に基づいて土地を借用（保有）していた。

借地契約には、農民が収穫の一定の割合を領主に納めるか、自らの畑に加えて領主の畑でも一年を通して働くかすることが定められていた。中世後期には、限定的ながら貨幣経済が浸透したので、農民は借地の条件として、領主に小作料あるいは税を納めることを求められた。

封建時代の農業は、共同社会の形態で構成されていた。農民たちは全員の土地をまとめて開放耕作地や共同牧草地にし、共同で農作業を行なった。コモンズは、ヨーロッパで最初の原始的な民主的意思決定の実践の場となった。農民の代表者組織が経済活動を監督する責任を負い、種蒔きや穫り入れ、輪作、森や水資源の利用、共同牧草地で放牧できる家畜の数などについて決めた。

封建時代の財産所有の概念は、今日のものとは完全に異なる。私たちは、財産とはもっぱら個人的な所有物で、保持したり市場で交換したりできるものと考えている。それとは対照的に、封建時代の経済においては、この世のものはすべて被造物（神の創造物）で、もっぱら神の裁量に委ねられていた。そして被造物は、最も下等なものから天上の天使へと上向きにしだいに高くなる形で厳密に構築されたヒエラルキー、いわゆる「存在の大いなる連鎖」と考えられていた。この霊的な階層の各段に載ったものはそれぞれ、被造物全体が確実に適切に機能するようきっちり定められた義務を守り、自らの上下に位置するものたちに対する務めを果たすことが見込まれていた。この神学的枠組みの中で、財産は、上は天の玉座から、下は共有農地で働く農民までの各層に、ピラミッド状に付与された一連の委託物として概念化されていた。この枠組みでは、財産は独占的に所有されることはなく、持てる者の義務について定められた掟に従い、さまざまな責任の領域に分割されていた。たとえば、王が荘園領主あるいは臣下に土地を与えたときには、「土地に対する王の権利は、手放した特定の利権を除いて、そのまま残った」。元ハーヴァード大学の歴史学者リチャード・シュラッターは、こう説明する。「誰一人、土地を所有していると言える者はいなかった。王から借地人、転借人、さらにはそこを耕す小農に至るまで、誰もが一定の支配権を持っていたが、絶対的な所有権を持つ者は一人もいなかった[2]」

封建時代の経済は、あまり変わることなく七〇〇年以上にわたって続いた。ところが、一五〇〇年代に、まずはチューダー王朝時代のイングランドで、後にはヨーロッパの他の国々でも、新たな経済の力が封建時代の秩序を少しずつ崩し始めた。共同で維持されてきた土地が、ときには王の許可の下で、別の場合には村のコモンズの合意の下で、囲い込まれて私有財産に変わり、市場で交換されるようになったのだ[3]。

多くの歴史学者が「貧者に対する富者の革命」と見なす囲い込み運動は、一六世紀から一九世紀前期にかけてイングランドで行なわれ、経済と政治の状況を根本から変えた。何百万もの農民が先祖代々の土地から立ち退かされ、自由契約者《フリーエージェント》として行動することを余儀なくされ、以後その労働力は、芽吹き始めた中世の市場で賃金と引き換えに利用されうるようになった[4]。

イングランドの囲い込みの第一波は、二つの関連した現象が口火となり、それら二つが相乗作用を起こして封建時代の秩序を突き崩した。初期の段階では、都市人口の急増が食糧需要の増大を招き、そのせいで悪性インフレが引き起こされたが、封建領主たちは、地代がインフレ以前のレート（面積当たりの料率）に固定されていたために、しだいに苦境に立たされた。それと同時に、繊維産業の台頭によって羊毛の価格が押し上げられたため、領主は共有地を囲い込んで羊の飼育に切り替えるほうが金銭的に有利になった[5]。

土地を追われた何十万という農民は、ほんの数年前までは我が子を養う燕麦《えんばく》やライ麦のために耕していた草地で羊が草を食《は》むのを、なす術もなく見守っていた。人々が至る所で落ちぶれて飢えに苦しんでいるのを尻目に、羊が太らされ、毛を刈られ、イングランドや大陸で次々に設立される新しい繊維工場に羊毛が急送された。

サー・トマス・モアは、小説『ユートピア』で、当時の苦々しい思いを捉え、地主階級の強欲を酷評している。

いつもあれほど従順でおとなしく、あれほど小食だったあなたの羊たちが、今では聞くところによると、たいへんな大食いの乱暴者になり、人をも食らい、丸呑みにするという。やつらは野も家も町も、そっくり平らげ、破壊し、食い尽くす[6]。

囲い込みの第二波はおおむね一七六〇年から一八四〇年代までの間に起こった[7]。当時、第一次産業革命がイングランドをはじめ、ヨーロッパ各地に拡がり始めていた。新しい経済は、都市人口の果てしない拡大と、食糧需要の増大をもたらした。物価の上昇に駆り立てられて、地主たちは残る土地を囲い込み、ヨーロッパを自給自足型の農村経済から近代的な市場主導の農業経済へと導く、長い転換を完了させた。

大規模な囲い込みとそれに続く市場経済は、所有関係を条件付きの権利から独占的所有権へと、本質的に変えた。何世紀にもわたって人々が土地に帰属してきたが、今や土地のほうが、公開市場で交渉も交換も可能な不動産という形で個々の人に帰属することになった。先祖代々の土地は、商業上の利益の追求にあたって、資本と信用の両方の源泉として利用できる商品経済的資源に変化したのだ。人の労働も同様に、共同社会の義務と社会的地位ではなく契約関係によって統治される新しい世界で、市場において自由に売買できる独占的財産の一形態となった。

イングランドの田園地方の囲い込みは、市場で機能する私有財産という近代的な概念だけではなく、それを監督する法律制度ももたらした。封建的経済では、経済的交換は非常に限られており、近親や親族コミュニティの枠を超えることは稀だった。執行可能な慣習法とそれに付随する制定法がなかったため、人々は直近の社会的範囲の外で財産を売買することに乗り気ではなかった。緊密な間柄の親族コミュニティでは、近隣の人どうしの交換が信頼できるものであることは、本人の言葉が保証していた。

私有財産制が近代的市場を存続可能にしていることは、一般に認められている。だが、執行可能な法体系なしでは、見知らぬ人どうしが財やサービスを交換する匿名の市場は存在しえない事実に気づくことも重要だ。市場で運営される私有財産制が完全に機能するには、売り手と買い手に契約の義務を果たさせるような、警察と裁判所に支えられた法律制度が必要とされる。封建時代のコモンズにおける保有者の義務から近代的な市場での財産権への移行に足並みを揃えて成熟したイングランドの法体系は、古い秩序から新しい時代への移り変わりを確実にする上で役立った。

封建的な生活から近代的な市場経済への変遷において、羊毛市場の拡大と、法的に執行可能な私有財産制の発達が重要だったことは、ほとんどの歴史学者が認める。とはいえ、そこには他の経済的要因も働いていた。北ヨーロッパにおける重量有輪鋤《すき》、牛から馬への移行、二圃《にほ》式農業から三圃《さんぽ》式農業への転換のような、数々の新しい農業テクノロジーが、一三世紀と一四世紀に農業の生産性を大幅に増大させ、それが人口の劇的増加（それが一時的に中断したのは、ペストの大流行のときのみ）と都市生活の出現につながったことは人類学者の指摘するとおりだ。この時代の歴史的な説明も、冶金における新しいイノベーションや、往復運動から連続した回転運動への転換に拍車をかける助けとなったカム、バネ、ペダル、精巧なクランク、連接棒、調整器といった数々の機械関連の発明に焦点を当てる[8]。

こうした進展はみな重大だったが、一握りの歴史学者たちが「中世の原初的産業革命」と呼ぶものを引き起こした、より根本的な変化には及ばない。

市場経済の台頭

封建的経済から市場経済への転換をもたらして、ヨーロッパの経済パラダイムと社会構造を変えるのに一役買ったのは、中世後期における印刷革命と水力・風力との出合いだ。多くの歴史学者と経済理論家がしばしば見落としてしまうのだが、資本主義経済の源は、ヨーロッパの大半（と、後にはアメリカ）に存在していた、原初的産業市場経済であって、それ以前の封建的経済ではない。公平を期するために言っておくと、アダム・スミスとカール・マルクスはそれぞれ、少なくとも自らの著作の中で水力と風力に触れている。スミスは動力を産出する新たな源泉を分業の一例とし、マルクスは水力と風力の断続性を、信頼できる絶え間ない生産サイクルを保証する、蒸気の力の確かな連続性と対比させている。マルクスは当時の知識人の例に漏れず、封建的経済と、そこから発生した近代の経済を区別しそこない、「手動の碾《ひ》き臼は封建領主が君臨する社会を生み、蒸気で作動する碾き臼は産業資本家が力を振るう社会をもたらす」と誤って述べたことで有名だ[9]。実際には、風力エネルギーが、権力を中世の封建領主から町の住民と新興の市民階級へと移して両者の力関係を根本的に変えるのを助けたのだった。

マルクスは印刷機の重要性にもさりげなく言及しているが、それは科学的関心と探究を蘇らせる手段としてにすぎない。

火薬と羅針盤と印刷機こそが、ブルジョア社会を登場させた三大発明だ。火薬は騎士階級を木《こっ》端《ぱ》微塵《みじん》にし、羅針盤は世界市場を発見して植民地を創設し、印刷機はプロテスタント主義と科学全般の再生の道具——知性の前提条件を生み出すための、最も強力な梃子《てこ》——となった[10]。

このようにスミスもマルクスも印刷革命や水力・風力に触れたとはいえ、両者が互いに必要不可欠で、この二つが揃ったおかげで、経済のパラダイムシフトのための汎用テクノロジー・プラットフォームが生み出され、ヨーロッパの社会的・政治的状況が変わったことを理解していなかったようだ。

水車は大昔から知られており、古代ローマであれこれ試されたものの、動力源として奴隷に取って代わるほどまで開発されることはなかった。だが、ヨーロッパで一〇世紀と一一世紀に始まった新たなテクノロジーのイノベーションによって、水力は一気に経済生活の中心に収まった。国勢調査によれば、一一世紀後期にはイングランドの三四の州で五六〇〇基を超える水車が稼働していたという。当時フランスには二万基の水車があり、これは平均すると二五〇人につき一基ということになる[11]。その経済効果は劇的だった。典型的な水車は、水車場の操業期間のおよそ半分にわたって、二～三馬力を生み出す。水車が一基あれば、一〇～二〇人の労働者に取って代わることができた。フランスだけでも、水車で生み出される水力エネルギーは、国内の成人人口の四分の一が生み出す動力に匹敵した。これは動力量の驚くべき増加だった[12]。

初期の水車場の大半は、荘園領主が出資し、彼らの領地を流れる大小の川に造られた。ヨーロッパに出現しつつあった町や都市は、独自の水車場を造り、領主のものと競合する動力源を獲得した。水の流れがなかったり、あまりに断続的だったり、領主の所有地にあったりしたときには、町や都市は風力に頼った。ヨーロッパ初の風車は、一一八五年にイングランドのヨークシャーに建設された[13]。風車はヨーロッパ北部の平原に急速に広まった。風は至る所で吹いており、王侯の土地に限定されておらず、無料だったので、この動力源はどこにでも設置できた。町や都市は我先にこの新しいエネルギー体制を採用し、この動力源を手に、地元の領主と互角に渡り合えるようになった。都市の市民階級は、風が新しい民主的な動力源をもたらしてくれることを踏まえて、この新たなイノベーションを「庶民の水車[14]」と呼んだ。

水車や風車は、穀物を挽《ひ》いたり、皮をなめしたり、洗濯をしたり、溶鉱炉のふいごを動かしたり、塗装のための顔料を作ったり、オリーブを押し潰《つぶ》したりし、その他さまざまな経済活動にも使われたが、水車は縮絨《しゅくじゅう》産業で最も重要な役割を果たした。縮絨は毛織物を仕上げるときの第一歩だ。毛織物は織り上がると、不純物を洗い落としてきれいにし、水の中で叩いて織り目を密にする。これは従来、男たちが桶の中で布を踏みつけて行なっていた。この縮絨の過程を、水車が一変させた。人間の足に木製のハンマーが取って代わった。このハンマーは、水車から動力を供給された装置によって上下した。ハンマーが一組あれば、大勢の縮絨工の代わりになり、しかもたった一人で操作できた。

縮絨機が劇的な生産性拡大をもたらしたおかげで、土地の利用法が変わった。自給用の食物の栽培から、輸出や市場での交換用の羊毛生産のための羊飼育へと切り替えれば経済的で、非常に大きな利益が生まれるからだ。縮絨機が「一三世紀の産業革命[15]」と言われることがあるのも無理はない。歴史学者のE・M・ケアルス＝ウィルソンは、こう語っている。縮絨機の登場は「革命であり、国全体に機会と繁栄をもたらし……中世イングランドの様相を変えるよう運命づけられていた[16]」。この点で、縮絨の機械化は「一八世紀における紡績と織物の機械化と並ぶ決定的に重要な出来事だった[17]」とケアルス＝ウィルソンは言う。

蒸気の動力の導入と第一次産業革命を目前に控えた一七九〇年代には、ヨーロッパでは五〇万を超える水車が稼働しており、これは二二五万馬力に匹敵した。それに比べると数は少ないとはいえ、当時稼働していた多数の風車は、水車よりもさらに多くの動力を産出していた。平均的な風車は一基で三〇馬力以上生み出せた[18]。

新しいエネルギー源をめぐって封建貴族階級と町や都市の新興市民階級とが激しく争ったものの、広範に分散し、たっぷり手に入るこうした動力源は、最終的には後者に有利に働いた。都市の職人と商人の力が、史上初めて封建領主の力に並び、それを凌ぎさえし、持てる者の義務を軸に構成された封建的経済から、所有権を中心に構成された市場経済へと経済パラダイムをシフトさせるのに必要な強みを市民階級に与えた。中世史の研究家リン・ホワイトは、水力・風力と、この新しい動力源に伴う多数の新テクノロジー導入の経済的意義を、次のようにまとめている。

ヨーロッパは一五世紀後半までには、それ以前のどの文化で知られていたよりもはるかに多様化した動力源を手中にしていたばかりではなく、そうしたエネルギーを捉えて導いて活用するにあたっても、過去のどんな人々が持っていたよりも、そしてまた、当時の旧世界や新世界のどの社会で知られていたよりも、計り知れぬほど多彩で巧みな技術的手段を豊富に備えていた。一四九二年以降のヨーロッパの発展は、膨大なエネルギー消費と、その結果である生産力、経済力、軍事力に負うところが大きい[19]。

自給自足の経済から市場経済へ、消費のための生産から交換のための生産へという転換は、人類の歴史における画期的な出来事だった。だが、新たな動力源が生み出す経済活動の、以前より増大した流れを管理するために、コミュニケーション革命が伴っていなければ、この転換は不可能だっただろう。その革命をもたらしたのが、一四三六年にドイツのヨハネス・グーテンベルクが発明した印刷機だった。

新しい印刷機はただちに日常生活に影響を及ぼし、その結果は、今日のインターネットの導入に少しも劣らぬほど重大だった。流通するようになった印刷物の量の多さには驚くべきものがある。

コンスタンティノープル陥落の年である一四五三年に生まれた人が、五〇歳のときに振り返ると、自らの生涯におよそ八〇〇万冊の書物が印刷されていたことになり、これは、三三〇年にコンスタンティヌス一世が自らの都を建設して以来、ヨーロッパの筆写人全員が生み出した写本の数を上回るかもしれない[20]。

私たちは今日、印刷術を当たり前のものとしか思っていない。印刷は完全に日々の暮らしの一部になり、私たちは印刷された文字を目にしながら育ったせいで、自らの思考様式がどう影響を受けたかなど、あらためて考えてみることはまずない。中世の写本は、一人ひとりの筆写人が独自の貢献をしたために、それぞれ独特で多様なのに対して、印刷は個人特有の要素を排除し、それに代えて、知識へのより合理的で慎重で分析的なアプローチを採用した。そして、記憶に依拠し、それゆえに紋切り型の応答に頼る口頭でのコミュニケーションとは違い、印刷物は記憶を保存し、目次や索引、脚注、参考文献一覧という形で情報の検索を体系化し、人が語彙を深め、拡大し、特定の瞬間あるいは経験に合わせられるような、ニュアンスのはるかに豊富な言語を発達させることを可能にした。

印刷術は、人間が仕事を行なう方法にも深遠な影響を及ぼした。印刷術は図表やリストやグラフをもたらし、周りの世界について、誰かの個人的な評価よりも客観的で正確な説明を提供することになった。印刷術は、地図を標準化しただけでなく、安価で、大量に複製可能なものにしたので、陸上の旅や航海は以前よりも予測可能性が高まり、商取引を行ないやすくなった。

印刷術はまた、遠隔地との取引を進めて市場交換をより広域に拡大するためのカギとなる商業契約も可能にした。私たちは忘れがちだが、経済的交流が話し言葉に依存していた封建的経済では、経済活動は徒歩圏内で声の届く範囲におおむね限られていた。口述文化では、金銭的な取り決めを確定するには、本人の「言葉」で十分だった。今日でさえ英語では、会計士は会計監査を指して、「聴く」という言葉に由来する「audit」という単語を使う。これは、取引が信頼できるものであることを立証する方法として、監査役たちが金銭上の情報を声に出して互いに告げ合っていた、印刷以前の封建時代における経済生活の名残だ。それに対して、印刷術は近代的な簿記への道を拓いた。標準化された船荷証券や予定表、送り状、小切手、約束手形は遠方まで届けたり、長期にわたって保管したりできるので、水力と風力という新しい動力源によって可能になった商業活動の速度や距離、範囲にも対応できる、融通が利いて発展性のある管理ツールが得られた。印刷術のおかげで、商業的な「信頼」は、本人の署名を添えて文字で表記された明細書に込めることができるようになった。

印刷術と再生可能エネルギーが相まって、識字と動力の両方を大衆化し、封建的な生活の階層構造に対して恐るべき挑戦状を突きつけた。印刷革命と風力・水力によって生み出された相乗作用に、道路や川による輸送の着実な改善も加わり、交換が迅速化し、取引コストが下がり、より広大な地方市場での取引が可能になった。

この新しいコミュニケーション／エネルギー／輸送マトリックスは、距離を縮めて時間を速め、何世紀もの間孤立していたさまざまな人を束ねて共同で経済的目的を追求させたばかりか、それによって、他者に対して従来は見られなかったほどまで心を開くことを奨励し、国家や民族にこだわらない考え方の拡がりを促した。何世紀も前から生活を貶《おとし》めていた偏狭な愛郷心や外国人嫌いは徐々に消え始め、新しい可能性が拓けるという感覚が人間の心を捉えた。この時期に、歴史学者が「北方ルネサンス」と呼ぶものが開花し、芸術、文学、科学実験、新世界の探検が盛んになった。

中世後期までには、一〇〇〇を超える町がヨーロッパ各地に現れ、そのどれもが経済活動で活気づいていた。こうした都市には、穀物倉や宿、店に加えて、ありとあらゆる種類の職人が集まり住む場所もできた。これらの新しい都市は、地方領主の権限が及ばないものとされていたので、しばしば「自由都市」と呼ばれた。たとえば、農奴が封建時代のコモンズを逃れて近くの町に一年と一日身を寄せれば、一つの権力圏を無事に離れて別の権力圏に居を定めたことになり、自由の身と見なされた[21]。

新しい町の職人たちは、自らの製品の品質基準を確立し、固定価格を決め、生産量を定めるために、金属細工師、織工、染物師、武具師、石工、刺繍師、ガラス工、筆写人、帽子作り職人、椅子張り職人といった職種ごとに団結し、ギルドを形成した。ギルドは、完全に機能する市場に至る中間点だった。ギルドは、利益を挙げることよりも従来どおりの暮らしぶりを維持することを好み、自らの財の代価として、市場価格ではなく、「公正価格」と呼ぶものを請求した。ギルドは、市場経済の決定的に重要な特徴である自由労働市場と競争価格を避け、現状維持を重んじた[22]。

封建時代のコモンズが崩壊し、安価な賃金労働力が突然得られるようになり、それが印刷機と水力・風力の出合いによって生じた新たな生産能力と相まって、一七世紀にはギルド体制を脇に押し退けるに足るまでになった。商人たちはギルドを迂回し、田園地方のより安価な労働力に仕事を与え(「問屋《といや》」制度と呼ばれる)、かつて商業生活に対してギルドが振るっていた揺るぎない支配力を確実に切り崩していった。問屋制度は、全面的な市場経済への道をつけた[23]。

商人たちが職人のギルドとせめぎ合っている間に、小規模製造業の事業主たち(その多くが、自らの小工場の動力源として新しい水力エネルギーや風力エネルギーを利用していた)の新たな勢力が、別方面でギルドと闘い、自分たちのより安価な財が売れるよう、国内市場を開放しようとしていた。

新しい製造業者は、国内市場の開放を求める点では商人たちと目的を共有することになった。そこで彼らは、国内での自由取引や、労働移動の制限撤廃、法律に沿った商業契約の履行、市場拡大のための輸送の改善を共同で支持した。とはいえ両者は、外国と取引を行なうための輸出の問題に関しては袂《たもと》を分かった。商人は君主政体側につき、国内の取引よりも国外との取引を重視する植民地政策を追求した。国内生産を厳しく統制して品質の高い財を安価で調達し、国外でたっぷり値を吊り上げて販売し、貴金属で支払いを受けるというのが、重商主義者の理念だった。一方、国外の植民地は、完成品の生産を許されず、本国への逆輸出用の安価な未加工品だけを生産するように制限され、そのあげく、割高な価格で完成品を本国から買うことを強制された。

重商主義政策は、輸出商人を優遇する反面、植民地のみならず本国の国内製造業者にも打撃を与えた。そのうえ、輸出価格を人為的に高く保つために、国内市場向けの商品の国内生産量を制限するのは、国内の製造業者だけではなく、しだいに数を増す中産階級と都市の勤労貧民たちにとっても不利だった。なぜなら彼らは、高価な国産品を買わざるをえなかったからだ。

ヨーロッパと植民地での、重商主義政策への反対はしだいに激しさを増し、やがて、一七七六年にはアメリカの一三の植民地がイギリスから独立し、続いて一七八九年にはフランス革命が起こり、フランスの君主制が覆った。政治史におけるこれら二つの決定的瞬間は、政治的自由と民主的代表制を確保するばかりではなく、公開市場における自由取引を通して私有財産をも確保するための闘いだったのだ。仮にそれを疑う向きがあったとしても、その疑念は、最初の近代的国民国家各国が誰に投票権を与えるかを検討した時点で、たちまち一つ残らず晴れた。アメリカやイギリス、フランスなど、一八世紀と一九世紀の国民国家の大半は、政府の中心的使命は私有財産と市場経済の擁護であると考えた。新たな国民国家はその理念を念頭に置き、投票権を資産家だけに与え、私有財産の自由交換に基づく市場経済としっかり結びついたのだ。

第3章　資本主義と垂直統合の蜜月

市場における財産の自由な交換と資本主義が同義であると考えることは、けっして珍しくない。だが、それは間違っている。資本主義は自由市場を通して稼働するが、自由市場は資本主義を必ずしも必要とはしないのだ。

資本主義の誕生

中世後期の原初的産業革命は自由市場の台頭につながったが、今日私たちが考えているような資本主義は、一八世紀後期に、蒸気の動力が導入されるまでは登場しなかった。最初期の製造業者は、たいてい身内を雇い、そこに移動労働者が数人加わった、小規模な家族所有の事業を経営していた。そうした事業主たちは市場で活動していたが、資本主義はまだこの体制に入り込んではいなかった。資本主義への転換が最初に始まったのは、織物業においてだ。第2章を思い出してほしい。ぜひともギルドを迂回したい商人たちは、田園地方の安価な労働力に仕事を委託し始めた（下請け契約の先駆けだ）。

都市のギルドの職人たちはそこそこ豊かだったので、自ら織機を所有できたのに対して、田園地方の労働者は貧窮しており、織機を購入できなかった。そこで、商人が織機を提供した。たいていは料金を取って貸しつけた。料金は法外なことが多く、田園地方の労働者は賃借料を払うのにほぼ精一杯で、ほとんど生活費が残らない始末だった[1]。こうして労働者の道具の所有権が商人に移ったために、一つのパターンが確立され、それがやがて経済史の進路を変えることになった。

一六世紀後期には、小規模製造業者の新世代が製造過程で水車や風車を利用する際に、労働者たちを一つ屋根の下に集めることで、規模の経済の恩恵に与《あずか》り始めた。これらの小規模製造業者は、労働者が用いる機械も所有していた。その結果、かつては自らの使う道具を所有していた職人たちは、商売道具をむしり取られ、資本家という新種の親方に仕える賃金労働者に仕立てられた。

織物業は資本家の手に落ち、間もなく、他の業種もそれに続いた。歴史家のモーリス・ドッブは、次のように指摘している。

> したがって、資本に対する生産の従属と、資本家と生産者との間におけるこの階級関係の登場は、旧来の生産様式と新たな生産様式を隔てる、決定的分水嶺と見なされるべきである[2]。

資本家による生産手段の所有の集中と、資本に対する労働の従属は、やがて一八世紀後期には、階級闘争の特徴となる。アダム・スミスは、資本主義をその支配の終焉に至るまで苦しめることになる矛盾の核心を衝いている。土地の囲い込みと、職人の道具の「囲い込み」との類似性を見て取ったのだ。どちらの場合にも、何百万という人が、経済的に生き延びるための手段の支配権から切り離されてしまった。前者では、農奴と小農が先祖伝来の土地を追われ、後者では、職人が商売道具から切り離された。彼らの新たな身分は、体良《てい》く「自由労働者」と呼ばれたが、現実には、その自由には代償が伴った。スミスはそれを理解しており、次のように書いている。

資本の蓄積と土地の領有の両方に先行する、初期の未開社会状態においては、労働の成果はすべて労働した者のものとなる。……［ところが］資本が特定の人の元に蓄積するやいなや、そのなかにはごく自然に、その資本を使って原料と生活の糧を提供し、勤勉な人々を働かせる者が出てきて、それらの人々の労働の成果を売ることで、すなわち、彼らの労働が原料に付与した価値によって、利益を得ようとする［3］。

これは公平に見えないかもしれない。だが、スミスは次のように主張する。

この投機的事業に資本を投入するという危険を冒した企業家の利益のために、なにがしかのものがあてがわれねばならない。したがってこの場合、労働者が原料に付与した価値は二分され、一方は彼らの賃金となり、他方は雇い主が原料代と賃金として払った全資本に対する利益となる［4］。

コモンズから不動産へという土地の変容も、これと類似の論理の筋道をたどった。スミスはこう考えた。「どこであれ一国の土地がすべて私有財産になると途端に、地主たちは他の人々と同様に、種を蒔いてもいない場所から刈り取ることを好み、そこで自然にとれるものにさえ地代を要求する［5］」

それからスミスは、資本主義体制全体を動かしている稼働ロジックを、次のような簡潔な所見に要約している。

あらゆる社会の労働によって毎年集められたり生産されたりするいっさいのもの、それはとりもなおさず、その総価格と同じことなのだが、それが本来、このような形で社会の異なる構成員に分配される。賃金と利益と地代は、すべての交換可能な価値の源泉であると同時に、本来、全収入の三つの源泉でもある。他の収入はみな、最終的にはこれら三つの源泉のいずれかに由来する[6]。

古典派と新古典派の経済学者の大半は、利益は自らの資本を危険にさらす資本家に対する正当な報酬だと考えている。だが、社会主義を信奉する経済学者は、若き日のカール・マルクスに賛同するかもしれない。マルクスは、労働者の貢献のうち、本来支払われるべき賃金から差し引かれ、利益として取っておかれる部分（剰余価値）は不正な横領であり、生産を共有化して、労働者に自らの労働による貢献の恩恵を全面的に享受させるほうが公平であると主張した。

資本主義は中世の原初的産業革命では、ほとんど何の役割も果たさなかった。すでに述べたとおり、中世末期にはたしかに小規模製造業者が登場し、一つ屋根の下に生産を集約して水力や風力への投資を節減し始める者もいたが、本格的な資本主義企業の先駆けであるこれらの事業は、たいてい依然として非常に小規模で、所有者が投入する資金は家族の金庫から拠出された。

今日私たちが資本主義と呼ぶものは、一八世紀の最後の一〇年間と、一九世紀の最初の数十年間に起こった、新しいコミュニケーション／エネルギー／輸送マトリックスへの移行に伴って出現した。

石炭を燃料とする蒸気のインフラ

一七六九年、ジェイムズ・ワットは、石炭を燃料とする近代的な蒸気機関を発明して特許を取った[7]。この新しいテクノロジーを真っ先に採用したのが綿織物工業だ。生産性の向上は目覚ましかった。イギリスの綿織物の生産量は、一七八七年から一八四〇年にかけて、「二二〇〇万ポンド（約一万トン）から三億六六〇〇万ポンド（約一五万二〇〇〇トン）に急増」する一方、生産コストは急落した。一八五〇年までには、石炭を燃料とする蒸気機関はヨーロッパとアメリカ全土で見られるようになった。とはいえ、ヨーロッパ各地で革命が起こった一八四八年になっても、フランスでは水力が「蒸気機関の二・五倍の動力を生み出していた」。フランスでは、石炭を燃焼させる蒸気テクノロジーと比べて、水力エネルギーが多くの工場で使われ続けた。たとえば、同国の鉄鋼業界七八四社のうち、六七二社が依然として水車をエネルギー源としていた[8]。

だが、一九世紀後半になると、エネルギーの割合は急速に変化した。蒸気の動力は、一八五〇年には四〇〇万馬力だったものが、一八七〇年にはおよそ一八五〇万馬力に達した[9]。蒸気の動力は、石炭の埋蔵量が豊富な国々で最も急速に普及した。ヨーロッパでは、まずイギリスが水力や風力から石炭に移行し、ドイツがそれに続いた。厖大な石炭の埋蔵量を誇るアメリカも、ほどなく両国に追い着いた。第一次大戦勃発のころには、これら三国が第一次産業革命の主役になっていた。

石炭を燃料とする蒸気のテクノロジーは、蒸気印刷機と蒸気機関車という、新たなコミュニケーション／エネルギー／輸送マトリックスをもたらし、それが第一次産業革命のための、汎用メガテクノロジー・プラットフォームを提供した。

石炭を燃料とする蒸気機関車は、空間を縮め、取引にかかる時間を短縮することで、市場経済の性質を一変させた。一八三〇年代には、蒸気機関車は時速六〇マイル（約九七キロメートル）を超える速度で走っていた。二一世紀に生きる私たちには想像し難いが、そのような速度で乗客や貨物を輸送できる機械は途方もない衝撃を与えた。

一八四五年には、イギリスの鉄道利用客は年間四八〇〇万人に達していた[10]。アメリカでは、一八五〇年代だけでも二万一〇〇〇マイル（約三万四〇〇〇キロメートル）の線路が敷設され、ミシシッピ川以東の国土の大半を結びつけた[11]。人々の時間と空間の感覚を鉄道がどのように圧縮したかを理解するためには、一八四七年にニューヨークからシカゴまで駅馬車で旅するのに三週間以上かかった事実を考えるとよい。一八五七年には、鉄道を利用すれば同じ区間に三日しかかからなくなっていた[12]。

蒸気機関車は速いだけではなく、道路や水上の交通とは違い、気象の変動に影響されない信頼できる交通形態も提供してくれた。平底の荷船が一往復する時間で、蒸気機関車は数往復できる上、同じ料金で荷船の三倍の貨物を運べた。この速度と信頼性のおかげで、大陸の広範な土地に及ぶ商業と交易の大幅な拡大が可能になった。

アメリカでは一九世紀前半、鉄道建設はまばらで、鉄道ブームが本格的に始まったのは一八四〇年代後期になってからだった。一八五九年までには、アメリカの民営の鉄道会社に対する投資の総額は一〇億ドルを超えた。これは、当時の基準に照らせば驚異的な額だった。この資金をもとに、三〇の主要な路線が完成した[13]。この資本投下はその後も勢いが衰えることなく、一八七〇年代の不景気まで続いた。そのころには、七万マイル（約一一万キロメートル）の線路が敷かれ、アメリカ本土の大半が鉄道で結ばれていた。一九〇〇年には、アメリカの端から端まで、大都市や小さな町、果ては田舎の小村までをも結ぶ二〇万マイル（約三二万キロメートル）超の鉄路を、蒸気機関車が走っていた[14]。

これだけの規模の交通インフラに出資するには、近代的な株式会社という、まったく新しい種類のビジネスモデルが必要とされた。それ以前も株式会社が知られていなかったわけではないが、数は非常に少なく、通常は短期的な貿易遠征しか行なっていなかった。イギリス東インド会社もオランダ東インド会社も、国家公認の株式会社だった[15]。ニューヨーク証券取引所は、地方の小規模な取引所だったが、鉄道会社の株式の売買をするうちに、金融の一大拠点になった。ほとんどのアメリカ人は知らないものの、アメリカの鉄道会社の株式の多くは、イギリスの投資家と、それより額は少ないが、フランスとドイツの投資家が購入した。

実質的に鉄道会社は、近代的な資本主義の事業会社の第一号となった。これらの会社は、所有権と経営管理を分離する新しいビジネスモデルを生み出した。それ以後、大企業は、投資収益を株主のために確保することを最大の責務とする、有給雇用のプロの経営者によって経営されるようになる。資本主義は独特かつ風変わりな事業形態で、従業員は製品を生み出す道具・機械の所有権を奪われ、企業を所有する投資家は自らの企業を経営管理する権限を奪われている。

鉄道のインフラを確立するのには莫大な資本コストを要するので、垂直統合を軸として組織でき、上流部門の供給業者と下流部門の顧客を一つ屋根の下にまとめられるビジネスモデルが必要となった。主要な鉄道会社は鉱区を購入し、自社の機関車へ石炭を確実に供給できるようにした。ペンシルヴェニア鉄道はペンシルヴェニア製鋼会社に出資し、レール製造用の鉄鋼の安定供給を確保しさえした。カナダ太平洋鉄道は自社の駅の近くにホテルを建設して経営し、乗客の利用に供した[16]。

垂直統合型の大企業の経営自体は、中央集中化されたトップダウンの指揮・統制メカニズムによって最も効率良く遂行された。新しいコミュニケーション／エネルギー／輸送マトリックスの登場に伴い、稼働のために新たに必要となったものを真っ先に理解したのも鉄道会社だった。何千マイルもの軌道を敷設・維持し、国内の広大な地方全般に及ぶ鉄道交通を監視し、何千という機器や備品を製造・修理し、貨物の発送と配達を調整し、時刻表を管理し、定時運行を確実に行ない、何千もの従業員の仕事を監督するのは、侮り難い仕事だ。そのうえ、システムのどの部分が滞ったり破綻したりしても、連鎖反応が起こり、事業全体が窮地に陥りかねなかった（実際、しばしばそうなった）。

こうした巨大な事業を経営するには、企業の業務のあらゆる面を首尾良く合理化することが求められた。一九世紀の卓越した社会学者マックス・ウェーバーは、事業の合理化には何が必要かを見事に説明した。まず、現代の事業会社はピラミッド状に組織されており、あらゆる意思決定が上から下へと自動的に流れる。事業の各段階や業務の各レベルで、活動の流れを決定する正式な規則と手順、職務の定義、仕事のやり方、人事考課の方法が綿密に策定されており、勝手な裁量の入り込む余地はないに等しい。職務は分業によって分割され、各労働者は、自らの仕事をどうこなすかについて、厳密な指示を与えられる。社内での昇進は、勤務成績と計算可能な客観的基準に基づいている。

経営史学者のアルフレッド・チャンドラーは、鉄道会社が合理化の過程を自社の経営構造にどう採用したかを説明し、以下のように述べている。鉄道会社は、

多数の管理職の雇用を最初に必要とするようになった。また、取締役会の監督下、上級管理職が指揮し、中間管理職が運営する本社を最初に構えた。鉄道会社は、本社と各部門の本部と現場の部署との間に、入念に定義された責任と権限とコミュニケーションの系統を伴う大規模な内部組織構造を構築した、アメリカで最初の企業だった。そして、多数の管理職の仕事を統制し、評価するために、初めて会計と統計による方法を開発した[17]。

ウェーバーらの思想家は、規模の経済と高度に合理化された企業内官僚制（集中管理とトップダウンの指揮・統制メカニズムを伴う）を生み出し、事業活動を構成するためには、成熟した資本主義が垂直統合型の企業を必要とするのは当然だと考えていた[18]。ウェーバーによれば、理想的な資本主義企業は、一つ屋根の下で事業活動のあらゆる面を合理化する官僚制組織だという。株式の販売を通しての投下資本の調達、自由労働者の動員、大量生産プロセスの整備、形式に則った法体系で支えられた、市場での競争的な交換はすべて、計算が立つように行なわれ、階層制の指揮系統の形で意思決定の権限の中央集中化を促進するべく構想された、合理的で官僚的な管理を受ける。ウェーバーは正しかったが、触れずじまいにしたことがある。同じ中央集中化された階層制の指揮・統制メカニズムが、社会主義の経済体制でもやはり必要とされるのだ。

国内各地の市場全体に及ぶ商業と交易の加速と拡大を管理することは、それに伴うコミュニケーションの革命がなければ不可能だっただろう。一八一四年、蒸気を動力源とするフリードリヒ・ケーニッヒの印刷機がロンドンの「タイムズ」新聞社で目にも留まらぬ速さで新聞を印刷し始めた。旧式の手動印刷機では一時間に二五〇部しか印刷できなかったのに対して、この新式の印刷機では一〇〇〇部刷ることができた[19]。一八三二年までには、同社の印刷機は、一時間当たりの印刷部数を二倍以上に伸ばしていた[20]。

蒸気を動力源とする高速で安価な印刷は、ヨーロッパとアメリカ全土で大衆に識字能力をもたらす運動を促進した。第一次産業革命とともに登場したより複雑な業務に必要なコミュニケーション技能を、未来の労働者に身につけさせるために、新たに工業化された都市では、公立学校制度が確立され、義務教育体制が敷かれた。

その後の数十年間には、製紙機、鉛版《えんばん》、輪転機など、蒸気を動力源とする印刷の一連の進歩により、人件費が大幅に下がる一方、生産が増大し、蒸気印刷革命は、石炭を燃料とする鉄道輸送における生産性の向上と足並みを揃えることができた。

国家の郵便業務が駅馬車から鉄道に切り替わると、安価で高速の印刷が、安価で高速の輸送と組み合わさり、商取引が迅速化した。時間的な制約を受ける契約書や勘定書、発注書、新聞、広告、取扱説明書、書籍、カタログなどを鉄道で速やかに送ることができるようになり、サプライチェーンに連なるさまざまな事業者ばかりか、売り手と消費者をも数時間あるいは数日で結びつけ、以前のように何週間あるいは何か月さえもかかることがなくなり、取引のペースが大幅に加速した。

もっとも、新しい印刷コミュニケーション革命は安上がりではなかった。鉄道同様、蒸気を動力源とする印刷を市場に導入するための投資コストは莫大だった。最初期の蒸気印刷機は複雑で、一式当たり五〇〇ポンド以上することがあった（今日の経済では、二万六五〇〇ドルに相当[21]）。新しくてさらに高価な印刷機が登場するにつれ、蒸気を動力源とする印刷のコストは上がり続けた。一八四六年には、ホー双胴式輪転印刷機が一時間に一万二〇〇〇枚の用紙を、一八六五年にはロール給紙輪転機が一時間に新聞一万二〇〇〇部を印刷していた。新聞事業の起業コストも劇的に増加し、一〇万ドル（二〇〇五年の貨幣価値で約二三八万ドル相当[22]）に達した。

アメリカでは、一八七一年の大火のあとのシカゴで巨大な印刷会社が続々と誕生した。RRドネリー＆サンズ、ランド・マクナリー、M・A・ドノヒュー・アンド・カンパニーなどが業界の大手だった。各社の印刷工場は、国全体の印刷物の大半を一つの拠点で扱うことで、規模の経済の恩恵に浴することができた。これらの企業は活字鋳造所や印刷機の製造所に囲まれ、シカゴの車両基地（アメリカの要となる鉄道中継地点）の近辺に統合された工業団地を形成し、郵便での全国への教科書や雑誌、カタログの迅速な配達を実現させた[23]。

これらの巨大な施設の建設と運営のコストは、ほとんどの同族会社には賄い切れなかった。RRドネリーは、この業界で優位に立つには莫大な金融資本を調達する必要があることに早くから気づき、一八九〇年に株式会社化に踏み切り、株式公開企業となった[24]。

一九〇〇年には、高度に一極集中化したこれらの印刷会社は、モンゴメリー・ウォードやシアーズ・ローバック・アンド・カンパニーのような、大衆向け通信販売会社の何百万部というカタログを印刷していた。モンゴメリー・ウォードの五四〇ページもあるカタログには、食料雑貨類や医薬品、ジュエリー、ハンドバッグ、靴、紳士用衣料、調理用こんろ、家具、馬車、運動具、楽器など、二万四〇〇〇点を超える品が載っていた。シアーズは通信販売でプレハブ方式の住宅さえ扱った。家はばらばらの部材を箱詰めにした形で鉄道で運ばれ、現地で組み立てられた[25]。シアーズの小型住宅は、私と妻が住むワシントンのあたりでは、今なお見ることができる。

小さな町や田園地帯に住む何百万ものアメリカ人は、事務機器や家庭用家具、衣服の事実上いっさいを、シカゴの大手印刷会社が印刷したカタログを見て購入した。品物は鉄道で運ばれ、郵政公社の手で企業や家庭に直接配達された。一九〇五年、シアーズの通信販売の売上は、なんと二八六万八〇〇〇ドルにのぼり、これを二〇一三年の価値に換算すると、七五四七万三六八〇ドルに相当する[26]。

石炭を燃料とする蒸気印刷と、やはり石炭を燃料とする蒸気機関車による輸送が一つになり、第一次産業革命のためのインフラが生み出された。このインフラのコミュニケーション面は、一八六〇年代に全国的な電信網で増強され、企業はサプライチェーンと流通経路の全般で即時のコミュニケーションができるようになった。

蒸気印刷と電信と蒸気機関車という組み合わせのおかげで、経済的資源を集め、輸送し、加工し、製品に変え、顧客に到達させるときの速度と信頼性が劇的に高まった。「安価な動力源と熱源、迅速で信頼できる輸送とコミュニケーション」が、一八四〇年代と五〇年代における中央集中型の工場の急速な普及のカギを握る要因だったとチャンドラーは述べている[27]。

新しいコミュニケーション／エネルギー／輸送マトリックスのおかげで経済活動の速度と量が増すと、他のあらゆる産業でもビジネスモデルを一から考え直さざるをえなくなった。それまでは、製品の生産と流通は別個に行なわれていた。製造業者は、全国に散在するそれぞれ独立した卸売業者や運送・倉庫業者、小売業者に依存して、自社の財を市場に出していた。このような時代遅れの流通経路は、初めて自動化された連続工程の機械を使う工場から溢れ出てくる、大量生産された製品を扱うには、あまりにも遅く、当てにならず、極端に地域限定的であることが判明した。そのうえ、シンガー社のミシンやマコーミック社の刈り取り機のような新しい工業製品には、顧客に使い方を実演できる技術を持った職員を必要とするものが多かった。大量生産された財で、専門的なアフターサービスが求められるものも増え、顧客との継続的な関係を維持する必要が生じた。だが、従来の流通体制では、こうした新しい業務にどうしても対応しきれなかった。

この問題を解決するには、集中管理の下、社内で生産と流通を一括するしかなかった。垂直統合型の企業は、一九世紀の最後の二五年間で軌道に乗り、二〇世紀全般を通してビジネスモデルの主流となった。

垂直統合型の企業には、大きな価値があった。バリューチェーン全体で、多くの中間業者を排除したおかげで、これらの新しい巨大企業は取引コストを大幅に減らしつつ生産性を劇的に上げられたのだ。つまり、垂直統合型の企業は、効率化の手法を多数導入し、規模の経済のおかげで限界費用を減らし、大量生産した安価な財をますます多く、買う気満々の大衆に販売することが可能になった。安価な製品は大量消費の需要を刺激し、それが今度は新たなビジネスの機会を生み、雇用を促進し、工業化する経済圏の何百万という人々の生活水準を押し上げた。

生産と流通を一括管理し、業務を大陸全体に拡大することの多大な利点を企業が見て取ると、この新しいビジネスモデルは急速に普及した。ダイアモンド・マッチ、W・デューク・アンド・サンズ・タバコ、ピルズベリー、H・J・ハインツ、プロクター・アンド・ギャンブル、イーストマン・コダック、I・M・シンガー・アンド・カンパニーをはじめ、何百という企業が、垂直統合型のビジネスモデルを採用し、効率的な規模の経済の達成を目指した。

一九世紀後半の第一次産業革命の勃興期を勝ち抜いた起業家の事実上全員が、事業を会社組織にし、株式公開企業化して、十分な金融資本を調達できたことにその成功の多くを負っている。その資本のおかげで、彼らは垂直統合に有利な市場機会を捉え、それぞれの業界の担い手になれたのだ。

第二次産業革命

一九世紀の最後の二〇年間に第一次産業革命が頂点を極めていたまさにその時期に、第二次産業革命がアメリカとヨーロッパで始まろうとしていた。石油の発見と内燃機関の発明と電話の導入によって、新しいコミュニケーション／エネルギー／輸送複合体が台頭し、二〇世紀の主役の座を占めることになる。

石油についてぜひとも押さえておかなくてはならないのだが、グローバル経済において、単一でこれほど多くの金融資本を集める必要がある資源は他にない。そのうえ、石油と石油製品をエンドユーザーに行き渡らせるまでの数多くの段階全般で投資を回収するには、高度に中央集中化した管理体制によって運営される垂直統合型の企業の傘下に全過程をまとめるしかない。

今日、新しい油田の発見と操業は、時間も必要とし、失敗に終わることも多い。新たに発見された石油へのアクセスに必要な投資総額の指標であるアクティベーション・インデックス〔一日当たり一バレルの原油を産出するのに必要な投資額〕を目にしただけで、気弱な人は二の足を踏む。大手のエネルギー企業が新規の石油プロジェクトに数十億ドル投資するのは珍しいことではない。イラクが二一世紀の最初の一〇年間に産油量を三倍に増やすことをもくろんだとき、必要な投資額の見積もりは三〇〇億ドル近くに達した[28]。全世界における石油と天然ガスの探査と生産への投資総額は、二〇〇〇〜二〇一一年には、ほぼ二兆四〇〇〇億ドルにのぼった[29]。

石油の探査には、衛星データの高度な分析と、地質学、地球物理学、地球化学の知識が求められる。三次元反射法地震探査データを収集・分析し、地球内部の三次元画像を作り出すには、最新鋭のコンピューターとソフトウェアが必要とされる。二万フィート（約六一〇〇メートル）以上の深さまで油井《ゆせい》を掘るには、高価で複雑なハイテクの石油掘削装置が要る。海底に巨大な石油採掘プラットフォームを建設するのは、土木工事の一大事業だ。作業がしにくく近づき難い土地に、しばしば何百マイルにもわたって（ときには何千マイル以上も）パイプラインを敷設するのもまた、難事業だ。

精製過程も困難を伴う。地質学者のロバート・アンダーソンは、一連の複雑な作業を次のように説明している。有機化学者は、原油の炭化水素化合物を分解して、ガソリンからポリウレタンまで、さまざまな石油製品に作り変えなくてはならない。原油の特性は産油地域ごとに著しく異なるので、特定の原油を処理するためには、カスタマイズされた精製所を建設する必要がある。

石油の販売も、複雑さの点で引けをとらない。石油製品の売上は季節によって大きく変動する。ガソリン価格は夏のほうが高く、灯油は冬のほうが高い。したがって、エネルギー会社は気象予報、経済成長の見通しや予想に頼り、好都合あるいは不都合になりうる政治的な出来事が起こる可能性まで計算に入れ、将来の石油需要を（少なくとも半年前までに）判断し、適切な原油を適切な製油所に送り込むよう手配し、来るべき季節に確実に備えなくてはならない。

アンダーソンによると、この過程をさらに込み入らせている要因があるという。エネルギー会社の営業部門は、産業、卸売、小売という下位部門に分かれており、それがさらに、アスファルトや航空燃料、天然ガス、化学製品用の液体、農業用肥料や農薬、金属工業用やゴム工業用のコークスといった専門製品ごとに細分化されているのだ。アメリカで販売される石油の半分は、輸送用のガソリンに精製される[30]。

石油時代の幕開け時に早くも一部の事業主が理解していたように、石油をエンドユーザーに行き渡らせるのに必要な複雑で重層的な過程は、全事業の管理を統合する以外に金銭的利益を出せなかった。そのような統合をして初めて、集中管理による合理化の手法を用い、最高の利益を挙げられるのだ。

ジョン・D・ロックフェラーはまさにそれを念頭に置き、一八六八年にスタンダード・オイル社を創立した。彼は国内各地の油井と精製所を買い上げ、鉄道会社から特約を取りつけて、自社の石油の輸送に対して優遇措置をとってもらえるようにした。自動車時代の黎明期だった二〇世紀初頭の一〇年間に、スタンダード・オイル社は他社に先駆けてアメリカ全土にガソリンスタンドを設置し、油井からエンドユーザーに至る生産と流通を一体化した、垂直統合型の複雑な業務体制を確立した。一九一〇年には、ロックフェラーはアメリカの石油ビジネスの大半を牛耳るまでになっていた。そこで競争相手や一般の人々が非難の声を上げ、連邦政府はシャーマン反トラスト法違反の廉《かど》で彼の会社を相手取って訴訟を起こした。一九一一年、連邦最高裁判所はスタンダード・オイル社の分割を命じた。だが、大手石油企業を縮小しようとする政府の試みは長続きしなかった。一九三〇年代までには、スタンダード・オイル・オブ・ニュージャージー、スタンダード・オイル・オブ・インディアナ、テキサコ、ガルフ・オイル、シンクレア、フィリップ66、ユニオン76、サノコなど、二六の石油企業が、業界の資本構成の三分の二、掘削の六割、パイプラインの九割、精製所の七割、市場取引の八割を占めていた[31]。

今日の石油業界の集中ぶりは、かつてほど顕著ではないが、依然として侮り難い。アメリカでは、シェブロン、BP、ロイヤル・ダッチ・シェル、エクソンモービル、コノコフィリップスの五社が、国内の石油探査・生産の三四パーセントを支配している[32]。

第二次産業革命の新しいエネルギー源の支配権をロックフェラーが精力的に統合していたのとほぼ同じころ、アレクサンダー・グラハム・ベルは電気で実験を行なっていた。一八七六年、ベルは電話を発明し、この装置は二〇世紀の、以前よりも広範に及ぶ新しい石油・自動車・郊外経済と大量消費文化を管理する上で、決定的な要因となる。

ベルの念願は、すべての電話をつないで単一のシステムにできるような、全国的な長距離ネットワークを生み出すことだった。効果的な電気通信には究極の垂直統合型企業、すなわち、集中管理され、一か所にまとめられた単一のシステムが必要だとベルは考えた。一八八五年、ベルは各地のベル電話会社をすべてつなぐために、アメリカ電話電信会社（AT&T）という子会社を設立して、一八九九年にはベル電話会社の資産をこの子会社に移し、以後、AT&Tは電話サービスの代名詞となった[33]。国内のあらゆるコミュニティをつなぐ電話サービスは、統合された国民経済を管理してそれに便益を与える、大陸全体に及ぶ通信ネットワークの成立を促進することになる。

AT&Tは、ベルが電話の特許を所有していたおかげで、どんな潜在的競争相手にも先んじることができた。だが、一八九〇年代前期に特許権が失効すると、競争相手が市場に殺到し、一九〇〇年にはおよそ三〇〇〇の電話会社がアメリカで事業を展開していた[34]。活発な競争が行なわれてはいたが、状況を見守っていた連邦と各州の議員を含む多くの人々が、競争相手を排除しようとするＡＴ＆Ｔの攻撃的な方針を危惧した。ＡＴ＆Ｔのセオドア・ニュートン・ヴェイル社長は、国内の電話サービスを支配する意図を明確に示し、「一つの方針、一つのシステム、全国均質《ユニバーサル》サービス」という、新しい企業宣伝スローガンを考え出しすらした。彼は「効果的、攻撃的な競争は、規制や取り締まりとは相容れず、両立しえない[35]」と言い放ち、政府を公然と嘲《あざけ》った。

二〇世紀初頭の一〇年間に、ＡＴ＆Ｔが競争相手を次々に葬り去り、電報会社のウエスタンユニオンの企業支配権を獲得しようとさえしていることに懸念を抱いた連邦政府は、この巨大企業の分割措置をとることを考え始めた[36]。

政府の官僚はＡＴ＆Ｔが独占企業になることを恐れつつも、電話のユニバーサル・サービスはすべてのアメリカ人の生活と、アメリカ社会の安泰にとってあまりに重要であるため、一部の人の特権というよりも全国民の権利に近いことに気づき始めてもいた。政府の規制担当者たちは、電話業界は単一の統一された事業としてのほうがより効果的に機能し、それによって「重複した」「非建設的な」「無駄の多い」業務を避けられると考えるようになった。一九二一年、上院通商委員会は、「電話事業は自然独占である[37]」という見解を公式に発表した。通信のための全国的なインフラを構築し、規模の経済を達成するのには巨額の資本が必要とされるので、アメリカ全土に競合するインフラを整備するのを想像することは、仮に不可能ではないにせよ困難だろうと同委員会は主張した。エコノミストたちは、電話事業を公共財として扱い始めた。

ヴェイルは電話業界に対する連邦政府のアプローチに大きな矛盾を感じ取り、それに乗じて政府と話をまとめることにした。連邦政府がＡＴ＆Ｔに対して訴訟を起こしかねないことに気づいたヴェイルは、公的規制のない競争市場を求める従来の態度を翻し、政府の規制を請い、政府が期待している「自然独占」を自社が実現できることを願った。ハーヴァード大学経営大学院教授リチャード・H・K・ヴィートーは、直感に反するこの新しい大胆不敵な戦略について、こう書いている。

このときヴェイルは、競争を避ける代償として、AT&Tを政府の規制にしっかり従わせることを選んだ。電話による通信をAT&Tが独占するためには、これが政治的に許容できる唯一の道だったのだ。……それは、ユニバーサル・サービスを成し遂げるのに必須の交換条件のように思えた[38]。

この策略は最終的に功を奏したが、ヴェイルの夢を実現させたのは、世界大戦だった。一九一八年、アメリカ政府は国家安全保障目的で電気通信業界を国有化し、郵政長官で、電話電信業界の国有化を長年提唱してきたアルバート・S・バーレソンの管理下に置いた。バーレソンは戦争遂行努力の一環として、即刻ヴェイルに電話業界の管理に当たらせた。ヴェイルは、政府の新たな所有権についての条件を定めた契約書（自身の会社であるAT&Tが用意したもの）の条項を臆面もなくさっさと受け容れた。連邦政府と私企業の間で交わされた取り決めで、これほど甘いものはなかっただろう。そこには、次のような条件も含まれていた。

連邦政府は……電話会社各社の粗営業収益のうち四・五パーセントを手数料としてAT&Tに支払い、施設ごとに五・七二パーセントの高率で減価償却と老朽化に対する準備金を積み立て、無形資本の償却に対する準備金を積み立て、利子と配当を全額支払い、それに加えて、同社の資産を従来どおり、できるかぎり良好な状態に保つことに合意した[39]。

契約が結ばれると、AT&Tは間髪を入れずに接続料金の大幅値上げを申請し、許可された。それから、国有企業という新しい立場を利用し、同様の要求を各州に対しても行ない始めた。連邦政府の「支配下」に置かれてから五か月半のうちに、AT&Tは長距離電話料金の二〇パーセント値上げを果たし、競争的な自由企業市場で苦闘していたときに得ていたものをはるかに上回る利益を確保した。戦後AT&Tが再び民間に戻されたときにさえ、政府の支配下にあった短い期間に連邦政府によって定められた料金体系はそのまま存続した。

ジョージ・ワシントン大学の電気通信、公共政策、行政学の教授ジェラルド・ブロックは、AT&Tが全国的な電気通信インフラを確立するにあたって、連邦政府と州政府の規制を受け容れる過程で得たものを、次のように要約している。

規制の受け容れはリスク軽減の決断だった。市場の不確実性に直面する代わりに、限られてはいるものの保証付きの資本利益と、経営の自由が得られたのだ。そのおかげでAT&Tは、競争相手を排除する強力な武器と、独占を追求する正当な根拠が得られるとともに、完全な国営化が行なわれたり、厳しい独占禁止措置がとられたりする可能性を減じることができた[40]。

AT&Tはその後も事実上の独占事業であり続けたが、一九八〇年代に、スタンダード・オイル社の場合と同様、連邦政府が介入して分割した。とはいえ、二〇一一年までにはAT&Tはアメリカの電気通信市場の三九・五パーセントを押さえて王座に返り咲いていた。AT&Tの最大の競争相手であるベライゾンは二四・七パーセントの市場シェアを誇り、両社でアメリカの電気通信市場の六四・二パーセントを支配しており、ほぼ寡占状態と言える[41]。

電話は、都市と郊外に及ぶ、以前よりはるかに分散した経済活動を管理するための、柔軟なコミュニケーション媒体を提供した。石炭を燃料とし、固定された地点間を結ぶ機関車から、石油を燃料とし、縦横無尽に走り回る自動車やバスやトラックへと輸送手段が移行すると、経済活動の地理的範囲が拡大した。印刷物や電信とは違い、電話は至る所に設置しておいて常時連絡がとれるので、自動車時代に可能になった厖大な経済活動を調整できた。電話を使えば、企業は新しくて従来より大規模な垂直統合型の事業を「リアルタイム」でなおさら厳重な中央集中型の制御で監督することができた。電話という新たなコミュニケーション媒体によってもたらされた効率と生産性の向上には、目を見張るものがあった。

当然ながら、電話は電気を必要とする。一八九六年には、アメリカ全土でおよそ二五〇〇の電灯会社と二〇〇近い市営の発電所、さらには七五〇〇の独立した発電所が操業しており、投資総額は五億ドルにのぼった。これは莫大な金額だ[42]。発電所は電話によるコミュニケーションのための電気を生み出す以外に、照明用や、工場の機械用、家電製品用の電気も生産していた。

電気照明器具を新たに使い始めた営利事業の現場は明るく照らし出され、就労時間を夕刻以降にまで延長することが可能になり、それがさらなる経済成長をもたらした。一九一〇年には、アメリカの住宅は一〇棟に一棟の割合で電気が引かれ、一九二九年には都市の家庭のほとんどが送電網につながっていた[43]。

工場が電気を採用したのはもっと遅かった。一九〇〇年に電気を使っている工場は五パーセントにすぎなかった[44]。だが、自動車が登場し、大量生産の組立ラインが導入されると、状況は急激に変化した。ヘンリー・フォードは自動車を増産するに際し、電気の持つ可能性にいち早く気づいた。工場の電化と電動機《モーター》の導入がなければ、モデルTを労働者階級の全家庭に手が届く値段で生産するという自らの野心的な目標は達成できなかっただろうと、彼は後に振り返ることになる。フォードは次のように書いている。

発電という新しいシステムがそっくり得られたおかげで、製造工業は革のベルトや伝動軸から解放された。最終的にどの道具にもそれぞれ電動機を備えることができるようになったからだ。……電動機は、作業の順序に沿って機械を配置することを可能にし、それだけでおそらく、製造工業の効率を倍増させた。……高速の道具を抜きにしては……近代的製造工業と私たちが呼ぶものはまったくありえないだろう[45]。

蒸気から電気へと工場の動力源が転換すると、それが三〇〇パーセントという、二〇世紀前半における途方もない生産性の向上につながった[46]。

自動車工場の電化は大量生産の力を解き放ち、何百万、何千万もの人にハンドルを握らせた。一九一六年には、三四〇万台の登録車両がアメリカの道路を走っていた。その一四年後には、アメリカ国内の登録自動車数は二三〇〇万台に達した[47]。自動車は第二次産業革命の全般を通じて、経済成長のカギを握る「エンジン」となった。

他の主要産業も「自動車時代《オート・エイジ》」と後に呼ばれるようになるこの時期の、巨大ビジネス複合体の一部となった。一九三三年には自動車の製造に、「アメリカで使われる鉄鋼の二〇パーセント、アルミニウムの一二パーセント、銅の一〇パーセント、鉛の五一パーセント、ニッケルの九五パーセント、亜鉛の三五パーセント、ゴムの六〇パーセント」が消費されていた[48]。ある人は一九三二年に書いた文章で、自動車が経済に与えた衝撃に驚嘆し、「自動車は原料消費の点で、世界史に並ぶものがない」と、熱のこもった調子で指摘している[49]。

自動車の大量生産のせいで、石油産業は過熱状態に陥った。アメリカでは毎週のように新しい油田が開発され、ガソリンスタンドは国中のあらゆる場所で見られるまでになった。一九三〇年代後期には、国内の主要なエネルギー源として、石油は石炭を追い抜いた。アメリカが産油量世界第一位の座を占めると、テキサス州の油井は、世界中でアメリカの国力と同義語になった。イギリスの政治家アーネスト・ベヴィンは、かつてこんなあてこすりを言っている。「天国は正義によって動いているのかもしれないが、地上の王国を動かすのは石油だ[50]」

鉄道輸送のために線路を敷設するのと同じで、道路を建設し、自動車を大量生産するのも費用のかかる事業だった。道路網はアメリカでも他のどこでも政府が出資するが、自動車業界は、少なくともアメリカでは、すべて民間資本が資金を出した。当初は何十もの小規模な自動車会社が登場した。だが、自動車の大量生産と流通に必要な、垂直統合型の大規模な企業を生み出すのにかかる費用があまりに多額だったので、ほどなく数が絞られ、フォード、ゼネラルモーターズ、クライスラーの「ビッグスリー」を筆頭に、五、六社の巨大自動車企業が残り、今日に至るまで、市場を主導している。

そして、鉄道会社同様、自動車産業も、自動車の製造と販売に伴う多くの多様な活動を効果的に監督するには、合理化された集中管理とトップダウンの官僚制支配がなければうまくゆかないことに早々に気づいた。また、事業の規模も、個人や一家族ではとうてい出資し切れるものではなかった。アメリカの主要自動車製造業者はどれも、最終的には株式公開企業となった。

経済が自動車化すると、社会の空間的配置も根本的に変化した。かつては、蒸気を動力源とする印刷と石炭を燃料とする鉄道輸送が都市化を促した。印刷物によるコミュニケーションと、固定された最終目的地への鉄道貨物輸送によって、ビジネス活動や居住生活が集中する場所はほぼ決まった。都市は巨大化し、鉄道の路線沿いに新しい町が続々と出現した。印刷物によるコミュニケーションと鉄道による貨物輸送に依存する企業は、コミュニケーション／エネルギー／輸送拠点《ハブ》の近くに自ずと位置を占めた。

自動車が登場し、全国的な道路網が建設され、鉄道の接続のない田園地帯にまで旅客と貨物を運べるようになった二〇世紀前半には、至る所で郊外の開発が行なわれた。一九五〇年代から八〇年代にかけて、州間高速幹線道路網《インターステート・ハイウェイ・システム》の建設（史上最大かつ最高価な公共土木事業）が行なわれると、この道路網の出口近辺で、郊外型の商業開発や宅地開発の一大ブームが起こった。工場は、不動産価格も人件費も高い密集した都心から田園地帯への移転を始め、輸送手段も鉄道からトラックに切り替えた。労働者もあとに続いた。一九四五年以降、アメリカではおもに新たな郊外の開発地に六五〇〇万棟の住宅が建設され、国民が厖大な数の郊外の居住地に分散するなか、大小四万八〇〇〇のショッピングセンターが造られた[51]。商業施設や住宅の分散に伴い、電気のインフラと電話線が、そして後にはラジオやテレビの放送が、新しい郊外コミュニティへと拡がった。

経済力の集中

郊外が劇的に発展し、何万ものコミュニティに及ぶ経済活動を構成・統合するうちに、ロジスティクスがしだいに複雑さを増すと、各部門でさらに少数に絞られた業界大手が、垂直統合型のよりいっそう大きな規模の経済を獲得しようと、以前にも増して中央集中化された指揮・統制を行なうようになった。原油価格が世界市場で一バレル当たり一四七ドルという最高値をつけた二〇〇八年七月が第二次産業革命の絶頂期で、各業界の少数企業に経済力が集中する状態も同様に頂点を極めた。エクソンモービル、シェブロン、コノコフィリップスのエネルギー三社は、いずれもアメリカ四大企業に入っており、国内石油市場の大半を牛耳っている。AT&Tとベライゾンが電気通信業界のシェアの六四パーセントを押さえていることはすでに述べた。二〇一〇年に発表された連邦政府の調査によると、ほとんどの州では一つの電気会社が所有権の二五〜五〇パーセントを保持しており、全体でわずか三八社（確認できた六九九社の約五パーセント）が、国内の発電の四割を支配しているという[52]。ゼネラルモーターズ、フォード、クライスラー、トヨタの自動車会社四社は、自動車市場の六割を占めている[53]。ニューズ・コーポレーション、グーグル、ガーネット、ヤフー、バイアコムのメディア会社五社は、アメリカのメディア市場の五四パーセントを支配している[54]。ゲームセンター／レストラン／娯楽業界では、チャッキーチーズ・エンターテインメント、デイヴ・アンド・バスターズ、セガエンタテインメント、バンダイナムコホールディングスが九六パーセントのマーケットシェアを誇る。家庭用電化製品製造業界では、ワールプール、ABエレクトロラックス、ゼネラル・エレクトリック、LGエレクトロニクスの上位四社が、市場の九割を支配している[55]。同じような集中の構図が、アメリカ経済の他のすべての主要部門で見られる。

化石燃料時代末期の今日もなお、石油産業は世界で最も集中度の高い業界で、僅差でそれに続くのが電気通信業界と発電・電力供給業界だ。化石燃料／電気通信マトリックスに依存するその他の事実上すべての産業は、投資を回収するための十分な垂直統合とそれに伴う規模の経済を確立するのに必然的に莫大な資本支出を必要とし、したがって、高度の合理化を行なう指揮・統制プロセスを用いて、広範囲に及ぶ自らの活動を管理せざるをえない。

今日、世界の四大持株会社のうち三社（ロイヤル・ダッチ・シェル、エクソンモービル、BP）は石油企業だ。巨大石油企業の下には一〇の金融機関（JPモルガン・チェース、ゴールドマン・サックス、BOAメリルリンチ、モルガン・スタンレー、シティグループ、ドイツ銀行、クレディ・スイス、バークレイズ・キャピタル、UBS、ウェルズ・ファーゴ・セキュリティーズ）が並び、世界の投資銀行市場の六割を支配している[56]。そして、第1章で述べたように、投資機関の下には、国際的に株式公開されている五〇〇社があり（その総売上は二二兆五〇〇〇億ドルにのぼり、これは世界のGDP六二兆ドルの三分の一に匹敵する）、化石燃料エネルギーやグローバルな電気通信、世界の送電網と分かち難く結びついて命脈を保っている[57]。これほど少数の企業がこれほど大きな経済力をこれほど多くの人々の生活に対して振るってきた時期は、史上他にない。

前例のない（そして想像を絶する）この経済力の集中は、けっして単なる偶然の出来事でもなければ、人間の飽くことを知らない強欲のただの副産物でもない。また、単に規制緩和を責めたり、政治的無能あるいは、こちらのほうがなお質《たち》が悪いが、政治的結託と政治的便宜供与を非難したりして片づけるわけにもゆかない――それらはすべて、集中を助長する要因ではあったが。むしろ、それはより根本的な次元で、第一次・第二次産業革命の土台だったコミュニケーション／エネルギー／輸送マトリックスから避けようもなく導かれたものだったのだ。

好むと好まざるとにかかわらず、垂直統合型の巨大企業は、大量生産される財とサービスの生産と流通を構成するのに最も効率的な手段だった。サプライチェーンと生産過程と流通経路を、集中管理の下で垂直統合型の企業にまとめると、劇的に取引コストを減らし、効率と生産性を上げ、生産と流通の限界費用を削り、消費者に対する財とサービスの価格をおおむね引き下げ、経済を繁栄させることができた。企業ピラミッドの頂点にいる人々は、増大する投資収益のおかげで不釣り合いなまでに大きな恩恵を受けたが、先進工業国では無数の消費者の生活も目に見えて改善したことを認めなければ公正を欠くことになるだろう。

第4章

資本主義のレンズを通して眺めた人間の本性

各産業における少数の大企業への経済力集中に関して最も注目すべきなのは、それが一九世紀と二〇世紀に一般の人々の苦悩を、少なくともアメリカ国内ではほとんど引き起こさなかった点だ。労働組合は企業の力と激しく闘ったが、その目指すところが労働者の大多数を惹きつけることはついぞなかった。ときおり大衆主義者《ポピュリスト》が立ち上がって、社会の経済生活を勝手気ままに支配する企業に盾突いてきたし、最近では、「九九パーセント（の非富裕層）対一パーセント（の超富裕層）」というスローガンを掲げた占拠《オキュパイ》運動の例が挙げられるが、そのような憤懣《ふんまん》の爆発は概して非常に稀で、権力集中の抑制にはほど遠い、生ぬるい規制改革につながるだけだった。

そうした企業批判が抑えられていたのは、一つには、大規模な垂直統合型の企業が、ますます安価な製品とサービスを市場へもたらすのに成功し、無数の仕事を生み出して、先進工業国各国で労働者の生活水準を向上させたからだ。

だが、じつはそれに加えてもっと微妙な要因が作用しており、これまた効果的に大衆の反発を未然に抑えていたのだ。それは、第一次・第二次産業革命がもたらした包括的な世界観であり、現行の経済体制の働きは自然そのもののあり方を反映しているので非の打ち所がないと主張することによって、この体制を正当化する見方だった。

救済という概念の見直し

ある経済パラダイムを正当化するために、そのパラダイムに見合った壮大な宇宙観の物語《ナラティブ》を創出するということが昔から行なわれてきた。宇宙観を組み立てて既存の社会秩序を正当化する手法の好例として現代の歴史家が挙げるのが、被造物を「存在の大いなる連鎖」とする封建時代の聖トマス・アクィナスの説明だ。自然の適切な働きは、神の創造物が義務を果たし合う複雑な関係に依存するとアクィナスは主張した。生き物はそれぞれ知性と能力が異なるものの、そのような多様性と不均等は、体制全体が秩序を持って機能するために欠かせない。すべての生き物が等しければ、他者の役には立てないというのが聖トマスの理屈だ。神は個々の生き物に違いを持たせることで、自然界に義務のヒエラルキーを確立し、そうした義務が忠実に遂行されれば、この世の繁栄が可能になった。

被造物についての聖トマスの記述は、封建社会の成り立ちに驚くほど似ている。封建社会での生存は、すべての人々がそれぞれ、厳しく規定された社会的ヒエラルキーの中で己の務めを忠実に果たすことにかかっていたのだ。農奴や騎士、領主、教皇は、みな身分も生活も異なっていたが、封建制の忠義の絆によって他者に奉仕することが義務づけられていた。各自がヒエラルキー内の位置付けに従って務めを果たせば、被造物の完全無欠性に敬意を表すことになった。

ミネソタ大学の歴史学者の故ロバート・ホイトは、封建社会の構成と「存在の大いなる連鎖」の鏡像関係を次のように要約している。

創造された宇宙は階層を成しており、その中であらゆる被造物は適切な階級と身分を割り当てられているという基本的な考え方は、封建的ヒエラルキー内で特定の権利と義務の付随する相応な階級に誰もが属するという封建的概念とうまく合致した[1]。

中世後期の原初的産業革命に伴って起こった宗教改革の宇宙観も同様に、経済パラダイムを正当化する役割を果たした。マルティン・ルターは「存在の大いなる連鎖」というローマカトリック教会の観念を真っ向から攻撃し、その観念によって、教皇と教会組織の堕落した階層的支配が熱心な信者の生活に及ぶことが正当化されていると主張した。ルターは教会の封建的宇宙観に代えて、キリストと各信者の個人的関係を中心とする世界観を据えた。礼拝の大衆化は、新興市民階級に権能を与えつつあった新しいコミュニケーション／エネルギー／輸送マトリックスにうまく合致した。

ルターは教皇を反キリストだとして糾弾し、次のように警告した。カトリック教会は神に選ばれた地上の使者でもなければ、熱心な信者と神の対話を取り持つ聖なる仲介者でもない、また、教会の指導者は、教区民の代わりに神にとりなす権限を正当に保有していると主張することもできないし、来世の救済を請け負うこともできない、と。

その代わりに、ルターはすべての信者が祭司たることを求めた。人は誰もが一人ひとり神の前に立つのだという。キリスト教徒はめいめいが聖書を携え、神の言葉を解釈し、教会の権威に頼らずに聖書の文章を読み解き、天国への門番の役割を担う責任を持つというのだ。ルターの勧告は、世界史上初の識字能力普及運動を引き起こし、プロテスタントに改宗した人々は、聖書に書かれた神の言葉を解釈するために、読むことを速やかに学んだ。

ルターは救済の規則も変えた。教会は長い間、善い行ないをして教会の秘蹟《ひせき》を受ければ天国での居場所を確保する助けになると信者に教えてきた。これに対しルターは、信者が現世で善行を積んだところで、天国での居場所は勝ち取れないと主張した。ルターによればむしろ、人の最終的な運命は端《はな》から定まっているという。人はそれぞれ救済されるべく選ばれるか、地獄に堕とされるか、神によって誕生時に決められるのだ。だが、そうなると疑問が生じる。人は何が自分を待ち受けているのかわからないという恐ろしい不安を抱えながら、どう生きてゆけばよいのか？ ルターはこう答える。自らの天職を受け容れ、堕落せずに自らの役割を十分に果たせば、それこそ自分が救済されるべく選ばれているという印になるだろう、と。

ジャン・カルヴァンはもう一歩先へ進めて、自分に追従する人々に呼びかけ、選ばれし者である可能性の印として、自らの運命を向上させるために絶え間なく努めるよう求めた。人それぞれが天職に励む義務があると強く主張することにより、はからずもプロテスタントの神学者たちは新しい起業家精神を神学的に支持することになった。経済的境遇を改善するのは、神や自然の秩序との正しい関係を反映する行為であるというのが暗黙の前提だったからだ。

ルターとカルヴァンのどちらにも、熱心な信者から精神的な拠り所を奪ったり、ホモ・エコノミクス〔もっぱら自己の経済的利益を追求すべく合理的に行動する人間〕をつくり出したりする気などさらさらなかったにもかかわらず、天職に励むという考えはやがて、経済的豊かさを増すこととほとんど区別できなくなった。新たに強調された勤勉や努力や質素倹約といった言葉は、一六世紀と一七世紀に、経済的な色合いの濃い「より生産的」という言葉へと変化した。自尊心は、神の目から見て善良な性質を持つことよりはむしろ、新しい市場交換経済において生産的であることで得られるものとなった。

人はそれぞれが神とともに一人で立っているという考え方は、やがて人はそれぞれ市場に一人で立っているという考えに取って代わられ始めた。そして、自尊心は私利の追求の程度で測られ、その私利の追求の程度は、新たな市場経済での抜け目ない取引による資産と富の蓄積によって測られるようになった。マックス・ウェーバーは、新しい市場の申し子を生み出したこの過程を「プロテスタンティズムの〔仕事の〕倫理［2］」と呼んだ。

営利へ向かう新たな熱狂は拡がり続け、しだいに多くのカトリック教徒やその他の人々を市場の中へ取り込んだ。それ以前は、被造物を構成する「存在の大いなる連鎖」のどの段階に存在するかで封建時代における各自の生き方が決まったが、原初的市場経済の新しい自主的な個人は、市場で私有財産をどれだけ蓄えるかによって自らの生き方を決めることになった。

人間の本性についての啓蒙主義の見解

一八世紀後期に原初的市場経済時代が終焉を迎えるころには、新しい宇宙観が現れ始め、新たな市場の申し子たちに包括的なナラティブをもたらし、その勢いがあまりにも強かったので、キリスト教の宇宙観は歴史の隅へと追いやられることになる。

啓蒙主義の偉大な哲学者ジョン・ロックは、そうした流れの急先鋒となり、私有財産を熱心に擁護し、私有財産の追求は、封建時代のコモンズの共同管理よりも人間の「先天的な性質」を正確に反映すると主張した。ロックは、人が自然の原材料に自らの労働を加えて価値あるものに変えることで、それぞれ自分自身の財産を生み出すと論じた。ロックは、自然の原初の状態では地上のいっさいのものが人類とその同胞たる生き物たちに共有されることを認めはしたものの、著書の『市民政府論』で、各人が「自分自身の身体という財産を有し、〔なおかつ〕本人以外には誰一人としてこれに対する権利を持たない[3]と説明している。ロックの主張によれば、私有財産権は自然権であり、それゆえ、いかなる形で私有財産権を否認しようとも、それは自然の道理を拒んで自然法則を否定するのも同然だということだった。

ロックは次のように論じている。

> すると、自然がもたらしてそこに残した状態から人が取り出すものであれば何でも、その人はそれに自らの労働を混ぜ合わせ、所有するものを加え、そしてその結果、それを自らの財産とするのだ。自然がそれを置いた共有の状態からその人がそれを取り出すとき、その人の労働によって何かが付加され、他の人々が共有する権利は排除される。なぜなら労働は、労働する者の紛れもない財産であり、ひとたび何かが付加されたものに対する権利は、本人以外に誰も持つことはできぬからである。少なくとも、他の人々にも十分に、同じぐらい良い共有物が残されているかぎりは[4]。

それからロックは、私有財産に対する自然権についての自論を用いて、コモンズにおける保有者の義務に基づく封建時代の財産制度を非難した。

> 自らの労働によって土地を専有する人は、人類共通の蓄えを減らすのではなく、むしろ増やす。というのも、人間の生活を維持するための食糧でいえば、囲い込まれて開墾された一エーカーの土地から産出されるものは……同じぐらい肥えてはいても共有されて荒れたままになっている一エーカーの土地から産出されるものよりも一〇倍多いからだ。それゆえ、人が土地を囲い込んで、

一〇エーカーから生活に大きな利便を得られて、それが、未開墾の一〇〇エーカーからの産出量を上回るなら、その人は人類に九〇エーカーを提供したのだと言って差し支えなかろう[5]。

ロックがこの簡潔な小論で明確に述べたのは、当時出現しつつあった宇宙観のナラティブで、これがやがて近代的な市場経済に随伴することになる。自然の道理は、キリスト教の「存在の大いなる連鎖」にはもはや見出されず、額に汗して働くことで私有財産を生み出す自然権の中に見つかるのだった。

アダム・スミスはロックのすぐあとに続いた。スミスは封建時代のコモンズで営まれる共同体の生活を最終的に否定する際、市場での振る舞いが人々の真の性質を示すのだと力説した。彼は次のように書いている。

各自が、額の多寡にかかわらず自らの自由にできる資本の最も有利な使途を見つけ出そうと、たえず努力している。実際、本人の眼中にあるのは、自らの利益であって社会の利益ではない。だが、自らの利益を探求することで、自然に、あるいはむしろ必然的に、その社会に最も大きな利益をもたらす使途を本人が選択することになる[6]。

社会批評家のR・H・トーニーは、ヨーロッパ社会を封建経済から市場経済へ、神権政治的世界観から経済的世界観へと移行させた重大な変化について、後にこう書いている。キリスト教中心の世界観が崩れたあとに残されたのは、「私権と私益であり、社会そのものではなく社会の素材だ」。これ以降、市場経済でやり取りされる私有財産が「社会の構成の拠って立つべき基礎であると当然のように見なされ、それに関してさらなる議論はいっさい認められなかった[7]。マックス・ウェーバーはいっそう辛辣で、キリスト教中心の世界観から物質主義の世界観への転換において、精神的価値が経済的価値に取って代わられたのは、「世界の脱呪術化[8]」にほかならないと主張した。

公正を期せば、次のように言える。コモンズを囲い込み、何百万もの農民を先祖代々の土地から引き剝がし、彼らの労働力を吸収する用意がまだできていない新たな都市社会での自活を強いたことで、人々は苦境に陥り甚大な犠牲を払ったとはいえ、市場経済への転換は最終的に、封建時代のコモンズで暮らしていた家族には想像もつかなかった形で、平均的な人々の境遇を改善した。

中世後期における純粋な市場交換経済が、一九世紀中期までに資本主義経済に移行すると、財産の概念に関して深刻な問題が生じた。人が自らの労働によって自然に付加したものは、私有財産の形で本人のみのものとなるというロックの自然権の理論を思い出してほしい。ロックの理論は、中世後期の単純な市場交換経済によく当てはまる。当時、市場で売買されたものの事実上すべてが、個人や家族による労働の産物だったからだ。

ところが、資本主義の到来はこの経済モデルを根本的に変えた。先に述べたように、職人は商売道具を資本家に奪われ、自由労働者に仕立てられ、賃金の形で、費やした労働の一部しか取り戻せなかった。生産物に投入された労働価値の残りは、利益の形で企業が手に入れた。所有権も変わった。新たな所有者は株主という投資家で、彼ら自身の労働は生産物にはいっさい投入されておらず、企業の経営に対する発言権が皆無かそれに近いが、それでもなお、労働者の剰余労働から奪い取った利益の配当を受け取る。ジレンマは明らかだ。労働者は、自らの労働で生み出した製品を余すところなく所有したり処分したりする自然権を奪われていたのだろうか？　資本は蓄積された労働であるがゆえに投資家はより間接的な意味では自らの過去の労働をその生産過程に「付加」していると主張して、労働者の剰余労働の価値を強奪することを正当化する動きもあった。そうした正当化は根拠薄弱に思われたため、通用しなかった。歴史学者のリチャード・シュラッターは次のように鋭い指摘をしている。

古典学派は、労働者が財産の作り手であるという前提から始めているので、働かずに利益を得る者は必然的に労働者を搾取しているという結論を避けつつ、矛盾のない経済理論を組み立てることができなかった[9]。

一八四〇年代までには、過激な社会主義者の声が一つに合わさって、ヨーロッパ全土で勢いを得ていた。そうした社会主義者はこの古典学派の矛盾に目をつけた。その矛盾は、古典派経済理論を資本主義から切り離しかねなかった。社会主義者たちは、こうして資本主義を邪道として厳しく批判する一方、誰もが自らの労働の成果をすべて我がものとする自然権を持つという古典派経済理論の主張を称讃した。

功利主義の理論

経済学者たちは、古典派経済理論と芽吹いたばかりの資本主義の間の断絶を避ける決意をし、私有財産に関するロックの自然権理論は打ち捨てて社会主義者のなすに任せ、その空白を埋める新理論を至急見つけ出そうとした。彼らは、デイヴィッド・ヒュームとジェレミー・ベンサムの功利主義的価値観についての理論に答えを見出した。ヒュームによれば、所有権は、各自を「他者と協力し、公共に資する行動の全般的な計画や体制へ［10］」導く共通の利益から生じた人間の慣習であるという。つまり、所有権にまつわる法は人間の共通の利益のためにあるので、人間が同意して従う掟であるということだ。

ヒュームは、人が自然から作り出したものはその人自身のものであるという考えを支持する立場を明確にした。その一方で、私有財産の権利が推奨されるべきなのは、それが自然権に基づいているからではなく、「有用な習慣」だからであり、財産が自由に市場で交換されるべきなのは「人間社会にとって非常に有益」だからであると主張した［11］。

功利主義者は、社会全般の幸福（苦痛よりも喜びを優先して追求すること）が、財産に関するいっさいの取り決めの基本だと主張し、それによって、労働者の財産権と、資本に組み込まれている財産権の両方の擁護を正当化でき、どちらの財産の形態も公共の福祉を増進し、それゆえ有用だと論じた。いずれの場合にも、功利性のみによってこの慣行は正当化される。

ベンサムはもう少し積極的で、財産の自然権理論に真っ向から取り組み、自然の財産などというものは存在しないと主張した。彼は次のように説明している。

> したがって、権利は法の、それも法のみの果実である。法なくして権利はありえない——法に反する権利はない——法に先立つ権利はない……財産と法は相携えて生まれるのであり、また相携えて滅びるよりないのだ［12］。

功利主義の理論は、新たな産業経済における支配者たる資本家の増大する役割を正当化する際に、頼みの綱となった。それでもなお財産の自然権理論は影響力を振るい続け、産業経済下の工場や販売の現場に流入する大勢の労働者、および、大資本の時代に入っても（仮に縮小したにせよ）重要な役割を果たし続けることになる零細な職人や小規模事業者の間では、その傾向がとくに顕著だった。

功利性の理論は、表向きは自然法則ではなく社会的慣習に基づいていたにもかかわらず、はからずもチャールズ・ダーウィンの後押しを受けることになった。ダーウィンは二番目の著書『人間の進化と性淘汰』で、人間は心的能力を進化させて良心を育み、その良心の働きによって、最大多数の最大幸福を支持する功利主義的原理をしだいに忠実に守るようになったと主張した。経済学者はダーウィンの考えから、自らの唱える功利主義には「自然という後ろ盾」があるという自信を得られた。

ところがダーウィンは、自分の進化論が盗用されたことが不満だった。けっきょくのところ彼は、人間という種《しゅ》の持つ功利的性質は、ずっと高次のもの――人々の間で共感の拡がりと協力を促すもの――だと主張していたのであって、自らの見識が、物質的私利の集団的な追求を正当化するというもっぱら経済的な目的に狭められたのを知って、立腹した。もっともな話だ。ダーウィンは最後の著作で、ジョン・スチュアート・ミルら、人気のある功利主義経済学者に異議を申し立て、「衝動はけっしてつねに……快楽への期待から生じるわけではない[13]」と述べた。そして自説を裏づけるために、自らの危険を顧みず、報酬をまったく期待せずに、見知らぬ人を助けようとして火の中に飛び込んだ人の例を挙げた。ダーウィンは、他者を救助する動機付けは快楽よりももっと深い人間の衝動――彼が「社会的本能」と呼んだもの――から生じると主張した[14]。

ダーウィンの理論の濫用は、財産の功利性の理論を補強する上で、ある程度の効果があった。だが、それにも増して悪質で、与えた影響が大きかったのが社会学者で哲学者のハーバート・スペンサーで、彼はダーウィンの自然選択説を大々的に転用し、後に「社会進化論」と呼ばれるものを提唱した。それは、一九世紀後期の世界を席巻した資本主義による行き過ぎた行為のうちでも最悪のものを正当化するべく、イデオロギー的動機から生まれ出たものだった。スペンサーはダーウィンの自然選択の記述に飛びつき、自らの経済進化論を正当化した。スペンサーは、「ここで私が唯物論の用語で表現しようとしてきたこの最適者生存は、ダーウィン氏が『自然選択、あるいは生存競争で有利な種の保存』と呼んだものだ[15]」と書いている。「最適者生存」という言葉はダーウィンが造ったと広く信じられているが、実際には、ダーウィンの著作を読んだあとにスペンサーが思いついたものだ。だが残念なことにダーウィンは、一八六九年に出版された『種の起源』（渡辺政隆訳、光文社、二〇〇九年、他）の第五版にスペンサーの説を盛り込んだ。「生存競争において、形態、体質あるいは本能の面で何らかの利点がある種類が保存されることを、私は『自然選択』と呼んでいる。ハーバート・スペンサー氏は同じ考えを『最適者生存』という言葉で見事に表現した[16]」とダーウィンは書いている。ダーウィンはその言葉を「身近な局地的環境のためによりよく設計された[17]」ことを表すメタファーのつもりで使ったのだ。ところがスペンサーは、その言葉を最善の身体的特質という意味で用いた。スペンサーの手にかかると「最適者生存」は、最適な生物だけが生き残るという意味になった。スペンサー自身は、進化についてはるかにラマルク進化論に傾いていたにもかかわらず、臆面もなくダーウィンと自分が同意見であるかのごとく振る舞い、「最適者生存」という言葉を人口に膾炙させた。

後にダーウィンは、「最適者生存」という言葉とは徹底的に距離を置こうとして、それを用いたことを謝罪さえしたが、無駄だった[18]。この言葉は人々の頭に強く刻みつけられ、以降の世代にとってダーウィンの理論を特徴づけるものになった。

スペンサーの論によれば、この宇宙に存在するすべての構造は、単純な未分化の状態から、さまざまな部分が統合の度合いを高め、これまで以上に複雑で分化した状態に進化するということだった。

この過程は、銀河の中の恒星や地球上の生物にも、人間の社会的構成にも等しく当てはまるのだった。スペンサーは、市場における企業間の競争を社会の自然な進化的発達の表れと見なし、政府の干渉のない競争が許されるべきだと考えた――最も複雑で垂直統合された企業だけが生き残って繁栄することが確実になるように。

スペンサーの見解は、当時の大企業を正当化するのに役立った。企業が、よりいっそう合理化・中央集中化した管理体制に支配され、ますます巨大な垂直統合型事業体となるべく邁進する根拠を自然の中に見出すことによって、スペンサーと彼に続く自由市場支持の経済学者は、既存の経済制度に対する世間の真剣な反発をすべて首尾良く抑え込んだのだ。

スペンサーと彼の支持者たちの誤りは、社会がいっそう複雑になると、必ず垂直統合型の企業が求められ、より少数の機関や個人によるより中央集中的な指揮・統制が必要とされると考えた点だ。だが複雑さは、垂直統合や中央集中化と同義とは限らない。第一次・第二次産業革命について言えば、限界費用を下げ、十分な規模の経済を生み出し、投資を回収して利益を挙げるためには、コミュニケーション／エネルギー／輸送マトリックスの性質上、経済活動の垂直統合が有利だった。資本主義と社会主義のどちらの体制下でも、これが該当すると判明したことも付言しておこう。ソヴィエト連邦と中国のどちらでも、そして資本主義が混在したヨーロッパの社会主義市場経済の中でさえ、それが見られたのだから。私たちは、生産手段の所有と、生産様式の構成とを混同すべきではない。資本主義と社会主義の体制は、所有権や利益の分配のパターンこそ異なるものの、どちらも垂直統合型の事業体という形で生産過程を構成する。効率が向上するからだ。

ところが、コミュニケーション／エネルギー／輸送マトリックスを確立する際の参入コストが著しく低く、それがピアトゥピアのネットワークを形成する何億もの人々によっておもに賄われる場合に、そして通信やエネルギーならびにしだいに多くの製品やサービスを生み出し、蓄え、シェアする限界費用がほぼゼロに向かっている場合に、私たちはどのように経済を構成すればよいのだろうか？

現在、新たなコミュニケーション／エネルギー／輸送マトリックスと、それに伴う新しい「スマート」な公共インフラが現れつつある。ＩｏＴ（モノのインターネット）は、第一次・第二次産業革命よりもはるかに複雑な新しい経済パラダイムで、すべての人とすべてのモノをつなげるだろうが、その構造は集中型ではなく分散型となる。さらに重要なのは、新たな経済が、資本主義市場の中で垂直統合された企業ではなく、協働型コモンズ上で水平統合されたネットワークを通して、社会全般の幸福を最大化するだろう点だ。

これらすべての影響で、今や二〇世紀の独占的な企業は、出現しつつあるＩｏＴのインフラがもたらす途方もない破壊的脅威にさらされている。新種の社会的企業はＩｏＴにプラグ・アンド・プレイ（つながり、プレイヤーとして参加する）して、開かれた分散型・協働型のアーキテクチャーを活用することが可能になり、ピアトゥピアの水平型の規模の経済を生み出し、残っていた中間業者を事実上一掃できる。こうして事業を圧縮すれば、効率と生産性が劇的に上がる一方、限界費用はほぼゼロまで下がり、ただ同然の財とサービスの生産と流通が可能になる。

二〇世紀の第二次産業革命に君臨した垂直統合型の独占的企業は、そうした流れを阻止するために闘っているが、その努力は無駄であることが明らかになりつつある。音楽産業や出版産業、活字メディアや電子メディア、大部分の娯楽産業を支配していた巨大な独占的企業は、限界費用をほぼゼロに押し下げる水平統合型の規模の経済ネットワークにおいて、ピア・プロダクションの「衝撃と畏怖」〔もともと、二〇〇三年のイラク戦争でアメリカ軍が採用した軍事作戦名。圧倒的戦力でイラク軍の戦意を喪失させ、戦争を短期終結させようとしたもの〕をすでに直接経験済みだ。ＩｏＴのインフラが成熟すると、エネルギーと発電から通信や製造、サービスに至るまでの分野で、多くの巨大企業の破綻が見込まれる。

影響が広く波及するこうした経済的変化は、人間の意識自体のより深い変化をもたらし始めている。この新たな経済パラダイムは、人間の本性の全面的な見直しを伴っており、それが、私たちが地球とどう関係しているかという認識を根本から変えている。アメリカの偉大な革命思想家トマス・ペインはかつて、「どの時代も世代も、自らの思うとおりに行動する自由がなくてはならない[19]」と述べた。そして今、新世代の人々が、萌芽期にある、限界費用がほぼゼロの社会を育み、世界観を変え、人類の歩みに新たな意味をもたらしつつあるのだ。

第II部

限界費用がほぼゼロの社会

第5章

極限生産性とモノのインターネットと無料のエネルギー

もし私が二五年前にこんなことを言ったとしたらどうだろう? 四半世紀後には、人類の三分の一が、何億もの人から成る巨大なグローバル・ネットワークで連絡をとり合い（音声や動画、テキストをやり取りし）、世界の知識の総体に携帯電話からアクセスでき、一個人でも同時に一〇億人を相手に、新しいアイディアを投稿したり、製品を紹介したり、考えを伝えたりできるようになる。しかもそれにかかるコストはゼロに近い、と。あなたはとても信じられないと首を横に振っただろう。だが、今ではそのすべてが現実のものだ。

それでは私が今、こんなことを言ったらどうだろうか? 二五年後には、あなたが家を暖め、家電製品を作動させ、職場の機器を動かし、車を走らせ、世界経済を隅々まで駆動させるのに使うエネルギーの大部分も無料に近くなる、と。それは、自宅や仕事場をマイクロ発電所に変え、その場で再生可能エネルギーを採取するシステムを早々と採用した数百万の人にとってはすでに現実だ。しかも、太陽光や風力の発電装置を取りつける固定費が少しでも回収できるようになる（それは多くの場合、わずか二〜八年）前でさえ、採取されたエネルギーの限界費用はゼロに近い[1]。原料自体に必ず何がしかのコストがかかる化石燃料や原子力用のウランとは異なり、自宅の屋根で集める太陽光、自社の入ったビルの壁沿いに吹き上がる風、オフィスの下の地面から伝わってくる熱、自宅のキッチンで嫌気性生物（無酸素状態で生きる生物）に分解されてバイオマスエネルギーになる生ゴミはみな、ただ同然のものだ。

また、無料に近い情報で無料に近いグリーンエネルギーが管理されるようになり、インテリジェントなコミュニケーション／エネルギーのマトリックスとインフラが造られたらどうだろう？　そうすれば、世界のどんな事業者も接続し、大陸《コンチネンタル》エネルギー・インターネット全体でエネルギーをシェアでき、今日のグローバルな製造業大手がつける価格の何分の一かで財を製造・販売できるようになる。規模こそ小さいが、そうしたことも実際に起こり始めている。今や何百という新規企業が3Dプリンティング事業を確立し、限界費用がほぼゼロで、情報による製品作り《インフォファクチャリング》をし、自社で採取したグリーンエネルギーを自社のファブラボ（製作《ファブリケーション》ラボ）〔「ファブラボ」については、一四五ページを参照のこと〕の動力源に用い、でき上がった財を何百ものグローバルなウェブサイトで無料に近い値段で売り、自社の製品を自社のグリーンエネルギーを使った電気自動車や燃料電池車で配達しているのだ（協働型インフラを確立する先行投資の固定資本コストについては後ほど述べる）。

そしてまた、これまで大学教育を受ける術のなかった世界中の何百万という若者がいきなり、世界の錚々《そうそう》たる学者たちが教える授業を受け、単位を取得できるようになり、しかもいっさい費用がかからないとしたらどうだろう？　それがすでに現実となっている。

さらに、あらゆる産業や職業分野、専門分野の働き手にインテリジェント・テクノロジーが取って代わり、企業が文明世界のビジネス活動の多くをより安く賢く効率的に行なえるようになり、財とサービスの生産と流通における労働の限界費用がほぼゼロまで急落したらどうだろう？　それも現実になりかけており、すでに世界中のさまざまな産業や専門機関で、何千万もの働き手がインテリジェント・テクノロジーに取って代わられている。今後二世代のうちに経済活動から大量雇用や専門労働が消えたら、人類はどうするだろうか？　そして、こちらのほうがさらに重要なのだが、人類は地上での自らの未来をどう定義するのか？　この問題は今、知識人の間でも、公共政策の議論においても、初めて真剣に提起されている。

極限生産性

ほぼゼロの限界費用と、ほぼ無料の財やサービスに行き着くカギを握っているのが、生産性の向上だ。生産性とは、「生産に必要なものに対する生産物の比率（生産物の総量をその生産に必要なモノの総量で割ったもの）として計算される生産効率の指標［2］」だ。もし財を一つ増産したりサービスを一回増やしたりするのにかかるコスト（限界費用）がほぼゼロならば、それが生産性の最高水準ということになる。

ここでまた私たちは、資本主義の核にある究極の矛盾に直面する。資本主義体制の推進力は、熱力学的効率を上げることでもたらされる生産性の向上だ。その過程は熾烈を極める。競争者がみな我先に生産力の上がる新技術を導入し、自社の生産コストを下げ、財やサービスの価格を下げて、買い手を惹きつけようとするからだ。この競争はしだいに激しさを増してゆき、やがては最終目標に近づく。そこでは最高の効率が達成され、生産性が頂点に達する。つまり生産量を一ユニット増加させる限界費用は、ほぼゼロになるのだ。だがその目標に行き着くと、財やサービスはほぼ無料になり、利益は枯渇し、市場における財産の交換は停止して、資本主義体制は最期を迎えることになる。

ごく最近まで、経済学者は生産性を二つの要因で測ることで満足していた。機械資本と作業能率だ。だがロバート・ソロー（一九八七年に成長理論でノーベル経済学賞を受賞）が工業化時代の歴史をたどって調べたところ、機械資本と作業能率では、経済成長全体のおよそ一四パーセントしか説明がつかなかった。そこで、それ以外の八六パーセントは何に由来するのかという疑問が生じた。この謎が発端となり、アメリカ経済学会の元会長で経済学者のモーゼス・アブラモヴィッツは、他の経済学者が認めるのに二の足を踏んでいたことをついに認めるに至った。すなわち、残る八六パーセントは「私たちの無知の指標[3]」である、と。

過去二五年にわたって、ドイツの通称ヴュルツブルク大学の物理学者ライナー・キュンメルや、フランスのフォンテーヌブローにあるインシアード大学経営大学院の経済学者ロバート・エアーズなど数多くのアナリストが時代をさかのぼり、工業化時代の経済成長をたどり直し、機械資本、作業能率、エネルギー利用の熱力学的効率という三つの要因に着目した因子分析を行なってきた。そして工業経済における生産性向上や成長で、例の八六パーセントの大半は、「エネルギーや原材料が有用な仕事に変換される熱力学的効率の向上」で説明がつくことを突き止めた。言い換えれば、「エネルギー」こそが、欠けていた要因だったのだ[4]。

第一次・第二次産業革命を掘り下げて調べてみると、生産性と経済成長を飛躍的に高めたのは、コミュニケーション／エネルギー／輸送マトリックスと、それに伴うインフラ（企業がみな接続している汎用テクノロジー・プラットフォームを含む）だったことが明らかになる。たとえば自動車王ヘンリー・フォードが、工場に電動工具を導入して効率や生産性の劇的な向上を享受しえたのは、送電網があったからこそだろう。企業が垂直統合型の大規模な事業によって効率と生産性を向上させられたのも、電信やその後の電話があって、社内外の業務の指揮系統にすぐさま連絡がとれた上に、上流部門の供給業者にも下流部門の流通業者にもただちに情報を伝達できたからこそだ。さらに、企業がロジスティクスのコストを大幅に減らせたのは、国内市場に十分張り巡らされた道路網があったからにほかならない。同様に、送電網や電気通信ネットワーク、国内の道路網を走る自動車やトラックはみな、化石燃料エネルギーを動力源としているが、その化石燃料を油井の坑口から精製所、ガソリンスタンドへと運ぶには、やはり垂直統合されたエネルギー・インフラが必要だった。

二〇一二年、大統領選挙の運動中にバラク・オバマ大統領が、「あなたがそれを造ったわけではない」という、今や有名な言葉で言わんとしていたのが、まさにその点だ。共和党はこれ幸いとばかりに大統領の揚げ足を取ったが、オバマが訴えたかったのは、企業が成功するにはインフラ（送電線、石油やガスのパイプライン、通信ネットワーク、道路、学校など）が必要であり、インフラがあってこそ企業は生産的になりうるということだ[5]。統合された市場経済では、インフラなしで成功できるような企業は一つとして存在しない。インフラは公共財であり、市場による促進に加えて政府の後押しも必要とするのだ。それは常識ではあるが、オバマ大統領の発言が買った世の憤激の渦中で、その当然の認識が失われてしまった。なにせアメリカは、経済的な成功はもっぱら起業家の慧眼《けいがん》の賜物であり、政府の介入はつねに経済成長の妨げになるというのが支配的通念の国なのだ。

公共インフラの大部分は、税金で支払われるかその助成を受け、行政機関が監督や規制を行なう。それは地域、州、国のどのレベルであろうと同じだ。第二次産業革命の汎用テクノロジー・インフラは生産性向上を可能にし、二〇世紀の経済成長を劇的に高めた。アメリカは、一九〇〇年から一九二九年の間に、送電網、電気通信ネットワーク、道路網、石油やガスのパイプライン、上下水道、公立学校制度といった、第二次産業革命の初期インフラを建設した。その取り組みは、大恐慌や第二次大戦によって遅れはしたものの、戦後は州間ハイウェイ・システムが建設され、全国的な送電網や電気通信ネットワークが完成し、成熟してすっかり統合されたインフラができ上がった。この第二次産業革命のインフラは、自動車生産をはじめ、州間ハイウェイ・システムの出口近辺における郊外型の商業用建築や住宅の開発まで、あらゆる産業の生産性を高めた。

アメリカでは一九〇〇年から一九八〇年までの時期に、総エネルギー効率（原料から引き出しうる物理的仕事量のうち有用な仕事に転換された部分の割合）が、国内インフラの発達とともに二・四八パーセントから一二・三パーセントへと着実に上がった。その後、第二次産業革命のインフラが完成したことで、一九九〇年代後期には約一三パーセントで横ばい状態になった[6]。つまり、著しい効率の増加により、アメリカは並外れた生産性と経済成長を手にしたにもかかわらず、第二次産業革命で使われたエネルギーのほぼ八七パーセントは、伝達される間に無駄になっていたのだ[7]。

仮に第二次産業革命のインフラを改良したとしても、効率や生産性、経済成長に目立った効果は望めそうにない。化石燃料エネルギーはすでに成熟し、市場に出すのが割高になりつつある。また、内燃機関や集中制御型の送電網のように、化石燃料エネルギーで稼働するように設計され、作られているテクノロジーは、生産性の上限まで達し、もう伸びしろがほとんど残っていない。

言うまでもないが、熱力学的効率を一〇〇パーセントにするのは不可能だ。だが私のグローバルなコンサルティング・グループが行なったものを含む新たな研究によれば、第三次産業革命のインフラに移行すると、今後四〇年のうちには、総エネルギー効率が四割以上になり、二〇世紀の経済が経験したものを超えて、生産性が驚くほど増大すると考えられる[8]。

モノのインターネット

このような生産性の桁違いの飛躍が可能になるのは、現在姿を現しつつあるＩｏＴ（モノのインターネット）が、史上初のスマートインフラ革命だからだ。この革命によって、あらゆる機械、企業、住宅、乗り物がつながれ、単一の稼働システムに組み込まれたコミュニケーション・インターネット、エネルギー・インターネット、輸送インターネットから成るインテリジェント・ネットワークを形成する。アメリカだけでも、今や三七〇〇万台のデジタル・スマートメーターが、電力使用に関するリアルタイムの情報を提供している[9]。一〇年以内には、アメリカやヨーロッパをはじめ、世界の他の国々でも、あらゆる建物にスマートメーターが設置されるだろう。そして、サーモスタットや組立ライン、倉庫設備、テレビ、洗濯機、コンピューターなど、どの装置や設備も、スマートメーターとＩｏＴプラットフォームに接続するセンサーを備えることになるだろう。二〇〇七年、さまざまな装置をＩｏＴにつなぐセンサーは一〇〇〇万個あった。二〇一三年、その数は三五億を超えることになったが、さらに感心すべきは、二〇三〇年には一〇〇兆個のセンサーがＩｏＴにつながると予想されていることだ[10]。空からの測定技術やソフトウェアのログ、無線ＩＣ読み取り機、無線センサー・ネットワークといった他の検出装置なども、幅広い対象に関するビッグデータを集める助けとなるだろう。その対象は、送電網における電力料金の推移から、サプライチェーン全体での物流や、組立ラインの生産フロー、フロントオフィス（顧客対応部門）やバックオフィス（事務管理部門）の業務、消費者行動のリアルタイムでの追跡にまで及ぶ[11]。そして第1章で述べたように、インテリジェント・インフラ自体は、そのネットワークに接続するどの企業にもたえずビッグデータを流し続けることになるだろう。そうなれば、企業はそのデータを高度な分析手法を用いて処理し、予想用のアルゴリズムや自動化システムを作って熱力学的効率を高めたり、生産性を劇的に上げたり、バリューチェーン全体の限界費用をほぼゼロにまで減らしたりすることができる。

シスコ社は、二〇二二年には、インターネット・オブ・エブリシング（万物のインターネット）が、コスト削減と売上で一四兆四〇〇〇億ドルを生むと予測している[12]。二〇一二年一一月に発表されたゼネラル・エレクトリック社（GE）の調査は、スマートなインダストリアル・インターネット（産業インターネット）によって可能になる効率や生産性の増進は、二〇二五年には事実上すべての経済部門に拡がり、「世界経済の約半分」に影響を与えうると結論している。だが、史上初のインテリジェント・インフラを確立することによる生産性増大の可能性を理解しようというなら、それぞれの産業に目をやる必要がある。たとえば航空産業一つをとっても、ビッグデータ分析を用いて航路の決定や機器の監視、修理作業をより効率良く行ない、燃料効率をほんの一パーセント上げるだけで、一五年間で三〇〇億ドルの節約になる[13]。

保健医療分野もまた、IoTに組み込まれることに伴って生産性向上が期待できる端的な例だ。保健医療は、二〇一一年には世界のGDPの一割を占め、七兆一〇〇〇億ドルにのぼった。そのうえ、この部門の支出の一割は「システムが非効率であるために浪費され」、その額は少なくとも年に七三一〇億ドルに達する。さらに、GEの調査によれば、保健医療の非効率性から生じる浪費の五九パーセント、四二九〇億ドルは、インダストリアル・インターネットを整備することで直接改善されうるという。また、ビッグデータのフィードバックや高度な分析手法、予想用のアルゴリズム、自動化システムによって、世界の保健医療部門のコストが二五パーセント削減され、それが年に一〇〇〇億ドルの節約になりうるとのことだ。コストをたった一パーセント減らしただけでも、年に四二億ドルの節約に、一五年では六三〇億ドルの節約になるのだ[14]。航空、保健医療に限らず、他のどの部門でも、一パーセントから二パーセント、五パーセント、一〇パーセントと効率を押し上げてゆけば、どれほどの経済的変化が起こるかは明々白々となる。

「モノのインターネット」という言葉は早くも一九九五年、マサチューセッツ工科大学（MIT）オートIDセンターの創立者の一人であるケヴィン・アシュトンによって造られた。だがその後何年も、IoTは棚上げ状態だった。一つには、「モノ」に組み込まれるセンサーや作動装置《アクチュエーター》のコストが、まだかなり高かったからだ。だが二〇一二年から二〇一三年にかけての一年半で、モノを監視したり追跡したりするのに使われる無線ICタグのコストは四割も下がった。このタグは今では一つ一〇セントもしない[15]。そのうえ、タグを探ろうとする無線信号から得られるエネルギーを使ってデータを伝達できるので、電源が不要だ。ジャイロスコープや加速度計、圧力センサーなどのMEMS《メムス》（微小電子機械システム）の価格も、この五年間で八〜九割下がっている[16]。

IoTの普及を遅らせたもう一つの障害は、IPv4という、従来のインターネットプロトコルの規格だった。この規格では、インターネット上で固有のアドレスを約四三億個しか割り振れない（インターネットに接続するデバイスはすべてIPアドレスを必要とする）。今や二〇億人以上がインターネットに接続しているため、IPアドレスの大半はすでに使い尽くされ、何百万個、いずれは何兆個というモノをインターネットに接続できるだけのアドレスがほとんど残っていないのだ。そこで、インターネット技術タスクフォース（IETF）〔インターネットの標準を決める国際的な団体〕が、インターネットプロトコルの新バージョン（IPv6）を開発した。この規格では、使えるアドレスが信じ難い数、すなわち三四〇兆の一兆倍の一兆倍になる。これは、今後一〇年でインターネットに接続すると推定される二兆個のデバイスに割り当ててもまだまだ余裕のある数だ[17]。

「エコノミスト」誌のコラムニスト、ニック・ヴァレリーは、この途方もない数字を噛み砕いて、平均的な読者にわかるようにしてくれた。一〇年以内にインターネットに接続するデバイスが二兆個の域に達するには、各人が「インターネットにつながるモノを一〇〇〇個」持つだけでよい[18]というのだ。経済が発展した国々では、たいていの人がおよそ一〇〇〇個から五〇〇〇個のモノを持っている[19]。法外な数に思えるかもしれないが、自宅や車庫、自動車、オフィスを見回して、電動歯ブラシに電子書籍、ガレージドア開閉装置、建物の出入り用の電子パスといったものを数えてみれば、自分がどれだけ多くのデバイスを持っているかに驚くものだ。こうしたデバイスの多くには、今後一〇年ほどの間にタグがつき、インターネットを使って自分のモノと他のモノとをつなげることになるだろう。

プライバシーの問題

ヴァレリーは、数々の大きな未解決問題が、ＩｏＴの大規模な運用開始に影を落とし始め、迅速な普及と一般大衆による受け容れを阻んでいる可能性があることを早々に指摘した。彼はこう書いている。

> そこで次のような疑問が生じる。識別コードは誰が割り振るのか？ データベースの情報は、どこでどうやって入手可能になるのか？ タグとデータベースの詳細はどのようにセキュリティが守られるのか？ 管理者に責任を負わせるために、どんな法的な枠組みがあるのか？

ヴァレリーはこう警告する。

こうした問題をないがしろにすれば、インターネットに接続するデバイスに関連づけられた個人や企業の情報がみな、深刻な危険にさらされる可能性がある。無知や不注意によって万一そうした事態になったならば、モノのインターネットは門出の前につまずきかねない[20]。

あらゆる人とあらゆるモノをニューラルネットワークでつなげば、人類は、現代を決定的に特徴づけるプライバシーの時代から透明性の時代に入る。プライバシーは長らく基本的権利と考えられてきたが、生得の権利だったことはない。それどころか現代を除けば、人類の生活は全歴史を通じておおむね、地球で最も社会的な種にふさわしく、公的に営まれていた。一六世紀になっても、日中、長時間にわたって一人でうろつき回る人や、夜にわざわざ姿を隠す人はみな、たいてい物に取り憑《つ》かれたと見なされた。現代以前には、私たちが知るほぼすべての社会において、人々は他人と入浴し、しばしば人目もはばからず排泄し、共有の食卓で食事をとり、頻繁に人前で性的な振る舞いに及び、大勢で身を寄せ合って眠った。

資本主義の時代が始まると、ようやく人々は鍵のかかったドアの奥で過ごすようになる。ブルジョアの生活はごく私的なものだった。彼らは公の顔を持って暮らしていたが、日常生活の多くは世間から切り離された所で営まれた。家庭での生活は、さらにそれぞれ用途の異なる部屋（応接室、音楽室、書斎など）に分割され、各自が初めて別々のベッドや寝室で一人で眠るようにさえなった。

人間生活の囲い込みと私有化は、共有地《コモンズ》の囲い込みと私有化と手を携えて進んだ。煎じ詰めればすべてが「我がもの」か「汝がもの」になる新しい私有財産関係の世界においては、自らの所有物に囲まれ、残りの世界から隔てられた自主的行為者という概念が、独自の形をとるに至った。プライバシー権は他者を締め出す権利と化し、各人の家は各人の城であるという考えが生活の私有化に伴って現れた。そして、あとに続く世代は、プライバシーを人類史の特定の時代に見合った、単なる社会的慣習ではなく、自然が与えた人間生来の特性と考えるようになった。

今日、発展を続けるＩｏＴが、プライバシーを神聖不可侵にしていた囲い込みの層を次々に剝ぎ取り、生きる権利、自由の権利、幸福追求の権利と同様に重要だと見なされていたプライバシーの権利を奪いつつある。今の若い世代はグローバルにつながった世界で育ち、フェイスブックやツイッター、ユーチューブ、インスタグラムをはじめ、数え切れないほど多くのソーシャルメディア・サイトを通じて、自らの生活の各瞬間をせっせと投稿し、世界とシェアしたがる。プライバシーはその魅力の大半を失ってしまったのだ。この世代にとって、自由とは、他人の制約を受けずに自主的に行動したり、他者を排除したりすることにあるのではなく、むしろ進んで他人にアクセスしたり、グローバルでバーチャルな公共広場の一員になったりすることにある。この若い世代の特徴を一言で表すなら、それは透明性であり、彼らの行動の仕方は協働《コラボレーション》だ。そして自己表現は、水平展開型のネットワークでのピア・プロダクションとして行なわれる。

いよいよ相互のつながりを強め、あらゆる人やあらゆるモノがＩｏＴに取り込まれた世界に生きる未来の世代が、プライバシーに十分な関心を示すかどうかはまだわからない。

それでもなお、資本主義の時代から協働の時代への長い移行期において、プライバシーの問題は、その移行の速さも次の時代に向けてとられる経路も大きく左右する、非常に重要な関心事であり続けるだろう。

肝心な疑問は、あらゆる人間とあらゆるモノがつながったとき、個人のプライバシー権をしっかり守るためにはどんな境界を設ける必要があるか、だ。ＩｏＴ全体のデータの流れにアクセスでき、高度なソフトウェア技能を備えた第三者が、グローバルな神経系のあらゆる層を突破し、自らの目的のためにＩｏＴを悪用する新しい方法を見つけられるようでは困る。サイバー窃盗犯が営利目的で他者になりすましたり、ソーシャルメディア・サイトの管理者が、利益を増やそうと広告主やマーケティング担当者にデータを売ったり、政治スパイが機密情報を外国政府に伝えたりすることもありうる。それならば、生活のあらゆる面に関する情報が本人の許可なく、または本人の意思に反して使われ、本人の幸福を危うくしたり損なったりしないように保障しながら、誰もが恩恵を受けられる、透明性の高い開かれたデータの流れはどうやって確保するのか？

欧州委員会は、こうした問題に取り組み始めている。二〇一二年、同委員会は、企業団体やシビル・ソサエティ組織、学界から六〇〇人以上の指導者を集め、三か月に及ぶ集中的な諮問を行なった。それは、「ＥＵ市民の適切な保護を約束し、その信頼を確保しつつ、デジタル単一市場において、ＩｏＴのダイナミックな発展を育む[21]」政策アプローチの糸口を探ろうとするものだった。同委員会は、ＩｏＴの今後のあらゆる発展に方向性を与えるべく、大まかな方針を打ち出した。

> 一般に、プライバシーとデータの保護および情報セキュリティは、ＩｏＴサービスにおいて無償でなされるべき必要条件だと考える。具体的には、情報セキュリティは、情報の機密性、保全性、可用性（ＣＩＡ）〔英語の「confidentiality（機密性）」「integrity（保全性）」「availability（可用性）」の略〕を維持するものとする。さらに情報セキュリティは、この業界のＩｏＴサービス規定における基本的な必要条件と見なされ、事業者自体のためだけでなく、市民の利益のためにもその確保を目指すものと考える[22]。

こうした保護と保障を進めるために、同委員会はさまざまな仕組みを整えるべきだと提案した。

個人データは必ず、本人の望まぬ処理が行なわれないようにし、また、個人データが処理される事実やその目的、処理者の身元、個人の権利を行使する方法については、本人が必ず情報を得られるようにする。それとともに、処理者はデータの保護方針に従わねばならない[23]。

欧州委員会はさらに、ユーザーのプライバシーを守るために、確実にデータを保護するテクノロジーなど、具体的な技術手段を提案した。その上で結論として、「各人が自らの個人データをつねに制御できる状態にあることや、個人がデータ主体権を効果的に行使できるように、ＩｏＴシステムが十分な透明性を提供することが保証されるべきである[24]」と宣言した。

社会の繁栄が透明性や協働、一体性に基づく時代に、自らの個人データを制御したり破棄したりする権利を守るとなれば、理屈を実践に移す難しさには誰もが思い当たるだろう。とはいえ、透明性とプライバシー権との間に適切な均衡が確保されないと、おそらくＩｏＴの発展が遅れ、悪くすれば、その発展が取り返しのつかないほど脅かされ、ついには止まり、協働の時代を招来できないこともありうる（こうしたプライバシー、セキュリティ、アクセス、ガバナンスにまつわる疑問は、本書の随所で詳しく検討する）。

あらゆる人とあらゆるモノが、一つのグローバルなニューラルネットワークでつながると思うと空恐ろしい気もするが、それは同時に人間を刺激し、解放することでもあり、地球上で共存するための新しい可能性を拓く。だが、人間の歴史においてこの新しい冒険物語は始まったばかりであり、どのような未来が待ち受けているかは、私たちにはなかなか想像し難い。

ビジネス界は今、迅速にリソースを結集している。第二次産業革命の黎明期における電気の登場に匹敵するか、それを上回りさえしそうな影響力を持つテクノロジー革命から、何とか価値を引き出そうとしてのことだ。二〇一三年、「エコノミスト」誌の一部門であるインテリジェンスユニットは、社会を変えつつあるこの「静かな革命」に関する、初のグローバルな景気指標を発表した。同誌は、金融サービス、製造、保健医療、製薬、バイオテクノロジー、IT、テクノロジー、エネルギー、天然資源、建設、不動産という主要な産業に対象を絞り、世界中のビジネスリーダーを調査した。

その報告は、テクノロジーコストの急速な低下と、モバイルコミュニケーションやクラウドコンピューティングなど、無料の分野の新たな発展に加えて政府援助の増加により、IoTはグローバル経済の中心舞台に押し上げられつつあるという言葉で始まる。調査を受けた企業リーダーの三八パーセントは、IoTは今後三年以内に「大半の市場と大半の産業で大きな影響」を与えると予想し、さらに回答者の四〇パーセントは、「いくつかの市場や産業に多少は影響」すると答え、「ごく少数のグローバルな企業に大きく影響〔25〕」するだけであると捉えていたのは、一五パーセントにすぎなかった。すでにグローバル企業の七五パーセント以上は、ある程度IoTを自社の業務で試用あるいは活用しているし、CEO（最高経営責任者）やCFO（最高財務責任者）ら、いわゆる「Cスイート」の経営層の四割が、自社で「少なくとも月に一度は、IoTに関する公式の会合や、非公式の話し合い〔26〕」を持つと回答している。

これまた興味深いことに、回答した企業リーダーの三割が、IoTは「既存の商品／サービスに新たな売上の機会を拓く」と答え、二九パーセントは「新しい業務手法やビジネスプロセスを生む」と答えた。また、全体の二三パーセントは「既存のビジネスモデルやビジネス戦略を変える」と語り、同じく全体の二三パーセントが「イノベーションの新たな波を起こす」と述べた。そして何より、エグゼクティブの六割以上が、「IoTの統合が遅い会社は、競争についてゆけなくなると認めている〔27〕」

事実が、彼らの思いを如実に語っている。

「エコノミスト」誌の調査が伝える中心メッセージは次のようになる。ＩｏＴをバリューチェーン全体で採用することによって得られるであろう生産性の増大は、あまりに魅力的で拒み難く、従来のビジネス手法をことごとく無効にするので、自社の事業をＩｏＴプラットフォームに組み込んで機先を制する他に道はないと、たいていの企業リーダーは承知しているということだ。

とはいえ、ＩｏＴは諸刃《もろは》の剣だ。熱力学的効率や生産性を上げ、限界費用を下げようとする圧力は、抵抗し難いものになるだろう。そして潜在的生産性を利用して前進しない会社は、置いてゆかれることだろう。だが第三次産業革命のインフラ全体の、あらゆるリンクやノードで働くインテリジェントな力は、生産性の容赦ない推進力を解き放ち、それが、グリーン電力を生み出したり、多様な財やサービスを生産したり配達したりする限界費用を今後二五年以内にほぼゼロにしようとしている。ワールドワイドウェブは初期段階にあった一九九〇年から現在に至るまで指数曲線を描きながら発展し、情報を生んだり送ったりするコストは急落したが、どうやらＩｏＴはそれとほぼ同じ道筋をたどりそうだ。

指数曲線

両者が同じ経過をたどると断言するのは、たしかに行き過ぎのようにも思えるが、「指数関数的」という言葉の意味を、もっと入念に考えてみれば納得できる。一三歳ぐらいだったか、私は子供のころ、友人から二つの面白い仮想の選択肢を与えられたことがある。それは、一挙に一〇〇万ドルもらうのがよいか、それとも初日に一ドルもらい、それを毎日倍に増やしながら一か月間もらい続けるのがよいか、というものだった。最初、私はこう答えた。「馬鹿馬鹿しい……正気なら誰だって一〇〇万ドルもらうだろう」と。するとその友人は、「待てよ。計算してごらん」と言った。そこで私は紙と鉛筆を取り出して、一ドルを繰り返し倍にする計算を始めた。

指数関数的増加は人の目を欺く。知らぬ間に増えてゆくのだ。一五日目になっても、たった一万六三八四ドルにしか達しておらず、即時に一〇〇万ドルの現金をもらうことを選んだのは正しかったと私は信じていた。だが、さらに六日分倍にし続けたときには驚いた。わずか六回、倍増を繰り返しただけで、数字はすでに一〇〇万ドルを超えていたのだ。さらに一〇日分続けてみて、衝撃を受けた。三一日目までくると、一〇億ドルを超えていた。なんと一〇〇万ドルの一〇〇〇倍以上だ。これには唖然とした。こうして私は指数関数的増加を初めて目の当たりにしたのだった。

指数関数的増加はピンとこないという人がほとんどなのは、とかく私たちが物事を直線的に捉えがちだからだ。そもそも指数関数という概念自体が、一般にはほとんど注目されていなかった。ところが、世界一の半導体チップメイカーであるインテルの共同創立者ゴードン・ムーアが、ある興味深い現象に目を留めた。集積回路が一九五八年に発明されて以来、組み込まれている素子の数が毎年倍増していたのだ。彼はそれを論文に書いて一九六五年に発表した。今や有名なその論文にはこうある。

素子当たりのコストを最小にする複雑さは、毎年およそ二倍の割合で増してきた。この割合は短期的には、仮に増大しないまでも、確実に継続することが見込まれる[28]。

ムーアは一九七五年に当初の予想をわずかに修正し、倍増は二年ごとに起こっていると述べた。その倍増の過程はさらに三七年間続いた。もっともこのところ、科学者たちはコンピューターチップに配置できるトランジスターの数の伸びの鈍化を予想し始めている。物理学者のミチオ・カクによれば、すでにその鈍化は目に見えだしており、少なくともチップに関しては、従来のシリコンテクノロジーを用いているかぎり、ムーアの法則は成り立たなくなってくるだろうという。インテルは鈍化を予期して、自社の3Dプロセッサーを発表しており、もう少し長く倍増を維持できると確信している。カクは、シリコンから引き出しうる演算能力には上限があることを指摘した。もっとも、3Dチップや光チップ、並列処理、ゆくゆくは分子コンピューティング、さらには量子コンピューティングといったより新しいテクノロジーを用いれば、演算能力における指数関数的な増加曲線をこの先まだ維持できそうだとつけ加えている[29]。

その後、ITの広い領域でムーアの法則が観察されてきた。ハードディスクの記憶容量にも、同様の指数関数的な増加曲線が現れている。ネットワーク容量（光ファイバーを通過するデータ量）は、さらに急勾配の曲線を描いて増加を達成してきた。光ネットワークを伝わるデータ量は、ほぼ九か月ごとに倍増している[30]。

演算処理コストの五〇年以上にも及ぶ急落を可能にしたのも、指数関数的な要因だ。最初の大型メインフレームコンピューターが開発されていたころは、演算にかかるコストが莫大で、とても採算がとれなかった。常識的に考えれば、それだけの費用を払えるのは、せいぜい軍や少数の研究機関ぐらいのものだった。専門家でさえ、容量の指数関数的増加や生産コストの下落にまでは考えが及ばなかった。だが、集積回路（マイクロチップ）が発明されると、状況は変わった。五〇年前、コンピューターは一台何百万ドルもしたが、今では何億もの人が比較的安価なスマートフォンを持っており、しかもその演算能力は、一九六〇年代の最も性能の高いメインフレームコンピューターの何千倍も大きい[31]。二〇〇〇年にはハードディスクの一ギガバイト当たりのコストはおよそ四四ドルだったが、二〇一二年までには七セントに下がっていた。二〇〇〇年には動画をストリーム再生するのに一ギガバイト当たり一九三ドルかかったが、その一〇年後には三セントに下がった[32]。

演算能力とコスト削減における指数曲線の意味を十分に理解するため、次のことを考えてみよう。しばしば「コンピューター業界のＴ型フォード」と呼ばれるＩＢＭ１４０１は、一九五九年に発売され、大量生産によるビジネス用コンピューターとして初めて商業的に成功した。大きさは高さ五フィート（約一五二センチメートル）、幅三フィート（約九一センチメートル）で、四〇九六文字分の記憶容量を持ち、八桁の足し算を毎分一九万三〇〇〇回行なうことができた。レンタル料は年間三万ドルだった[33]。二〇一二年には世界一安いコンピューター、ラズベリーパイが二五ドルで売り出された[34]。ラズベリーパイ財団は、殺到する注文に応じる暇《いとま》もない。注文は発展途上国はもとより、先進工業国の市場からも押し寄せている。

今日の携帯電話の重さは数オンスしかなく〔一オンスは約二八グラム〕、上着のポケットに楽に収まり、値段も数百ドルだ。しかもサービスプランに加入すれば、無料でもらえることもある。それでも記憶容量は、Ｃｒａｙ－１Ａの初期モデルの数千倍もある。Ｃｒａｙ－１Ａとは一九七〇年代後期に売り出されたコンピューターで、値段は九〇〇万ドル弱、重さは一万二〇〇〇ポンド（約五・五トン）を超えていた[35]。演算能力の限界費用は、ゼロに近づいているのだ。

情報の生成における指数曲線は、私たちの暮らしぶりを根本から変えてしまった。先に述べたように、人類の多くはインターネットで互いにつながり、情報、娯楽、ニュース、知識をほぼ無料でシェアしている。限界費用がゼロの社会に、すでに移行しているのだ。

指数曲線はコンピューターの世界を飛び出し、さまざまなテクノロジーの経済的成功を評価する基準となり、商業的実績や投資収益率の新しい目安ともなっている。

無料のエネルギー

今日、再生可能エネルギー産業ほど指数関数的上昇が話題にされている分野は他にない。ＩＴ部門やインターネット部門の大手企業が続々と参入し、おのおのの分野で蓄えた経験を新しいエネルギーのパラダイムに応用している。彼らは、再生可能エネルギーの分野と、ＩＴやインターネットの分野には驚くべき類似点が二つあることに、いみじくも気づいている。

第一に、再生可能エネルギー技術のエネルギー採取能力は、太陽光発電と風力発電で指数関数的に増加しており、地熱発電、バイオマス発電、水力発電もそれに続く見通しだ。だが、コンピューター産業同様、再生可能エネルギー産業も、テクノロジーが新世代を迎えるたびに、研究、開発、市場展開のために当初、莫大な資本コストを見込まなくてはならない。また各企業は、新機軸の導入に際して、つねに競争相手より二、三世代先を行くことを強いられ、それを怠ると、指数曲線の力によって押し潰される危険を冒すことになる。近年、市場の大手が相次いで倒産したのも、彼らが古いテクノロジーに固執するあまり、イノベーションのスピードについてゆけなかったからだ。太陽光発電や小規模な風力発電のエネルギー採取テクノロジーは、今後一五年のうちに携帯電話やノートパソコン並みに安価になるだろうと業界アナリストたちは見ている。

第二に、コミュニケーション・インターネットのインフラ確立の初期費用はかなりの額にのぼったものの、情報を生み出して流通させる限界費用はごくわずかであるのと同様、エネルギー・インターネットもまた、確立に必要な初期費用は膨大だが、太陽光や風から電力を生み出す単位《ユニット》当たりの限界費用はほぼゼロだ。情報同様、再生可能エネルギーも、研究、開発、普及の固定費を除けばほとんど無料なのだ。

インターネット・テクノロジーと再生可能エネルギーは、融合してエネルギー・インターネットを創設し始めている。エネルギー・インターネットは、社会における発電と送電の仕方を変えるだろう。来るべき時代には、何億もの人が自宅やオフィス、工場で自ら再生可能エネルギーを生産し、エネルギー・インターネットを介してグリーン電力をシェアするようになる——私たちが現在、オンラインで情報を生み出し、シェアしているのとまさに同じように。インターネット通信によってグリーンエネルギーが管理されれば、文字どおりの意味でも、比喩的な意味でも、地球上のあらゆる人がみな自らの電源になる。再生可能エネルギー体制を創設し、各建物に発電設備を設置し、エネルギーの一部を水素の形で蓄え、グリーン電力インターネットで電気を流通させ、排出物ゼロのプラグイン輸送手段に接続することで、これら五つを柱とする仕組みが整い、何十億もの人がＩｏＴの世界で限界費用がほぼゼロでエネルギーをシェアできるようになる。

科学界は、再生可能エネルギー生産の指数曲線で活気づいている。「サイエンティフィック・アメリカン」誌は二〇一一年の記事で、ムーアの法則は太陽エネルギーにも当てはまるか、もし当てはまるなら、私たちはコンピューターのときと同じようなパラダイムシフトを、今度はエネルギーの分野ですでに経験し始めているのかと問うた。その答えは、文句なしのイエスだ。

将来のエネルギー源としての太陽光の計り知れない可能性を考えたとき、それが社会に及ぼす影響はなおさら著しいものとなる。人類は年間に四七〇エクサジュール〔エクサは一〇の一八乗〕のエネルギーを使う。これは、太陽が八八分間に地球に向けて放つエネルギーの量と等しい。地球に届く太陽エネルギーの〇・一パーセントを手に入れられれば、現在、グローバル経済全体で使われているエネルギーの六倍が得られることになるのだ[36]。

太陽は紛れもなく全世界のエネルギー源であり、化石燃料やその他のエネルギーもすべて太陽に由来するにもかかわらず、現在使用されているエネルギーのうち太陽光によるものは〇・二パーセントにも満たない。その最大の理由は、近年まで太陽エネルギーを捉えて流通させるには費用がかさんだからだ。だが、それは今や過去のこととなった。

サンパワー社の創立者リチャード・スワンソンは、ムーアがコンピューターチップで目にしたのと同じ倍増現象が、太陽エネルギーにも見られることに気づいた。スワンソンの法則は、太陽電池の価格は業界の生産能力が倍増するごとに二割下がる傾向があるとしている。結晶シリコン型太陽電池の値段は劇的に下がっており、一九七六年には一ワット当たり六〇ドルだったが、二〇一三年には〇・六六ドルになった[37]。

太陽電池は、電池に当たる太陽エネルギーをますます多く捉えながら、エネルギー採取のコストを下げている。実験では、三接合型太陽電池〔発電する光の波長帯が異なる太陽電池を組み合わせたもの〕の変換効率は、すでに四一パーセントに達した。また、薄膜シリコン型太陽電池〔数ミクロン以下のごく薄いシリコン膜を使うもの〕の変換効率は、実験では二割に達している[38]。

この傾向が今のペースで続けば（じつは、指数関数的増加率のさらなる加速を大半の研究が示している）、太陽光発電による電気は二〇二〇年までには現在の電気の平均小売価格と同程度まで下がり、二〇三〇年までには現在の石炭火力発電による電気の半値になるだろう[39]。

ドイツの電力市場は、限界費用がほぼゼロの再生可能エネルギーによる商業的な効果をまさに経験し始めている。二〇一三年に、ドイツは電力の二三パーセントをすでに再生可能エネルギーによって生み出しており、二〇二〇年までにはその割合が三五パーセントに達することが見込まれる[40]。問題は、一日の特定の時間帯に太陽や風力による発電量が急増し、それが送電網にどっと流れ込んで電力需要を超え、その結果、マイナスの底値〔電力供給量が需要量を上回った場合、電力の供給に対して課金するシステム〕が適用されてしまう点だ。

これはドイツに限ったことではない。シチリア島やテキサス州など、じつにさまざまな場所で起こっている[41]。

これは電力市場におけるまったく新しい現実であり、電力生産に占める再生可能エネルギーの比率が上がってゆけば、いずれは誰もがそれに直面することになる。マイナスの底値は、エネルギー産業全体を混乱させている。電力・ガス、鉄道などの公益企業は、ガスや石炭を燃料とする火力発電所への「バックアップ」用の投資を控えざるをえなくなっている。というのも、投資収益がもはや保証されないからだ。ドイツでは、一〇億ドルかけてガスや石炭による火力発電所を建設しても、再生可能エネルギーによる大量の電力が送電網にどっと流れてくるので、もうフル操業はできないだろうから、風のない日や厚い雲に覆われた日にしか採算がとれない。これではガスや石炭の新しい火力発電所を建設して利益を出すまでに時間がかかり過ぎ、投資を行なえなくなる。結果的に、まだ第三次産業革命が始まったばかりのこの段階でも、化石燃料による発電所は再生可能エネルギーのせいですでに送電網から駆逐されだしている[42]。

グローバルなエネルギー企業は、再生可能エネルギーの指数関数的増加による打撃を受けどおしだ。BPは二〇一一年にグローバルなエネルギー調査報告を発表した。それによると、二〇一一年には太陽光による発電能力は七三・三パーセント増え、生産能力にして六三・四ギガワット、すなわち、わずか五年前の一〇倍に達したという[43]。太陽光発電設備の性能は過去二〇年にわたって二年ごとに倍増し、その勢いは衰えそうもない[44]。

新しいグリーンエネルギーへの移行がヨーロッパに比べて緩慢なアメリカでさえ、電力業界は動揺している。NGRエネルギー社の社長でCEOのデイヴィッド・クレインは、二〇一一年一一月にこう述べた。「この二年間で、太陽光発電によるエネルギーの引き渡し価格は半減した。わが社はこの先の二年間でさらに半分に減ると見ている。そうなれば、ほぼ二〇の州で、太陽光発電の電気は従来の電気の小売価格より安くなる」。これらが合わさって、エネルギー産業に革命をもたらすだろう[45]。

日光と同様、風は場所を問わず、世界中に吹いている。もっともその吹き方の強さや頻度はさまざまだが。スタンフォード大学がグローバルな風力発電能力を調べた結果、利用できる風力のうち二割を採取できれば、グローバル経済全体を動かすのに現在使われている電力の七倍を生産できるという結論が出た[46]。風力発電能力は一九九〇年代初期以来、指数関数的に向上しており、世界の多くの地方で従来のように化石燃料や原子力によって生み出される電気量と、すでに肩を並べている。過去二五年間に、風力タービンの生産性は一〇〇倍に増え、タービンの性能は一台当たり一〇〇〇パーセント以上伸びている。性能と生産力が向上したことで、生産、設置、維持管理にかかるコストは大幅に削減され、一九九八年から二〇〇七年にかけて年間三割を超える成長率、つまり二年半ごとに発電能力の倍増が達成された[47]。

懐疑的な見方をする人は、成長曲線は、固定価格買取制度という形の、グリーンエネルギーへの助成金によって梃入れされていると主張する。だが現実には、助成金は単に普及と規模拡大の速度を上げ、競争を促し、イノベーションを奨励しているにすぎない。それによって、さらに再生可能エネルギーの採取テクノロジーの効率が上がり、発電と設置にかかるコストが下がる。太陽光と風のエネルギーが従来の化石燃料や原子力によるエネルギーと同じ値段に近づきつつある国も続々と現れ、それらの国の政府は買取制度の段階的廃止に着手することが可能になっている。その一方で従来の化石燃料エネルギーと原子力は成熟し、その最盛期をとうに過ぎたにもかかわらず、再生可能エネルギーに提供される助成金をはるかに凌ぐ水準の助成金を支給され続けている。

エネルギーウォッチグループ〔科学者と連邦議会議員のための国際ネットワーク形成機能を標榜するドイツの団体〕によって作成された調査報告は、新しい風力や太陽エネルギー発電施設の、今後のマーケットシェアに関する四つの異なる予測を示している。そのなかには、二〇三三年には五割の占有率を見込むものもある一方、早くも二〇一七年には五割に届くという、より楽観的な見方もある[48]。太陽エネルギーと風力エネルギーは、限界費用がほぼゼロに向かう不可逆的な右肩上がりの指数曲線上にあるようだが、地熱エネルギー、バイオマス、波力・潮汐《ちょうせき》力エネルギーも、今後一〇年の間に指数関数的に急上昇が始まる時期を迎えそうだ。それによって二一世紀前半には、あらゆる再生可能エネルギーが指数曲線をたどることになるだろう。

だが依然として権力者たちは、グローバルなエネルギー市場における再生可能エネルギーの将来の占有率を過小に見積もり続ける。その理由の一つは、一九七〇年代のIT業界や電気通信業界と同様、たとえ数十年にわたる累積的な倍増実績を目の当たりにしていても、指数曲線がある時点から大きく変化することを、彼らは予測していないからだ。

レイ・カーツワイルはMIT出身の発明家・起業家で、現在はグーグルのエンジニアリング部門の頂点に立ち、IT産業に指数関数的増加がどれほど破壊的な影響をもたらすかを、これまでずっと注視してきた。彼は太陽エネルギーだけについて計算を試みた。そして、過去二〇年間に繰り返された倍増に基づいて、次のように結論づけた。「倍増をあと八回繰り返し、世界のエネルギー需要をすべて太陽エネルギーで賄うようになったとしても、我々は地球に降り注ぐ太陽光の一万分の一を利用しているにすぎない[49]」。倍増があと八回繰り返されるには一六年しかかからないのだから、二〇二八年までに、我々は太陽エネルギーの時代に突入していることになる。

カーツワイルはいくぶん楽観的かもしれない。だが、不慮の事態にでも陥らないかぎり、二〇四〇年よりはだいぶ前に再生可能エネルギーによる電力がほぼ八割に達するだろうと、私自身は見ている。

ほぼゼロにますます近づく

何であれ私たちが取引するものが本当に無料になることなど断じてないと懐疑論者は言う。もっともなことだ。たしかにＩoＴの設置費用の支払いが済んで、接続が終わってからも、情報とエネルギーの生産と流通には、つねに多少のコストはついて回る。だからこそ、情報、グリーンエネルギー、財、サービスを届ける際の限界費用を指すときには、私たちは必ず「ほぼゼロ」という言葉を使う。

情報を届ける限界費用はすでにごくわずかではあるものの、それをさらに削減して、可能なかぎりゼロに近づけるために、たいへんな努力が続けられている。ユーザーをインターネットにつなげているプロバイダーは、二〇一一年には一九六〇億ドルの売上を享受したと見られる[50]。人類のほぼ四割とグローバル経済全体をつなぐ費用として、それは総体的に見て驚くほど安い[51]。プロバイダーへの支払いの他に、インターネット利用者はみな、情報を発信したり情報にアクセスしたりするために電気代を支払っている。一メガバイトのファイルをオンラインで送るのにかかる費用は、わずか〇・〇〇一ドルと推定される[52]。とはいえ、それも積み重なれば厖大な額になる。インターネットは世界全体の電力の最大一・五パーセントを使用しており、その費用は八五億ドルに達するが、グローバルなコミュニケーションを享受するにはやはり安い値段だ[53]。それは、ラスベガスに新しいカジノを四つ五つ建てる費用に等しい。それでも、インターネットでの相互接続性が増大し続け、コンピューター機器もますます強力なものが登場するなか、電力使用もしだいに増えている。たとえばグーグルが使う電力量は、二〇万世帯が使用する量に相当する[54]。

その電力の多くは、世界各地のサーバーやデータセンターで使われている。二〇一一年にそれらを運営するために使われた電気代は、アメリカ一国だけでもおよそ七五億ドルにのぼった[55]。連邦政府のデータセンターの数は一九九八年の四三二か所から、二〇一〇年には二〇九四か所に増えた[56]。二〇一一年には、世界中に五〇万九〇〇〇か所を超えるデータセンターがあり、それは面積にして二億八五〇〇万平方フィート（約二六・五平方キロメートル）、つまりフットボール場五九五五面分を占めている[57]。これらのデータセンターのＩＴ設備に使われる電力の大半は熱エネルギーに変わるため、施設を冷やすのにさらに多くの電力が必要となる。電力のうち二五～五〇パーセントが、設備の冷却に費やされていることが頻繁にある[58]。

さらに、アクセスが殺到してシステムが重くなったり停止したりする事態に備えて、サーバーをアイドリングさせたり待機させたりするためだけに、電気が大量に無駄遣いされてもいる。コンサルティング会社のマッキンゼーが調べたところ、データセンターでサーバーがデータ処理のために使用する電力は平均して六～一二パーセントだけで、残りはサーバーを待機させておくために使われていた[59]。これに対して、消費電力管理を行なう新しいアプリケーションが導入され、アイドリングするときに電力モードを下げたり、低周波、低電圧で稼働させたりしている。実際のデータ処理速度を遅くすることでも節電は可能だ。この業界で「省エネルギー対応データ処理」と呼ばれるアプローチもあり、この手法では、ＩＴ設備自体を造ったり操作したりする過程で過剰なデザインと無駄を最小限に抑えることで、必要なエネルギー量を減らしている[60]。

データセンターのエネルギーコスト削減は最終的に、再生可能エネルギーで施設を動かすことで達成されるだろう。そのための固定費の先行投資はかなりの額になるとはいえ、黒字が見込まれる発電施設建設にかかるコストが下がり続ければ、費用回収の期間はしだいに短くなる。そして施設とエネルギー採取テクノロジーをひとたび始動させれば、太陽エネルギー、風力、その他の再生可能エネルギーから電力を生み出す限界費用はほとんどゼロになり、電力はほぼ無料になる。データ保存《ストレージ》にかかわる大手企業も、この現実を見落としてはいない。

アップル社は二〇一二年、ノースカロライナ州にある自社の新しい巨大なデータセンターに、二〇メガワットという大規模な太陽光発電施設から電力を供給し、バイオガス〔有機廃棄物の生物分解で生成した燃料ガス〕をエネルギー源とする五メガワットの燃料貯蔵システムも併設して、むらのある太陽光発電の電力を蓄え、毎日二四時間体制で確実に電力を供給すると発表した[61]。ニュージャージー州イーストウィンザーにあるマグロウヒル社のデータセンターは、一四メガワットの太陽電池で電力を供給する計画だ。その他の企業も、再生可能エネルギーで稼働する同様のデータセンター施設の建設を計画している[62]。

アップル社のデータセンターは、費用のかからない冷却システムも設置する予定だ。それは夜間の冷えた外気を熱交換器に取り入れて、データセンターの冷却システムに冷たい水を送るという仕組みだ[63]。限界費用がほとんどかからない現地の再生可能エネルギーをデータセンターに供給すれば、グローバルなＩｏＴを動かす電気代は劇的に削減され、経済活動を構成するための電気代はいよいよゼロに近づくことになる。

データセンターの運営にかかる電気代の削減は、データ保存のコスト削減に結びつく。データ保存は、データ管理プロセスのうちでもますます増大する部分であり、膨大なデータ量は、それを保存するためのハードディスクドライブの容量増加を超えるスピードで増え続けている。

研究者たちは、限界費用を最終的にほぼゼロまで落とす新しいデータ保存方法を試し始めたところだ。二〇一三年一月、イギリスのケンブリッジにある欧州生物情報科学《バイオインフォマティクス》研究所の科学者たちは、合成ＤＮＡに組み込むことによって膨大な電子的データを保存するという画期的な新手法を発表した。ニック・ゴールドマンとユアン・バーニーという二人の研究者は、五つのコンピューターファイル（マーティン・ルーサー・キング・ジュニアの「私には夢がある」という演説のＭＰ３〔音声データ圧縮規格〕録音、ジェイムズ・

ワトソンとフランシス・クリックがＤＮＡの構造を説明する論文、シェイクスピアのすべてのソネットと戯曲を含む）から取り出したテキストを変換し、１と０のデジタル情報を、四種類の文字の配列で構成されるＤＮＡコードに変えた。それからそのコードを使って合成ＤＮＡ鎖を作った。そして、機械でそのＤＮＡの分子を読み、コード化された情報を元のデジタル情報に戻すことができた[64]。

この革新的な方法は、事実上無限の情報保存の可能性を拓いた。ハーヴァード大学の研究者ジョージ・チャーチは、現在世界中のすべてのディスクドライブに保存されている情報が、手のひらサイズのＤＮＡ小片に収まると述べている。研究者たちは、ＤＮＡの情報は冷暗所に保存しておけば何世紀ももつことを言い添えた[65]。

開発の初期段階にある今、コードを読み出すコストは高く、情報解読には相当な時間がかかる。とはいえ、バイオインフォマティクスは指数関数的に進歩しているので、今後数十年で限界費用はほぼゼロになるだろうと、研究者たちはそれなりに自信を持っている。

割高な化石燃料

協働の時代のための、限界費用がほぼゼロのコミュニケーション／エネルギー／輸送インフラは今や視野に入ってきた。その実現に必要なテクノロジーはすでに普及しつつある。現段階では、その規模を拡大し、構築するだけだ。維持管理費が膨らむ一方の中央集中型の電気通信や、化石燃料エネルギー生産、内燃機関を用いた輸送に依存する、古い第二次産業革命のマトリックス（しかも、そのコストは日ごとに増えている）と、劇的にコストが減っている第三次産業革命のコミュニケーション／エネルギー／輸送のネットワークとを比較すれば、後者のほうが将来性があることは明らかだ。インターネット通信はすでに限界費用がほぼゼロで生み出され、シェアされており、何百万という初期利用者にとって、太陽光や風による発電についても同じことが言える。そして将来は、自動化された輸送とロジスティクスも、限界費用がほぼゼロに向かってゆくだろう。

化石燃料に固執する人々は、タールサンドやシェールガスをすぐに利用できるのだから、少なくとも短期的には再生可能エネルギーの規模拡大の必要性はないと主張する。だが、こうした割高な化石燃料までもが出回っているのは、原油の埋蔵量が減少してグローバル市場で価格を押し上げているからにすぎない。地面に穴を掘って地下から原油を噴出させるのに比べ、砂や岩から油を抽出するのは高くつく。タールサンドは原油が一バレル当たり八〇ドルを下回ると採算がとれない。わずか数年前には、原油一バレルにつき八〇ドルは法外な高値だと見なされていたことを思い出してほしい。シェールガスに関しては、今のところ価格は安いものの、気がかりな報告が現場から新たに伝わってくる。その報告は、シェールガス事業が一本立ちできる見込みが、金融市場やエネルギー産業によって誇大に宣伝されていることを示唆している。業界アナリストたちは、一九世紀のゴールドラッシュのように、シェールガスラッシュはすでに危険なバブルを生み出しているとして、深まる懸念を表明する。あまりにも多額の資金が、あまりにも性急にシェールガス事業に投じられているため、アメリカ経済に大損害を与えかねないというのだ[66]。

アンディ・ホールは石油先物のトレンド予測をきわめて正確に行なうことから、この業界では「神」として知られる石油トレーダーで、そのホールが二〇一三年五月に、シェールガスはエネルギー生産を一時的に増加させるにすぎないだろうと言い切って、業界を震撼させた。ホールは四五億ドルを運用する自らのヘッジファンド会社アステンベックの投資家たちに、次のように告げた。シェールガスは、坑井《こうせい》ごとに、巨大な貯留層のうちの単一の層から採取されるだけなので、初めこそ大量に噴出するが、生産量は急速に衰えるだろう。既存のシェールガスの貯留層はすぐに枯渇するので、生産者はたえず新しいシェールガス層を見つけて新たな坑井を掘らざるをえず、生産コストが上がる。けっきょく、「生産を維持しようとすれば……次々に坑井を掘らねばならず、［そのためには］高い石油価格が必要とされる」。シェールガスによるお祭り気分は長くは続かないだろうとホールは見ているのだ[67]。国際エネルギー機関（IEA）も同じ意見だ。二〇一三年の「世界エネルギー展望（World Energy Outlook）」年次報告で、IEAは、ライトタイトオイル（シェールオイル、シェールガスの一般的な名称）の生産は二〇二〇年前後に最盛期を迎えたあとは頭打ちになり、二〇二〇年代なかばには減少に転じるだろうと予測する。アメリカは、さらに悲観的な見通しを立てている。アメリカ合衆国エネルギー省エネルギー部は、シェールガスの高い生産水準は二〇一〇年代後期まで（あと五年程度）しか維持できず、その後は減少するという見通しを示している[68]。

まだ十分な理解が浸透していないが、化石燃料エネルギーはけっして限界費用ゼロに迫ることはないどころか、近づきさえしない。それに対して、再生可能エネルギーは、すでに何百万という初期利用者にほぼゼロの限界費用を実現している。地球上のすべての人がグリーンエネルギーを生み出し、IoTを通してこれまた限界費用がほぼゼロでシェアできるよう、再生可能エネルギーの規模を拡大することこそ、資本主義の市場から協働型コモンズへと移行しつつある文明にとって、次なる重要課題なのだ。

第6章

3Dプリンティング
——大量生産から大衆による生産へ

分散型・協働型・水平展開型という性質を持ったＩｏＴ（モノのインターネット）は、来るべき時代に私たちが財を製造・販売・配達する方法を根本から変えるだろう。第一次・第二次産業革命のコミュニケーション／エネルギー／輸送マトリックスは、極度に資本集約的で、規模の経済を達成するための垂直統合と、利益率と十分な投資収益率を確保するための集中管理を必要としたことを思い出してほしい。製造施設は、第二次産業革命の中でもとくに過去半世紀の間に、超大型化しさえした。中国や発展途上の国々では、半世紀前には考えられないほどのスピードと量で、巨大工場が製品を続々と生産している。

マイクロ・インフォファクチャリング

とはいえ、長年にわたって第二次産業革命の主役であり続けた製造様式は、今後三〇年間に、少なくとも部分的にはその座を明け渡す可能性が高い。第三次産業革命の新しい製造モデルは、すでに公の舞台に上がり、ＩｏＴインフラの他の構成要素とともに指数関数的な成長を見せている。ソフトウェアが動画や音声やテキストの形で情報を生み出すのと同じやり方で、今や何百という企業が有形の製品を生産している。それは「３Ｄプリンティング」と呼ばれ、ＩｏＴ経済に付随する製造モデルだ。

３Ｄプリンティングでは、ソフトウェア（オープンソースの場合が多い）の指示に従って、３Ｄプリンター内部の溶融したプラスチックや金属、その他の供給原料が一層ずつ積み重なることで有形の製品ができ上がる。その製品は可動部分さえ含むことがある。何でも望むものを合成してくれるテレビシリーズ「スター・トレック」のレプリケーターと同じで、３Ｄプリンター用のソフトウェアをプログラムすれば無限の種類の製品を製造することができる。すでに３Ｄプリンターによって、ジュエリーや航空機の部品から、人間の人工装具《プロテーゼ》まで作られている。また、愛好家《ホビイスト》は安価な３Ｄプリンターを購入して、自分用の部品や製品をプリントしている。しだいに多くの人が自らの製品の製造者と消費者の両方になりつつあり、消費者は生産消費者《プロシューマー》に取って代わられ始めている。

３Ｄプリンティングは、従来の中央集中型の製造とはいくつか重要な点で異なる。

第一に、ソフトウェアの制作を別とすれば、人間による関与がほとんどない。仕事はすべてソフトウェアがやってくれる。したがって、３Ｄプリンティングのプロセスは、「マニュファクチャー〔「手で作られた」というラテン語の語句に由来する〕」よりも「情報による製造《インフォファクチャー》」と呼ぶのがふさわしいのだ。

第二に、３Ｄプリンティングを早々に始めた人々は、有形の製品をプログラムしてプリントするのに使うソフトウェアがオープンソースであり続けるように多大な努力を払ってきた。プロシューマーが、ドゥーイットユアセルフ（ＤＩＹ）のホビイスト・ネットワークで新しいアイディアをシェアできるようにするためだ。オープンデザインの概念では、財の製造は、何千（場合によっては何百万）もの人がいっしょにモノを作ることで互いに学び合うダイナミックな過程と見なされる。知的財産権の保護をなくすことによって、製品をプリントするコストが大幅に削減されるので、3Dプリンティング企業は、無数の特許のコストを勘定に入れなくてはならない従来の製造企業より有利だ。オープンソースの製造モデルは指数関数的な伸びを促してきた。

この急成長は、3Dプリンターのコストの急落にも助けられた。二〇〇二年、ストラタシス社が初の「安価」な3Dプリンターを市場に出した。値段は三万ドルだった[1]。今日では、「高性能」の3Dプリンターがわずか一五〇〇ドルで手に入る[2]。これは、コンピューターや携帯電話、風力利用テクノロジーや太陽光テクノロジーの場合とよく似た費用削減曲線をたどっている。業界アナリストは、今後三〇年間で、3Dプリンターは今よりはるかに複雑精巧な製品をますます安価に製造できるようになり、インフォファクチャリングの過程の限界費用をほぼゼロへと導くと見込んでいる。

第三に、3Dプリンターによる製造過程は、第一次・第二次産業革命の製造過程とはまったく異なる形で構成されている。従来の工場での製造は、除去《サブトラクティブ》のプロセスだ。原材料が切り刻まれ、選り分けられ、それから組み立てられ、最終生産物が製造される。その過程でかなりの量の原材料が無駄になり、最終生産物にはまったく使われない。それとは対照的に、3Dプリンティングは付加《アディティブ》のインフォファクチャリングだ。溶融した材料をソフトウェアの指示で一層ずつ積み重ね、製品をまるごと作る。アディティブ・インフォファクチャリングは、サブトラクティブ・マニュファクチャリングの一〇分の一しか材料を用いないので、3Dプリンティングは効率と生産性の面で断然有利だ。二〇一一年、アディティブ・インフォファクチャリングは、二九・四パーセントという凄まじい成長を見せ、その業界が始まって以来たどった二六・四パーセントという累積成長率をわずか一年で上回った[3]。

第四に、3Dプリンターは自らの予備部品をプリントできるので、多額のコストをかけて工場の工作機械を切り替える必要もないし、それに伴う時間的損失も避けられる。また、３Ｄプリンターを用いれば、製品をカスタマイズし、最小限のコストで注文どおりの製品をたった一つ、あるいはほんの少数作ることも可能だ。資本集約的な規模の経済と、大量生産用に設計された高価で固定的な生産ラインを伴う中央集中型の工場は柔軟性を欠いているので、カスタマイズされた製品を一個だけ作るときにも、同じ製品を一〇万個作るときと単位原価が事実上同じである３Ｄプリンティングの生産過程には太刀打ちできない。

第五に、３Ｄプリンティング運動は、持続可能な生産に非常に熱心だ。３Ｄプリンティングでは、耐久性、リサイクル可能性、無公害の材料使用に重点が置かれている。ウィリアム・マクダナーとマイケル・ブラウンガートの「アップサイクリング」（製品のライフサイクルのあらゆる段階で価値を付加すること）というビジョンが、環境に優しい生産手法に組み込まれている［4］。

第六に、ＩｏＴは分散型・協働型・水平展開型なので、３Ｄプリンティング業者は、第三次産業革命のインフラがある場所ならどこでも開業して接続し、中央集中型の工場をはるかに上回る熱力学的効率を享受し、第一次・第二次産業革命のどちらにも達成できなかったほどの生産性向上を果たせる。たとえば、地方の３Ｄプリンティング業者は、現地の再生可能エネルギーから採取されたり、地元の生産者協同組合が生産したりしたグリーン電力を自らのインフォ工場《ファクトリー》の動力源とすることができる。ヨーロッパなどの中小企業はすでに、地域のグリーン電力協同組合と協働して、水平展開の恩恵に与り始めている。化石燃料と原子力による中央集中型の発電コストは上昇する一方なので、限界費用がほぼ無料の再生可能エネルギーを自社工場の動力源にできる中小企業が有利になる。

ＩｏＴ経済では、マーケティングのコストも急落する。第一次・第二次産業革命における中央集中型コミュニケーション（雑誌や新聞、ラジオ、テレビといった形態）は高コストなので、統合された国内事業を行なっている大規模な製造会社だけにしか、国内やグローバルな市場全体で広告活動を展開する余裕がなく、小規模な製造会社は市場にはなかなか手が届かなかった。

第三次産業革命においては、世界中のどこの小規模3Dプリンティング事業であろうと、しだいに数を増すグローバルなインターネットのマーケティングサイトで、インフォファクチャー製品を限界費用がほぼゼロで広告できる。エッツィーは、低い限界費用で供給者とユーザーをグローバルな舞台で結びつける、新しい分散型のマーケティング・ウェブサイトの一つだ。エッツィーはロブ・カリンというアメリカの若い社会的起業家が八年前に始めた。現在、九〇万の小規模な製造業者が無料でエッツィーのウェブサイトで広告している。世界中の消費者が毎月六〇〇〇万人近く、このウェブサイトを閲覧し、頻繁に製造業者と直接接触する[5]。売買が成立すると、エッツィーは製造業者からごく少額の手数料を受け取る。この形態の水平展開型マーケティングのおかげで、小企業は大企業と同じ舞台に立つことができ、わずかなコストで世界中のユーザー市場に手が届く。

第七に、小規模のインフォファクチャー業者は地方レベルでIoTインフラにプラグインすることで、一九世紀と二〇世紀の垂直統合された中央集中型企業よりも、もう一つ決定的に重要な利点を得られる。彼らは、限界費用がほぼ無料の再生可能エネルギーを業務用車両の動力源とし、サプライチェーンや、完成した製品のユーザーへの配達におけるロジスティクス・コストを大幅に削減できるのだ。

IoTインフラに3Dプリンティングのプロセスが組み込まれれば、世界中の事実上誰もがプロシューマーとなり、オープンソースのソフトウェアを利用し、使用やシェアの目的で自ら製品を生産することになる。生産過程では、従来の製造過程の一〇分の一しか材料を消費せず、製品を作るのには人間の労働をほとんど必要としない。生産に用いるエネルギーは、現場あるいは地元で採取された再生可能エネルギーから、限界費用がほぼゼロで生産される。製品はグローバルなマーケティング・ウェブサイトで、これまた限界費用がほぼゼロで販売される。そのうえ製品は、やはり限界費用がほぼゼロで地元で生産された再生可能エネルギー電力を用いる電動の輸送手段でユーザーに配達される。

ＩｏＴインフラにプラグインできる場所であればどこでも有形の財を生産し、販売し、流通させられる体制は、社会の空間的構成に劇的な影響を与えるだろう。第一次産業革命は、都会の密集地の発展に有利に働いた。上流部門の供給業者からエネルギーと材料を運び込み、でき上がった製品を梱包して下流部門の卸売業者や小売業者へ配達できるような主要な鉄道の接続がある都市部やその周辺に、工場とロジスティクス・ネットワークは集中せざるをえなかった。労働者は工場やオフィスに歩いて通える範囲に住むか、あるいは通勤用の鉄道か路面電車を利用する必要があった。第二次産業革命のときには、生産は都会の密集地を離れ、全国を網羅する州間ハイウェイ・システムの出口からアクセス可能な郊外の工業団地に移った。トラック輸送が鉄道輸送を追い抜き、労働者は以前より長い距離を自動車で通勤した。

３Ｄプリンティングは、ローカルであるとともにグローバルでもある。移動性も非常に高いので、インフラはどこにあってもよく、また、ＩｏＴインフラに接続できる場所ならどこへなりとも機敏に移動できる。しだいに多くのプロシューマーが単純な製品を自宅で作って用いることになるだろう。より精巧な製品をインフォファクチャーする中小の３Ｄ企業は、最適な形で水平展開するために、おそらく地元の技術団地《テクノパーク》に集中するはずだ。家庭と職場が長い通勤によって隔てられることはもはやなくなる。労働者が事業の所有者になり、消費者が生産者になれば、今日の渋滞した道路網は交通量が減り、新たに道路を建設するための出費が減少することさえあるかもしれない。分散と協働が進んだ経済の時代には、人口一五万～二五万の小規模な都心が再緑地化されたスペースに取り巻かれ、人口が密集した都心と無秩序に拡がる郊外にゆっくり取って代わることもありうる。

レプリケーターを大衆化する

新しい3Dプリンティングの革命は、「極限生産性」の一例だ。まだ完全には実現していないが、本格的に拡がり始めれば、いずれ限界費用を必然的にほぼゼロまで減らし、利益を消し去り、（すべてではないが）多くの製品の、市場における資産の交換を無用にするだろう。製造が大衆化されれば、誰であろうと、そしていずれは誰もが、生産手段へのアクセスを得るので、誰が生産手段を所有して支配すべきかという問いは的外れとなり、それに伴って資本主義も時代遅れになる。

多くの発明と同様、3Dプリンティングも SF 作家たちが実現の発端になっている。たとえば、数十年にわたってファンをテレビに釘付けにしてきた「スター・トレック」だ。宇宙の長い旅の間、乗員は宇宙船の部品を修理したり交換したりできなければならない。機械部品から医薬品まで、ありとあらゆるものを常備しておく必要もある。レプリケーターは、宇宙に遍在する、原子より小さい粒子を組み替えて、食品や水をはじめ、さまざまなものを作るようにプログラムされている。レプリケーターのさらに深遠な意義は、稀少性そのものをなくす点であり、それについては第V部で再度取り上げる。

3Dプリンティング革命は一九八〇年代に始まった。初期のプリンターは非常に高価で、おもに試作模型《プロトタイプ》を作るために利用された。建築家と、自動車や航空機の製造業者らが、この新しい複製テクノロジーを真っ先に導入した[6]。

このイノベーションは、コンピューター・ハッカーやホビイストがこの分野に移り始めたときに、プロトタイプ作りから製品のカスタマイズ化へと移行した（「ハッカー」という言葉には、ポジティブな意味合いとネガティブな意味合いの両方がある。ハッカーを、所有者情報や機密情報に違法にアクセスする犯罪者と見なす人もいる一方、その貢献が一般社会に利する独創的なプログラマーと考える人もいる。本書では「ハッカー」という言葉を基本的に後者の意味で使っている[7]）。ハッカーたちは、「アトム（原子）」を「新しいビット（情報）」と考えることの潜在的価値にただちに気づいた。こうした先駆者たちは、ITとコンピューターの世界からオープンソースのフォーマットを「モノ」の生産に持ち込むことを構想した。オープンソースのハードウェアは、緩やかな意味で自らを「メイカームーブメント（一五四ページ以降を参照のこと）」の一部と見なしていることだけが共通点の発明家や熱烈な愛好家たちのスローガンになった。彼らは3Dプリンティングの過程を改善しながら、インターネット上で協働し、革新的なアイディアを交換し、互いから学び合った[8]。

オープンソースの3Dプリンティングは、エイドリアン・ボイヤーとイギリスのバース大学のチームが「レップラップ」という、簡単に手に入る道具で作ることができ、自己複製が可能な（つまり、自らの部品を作れる）オープンソースの3Dプリンターの第一号を発明したときに、新たな段階に到達した。レップラップはすでに、自らの構成要素の四八パーセントを作ることができ、完全に自己複製可能な機械となる途上にある[9]。

ボイヤーが出資しているメイカーボット・インダストリーズは、メイカームーブメントから生まれた最初期の企業で、二〇〇九年に「カップケーキ」という名の3Dプリンターを市場に出した。二〇一〇年の「シングオマティック」や二〇一二年の「レプリケーター」などの、さらに用途が広く、使いやすく、価格の安い3Dプリンターがそれに続いた。メイカーボット・インダストリーズは、自分で作りたい人なら誰にでも、自社プリンターの組立明細書を無料で手に入れられるようにする一方で、購入するほうが便利だと考える顧客には販売もしている。

ザック・〝ホーケン〟・スミスとブレ・ペティスという、別の二人の先駆者は、シンギバースと呼ばれるウェブサイト（メイカーボット・インダストリーズ所有）を二〇〇八年に開設した。このウェブサイトは、3Dプリンティング・コミュニティの出会いの場だ。ユーザーが制作したオープンソースのデザインファイルで、「一般公衆ライセンス」と「クリエイティブ・コモンズ・ライセンス」の両方の認可を受けたものを保有している（これらのライセンスについては、第Ⅲ部で詳しく論じる）。DIYコミュニティは、オープンソースのデザインをアップロードしてシェアしたり、3Dプリンティングによる新しいコラボレーションに従事したりするための一種の図書館として、このウェブサイトに大きく依存している。

メイカームーブメントは、二〇〇五年のファブラボの登場によって、デジタル生産品の大衆化に向けて大きく踏み出した。ファブラボは、MITの物理学者で教授のニール・ガーシェンフェルドの創案だ。そのアイディアは、「(ほぼ) あらゆるものを作る方法」という、MITの人気講座に由来する。ファブラボは、誰もがやって来てそこの道具を使い、独自の3Dプリンティング作品を作れるラボを提供するという目的で、MITメディアラボのMITビット原子センターで誕生した。ガーシェンフェルドによるファブ財団の綱領は、オープンアクセスのピアトゥピア・ラーニングに同財団がどれだけ力を入れているかを強調している。ファブラボには、レーザーカッターや溝彫り機、3Dプリンター、小型工作機械と、それに付随するオープンソースのソフトウェアを含む、さまざまな種類の柔軟な製造設備がある。設備の整ったファブラボは、およそ五万ドルで開設できる[10]。現在、おもに高度に工業化された国の都市部を中心に七〇を超えるファブラボがあるが、意外にも、発展途上国にも多くあり、そこでは製造用具や設備へのアクセスは、3Dプリンティング・コミュニティ設立の足がかりになる[11]。グローバルなサプライチェーンに接続していない世界の遠隔地では、単純な道具やモノを製造できるだけでも、経済的福祉が著しく向上しうる。ファブラボの大半は、大学や非営利団体が管理するコミュニティ主導のプロジェクトだが、ホビイストが必要な品物を購入し、ファブラボを利用して製品を作れるように、店舗にファブラボを併設するというアイディアを模索している営利の小売業者もいくつかある[12]。ガーシェンフェルドによれば、誰であろうと自分の思いつくものなら何でも作れるように、必要な道具と材料を提供するという発想だそうだ。ガーシェンフェルドの究極の目標は、「『スター・トレック』に出てくるようなレプリケーターを二〇年で創り出すことだ[13]」という。

ファブラボは、第三次産業革命の「人民のR&D（研究開発）ラボ」だ。世界一流の大学やグローバル企業からR&Dと新しいイノベーションを吸い上げ、近隣地域やコミュニティに分散させる。するとそこでは、R&Dやイノベーションが協働型の営みに変わり、ピアトゥピアの水平型の力が強力に発揮される。

生産の大衆化は、垂直統合された第二次産業革命の中央集中型の製造体制を根本的に崩壊させる。世界中にファブラボを設置し、誰もがプロシューマーになれるようにすることの革新的な意味合いが、見過ごされることはなかった。その影響を真っ先に想像した人のなかには、またしてもSF作家たちがいた。

二〇〇六年に発表された短篇「プリントクライム（*Printcrime*）」の中でコリイ・ドクトロウは、3Dプリンターで有形の財の複製をプリントできる未来社会を描いた。ドクトロウの暗黒郷《ディストピア》社会では、強力な独裁政府が、財の有形の複製を3Dプリンティングで作ることを違法とする。この作品の主人公（プロシューマーの先駆け）は、3Dプリントした廉で一〇年間投獄される。彼は刑期を終えたあと、既存の秩序を転覆させるには、単に製品をいくつかプリントするのではなく、プリンターをプリントするのが最善であることに気づく。彼は高らかに言う。「もっとプリンターをプリントするぞ。もっともっと多くのプリンターを。一人に一台だ。それなら刑務所行きになるだけの価値がある。いや、何にも代え難い[14]」。ファブラボは、DIYハッカーが既存の経済秩序の影を薄くする道具で武装する、新しいハイテク兵器庫なのだ。

建物から車まで

ハッカーはIoTを形成する多くの構成要素の一部を3Dプリントすることに、今まさに注意を向け始めている。そのうちの最優先事項は、再生可能エネルギーの採取だ。ゼロックス社は、太陽電池内で半導体として使われているシリコンの代わりとなる特別な銀インクを開発している。銀インクはプラスチックよりも低温で融解するので、ユーザーはプラスチックや布地やフィルムに集積回路をプリントできる。極薄の太陽電池片をDIYでプリントすれば、誰でも自らの太陽エネルギー採取装置をしだいに安く作れるようになり、太陽エネルギーは限界費用がほぼゼロに一歩近づく。ゼロックスの銀インクプロセスはまだ実験段階だが、3Dプリンティングによって切り拓かれた、新しいインフォファクチャリングの可能性を如実に物語っている[15]。

3Dプリンティングを真にローカルな自給自足のプロセスにするには、フィラメント（造形材料）を作るのに用いられる供給原料が豊富にあって、地元で入手できなくてはならない。オフィス用品企業のステープルズは、安価な紙を供給原料とするＭｃｏｒテクノロジーズ社製の３Ｄプリンターを、オランダのアルメレにある店舗に導入した。このプリンターが採用している「選択的積層薄膜技術」というプロセスでは、木材のような堅牢な３Ｄの物体をフルカラーでプリントする。この３Ｄプリンターは、工芸品や建築デザイン、さらには顔の形成手術用の模型までインフォファクチャーするために使われる。紙の供給原料の費用は、従来の供給原料の五パーセントにしかならない[16]。

導入されつつある供給原料にはさらに安価なものもあり、材料費はゼロ近くまで下がっている。ロンドンの王立芸術院の大学院生マーカス・カイザーは、太陽光と砂からガラスの物体をプリントする、「太陽光焼結《ソーラーシンター》」３Ｄプリンターを発明した。二〇一一年にサハラ砂漠での試験に成功したソーラーシンターは、二枚のソーラーパネルを動力源としている。また、大型レンズがついており、それで太陽光線を集めて砂が融解するまで熱する。そして融解した砂をソフトウェアの指示で層にして積み重ね、完全に形成されたガラスの物体を作り出す[17]。

「フィラボット」は靴箱大の気の利いた装置で、バケツ、ＤＶＤ、ボトル、配水管、サングラス、牛乳容器など、不要になったプラスチック製の家庭用品を磨《す》り潰して溶かす。磨り潰されたプラスチックは、じょうご形の部分を経て樽形容器に送り込まれ、そこで加熱コイルで溶かされる。溶けたプラスチックはノズルを通ってからローラーにかけられてプラスチック・フィラメントになる。これをリールに巻いて保存し、プリンティングに使う。組立済みのフィラボットの価格は六四九ドルだ[18]。

オランダの学生ディルク・ファンデル・コーエイは、古い冷蔵庫から取り除いたプラスチック材料を使い、カスタマイズされた家具を連続した線でプリントできるように、産業用ロボットをプログラムし直した。このロボットは、さまざまな配色とデザインの椅子を三時間足らずでプリントできる。彼の３Ｄプリンターは、カスタマイズされた椅子を年に四〇〇〇脚以上作れる[19]。他の家具プリンターには、リサイクルされたガラスや木材、布地、セラミックス、はてはステンレス鋼まで供給原料として用いるものがあり、新しいインフォファクチャリングの過程で使用できるリサイクル供給原料の多様性を物語っている。

インフォファクチャーで家具がプリントできるのなら、その家具の収まる建物もプリントしてはどうだろう。エンジニアや建築家、デザイナーは、3Dプリントした建物を市場に出そうと躍起になっている。そのテクノロジーはまだ研究開発段階にあるが、建物の3Dプリンティングが今後数十年間で建築工事を根本から変えるであろうことは、すでに明らかだ。

ベーロフ・ホシュネヴィス博士は、南カリフォルニア大学の産業工学とシステム工学の教授で、高速自動製造テクノロジー研究所の所長だ。ホシュネヴィスは、アメリカの国防総省、国立科学財団、航空宇宙局（NASA）の支援と資金提供を受け、「輪郭《コントゥア》クラフティング」と呼ばれる3Dプリンティングのプロセスで建物をプリントする実験を行なっている。彼は、合成繊維で補強し、自由に成形できるコンクリートを創り出した。このコンクリートは、ノズルから押し出して成形でき、強度も十分あるので、建設中、プリントされた壁は自立できる。彼のチームは3Dプリンターを用いて、幅五フィート（約一五二センチメートル）、高さ三フィート（約九一センチメートル）、厚さ六インチ（約一五センチメートル）の壁を、すでに首尾良く造り上げた。これまた重要なのだが、この粘性のある材料は、注入過程で砂や粒子によってプリンターのノズルを詰まらせることがない。

これがまだ第一歩にすぎないことを認めつつも、ホシュネヴィスは、プリントされた壁は「中国の万里の長城以来、最も歴史的な壁」だと豪語した。そして、人類は二万年にわたって建築を行なってきたが、「建物を築くプロセスにほどなく革命が起ころうとしている[20]」とつけ加えた。

巨大プリンターは一台数十万ドルするだろうとホシュネヴィスは言うが、これは建設機器としては少額だ。安価な合成材料を用い、アディティブのインフォファクチャリング・プロセスを採用するので、従来より材料も人間の労働も大幅に少なくて済むため、標準的な建築工事ではなく3Dプリンティングで新しい家を建てれば、コストをはるかに低く抑えられる可能性がある。ホシュネヴィスは、二〇二五年までに世界中で3Dプリンティングによる建物の建設が業界基準として主流になると信じている。

これはホシュネヴィスに限ったことではない。MITの研究所は、3Dプリンティングを用いて、人間の労働にほとんど頼らずに、一日で住宅の骨組みを造る方法を探っている。同じ骨組みを手作業で造ろうとしたら、建築作業員が総がかりで一月かかるだろう[21]。

オランダの建築家ヤニャープ・ロイセナールスは、イギリスに本拠を置く3Dプリンティング企業モノライトのエンリコ・ディーニ会長と協働している。この二人のヨーロッパ人は、砂と無機結合剤からできた、縦六フィート（約一八三センチメートル）、横九フィート（約二七四センチメートル）の枠組みをプリントし、それに繊維で補強したコンクリートを充填すると発表した。二人は、二〇一四年のうちに二階建ての建物を建てることを目指している[22]。

ディーニと世界でも最大規模の建築会社フォスター+パートナーズは、欧州宇宙機関と提携し、3Dプリンティングを用いて月面に恒久的な基地を建設する可能性を探っている。その建物は、月の砂を供給原料に使ってプリントされる。目標は、地球から材料を輸送するロジスティクス・コストを避けるために、月面で持続的に入手可能な材料から居住地を建設することだ。フォスター+パートナーズ社のグザヴィエ・ド・ケストリエは、「練習として、私たちは地球上の極端な気候に合わせたデザインをしたり、持続的に入手可能な現地の材料を使って環境の恩恵に浴したりすることに、すっかり慣れた。月面居住地の場合にも、同様のロジックに従う[23]」

計画では、ディーニの「Dシェイプ・プリンター」で月面建築物を続々と生み出すことになっている。一棟建てるのに、およそ一週間かかるだろう。建物は鳥の骨格を思わせるような、中空の閉鎖セル型構造で、連環状のドームと各セル（小区画）の壁は微小流星物質や宇宙放射線に耐えるように設計されている。建物の基礎と膨らませることが可能なドームは、地球から宇宙船で送り届ける。「レゴリス」と呼ばれる月面の砂をDシェイプ・プリンターでプリントして、枠組みの周りに取りつける、とフォスター社は説明する。同社の建築家たちは、すでに模擬材料を用いて一・五トンの建築ブロックのプロトタイプを造った。月面建造物の第一号は、太陽光線にたっぷりさらされた月の南極でプリントされる予定だ[24]。

建物の3Dプリンティングは開発の最初期段階にあるものの、生産過程がしだいに効率的で安価になるにつれ、今後二〇年間で指数関数的に伸びることが見込まれている。設計費や材料費、人件費が高く、工期も長い従来の建設方法とは異なり、3Dプリンティングはそうした要因に左右されない。

3Dプリンティングは、砂や岩、さらにはほぼあらゆる種類の、廃棄された使用済みの品々という、地球上で最も安価で、しかも地元で調達できる建築材料を用いるので、従来の高価な建材や、それを現場に配達するための、やはり高いロジスティクス・コストを避けられる。層を積み重ねて建物を造るアディティブ・プロセスのおかげで、建設に使われる材料がさらに節約できる。建築家に設計を依頼するとかなりの時間と費用がかかるのに対して、オープンソースのプログラムは実質的に無料だ。従来の工法とは異なり、ほとんど人手を要さずに建物の骨組みを組み立てられるし、時間もほんのわずかで済む。さらに、3Dプリンターの動力源となる電気を生み出す限界費用は、地元で採取された再生可能エネルギーに依存することでゼロに近づけうるので、少なくとも、そう遠くない将来には、小規模な建物の建設には、近辺の岩や砂、リサイクル可能な材料その他の供給原料を集める程度のコストしかかからなくなることは、十分考えられる。

月面であろうと、ここ地上であろうと、人間はあちこち動き回るための移動手段を必要とする。3Dプリントした自動車第一号の「アービー」は、すでに実地試験に入っている。アービーを開発したのは、カナダのウィニペグに本拠を置くKORエコロジック社だ。アービーは、二人乗りのハイブリッド車（「Urbee［アービー］」という名は、「urban electric［都市の電気の］」を縮めたもの）で、一台用の車庫で毎日採取できる太陽光と風力から生産した電力で走るように設計されている。最高時速は四〇マイル（約六四キロメートル）だ[25]。長距離を運転しなければならない場合には、ユーザーは自動車に搭載された、エタノールを燃料とするバックアップエンジンに切り替えられる[26]。たしかにアービーは新しい第三次産業革命時代の自動車の実用試作品第一号にすぎないが、ヘンリー・フォードがガソリンを燃料とする内燃機関搭載の大量生産自動車第一号を導入したときと同じで、アービーの製造と燃料・動力は、この車が前兆となるような経済と社会の将来を色濃く示唆している。

フォードの自動車は、組立に用いられる材料の配送と保管に対応するために中央集中型の巨大工場を必要とした。組立ラインの機械を設置するのは資本集約的な作業で、適正な投資収益率を確保するには、まったく同じ自動車の大量生産を長期にわたって続けざるをえなかった。たいていの人は、ある顧客が自分の自動車にどんな色を選べるか尋ねたときの、フォードの小賢《こざか》しい返答を知っているだろう。フォードはこう答えた。「何色でもお好きなように。ただし、それが黒であるかぎりの話だが[27]」

フォードの組立ラインで行なわれたサブトラクティブ・マニュファクチャリングのプロセスは、非常に無駄が多かった。自動車の組立を終えるまでには、材料の大半を切除したり削ったりしなければならなかったからだ。自動車自体は、何百という部品からできており、組立には時間も労力も必要とした。それから国内各地の販売業者に輸送しなければならず、さらにロジスティクス・コストがかかった。そして、フォードは第二次産業革命によって可能になった効率的手法を活用して垂直統合型の事業を生み出し、十分な規模の経済を達成して、何百万もの人が買えるような比較的安価な乗り物を提供できたとはいえ、それぞれの自動車を生産したり利用したりする限界費用は、けっしてゼロには近づかなかった。ガソリン価格を考慮に入れた場合には、なおさらだった。

3Dプリンティングの自動車は、まったく異なるロジックで生産される。3Dプリント車は、地元で手に入るほぼ無料の供給原料から造れるので、稀少な材料にかかる高いコストや、それを工場へ輸送したり、現場で保管したりするコストを排除できる。3Dプリント車の部品の大半は、3Dプリントしたプラスチックでできており、例外はシャーシとエンジンぐらいのものだ[28]。自動車の残りの部分は、個々の部品を組み立てるのではなく、連続した流れの中で、層を一つひとつ積み重ねて生産されるので、費やされる材料も時間も労力も少なくて済む。アービーの場合、高さ六フィート（約一八三センチメートル）の3Dプリンターが、まったく材料を無駄にすることなく、わずか一〇のピースから成る外部構造を生み出した[29]。

3Dプリンティングでは、工場に機械を備えつけるための巨額の投資も、生産モデル変更のための長い時間も必要としない。オープンソースのソフトウェアに手を加えるだけで、余分なコストをほとんどかけずに、一台一台の自動車を、単一のユーザーあるいは数人のユーザーのために、カスタマイズされた仕様でプリントできる。

3Dプリンティング工場は、IoTインフラにプラグインできる場所ならどこにでも設置できるので、中央集中型の工場からさまざまな国々に自動車を輸送するよりも少ない費用で、地元あるいは地域内で配達できる。

そのうえ、3Dプリントされた自動車を、地元で採取された再生可能エネルギーを用いて運転する費用は、ほぼ無料だ。アービーの燃費は、一マイル（約一・六キロメートル）当たりわずか二セントで、これはトヨタのプリウスを運転したときの三分の一にすぎない[30]。

メイカーのインフラ

メイカームーブメントはこれまでのところ、ハッカーやホビイストや社会的起業家が、新しい方法を試しながら個人用と一般用に特定のモノをプリントすることを意味する場合が多かった。この運動を推進してきた原理としては、新しいイノベーションのオープンソースでの共有、協働型の学習文化の促進、コミュニティの自給自足という信念、持続可能な生産手法への傾倒の四つが挙げられる。だが、水面下では、それよりもいっそう急進的な原理が明らかになり始めている——まだ練られておらず、依然としてほとんど意識されていないが。3Dプリンティング文化の、共通点のないさまざまな断片を一つにまとめれば、そこから見えてくるのは、新しい強力な物語《ナラティブ》の台頭であり、そのナラティブは、二一世紀における文明の構成のあり方を変えうる。

考えてみてほしい。ビット（情報）を使ってアトム（原子）を配列するというアイディアに力づけられ、DIY文化は世界中で勢いを増している。独自のソフトウェアを創作して新しい情報を分かち合いたいという意欲に燃えた、一世代前の初期のソフトウェア・ハッカーたちと同様、DIYの実践者たちは、独自のソフトウェアを創作してモノをプリントし、シェアすることに熱を上げている。3Dプリンティングのホビイストが生み出しているモノの多くは、一まとめにすれば、DIYの第三次産業革命のインフラに欠かせないノードを形作る。

3Dプリンティングをホビイストのサブカルチャーから新しい経済パラダイムへと押し上げるで

あろう、真に革命的な面は、登場間近の「メイカー・インフラ」だ。このインフラは新しいビジネス手法を生み、その効率と生産性によって財とサービスの生産と流通における限界費用をほぼゼロに導き、資本主義時代から協働主義時代への円滑な移行を実現させるだろう。

「メイカー・インフラ」の歴史的意義を真っ先に目にしたのは、「アプロプリエートテクノロジー（適正技術）運動」を担っていた、ローカルな草の根の活動家たちだった。この運動は一九七〇年代に始まった。それを触発したのは、マハトマ・ガンディーの、後にはE・F・シューマッハーとイヴァン・イリイチの著述、さらに、僭越ながら拙著『エントロピーの法則――21世紀文明観の基礎』（竹内均訳、祥伝社、一九八二年）だった。新しい世代のDIYのホビイストはほとんどが平和運動や公民権運動のベテランであり、アプロプリエートテクノロジーの旗印の下で緩やかにつながっていた。「大地への回帰」という精神を説き、田園地帯へ移住する人もいた。主要都市の貧しい地区に残る人もいて、人の住まなくなった建物を占拠して無断で暮らすことも多かった。彼らが自ら掲げた使命は、「アプロプリエートテクノロジー」の創出、すなわち、地元で手に入る資源から作れて、自らの生態系環境を搾取するのではなく管理するように調整され、協働型文化でシェアできる道具や機械を生み出すことだった。彼らのスローガンは、「グローバルに考え、ローカルに行動する」で、それは各自の地元コミュニティで持続可能な形で生活して地球を大切にすることを意味した。

この運動は北半球の先進工業国で始まったが、ほどなく南半球の発展途上国でいっそう大きな勢力となった。世界の貧しい人々が、グローバルな資本主義経済の辺縁で独自の自給自足のコミュニティを生み出そうと苦闘していたからだ。

当時はともかく、今振り返れば、とりわけ目を惹かれることがある。アプロプリエートテクノロジー運動が始まってから一〇年後、それとははっきり異なる、若いテクノロジー・ホビイストたちの運動が登場したのだ。彼らはＩＴ文化のマニアともおたくとも言える熱狂的な人々で、みなコンピュータープログラミングに夢中で、協働型の学習コミュニティでソフトウェアをシェアしたいという情熱に溢れていた。彼らが起こしたのがフリーソフトウェア運動で、その目的は、グローバルな協働型コモンズの創設だった（この運動については、第Ⅲ部で詳しく考察する）。彼らのスローガンは「情報はフリーになりたがっている」で、アプロプリエートテクノロジー運動とハッカー文化を結びつけていた少数のうちの一人であるスチュアート・ブランドの発言から取ったものだ（ブランドが編集した「ホール・アース・カタログ」誌は、アプロプリエートテクノロジー運動を、ニッチを占めるサブカルチャーから、より広範な文化的現象に引き上げるのに一役買った）。ソフトウェア革命に関するブランドのこの発言でしばしば見落とされるのは、発言の残りの部分で、彼はそれを一九八四年に開かれた第一回のハッカー会議で口にしている。

一方で、情報は高価になりたがっている。非常に貴重だからだ。適切な場所で適切な情報が得られれば、人生が一変する。その一方で、情報はフリーになりたがっている。情報を引き出すコストはつねに下がる一方だからだ。そこで、両者の葛藤が起こる[31]。

ブランドは知的財産権とオープンソースのアクセスとの間でやがて矛盾が発生することを早々に見て取った。その矛盾は、情報をシェアする限界費用がゼロに近づくなかで、やがて資本主義者と協働主義者の争いのあり方を決めることになる。

アプロプリエートテクノロジー運動は間違いなくローテクであり、工業化時代へと突き進む間に放棄されたり忘れられたりした、昔ながらの効果的なテクノロジーの再発見と改良、そしてもっと新しいテクノロジー（とりわけ、再生可能エネルギー）の開発の両方に関心を向けている。この運動の参加者は、複雑なものより単純なものを好み、地元の資源とノウハウを用いて一から複製できるテクノロジーを重視した。地元で自分自身に依拠するという行動規範に忠実であり続けるためだ。

だが、ハッカーたちは毛色が異なった。彼らは、IT革命の最先端を行き、その多くが頭脳明晰な若いエンジニアや科学者で、まさにハイテク文化の権化だった。彼らの目はローカルではなくグローバルな舞台に向けられており、彼らのコミュニティはインターネットの社会空間《ソーシャルスペース》で形成された。

これら二つの運動の共通点は、シェアされたコミュニティの感覚と、専有よりも協働《コラボレーション》、所有よりもアクセスの価値を重んじる倫理的信念だった。

そして今、3Dプリンティングがこれら二つの重要な運動を一つにまとめようとしている。3Dプリンティングはこのうえなくハイテクでアプロプリエートテクだからだ。3Dプリンティングはおもに、オープンソースのテクノロジーとして利用されている。モノをプリントするソフトウェアの説明は、個人が所有するのではなくグローバルにシェアされるが、供給原料はローカルに入手できるので、このテクノロジーは普遍的に応用できる。3Dプリンティングが自給自足のローカルコミュニティを振興する一方で、製品はウェブサイトで限界費用がほぼゼロで販売でき、グローバルなユーザー基盤のアクセスが可能になる。3Dプリンティングはまた、イデオロギーの境を超えてリバタリアン〔個人の自由を至上とし、国家の介入を極力排そうとする政治思想の人々〕や、DIYホビイスト、社会的起業家、コミュニタリアン〔何らかのコミュニティへの帰属と、共通の倫理的価値を重視する政治思想の人々〕の心に訴える。彼らはみな経済生活と社会生活に対して、中央集中化された、専有的アプローチではなく、分散型で透明で協働型のアプローチを好むからだ。3Dプリンティングは、これらの多様な感性を一まとめにできる。社会的絆は、階層制の力が忌み嫌うものだが、ピアトゥピアの水平型の力にとっては熱烈に追い求める対象なのだ。

３Ｄプリンティングが、最も進んだ工業経済国で人気を博しているのは少しも意外ではない。アメリカの企業がこの新テクノロジーに関してさっさと先頭に立ったが、ドイツが今後数年で追いつきそうに見える。ドイツの３Ｄテクノロジーは、分散型・協働型・水平展開型の第三次産業革命のインフラにとって、おあつらえ向きのインフォファクチャリング・モデルと見なされているからだ。

３Ｄプリンティングがプラグイン・アンド・プレイできるＩｏＴテクノロジー・プラットフォームを推進する点で、ドイツは他の主要先進工業国のはるか先を行っている。すでに述べたように、ドイツは電力の二割を分散型の再生可能エネルギーで生産するという目標を超え、二〇二〇年までには、その割合が三五パーセントに達することが見込まれている[32]。ドイツはまた、過去一〇年間に一〇〇万棟の建物をグリーンなマイクロ発電所兼用に改造した。Ｅ・ＯＮ（エーオン）などの電力会社や公益企業は現在、送電網全体に水素などの貯蔵テクノロジーを組み込みつつある。ドイツテレコム社は、国内の六つの地方でエネルギー・インターネットを試しており、ダイムラー社は、二〇一七年に予定した燃料電池車発売に備えて、国内全域に及ぶ水素ステーションのネットワークを設置しつつある[33]。

ドイツ国内ではどこでもＩｏＴインフラに接続できるので、３Ｄプリンターは新しいＩｏＴがもたらす潜在的な効率と生産性の恩恵に与ることができる。そのおかげで、ドイツのインフォファクチャーはアメリカを追い抜くことが可能だ。一方アメリカでは、生産能力の絶頂をとうの昔に過ぎ、非効率的で時代遅れとなった第二次産業革命のインフラの中で、３Ｄプリンティング企業はあてどなくさまよう状態に陥っている。

ドイツの中小のエンジニアリング企業は、精密工学の分野で世界一と見なされるようになって久しく、３Ｄプリンティングの振興を先導する絶好の位置にあると言える。ドイツの一〇社がすでに、３Ｄプリンティングの開発で業界をリードしている。ともにバイエルンに本拠を置くＥＯＳ（エレクトロオプティカルシステムズ）社とコンセプトレーザー社は、世界でも一流の企業だ[34]。第三次産業革命インフラへの移行に対するドイツのアプローチは、トップダウンによるＩｏＴの実現に頼っている点で因習的であると同時に、ローカルコミュニティが建物をマイクロ発電所に変え、マイクロ送電網（ローカルなエネルギー・インターネット）を設置し、電力で動く輸送手段を導入している点では水平型でもある。

だが、メイカー・インフラが最も純粋な形で発展しているのは発展途上国だ。第三世界の都市周辺の貧困地域や、孤立した町、田園地帯ではインフラが乏しく、資本調達の道があったとしても不規則で、技術的な専門知識や道具、機械はないに等しいが、３Ｄプリンティングは第三次産業革命のメイカー・インフラを構築するために欠かせない機会を提供してくれる。

しだいに多くの若い発明家が、社会的な動機から、世界のどこにでも第三次産業革命のメイカー・インフラを構築するための３Ｄプリンティングの青写真をまとめ始めている。プリンストン大学を卒業し、核融合エネルギーの研究でウィスコンシン大学から博士号を取得したマルツィン・ヤクボフスキもその一人だ。彼はごく単純な疑問を投げかけることから始めた。どんなコミュニティであれ、持続可能で人並みの暮らしを生み出すには、どんな材料と機械が必要か？　オープンソースのアプロプリエートテクノロジーを熱心に提唱する彼と彼の率いるチームは、「現代生活を可能にする重要な機械（私たちが毎日使用する道具）を五〇種類突き止めた」。それは、耕作をし、住まいを建て、モノを製造するための「トラクターからパン焼き窯や回路製造器[35]」にまで及ぶ。

彼のチームは、生産の道具に的を絞っている。目標は、地元で入手可能な供給原料（おもにスクラップ）を用いて前述の五〇の機械をすべて作れるオープンソースのソフトウェアを創作し、あらゆるコミュニティに、独自の第三次産業革命社会を築くための「グローバルビレッジ建設キット」を提供することだ。
農民とエンジニアから成るヤクボフスキのオープンソース環境保護ネットワークは、これまでのところ、五〇の機械のうち、「ブルドーザー、回転耕耘《こううん》機、〝マイクロトラクター〟、バックホー（バケット付き掘削機）、ユニバーサルローター、穴あけ盤《ボール》、多目的〝鉄細工機《アイアンワーカー》〟、……そして、板金精密切削加工用のCNC〔コンピューター数値制御〕火炎切断機[36]」の八つの試作品を3Dプリンティングで作った。それらの機械の設計図と説明書はすべて、このチームのウェブサイトで公開されているので、誰もが複製できる。ヤクボフスキらは現在、次の八つの試作品のテクノロジーに取り組んでいる。

何もないところから現代文明を築くことなど、一世代前には考えられなかっただろう。ヤクボフスキのオープンソース環境保護ネットワークは、近代的な経済を築くための機械環境をそっくり生み出すよう企画された統合型の体系的なアプローチをとっているのに対して、アプロペディアやハウトゥペディア、プラクティカル・アクションなど、その他の3Dプリンティング団体は、第三次産業革命のメイカー経済を構築するのに不可欠の多種多様な機械をDIYホビイストが3Dプリントできるような、オープンソースの3Dプリンティング・デザインの保管場所という役割を果たしている[37]。

農業や建設、製造のための主要な道具や機械を3Dプリントするだけでは、ほとんど意味がない。こうした道具や機械は、電力インフラにプラグインできなければ役に立たないからだ。3Dメイカームーブメントが3Dメイカー経済の中の「モノ」をすべてエネルギー・インターネットに接続したときに、初めて真の革命が起こる。その暁には、経済パラダイムが変わる。3Dプリントしたモノをエネルギー・インターネットを介して接続すれば、ノードからノードへとつながりを拡げ、その地方全域の近隣コミュニティと接続できるミニIoTインフラを、どのコミュニティにも提供できる。

マイクロ送電網は、世界の最遠隔地にあるコミュニティですでに設置されつつあり、経済発展の様相を一夜にして変えている。依然として四億もの人がおもに田園地帯で電気のない暮らしを送っているインドでは、史上最悪の停電が起こって七億人が影響を受けた二〇一二年七月に、マイクロ送電網が初めて大々的に脚光を浴びた。インドの大半がパニックに陥ったのを尻目に、ラージャスターン州の田舎にある小さな村は、照明が一瞬消えることさえなく、平素の生活を送り続けた。村人たちが手に入れたばかりのテレビはついたままで、DVDプレイヤーも使え、バターミルク製造機は回り続け、扇風機は涼風を送ることをやめなかった。これはすべて、グリーンなマイクロ送電網のおかげだった。

カリフォルニア大学を卒業した二二歳の社会的起業家ヤシュラジ・カイタンと、同僚のジェイコブ・ディキンソンが経営するグラム・パワーという小さな新規企業が、ほんの数か月前、カレダ・ラクシュミプラという小さな村に、インド初のスマートマイクロ送電網を設置した。このローカルなマイクロ送電網は、レンガ造りの変電所に接続した一連のソーラーパネルから電力を得ている。変電所の中には蓄電池があり、夜間や曇天のときのために、電力を蓄えられるようになっている。小型のコンピューターがジャイプールにあるグラム・パワー社のオフィスにデータを送る。木製の電柱で張り巡らされた電線で変電所から村中の何十もの家庭に電気が送られ、二〇〇人以上の住民にグリーンな電気を供給する。各家庭にはスマートメーターが備えつけられており、一日のそれぞれの時間にどれだけの電気が使われ、どれだけの料金がかかっているかを表示する[38]。グリーン電力はインドの全国送電網の電力よりもはるかに安価で、インド全土に蔓延する呼吸器と心臓の疾患の原因となる、非常に汚染性の高い灯油の燃焼を排除できる。

「ガーディアン」紙の取材を受けた地元のある母親は、村の生活が電気によって一変したと語った。「今や、子供たちは夜勉強できます。かつて、ここでの暮らしはジャングルの中にいるようでした。今では、本当に社会の一部になったように感じられます[39]」と彼女は説明した。

二〇一一年にNASAが選ぶ世界の「クリーンテク・イノベーター」のトップテン入りを果たしたグラム・パワー社は、その後新たに一〇の村と提携し、マイクロ送電網を設置し、二〇一四年にはさらに四万人の村人にグリーンな電気を届ける見込みだ[40]。同社は、地熱やバイオマスなど、地元で手に入るその他の再生可能エネルギーにも注目している。同社は現在、マイクロ送電網をさらに一二〇の村へ拡張し、一〇万世帯以上を電化するために、インド政府と交渉中だ[41]。

グラム・パワー社以外にも、インドの田園地帯に展開し、地元の村がグリーンなマイクロ送電網を設置して電気を普及させるのを助けている新規企業は多数ある。ビハール州に本拠を置くハスク・パワー・システムズ社も、そんな企業の一つだ。ビハール州では、八五パーセントの住民が電気なしで暮らしている。同社は、籾殻《もみがら》のバイオマスを地元の九〇か所の発電所の燃料としている。これらの発電所はマイクロ送電網を利用し、田園地帯の四万五〇〇〇世帯に電気を供給する。人口一〇〇人程度の村にマイクロ送電網を設置する費用はわずか二五〇〇ドルほどで、村はほんの数年で投資を回収でき、その後は、電気を一キロワット発電・送電するごとにかかる限界費用はほぼゼロとなる[42]。

地元のマイクロ送電網ができると、それを結んで地方の送電網を作り、いずれ全国的な送電網とつないで、中央集中型の電力構造を分散型・協働型・水平展開型の電力網に変えられる。マイクロ送電網は、二〇一八年までに全世界の再生可能エネルギー生産で売上の七五パーセント以上を占めると予想されている[43]。

第三世界の最貧地域で、地元で生産された再生可能エネルギーを供給するマイクロ送電網が普及すれば、3Dプリンターを動かすのに必須の電気が提供でき、自給自足で持続可能な二一世紀のコミュニティを設立するのに必要な道具と機械をプリントできる。

新ガンディー主義の世界

私はインドをはじめ世界各地で起こっている変化を眺めていると、七〇年以上前に表明されたマハトマ・ガンディーの見識について熟考せざるをえなくなる。自らの経済ビジョンについて問われたガンディーは、「当然大量生産だが、力に基づいたものではない。……大量生産だが、人々の自宅での大量生産だ[44]」と答えた。E・F・シューマッハーはガンディーの概念を、「大量生産《マスプロダクション》ではなく、大衆《マス》による生産《プロダクション》[45]」と要約した。続いてガンディーが概説した経済モデルは、彼がそれを初めて描き出したときよりも今日のほうが、インドや世界の他の国々になおさら大きな意義を持つ。

ガンディーの見解は、当時の常識に反するものだった。政治家やビジネスリーダー、エコノミスト、学者、一般大衆が工業化された生産を褒めそやしていた世の中で、ガンディーは異議を唱え、「ヘンリー・フォードの論法には途方もない誤謬がある」と述べた。大量生産は、垂直統合型の企業と、経済力を一極集中させて市場を独占するという固有の傾向を伴うため、人類に悲惨な結末をもたらすだろうと、ガンディーは信じていた[46]。彼はそのような結末について、こう警告している。

> 惨憺《さんたん》たる結果になるだろう。……無数の地域でモノを生産することになるのは間違いないが、権力は選ばれた一か所から振るわれるだろうからだ。……それは、単一の人間の営為に無限の権力を付与するであろうから、考えてみるだに恐ろしい。そのような権力支配の結果の一例を挙げれば、私は照明や水、果ては空気などまで、その権力に依存する羽目になるだろう。なんとも悲惨ではないか[47]。

大量生産はより精巧な機械を使い、より多くの財を、より少ない労力と、より少ないコストで生産することを、ガンディーは理解していた。だが彼は、大量生産の構成論理にはその有望性に制約を課す固有の矛盾があることを見て取った。彼は次のように推論している。「もしすべての国が大量生産体制を採用したなら、どれほど大きな市場をもってしても製品をさばききれなくなる。そのときには、大量生産は停止せざるをえない[48]」。ガンディーはカール・マルクスやジョン・メイナード・ケインズ、ワシリー・レオンチェフ、ロバート・ハイルブローナーらの著名な経済学者と同様に考え、効率性と生産性の向上を目指す資本家が断固たる意志のもと、人間の労働を自動制御機械に置き換えようとすることで、しだいに多くの人が失業し、生産される製品を買うだけの購買力を持たない状況になると主張したのだ。

ガンディーは代案を提唱した。自宅や近隣地域での大衆による地元生産で、それを彼は「スワデシ」と呼んだ。スワデシの背後にある発想は、「仕事の元へ人々を連れてゆくのではなく、人々の元へ仕事を持ってくる[49]」というものだった。彼は、「個々の生産を何百万倍にもすれば、途方もない規模で大量生産することにならないだろうか？[50]」と反語的に尋ねる。「生産と消費は再結合されねばならない」（今日私たちがプロシューマーと呼ぶものだ）。そして、生産の大半が地元で行なわれ、生産物の全部ではないが大半が地元で消費されるとき、初めてそれが実現しうると、ガンディーは熱烈に信じていた[51]。

ガンディーは、第一次・第二次産業革命を支配していた力関係を鋭い目で眺めていた。彼はイギリスの工業力がインド亜大陸を席巻し、イギリスの富裕なエリートと台頭する中産階級の購買意欲を満たすために、インドの豊かな天然資源を貪り、インドの人々を貧しくしているのを見守った。そして、何百万もの同胞が、頂点から権力を振るうグローバルな産業ピラミッドの最底辺で惨めに暮らす様子を目にした。中央集中化した資本主義体制を彼が罵ったのも無理はない。

ガンディーはソヴィエト連邦で行なわれていた共産主義の実験にも同じぐらい失望していた。共産主義は、コミュニティの団結を口先では唱えておきながら、工業化の過程で、仇敵である資本主義以上に厳格な中央集中型の制御を行なった。

どの文明においても、コミュニケーション／エネルギー／輸送マトリックスが経済的権力を構成・分配する方法を決めるという概念を、ガンディーは意識してはっきり言葉に出すことはなかった。だが、資本主義体制下であれ社会主義体制下であれ、社会における産業構成には、生産・流通過程の中央集中型の制御、人間の本性についての功利的な概念の擁護、それ自体を目的とする、とどまるところを知らない物的消費の追求といった、いくつかの指針となる前提が伴うことを、彼は直観的に知っていた。それに対して、彼自身の哲学は、自給自足のローカルコミュニティで非中央集中型の経済的生産を行なうことや、工業機械労働よりも手工業労働を追求すること、経済生活を物質主義的追求ではなく道徳的・精神的探求として思い描くことを重視する。ガンディーにとって、蔓延する経済的搾取や強欲への対抗手段は、コミュニティに対する私心のない傾倒だ。

ガンディーの理想の経済は、地方の村から始まり、世界に向かって外へと拡がってゆく。彼は次のように書いている。

> 私の考える村の自治《スワラジ》とは、自らの存続に必要なものを近隣に頼らないが、依存が必要な他の多くのものについては互いに頼り合う完全な共和政体だ[52]。

彼はピラミッド状に構成された社会という概念を避け、個人から成るコミュニティで構成されるものを好んだ。それは波紋のように拡がって全人類を包み込む、より広大なコミュニティの中に埋め込まれており、彼はそれを「大洋のような輪《オーシャニック・サークルズ》」と呼んだ。ガンディーは次のように主張している。

自立は底辺から始まらなければならない……どの村も、全世界から自らを守れるほどにまで自給自足をし、自らのことは自ら処理できるようでなければいけない。……これは、近隣への依存や、近隣あるいは世界からの自発的援助を排除するものではない。それは、相互の力を自由で任意に行使することだ。……無数の村々から成るこの構造の中には、けっして上昇することがなく、ひたすら拡がり続ける輪があるばかりだ。世の中は、底辺に支えられた頂点を戴くピラミッドではない。そうではなく、個人を中心とする大洋のような輪だ。……したがって、いちばん遠い外周は力を振るって内側の輪を押し潰すことはなく、中のもののいっさいに強さを与え、そこから自らの強さを引き出す[53]。

このビジョンを擁護するにあたり、ガンディーは古典派経済理論からも距離を置いた。市場で私利を追求するのは各個人の本性であり、「その念頭にあるのは自身の得であって、社会の得ではない[54]」というアダム・スミスの主張は、ガンディーにとって忌まわしいものだった。彼は、コミュニティの利益が個人の利益に優先する、道徳に適った経済こそが正しいと信じ、この基準に満たない経済はどんなものであれ人類の幸福を減じると主張した。

ガンディーにしてみれば、幸福は、個人の富を蓄積することではなく、思いやりと共感に満ちた人生を送ることに見出されるのだった。彼は次のように述べさえしている。「真の幸福と満足は……欲求の拡大ではなく意図的・自発的な削減にある[55]」、そのおかげで、人は他者との親睦のうちに、より献身的な人生を送れる。彼はまた、自らの幸福論を地球に対する責任と結びつけていた。持続可能性が人気を博する半世紀近く前に、ガンディーはこう明言した。「地球はあらゆる人の必要を満たすだけのものを提供してくれるが、あらゆる人の強欲を満たすことはできない[56]」

ガンディーの理想の経済は、第三次産業革命やそれに付随する協働の時代と、驚くほどの哲学的類似性を有している。自給自足の村のコミュニティどうしが手を結び、波紋を拡げてより広範な大洋のような輪となり、全人類にまで行き渡るという彼の見解は、第三次産業革命の経済パラダイムにおいてマイクロ送電網を互いに接続し、果てしなく分散型・協働型の水平ネットワークを形成してゆく姿とそっくりだ。市場における私利の自主的追求ではなく、共有されるコミュニティにおける各自の関係の最適化という彼の幸福の概念は、協働の時代の特質である、生活の質についての新しい夢を反映している。さらに、自然は固有の価値に満ちた有限の資源であり、略奪ではなく責任ある管理を必要とするというガンディーの信念は、あらゆる人間の人生は私たち全員が暮らす生物圏へのエコロジカル・フットプリント〔環境に与える負荷。第15章を参照のこと〕の影響で最終的に判断されるという、新たな認識と合致する。

ガンディーは水平型の経済力という考え方を信奉し、地球の環境自体がこの惑星の全生命を支える包括的コミュニティであることを理解していた。その一方で、コミュニケーション／エネルギー／輸送マトリックスが、中央集中化されたトップダウンの形で商業的営みを管理し、垂直統合した経済活動を行なうのに有利に構成されている工業化時代にあって、ローカルな経済力を重視する自らの哲学の正当性を主張しなければならなかった。その結果、厖大な数のインドの人民を長年にわたって貧困と孤立の状態に放置してきた、地方の自給自足型コミュニティにおける従来の手工業を支持するという矛盾に陥り、彼の立場は擁護し難いものとなった。

だが、彼は一つ気づきそこなっていた。まさに彼が信奉していた分散型・協働型・水平展開型の経済を可能にすることになる、さらに根深い矛盾が資本主義体制の核心にはあったのだ。すなわち、新しいテクノロジーを断固として追求すると、効率と生産性が上がって限界費用がほぼゼロに近づき、多くの財とサービスが無料になりかねず、潤沢さの経済が本当に実現可能になるということだ。

これまたガンディーには同じぐらい意外だったに違いないが、限界費用がほぼゼロの理想的生産性に達する資本主義の最適点は、新しい通信テクノロジーと、新しいエネルギー体制と、それに付随する生産・流通モデル（分散型・協働型に構成され、ピアトゥピアで水平方向に展開するもの）を導入することで実現され、それにより何百万という人がプロシューマーになれるのだ。これは、ガンディーが予見していた、大衆による生産という概念に近い。

今日、ＩｏＴインフラは、ガンディーの経済ビジョンを推進する手段を提供し、何億というインドの人々を絶望的な貧困から救い出し、持続可能な生活の質を実現させている。ＩｏＴによってもたらされ、その中に組み込まれている、ガンディーによる善き経済の探求は、インドだけではなく、公正で持続可能な未来を模索する世界中の新興国にとっても、強力な新しいナラティブの役割を果たすことができるだろう。

第7章 MOOCと限界費用ゼロ教育

限界費用ゼロ社会とは、稀少性が潤沢さに取って代わられた社会であり、私たちが慣れ親しんだ世界とはまったく違う。協働型コモンズが主役で資本主義市場は端役でしかなくなる時代に対応できる人材を育てるために、私たちは教育の過程そのものを再考せざるをえなくなってきている。教え方も根本的な見直しが進んでいる。教育にどう資金を手当てするか、教育をどう行なうかについても同様に見直しが進んでいる。限界費用がほぼゼロとなる現象が、わずかこの二年で高等教育にすっかり浸透し、大規模公開オンライン講座ＭＯＯＣ（ムーク）のおかげで、無数の学生にとって、大学の単位を取得する限界費用が限りなくゼロに近くなっているのだ。

資本主義の時代には、学生が熟練した産業労働者になるための準備をする教育モデルが崇められていた。教室はミニチュアの工場と化した。生徒は機械と同等のものと見なされ、命令に従い、反復によって学び、効率良く行動するよう仕込まれた。教員は工場の現場監督のようなもので、決まった時間内に決まった答えを出すことを求める、標準化された課題を出した。学習は、脈絡なく細分化されていた。教育は、有用で実際的であるべきだとされた。物事に関して、「なぜ」ではなく「どのように」が議論のテーマになることのほうが多かった。教育の目標は生産性の高い従業員の養成だった。

教室が一部屋だけの校舎に二〇億人の学生

資本主義の時代から協働の時代への移行に伴い、教室での教え方にも変化が起こっている。教員が権威をふりかざすトップダウン式指導が、協働型の学習経験に道を譲りつつあるのだ。教員は講義をする人間ではなく世話役に変身しつつある。知識を分け与えるよりも、批評精神を持って学習する技能を育むほうが重要になっている。学生は全体を視野に入れて考えるよう促される。暗記よりも探究に重点が置かれる。

工場化した従来の教室では、教員の権威に疑問を呈するのは厳禁で、学生間で情報やアイディアをシェアすると、「不正行為」というレッテルを貼られる。子供は、知識は力であり、また競争が激しい市場で卒業時に他者よりも優位に立つために取得する貴重なリソースであることをたちまち学ぶ。協働の時代には、学生は、知識とは仲間たちから成るコミュニティでシェアされる経験と考えるようになる。彼らは知識がシェアされるコミュニティで仲間としていっしょに学ぶ。教員はガイド役を務め、探究テーマを設定して、学生を少人数のグループに分けて作業させる。目標は、若者がインターネット上の多くのソーシャルスペースに関与したときに経験する類の協働型の創造性を発揮させることだ。教員の手に委ねられていたヒエラルキー型の力から、学習コミュニティ全体に確立されている水平型の力へという転換は、教え方の革命に等しい。

知識は、従来型の教室では客観的な個々の独立した事実として扱われていたが、協働型の教室では、私たちが自らの経験に付与する集合的な意味と見なされる。学生は学問分野の垣根を取り払い、より統合的な流儀で物事を考えるよう促される。学際的な学習や多文化的な学習によって、学生は異なる視点を受け容れられるようになり、さまざまな現象の相乗効果を探し出すのが巧みになる。

学習を自主的で個人的な経験とする考え方や、知識とは独占的な所有物の一形態として扱われるべき獲得物であるという概念は、人間の行動を同様に定義していた資本主義の環境では筋が通っていた。だが、協働の時代には、学習はクラウドソーシング〔おもにインターネット経由で不特定多数の人に業務を委託したり協力を要請したりすること〕の過程と見なされ、知識は誰もが利用できて公的にシェアされる財として扱われる。これは、人間の行動は本質的にきわめて社会的で相互作用的であるという、最近よく言われる定義を反映したものだ。権威主義的な学習様式から、より水平型の学習環境へと変化すれば、今の学生は将来、協働型の経済で働き、生活し、成功しやすくなる。

新たな協働型の教え方は、世界各地の学校やコミュニティで採り入れられ、実践されている。この教育モデルは、従来の囲い込まれた閉鎖的な教室という私的な空間から学生を解放し、複数の開かれたコモンズ、すなわち、バーチャルスペース、公共の場、生物圏で学ぶことを可能にする。

世界各地の教室が、スカイプなどの手段によってリアルタイムでつながり、学生たちはグループ課題に協働して取り組んでいる。遠く離れた学生どうしがバーチャルなチームを組んで、ともに勉強し、プレゼンテーションを行ない、議論し、一まとめに評価を受けさえする。グローバルな協働型の教室は瞬く間に現実になりつつある。無料のインターネット・コミュニティ、「スカイプ・イン・ザ・クラスルーム」のグローバルな教室プロジェクトには、六万四四七人の教員がすでに登録しており、このインターネット・コミュニティは、世界の一〇〇万の教室をつなげることを目標に掲げている[1]。

別のインターネット学習サイト、「コラボレーティブ・クラスルームズ」では、何千という教員がカリキュラムをオンラインで共同作成し、最高の講義計画を、グローバルな教育コモンズで――無料で——シェアできる。現在、全世界で一一万七〇〇〇人以上の教員がオープンソースのカリキュラムをシェアしており、学習コミュニティは国境を超えたグローバルな教室になっている[2]。

学習経験は囲い込まれた教室からインターネットのバーチャルスペースへ転送されているだけではなく、公共の場を形成する近隣地域にもじわじわと拡がっている。現在では、初等学校（幼稚園と小学校）、中学校、高校、大学に在籍する何百万もの児童・生徒・学生が、コミュニティで「奉仕学習《サービスラーニング》」に参加している。サービスラーニングは正規の授業とシビル・ソサエティへの参加を組み合わせたものだ。

サービスラーニングは、次のような前提に拠って立っている。すなわち、学習はけっして孤立した営みではなく、究極的には人々が暮らし、働いている実際のコミュニティで最高の効果が出る共有体験であり、協働型の企画であるという前提だ。学生は普通、非営利団体でボランティア活動を行ない、自分が属するコミュニティの利益という、より大きな目的のために奉仕して学習する。経験に基づくこの学習によって学生は広い視野を培う。学習とは、私利私欲を満たすためだけに知識をため込んで専有するのではなく、コミュニティを求めるためのものと理解するようになる。

特定の言語を話す大規模な移民人口を抱えた近隣のコミュニティでボランティア活動を行なえば、学生はその言葉を覚えることだろう。社会科の授業で貧困のダイナミクスを学習しているのであれば、フードバンク〔食料の寄付を受けつけ、困っている人に支給する組織〕やホームレスシェルターでボランティア活動をすればよい。ワシントン州ショアラインのアインシュタイン中等学校では、国語、数学、理科、社会という主要科目を教える四人の教員が、貧困とホームレスの問題を学ぶ協働型の学際的なサービスラーニング・プロジェクトに、第八学年の生徒一二〇人を参加させた。社会科の教員は、生徒に貧困をめぐる複雑な問題を知ってもらうために、オックスファム・ハンガーバンケット〔参加者を、実際の世界と同じ割合で高所得者層、中所得者層、低所得者層にくじ引きで分け、その層の典型的な食事を摂取して、世界は不平等であることを学ぶオックスファム（オックスフォード飢餓救済委員会）の体験型ワークショップ〕を実施させるとともに、貧困線以下で暮らしている地元住民を支援する複数の地域組織から人を招いて話をしてもらった。その後、生徒は週一度、五週間にわたって、シアトルのダウンタウンにある恵まれないコミュニティに奉仕する施設八か所でボランティア活動を行なった。彼らは食事の準備を手伝ったり、食べ物など、必要とされる品物を集めてホームレスの人々に配ったり、ホームレスの人々と会話をしたりして、個人的な関係を築いた。国語の授業では『地下鉄少年スレイク――一二一日の小さな冒険』（遠藤育枝訳、出版工房原生林、一九九〇年）を取り上げた。主人公の少年が家出してニューヨークの地下鉄のトンネルに住み始め、ホームレスになって飢えるとはどういうことかを経験する物語だ。数学の授業では、生徒は貧困の経済的側面について調べた。その後、ローカルとグローバルの両方の観点から貧困の具体的な面を取り上げてレポートを書き、小冊子を発行し、仲間の生徒やコミュニティを対象に、貧困に関連する問題をテーマにした夕刻の展示会を開催した[3]。

共感能力と大きなコミュニティの一員でありたいという切なる願いが生まれながらにして備わっている、高度に社会的な生き物であるとはどういうことなのか？　その核心には、協働の経験がある。公共のコモンズにまで学習環境を拡げることによって、学生はそれを悟る。

学習コミュニティという概念は、バーチャルスペースの縁や、近隣地域にばかりではなく、生物圏の最果てにまで及ぶ。生物圏は、私たち以外のあらゆるコミュニティが組み込まれている分割不能のコモンズであることを、学生は学んでいる。ほぼ二世紀にわたる工業社会時代のカリキュラムでは、地球とは資源の受動的な貯蔵場所にすぎず、その資源は、利用したり、搾取したり、製品を作るのに用いたり、変化させて生産資本や私有財産にしたりして個人の利益を生むのに役立てるという概念が強調されていた。だが、その後の新たな協働型カリキュラムでは、生物圏をコモンズとして捉え直し始めている。このコモンズは多種多様な関係で構成されており、それらの関係が共生的な形で振る舞い、あらゆる生物が地上で繁栄するのを可能にする。

ウィスコンシン大学グリーンベイ校の学生は、学期中の二週間、コスタリカのカララ国立公園で熱帯保護の体験型フィールドワークを実施する。生物学者や公園職員といっしょに、公園の動植物の目録を作成し、公園内の生態系の状況を観察する。そうした専門的な作業以外にも、自然の遊歩道を補修し、橋を架け、生態系を観察するフィールドステーションを建設し、公園に隣接する町に植樹するなど、特別の訓練を必要としない作業にも携わる。

このサービスラーニングの経験は、学生を熱帯の生態系における生物の複雑なダイナミクスに深くかかわらせるとともに、その生態系の管理と維持に手を貸す機会を彼らに与えるように企画されている［4］。

アメリカの多くの高校は、環境を保護するサービスラーニングのプログラムを実施している。ニューハンプシャー州のエクセター高校では、学校の敷地内と隣接地域の両方で大気の質を監視している生徒たちが、自動車とバスのアイドリングが大気に深刻な悪影響を及ぼしていることを突き止め、その後コミュニティを動かしてアイドリングストップ措置を実施させた。その結果、敷地内と近隣の大気の質が改善した［5］。

ここに挙げた例をはじめとする数々の環境保護プログラムで、学生は、人間の活動がさまざまな形で環境に悪影響を及ぼしている実態と、その被害を修復して地元の生態系の健全性を取り戻すのに必要な施策の両方について学んでいる。多くの学生は、こうした試みを終えるころには、生物圏コミュニティの管理に関するごく個人的な責任感を抱くようになっている。コスタリカでのサービスラーニング・プログラムに参加したある学生は、そのときの経験が自らの世界観と行動にどれほど深い影響を与えたかを、次のように振り返っている。

コスタリカの熱帯雨林を保護し、その地域の豊かな生物多様性を守ることと、地球上の資源を豊富で無垢の状態に保つことは何より重要だ。私は毎日、自らの行動が世界をどう傷つけているかを冷静に考え、環境に与える負荷をできるだけ少なくするよう心がけている[6]。

工業化時代の基本は隔離と私有化であり、それが学習の還元主義的アプローチ〔物事を細分化された個別事象に還元して捉える方法〕によく表れていた。だがそのアプローチは、さまざまな現象を大きな全体にまとめ上げている捉え難い関係を理解するために企画された、より体系的な学習経験に道を譲りつつある。世界中の学習環境で、学生は開かれた生物圏のコモンズで暮らすように教育されている。人間が自然と深い生命愛でつながっていることを強調したカリキュラムが増え、学生は広大な海と陸に生息する多種多様な生命体に触れ、生態系のダイナミクスを学び、人間の経験を違った角度から見直して、生態系の必要条件の枠内で持続可能な形で生きてゆく術を身につける。

これをはじめとするさまざまな教育上の企てのおかげで、私有財産関係という閉じられた世界での生活を強調する学習経験は、バーチャルスペース、公共の場、生物圏という開かれたコモンズで生きてゆくよう学生を教育するものへと変化しつつある。

サービスラーニングは、二五年前にはほんの一握りの教育機関による些末な活動だったが、今やアメリカの教育プロセスの眼目へと成長した。キャンパス・コンパクト〔高等教育の使命を全うすることを目的に設立されたアメリカ各州の大学の学長の同盟団体〕が最近行なった、アメリカの大学におけるサービスラーニングの調査を見れば、高等教育機関がどれほどサービスラーニングに力を入れているかや、学生が奉仕するコミュニティに対して、開かれたコモンズでの学習がどれほど影響を与えているかがわかる。一一〇〇の大学を対象にしたこの調査によれば、学生の三五パーセントがサービスラーニング・プログラムに参加したという。調査対象となった大学の半数が、サービスラーニングの履修を、最低でも一つの専攻の修了必須条件としており、九三パーセントの大学が、サービスラーニングのコースを提供していると答えた。二〇〇九年には、大学生だけでも、七九億六〇〇〇万ドル相当分の時間をコミュニティでのボランティア活動に費やした[7]。これに劣らず感心させられるのが、アメリカの各地域の初等学校と高校で実施された調査での結果で、サービスラーニング・プログラムに参加しなかった生徒に比べ、参加した生徒の問題解決技能、認知的な複雑性の理解、授業や標準テストの成績が向上したことがわかった[8]。

教育のイノベーション

教育は、道路や公共交通機関、郵便事業、医療と同じように、先進工業国では依然としておおむね公の領域にあり、政府が管轄する公共財として扱われてきた。

これまでアメリカは教育の実施法に関してはやや例外的だった。公立の初等学校と中学校・高校が標準だったが、非営利の私立学校も長年併存していた。最近では営利事業としての学校、そしてとりわけチャーター・スクール〔一九九〇年ごろからアメリカに広まった方式の学校で、保護者やコミュニティの住民が新たなタイプの学校の設立を申請し、認可が下りれば公費で運営する〕が参入してきた。高等教育では、非営利の公立大学と私立大学が主流で、営利目的の大学は取るに足りない存在だった。

ところが、高等教育の費用がうなぎ上りで、何百万という学生が四年間の学費をしだいに払えなくなるという危機が発生している。非営利のエリート私立大学で学ぶ費用は最大で年間五万ドルになり、公立大学でも年間一万ドルもかかる[9]。学費ローンを組めたとしても（そしてそれが政府支援のものであってさえも）、今度は巨額のローン返済が中年期に入ってからも重くのしかかる。

年々上昇するコストに苦しめられている大学では、寄付や事業収入を見込んで企業スポンサーに頼ることが増えている。企業側はそれと引き換えに、大学の「独立性」を徐々に切り崩し、飲食部門から居住部門、宿泊部門、一般維持管理部門など、大学が運営する部門のしだいに多くの民営化を要求する。企業広告があちこちに掲出され、フォーチュン五〇〇社に入っている企業のロゴがスポーツタジアムや講堂を賑々しく飾る。大学の研究施設、とりわけ自然科学系の研究施設が共同運営されることが増え、企業が実験室を貸与し、各種の守秘義務を取り決め、成果を企業側が専有的に利用する研究の契約を大学の学部と結ぶ。

知識はこうして大学の内部に囲い込まれ、高い入学費用によって富裕層以外ははねつけられてきた。だが、状況は変わろうとしている。インターネット革命は、分散型・協働型でピアトゥピアの力によって、かつては崩壊しそうにないと思われていた囲い込みの壁をあらゆる社会領域で崩壊させ始め、学究コミュニティでも猛威を振るっている。この攻撃の源は学究コミュニティそのものの内部にある。そして、さまざまな領域を次々に焼き尽くしているのと同じ可燃物——どこであれ隙あらばつけ込んで限界費用をゼロに近づけようとする多面的なテクノロジー革命の情け容赦のない論理——によってそれに火がついたのだ。

この革命の発端は、二〇一一年に当時スタンフォード大学教授だったセバスチャン・スランがオンラインで提供した、人工知能（ＡＩ）についての「無料」講座だ。彼がスタンフォード大学で教えていたのと同じような講座だった。授業に登録する学生の人数はふだん二〇〇人ほどだから、無料講座の登録者はせいぜい数千人程度だろうとスランは踏んでいた。ところがいざ開講すると、なんと世界のすべての国（北朝鮮を除く）の合計一六万人が、たった一つの講座を受けるために、パソコンの前に座った。こうして史上最大の教室が誕生した。「驚いたなどというものではなかった」とスランは振り返る。登録者のうち二万三〇〇〇人が修了した[10]。

スランは、わずか一度のバーチャルな講座で、人生を何度か繰り返さないかぎり不可能な人数に教えることができると知って胸を躍らせたが、同時に皮肉な思いにも襲われた。スタンフォードの学生は、彼が教えているような、世界でも一流の講座を受けるのに年間五万ドル以上も払っているのに、世界各地の希望者全員に自分のバーチャル講座を受講可能にするコストはほぼゼロなのだ。その後、スランはオンライン大学ユダシティを開設した。目標は世界各国のすべての若者、とくに、このような機会がなければ、世界水準の教育とは一生縁がなさそうな発展途上国の貧困層に最高水準の教育を提供することだ。これを皮切りに、オンライン教育が続々と登場し始めた。

やはりスタンフォード大学のコンピューター科学の教員で、スランといっしょにオンライン講座の実験を行なったアンドリュー・エンとダフニー・コラーは、ユダシティに対抗して営利目的のオンライン大学コーセラを開設した。ユダシティが独自の講座を開発しているのに対して、コーセラの設立者二人は違う道を選んだ。一流の教育機関をいくつかまとめて協働型のコンソーシアム形態にし、世界屈指の大学教授が教える講座を並べて全カリキュラムを編成し、提供することにしたのだ。

二人は手始めにペンシルヴェニア大学、スタンフォード大学、プリンストン大学、ミシガン大学に加盟してもらい、コーセラに教育機関としての箔をつけ、自らのビジョンの実現を目指した。コーセラに続いたのがエデックスで、ハーヴァード大学とMITが共同で設立した非営利のコンソーシアムだ。本書執筆時点でコーセラに参加している大学は九七校、エデックスに参加している大学も三〇校を超えた。この新しい教育現象はMOOCという。第1章でも触れたが、大規模公開オンライン講座（Massive Open Online Course）の略だ。

コーセラのモデルは、他のMOOCと同様に、三つの土台に支えられている。第一が、講座の構成だ。教授が話をする五分から一〇分の映像がある。学習経験に臨場感を与え、その魅力を増し、活気づけるために、さまざまな視覚効果やグラフィック効果、さらには短いインタビューやニュースまでもがそれに加えられている。学生は講義を停止したり再生したりして、自分のペースで教材を見直し、内容を吸収できる。予習のための教材が毎回バーチャル授業の前に提供され、もっと深く学びたい人はオプションの教材も入手できる。

第二の土台は演習と習得だ。映像講義一回分が終わると、学生は小テストを受けなければならない。答えは自動的に採点され、成績がすぐに出る。調査によれば、このような小テストは生徒の集中力を切らさない方法として有効だ。講座が、耐え忍ばなくてはならない苦行ではなく知的ゲームになる。講義のあとには宿題が出て、毎週成績がつく。採点に人間の手と目が必要な場合は、ピアトゥピア形式で学生どうしが採点するので、学生は互いの成績に対して責任を負うようになる。

クラスメイトの成績を判定することで学ぶという考え方は、オンライン学習コミュニティで優勢になった。学生どうしの採点の正確性を教授による採点の正確性と比べて評価するために、プリンストン大学教授でコーセラのオンライン大学で社会学概論を教えているミッチェル・ドゥナイアーがある実験をした。ティーチング・アシスタントといっしょに何千という中間試験と期末試験の採点を行ない、自分たちがつけた点数を学生どうしの採点と比較したところ、相関係数は〇・八八だった。ピアトゥピアの採点の平均点は二四点満点で一六・九四点だったのに対し、教授らによる採点の平均点は一五・六四で、非常に近かった[11]。

最後の第三の土台は、政治観の違いや地理的な垣根を超えたバーチャルな学習グループと現実の学習グループの形成だ。これによって学習過程は、学生たちが教員に教わるばかりでなく、互いに教え合うグローバルな教室になる。エデックスに参加している大学は、卒業生に、オンラインの指導者やグループ議論のリーダーのボランティアをしてもらい、学習グループを充実させる。ハーヴァード大学教授のグレゴリー・ナジは、かつての教育助手一〇人を募り、人気の高い自身の講座「古代ギリシアの英雄の概念」を基にしたMOOCの学習グループのまとめ役になってもらった[12]。修了時には、コーセラでもエデックスでも学生に修了証が授与される。

オンライン学習へのクラウドソーシングのアプローチは、コモンズにおける分散型・協働型のピアトゥピア学習経験を培うように設計されている。それは、来るべき時代に向けて学生を教育するためのものだ。二〇一三年二月までに、何百というコーセラの講座には、一九六か国の約二七〇万の学生が履修登録をしていた[13]。

二〇一二年に開校したエデックスの最初の講座の履修登録者数は一五万五〇〇〇人だった。エデックスの学長でMITのコンピューター科学・人工知能研究所前所長のアナン・アガワルは、この最初のバーチャル講座の受講者数は、MITが設立以来一五〇年間に世に送り出した卒業生の総数にほぼ匹敵すると述べた。一〇年後には一〇億人の学生を集めるというのが彼の願いだ[14]。MOOCの本格的な展開にかかわっている他の学者同様、アガワルは、これは今後世界を席巻する教育革命の序の口にすぎないと思っている。彼は次のように主張する。

これは今後二〇〇年で教育に起こる最大のイノベーションだ。……教育を根底から作り直し……大学を変革し、グローバルな規模で教育を大衆化する[15]。

このバーチャルな学習体験は、従来の現実の教室に湧き起こる知性の熱気と比べた場合、どうなのだろうか？「ガーディアン」紙記者のキャロル・キャドワラダーは、MOOCの記事を書くために下調べをしていたときの自らの経験について語っている。彼女は世界各地の三万六〇〇〇人のバーチャルなクラスメイトとともに、コーセラが提供している「遺伝・進化概論」という講座に登録した。ビデオの講義にはそれほど興味をそそられなかったという。「息を呑む瞬間」は、講義について意見を交わすオンライン・フォーラムに参加したときに訪れた。そのときの様子を彼女は次のように語っている。

書き込みの多さには肝を潰す。優性突然変異と組み換えについて質問し、答える学生が何千といる。学習グループが自然にできていた。コロンビアに一つ、ブラジルに一つ、ロシアに一つ。スカイプのものも一つあったし、実際に顔を合わせる学習グループさえいくつかあった。しかも、みんな本当に勤勉なのだ！

キャドワラダーはこう言う。「もしあなたが漠然と幻滅している教員なら、あるいはそういう教員を知っているなら、ぜひコーセラへ。学びたくてしかたがないという人が集まっているから[16]」

MOOCに対する学生の熱狂は高まっているが、教育者側は、受講を終えて試験に合格する学生の数が、現実の教室で授業を受ける学生よりも大幅に少ないことが多いのに気づいている。最近のある調査では、従来の教室で受講する学生が講座を途中でやめたり単位を落としたりする割合が一九パーセントであるのに対し、オンライン講座では三二パーセントだった。教育者は、修了率が低い理由を具体的に挙げている。まずは孤独感だ。教室で他の学生といっしょにいれば連帯感が生まれ、落ちこぼれまいという気になる。学生は互いに助け合って講座のテーマに取り組むだけでなく、積極的に関与し続けるよう励まし合いもする。MOOCの学生の大半がオンラインの講義を視聴するのが午前零時から二時だという調査結果も複数ある。疲れていて授業に集中しにくい時間帯だ。また、自宅で学ぶＭＯＯＣの学生は、すぐに気が散ってしまい、キッチンにスナックを取りに行ったり、家の中のもっと楽しいものに目を向けたりして、コンピューター画面の前からいなくなってしまいがちだ。

ＭＯＯＣに参加している大学は、孤立感の解消策として「ブレンド型授業」なるものを提供し始めた。オンラインで履修している学生が、他の学生や教員とともに、実際の教室のプロジェクトにも参加するのだ。ＭＯＯＣにキャンパスでの授業を少数回加えてカスタマイズすると、学生は成績が格段に向上することが、新しい調査で判明した。

オンライン学習で意欲が湧かない理由としては、当初ＭＯＯＣが「修了証」と成績通知しか出さなかったことも挙げられるが、二〇一三年からは単位も付与するようになった。コーセラは、アメリカ最大級の公立大学群のうち一〇と提携して、無料のオンライン講座でも単位を付与し、オンライン教育を公立大学に通う一二五万人超の学生も利用できるようにした。参加大学のなかには、単位を取得する必須条件として、キャンパスで試験監督が監視する試験を受けることを義務づけている所もある。参加大学の教員にも、実際の教室での講義を加えてＭＯＯＣをカスタマイズする選択肢が与えられている。講座を首尾良く修了した場合の単位の付与は、成績の向上と講座修了率の上昇の重要な要因となっている。

スタンフォード大学の講座をオンラインで公開する初期費用は、約一万ドルから一万五〇〇〇ドルだ。ビデオ講義がつくと、その倍ほど費用がかかりうる。だが、その講座を学生に配信するのにかかる限界費用は、インターネット回線の費用だけで、ほぼ無料だ（限界費用は一人当たり三〜七ドルで、これはスターバックスでコーヒーのラージとクッキー一枚を注文したときの値段とあまり変わらない[17]）。

では、オンライン大学はＭＯＯＣの固定費をどうやって支払うのか？　参加大学は、コーセラのプラットフォームを使う費用として学生一人当たり約八ドル、学生の受講費用として学生一人当たり三〇〜六〇ドルをコーセラに支払う。全体としてみれば、ただ同然だ[18]。一方、典型的な公立大学であるメリーランド大学では、講座一つにつき、州内の学生は約八七〇ドル、州外の学生は約三〇〇〇ドル払う[19]。興味深いことに、MOOCの学生は、講座を取り、試験に合格したことを確証するためにほんの少額でも支払いを義務づけられると、講座を修了する率がずっと高くなることがわかっている[20]。MOOCの大学コンソーシアムは、有料の「プレミアム・サービス」の提供も計画している。「企業の採用部門から料金を徴収し、成績上位の学生へのアクセスを許す」ことさえ論じられている[21]。

世界の一流大学は、自らが抱える「ロックスター」級の人気を誇る教員が、MOOCのおかげで世界中でアクセス可能になって知名度が上がれば、最も優秀な学生たちを呼び込めるだろうと考えて、大胆な賭けに出ている。ビジネスの世界で企業がやっているのと同じように、こうした大学は無数の学生に講座をオンラインで無料公開し、それらの学生のごく一部（といっても相当の人数）をキャンパスに囲い込んで利益を得ることを願っている。知の贈り物をただで与えたなら、通常であればこのような教育を受けられないオンラインの学生を大勢支援することになるのと同時に、実際のキャンパスでの授業を維持するのに必要な一定数の優秀な学生を確保できるという理屈だ。

従来型の教室の衰退

世界で最高の教育が、限界費用がほぼゼロになり、オンラインでほぼ無料で配信できるというとき、問題は、MOOCがごく少額の料金で行なった単位認定を、正式に認証されている大学が受け容れ、

MOOCの学生が正規の大学教育を受けたことを認めるのを妨げるものがあるとすれば、それは何か、だ。雇用主は最初のうち、MOOCの単位を認めるのには及び腰になるだろうが、大学が次々と参加すれば、彼らの疑念はおそらく払拭される。それどころか、世界でも指折りの教授陣が教えているMOOCを修了して取得した単位のほうを、二流の大学でそれほど有名でもない教授陣が教える講座に出席して得た従来型の単位よりも、雇用主は好意的に見るかもしれない。

ワシントンに本拠を置くシンクタンク「エデュケーション・セクター」の政策担当ディレクター、ケヴィン・ケアリー〔現在はニューアメリカ財団に在籍〕は、大学教職員向けの専門紙「クロニクル・オブ・ハイヤー・エデュケーション」に寄せた小論で、大学が直面しているジレンマの核心を衝いている。

これはすべて、高等教育の経済が崩壊し、限界費用を中心に再構築される世界の方向を指している。MOOCに登録する一〇万人目の学生に教育を提供するコストは基本的にはゼロであり、したがって受講料もゼロだ。オープンソースの教科書など無料のオンラインリソースが、補助教材の価格をも限りなくゼロに近い線まで押し下げる[22]。

ケアリーがここで述べていることは明白そのものだ。オンラインで教える限界費用がほぼゼロに下がり、講座がほぼ無料になると、一流大学が何億もの学生に無料で教育を提供することによって、ロングテール〔ここでは低額のオンライン受講料でもそれなりの収入を得られること〕からどれだけ「限界価値」〔追加一ユニットの価値〕を得られるにせよ、その額は、従来型の高等教育体制全体の収入の減少に比べれば、微々たるものでしかない。お金で買える最高の教育がオンラインで無料になる世界で、従来の中央集中化された現実の教室での教育がこのまま生き延びられると、本気で信じている学者や社会的起業家などいるのだろうか？

もちろん、従来型の大学が消滅するわけではない。ただ、MOOCの猛攻にさらされ、それらの使命が根本的に変わり、役割分担が減るというだけのことだ。現在、大学の管理者と教員は、世界で一流のオンライン講座を開講すれば、収入を生み出す昔ながらの教育に学生が集まるという希望にしがみついている。彼らはまだ気づいていないのだが、じつは自らが創造しつつあるグローバルなバーチャル・コモンズでは、教育の限界費用はほぼゼロであり、今後はこれがしだいに高等教育の新しい学習パラダイムになり、現実の教室での学習は、いずれはもっと限られ、ごく小さい補助的な役割しか果たさなくなるだろう。

それならなぜ、これほど多くの大学が必死でオンライン講座の開講計画を進めようとしているのか？　第一に、彼らを擁護するなら、ここには高邁な理想がたっぷり込められている。すべての人間に世界中の知識を授けることは教育者の長年の夢だった。その手段が得られた以上、多くの学者にしてみれば、そうしないのは倫理にもとることになる。だが、第二に、自分たちが手を染めることを頑として拒めば、他の大学がどっと参入するのを承知しているからだ（実際にもう参入している）。新しいテクノロジーによって限界費用がほぼゼロの社会とほぼ無料の財とサービスが可能になりつつある、他の非常に多くの部門で同じ立場にある者たちと同様、彼らも悟ったのだ――ネットワーク化された協働型コモンズで人類の幸福を最大にするという論理の説得力があまりに強いために、それを締め出したりそれに背を向けたりするのは不可能だ、と。従来型の大学は学習に対するMOOCのアプローチをしだいに受け容れ、台頭してくる協働型コモンズに居場所を見つけざるをえないだろう。

第8章 最後の労働者

通信やエネルギー、製造、高等教育の限界費用をほぼゼロに向かわせているITとインターネット・テクノロジーは、人間の労働の分野に対しても同じ作用を及ぼしている。二一世紀前半には、ビッグデータ、高度な分析手法、アルゴリズム、人工知能（AI）、ロボット工学が、各種製造業、サービス業、知識・娯楽部門の全般で人間の労働に取って代わり、市場経済における仕事から何億もの労働者を解放する見込みが、強い現実味を帯びてきている。

失業の真因

一九九五年、私は『大失業時代』という本を出し、「ソフトウェア・テクノロジーがさらに進化して、文明は労働者をほぼ必要としない世界にいっそう近づく[1]」と予測した。「エコノミスト」誌は労働の終焉について特集を組み、編集者たちは、私の予測が当たるかどうかは予断を許さないと述べた。ITによる自動化で、経済の事実上どの部門でもテクノロジーが原因の人員削減が起こるという一九九五年の私の予測は、その後不穏な現実と化し、世界中のどの国でも厖大な数の失業者や不完全雇用者〔希望に反して自らの能力以下の職やパートタイムの職にしか就けない人〕が生まれた。どちらかといえば、私の予測は少々控えめ過ぎたほどだ。

二〇一三年、アメリカでは成人二一九〇万人が失業、不完全雇用、あるいはもはや公式な労働の統計には含まれない就業意欲喪失のいずれかに該当している[2]。世界全体で見ると、二〇一一年には成人労働者の二五パーセントが失業、不完全雇用、あるいは就業意欲喪失でもはや求職していない状態だった[3]。国際労働機関は、二〇一三年に就業していない人は二億二〇〇〇万人を超えるだろうという報告を出している[4]。

失業には多くの理由があるが、エコノミストはテクノロジーが原因の人員削減が最大の要因であることを、今ようやく悟りつつある。なかでも「エコノミスト」誌は、私が前述の本を出した一六年後に再び労働の終焉問題を取り上げ、「機械が労働を担えるほど賢くなったら……どうなるだろう？つまり、資本が労働になったら？[5]」と問うた。同誌の論説にはこうあった。

これこそまさに、社会批評家のジェレミー・リフキンが一九九五年に出版した『大失業時代』の主旨だ。……リフキン氏は未来を占うように、社会は新しい局面に入りつつあると論じた――消費される財とサービスをすべて生産するのに必要な労働者は減少の一途をたどる局面に、と。……そのプロセスがすでに始まったことは明らかだ[6]。

私に未来を見通す超能力があったわけではない。兆しはここかしこに現れていたが、経済が成長している時代にあって、エコノミストはたいてい従来の経済理論への愛着があまりに強かったので、供給が需要を生み、新しいテクノロジーは破壊的ではあるもののコストを下げ、消費を刺激し、増産を促し、イノベーションを拡大し、新種の職を生む可能性を拡げると信じて疑わず、私の警告などほとんど聞き流していたのだ。だが、ようやく彼らも耳を傾けるようになってきた。

今世紀初頭の大景気後退《グレート・リセッション》のときにエコノミストたちも気づいたのだが、無数の職が取り返しのつかない形で失われる一方、世界各地で生産性は記録を破り続け、生産量は加速度的に増加していた――ただし、以前より少ない数の労働者で。アメリカの製造部門がその典型だ。すでに大景気後退の前から、次々と発表される統計にエコノミストたちは当惑していた。一九九七年から二〇〇五年にかけて、アメリカ国内の製造業の生産高は六割増えたが、ほぼその時期に重なる二〇〇〇年から二〇〇八年の間に、製造業の職が三九〇万人分消し去られたのだ。エコノミストたちはこのパラドックスの理由として、一九九三年から二〇〇五年にかけて生産性が三割という劇的な向上を見せたことを挙げ、製造業者はより少ない労働力でより多くを生産できたと考えた。これほど生産性が上昇したのは、「工場の現場でロボット工学といった新しいテクノロジーを採り入れ、コンピューターやソフトウェアを導入したからであり……［その結果］製品の品質は上がり、価格は下がったが、解雇も常態化した[7]」。二〇〇七年には、二〇年前と比較して、製造業者によるコンピューターやソフトウェアなどの利用は六倍以上になるとともに、業者が労働者の一時間当たりの労働に費やす資本は倍増した[8]。

二〇〇八年から二〇一二年にかけて、大景気後退が原因で大量の失業者が発生するなか、産業界は次々に新しいソフトウェアを導入し、イノベーションを重ね、生産性を上げ、人件費を減らして利益を出し続けた。この努力の効果は驚異的だった。ミシガン大学経済学教授で、ワシントンに本拠を置く保守派シンクタンクのアメリカン・エンタープライズ研究所の客員研究員マーク・J・ペリーがある試算を行なった。ペリーによれば、二〇一二年末には、アメリカ経済は二〇〇七年から二〇〇九年にかけての不況を完全に脱し、総国内生産高は一三兆六〇〇〇億ドル（二〇〇五年のドル換算）だったという。これは、GDPが一三兆三二〇〇億ドルだった大景気後退直前の二〇〇七年の実質生産高と比べると、二・二パーセント増、二九〇〇億ドルの増加となる。たしかに二〇〇七年と比べ、二〇一二年には実質生産高が二・二パーセント増加したが、この財とサービスの増加は、二〇〇七年よりも三八四万人少ないわずか一億四二四〇万人で成し遂げられたことをペリーは指摘する。「大景気後退がきっかけで、企業が下層労働者を切り捨て、『少ない資源（労働者）で多くの成果を挙げる』術を学んだため、生産性と効率が大幅に向上した[9]」とペリーは結論を下した。

ペリーも他の専門家も、今ようやく、生産性の向上と労働者の減少の穏やかならぬ関係を見出しつつある。繰り返しになるが、エコノミストは生産性の向上が雇用の増加の原動力だとずっと信じてきたからだ。ところが、この二つは相関していないという証拠は五〇年以上にわたって積み重なってきていたのだ。

労働の終焉

矛盾の最初の兆しは、一九六〇年代前期のIT革命の黎明期に浮上した。工場の現場へのコンピューター導入だ。これは「コンピューター数値制御（CNC）テクノロジー」と呼ばれた。数値制御を用い、コンピューター・プログラムが、金属を巻いたり、旋盤にかけたり、溶接したり、ボルトで締めたり、塗装したりする方法についての指示を記憶する。また、部品を生産する方法を機械に指示したり、現場のロボットに指図して、部品を成形したり組み立てたりさせる。数値制御はたちまち、「ヘンリー・フォードが動く組立ラインの概念を導入して以来、おそらく最も重要な製造テクノロジーの進歩[10]」と見なされるようになった。

コンピューター数値制御は、生産性を飛躍的に向上させた。そしてそれは、ごく少数の専門職と技術職の人々によってプログラムされ管理される、コンピューター化されたテクノロジーに、労働者が着実に取って代わられる長い歴史の第一段階だった。シカゴの経営コンサルティング企業コックス・アンド・コックスは、労働者の代わりにコンピューターとITを使用する重要性を評価し、数値制御された工作機械の登場とともに、「マネジメント革命が到来した。……人間のマネジメントではなく、機械のマネジメントをする時代になった[11]」と宣言した。コンサルティング企業アーサー・D・リトルのアラン・スミスはもう少し率直かつあからさまで、コンピューター数値制御工作機械は、経営陣が「労働者から解放[12]」されたことの証だと言い切った。

そこから五〇年後に早送りしよう。現代では、高度に工業化された国々でも発展途上国でも、コンピューター・プログラムが稼働させるほぼ無人の工場がしだいに標準となってきている。鉄鋼業が格好の例だ。自動車産業など、ブルーカラー雇用の柱だった第二次産業革命の他の主要製造業と同様、鉄鋼業でも改革が進められており、工場の現場労働者が急速に排除されている。コンピューター化されたプログラムとロボット工学によって、鉄鋼業界はここ数十年で労働力を大幅に削減できた。アメリカでは、一九八二年から二〇〇二年の間に、鉄鋼生産量は七五〇〇万トンから一億二〇〇〇万トンに増加したものの、製鋼業に従事する労働者は二八万九〇〇〇人から七万四〇〇〇人へと減少した[13]。

アメリカとヨーロッパの政治家も一般大衆も、ブルーカラーが失業したのは、中国のように人件費が安い国に製造を移管したからだと非難した。ところが事態はもっと深刻だった。一九九五年から二〇〇二年にかけて、世界全体の生産量は三割以上増えたにもかかわらず、グローバル経済で製造業の雇用が二二〇〇万人分も消失したのだ。アメリカでは自動化により、製造業の雇用が一一パーセント減った。中国でさえ、ＩＴとロボット工学によって生産性を向上させつつ、一六〇〇万もの工場労働者を解雇し、より少ない労働者でより多くの製品をより安く生産できるようになった[14]。

中国に持っている自社生産施設の安価な労働力に長年依存してきた製造業者は、中国の労働力よりも安価で効率の良い高度なロボット工学を利用できる自国に製造を戻している。電機大手フィリップス社のオランダの新しいコンピューター制御工場では、数人いる監督者が負傷しないよう、ガラス張りのケースで隔てられた一二八台のロボットアームが猛烈なペースで稼働している。ロボット化されたフィリップスのオランダの工場は、中国の工場と比べると一〇分の一の人員で、同じ量のエレクトロニクス製品を生産する[15]。

取り残されてはなるまいとばかりに、中国の大手製造業者の多くも、安価な労働者から、さらに安価なロボットへと急速に切り替えている。ｉＰｈｏｎｅを中国で生産している大手メイカーグループのフォックスコンは、今後数年間でロボットを一〇〇万台設置し、労働力を大幅に削減する計画だ。世界全体で一〇〇万人以上の従業員を抱えるフォックスコンのＣＥＯ郭台銘《かくたいめい》は、自分は一〇〇万台のロボットのほうが好ましいと冗談交じりに語った。「人間も動物である以上、一〇〇万の動物を管理するのは悩みの種だ[16]」

ロボットの労働力は世界中で増加している。二〇一一年、アメリカと欧州連合（ＥＵ）におけるロボットの売上は四三パーセント増で、製造部門は生産のほぼ無人化（業界の通称「完全自動」生産）にますます近づいている[17]。中国、インド、メキシコなどの新興国は、世界で最も安価な労働者でさえ、それに取って代わるＩＴ、ロボット工学、ＡＩほど安価ではないし、効率も生産性も劣ることを急速に思い知らされつつある。

かつてはあまりに複雑で自動化できないと思われていた類の製造業も、コンピューター化の餌食になっている。繊維業界は最初に工業化した部門だ。蒸気を動力源とするテクノロジーや、後の電化や電動機械の登場で生産性が向上したが、かつては人間の労働を必要とした作業のしだいに多くを引き受け始めている。コンピューター化、ロボット工学が、衣類製造の大半は手作業だった。ところが、新しいIT、コンピューター支援設計（CAD）は、衣類のデザインに必要な時間を週単位から分単位に縮めた。乾燥と仕上げも昔は人間がやっていたが、今はコンピューターが請け負っている。衣類の保管、取り扱い、梱包、発送のコンピューター化も効率と生産性を大いに向上させた。

衣類の製造そのものも、コンピューター化されたプログラムの力を借りて、昔より少ない人数で行なわれている。五〇年前には、織工一人で織機を五台扱い、それぞれの織機が一分間に一〇〇回、糸を通していた。今では、織機はその六倍の速さで稼働し、織工一人で一〇〇台の織機を監督する。一人当たりの生産量は一二〇倍だ[18]。

そして今、アメリカ国防総省の下部組織でインターネットを発明した国防高等研究計画局（DARPA）は、繊維業界のイノベーションの究極目標と長年考えられていた縫製過程そのものの自動化に注目している。軍の被服費予算は年間四〇億ドルにのぼるので、国防総省は軍服を生産する際の人件費を削減して直接労働のコストをほぼゼロにしようと躍起になっており、ソフトウェア・オートメーション社に補助金を交付し、衣類製造の最後の手作業として残っているこの繊細な作業を、コンピューターで動かすロボットにやらせて完全に自動化するプロジェクトを進めさせている。うまくゆけば、この新しい自動システムは、軍服を生産している請負業者が雇用する労働者を五万人近く削減することになる。しかも、労働の限界費用をほぼゼロに抑えられそうだ[19]。

長年、自動化は莫大な初期費用を要し、最大手の製造企業以外には高嶺の花だった。ところが近年、コストが劇的に下がり、中小の製造業者でも人件費を減らしながら同時に生産性をかなり上げられるようになった。ウェブ・ホイール・プロダクツ社はトラックのブレーキ部品を生産しているアメリカ企業だ。同社のいちばんの新入りはロボットの斗山《ドウサン》V550Mで、このロボットは、わずか三年で年間三〇万個も多くドラムを生産するまでになった。生産高にして二五パーセント増で、しかも、工場の労働者を一人も増やさずにそれを成し遂げた[20]。

製造部門で、テクノロジーが原因の人員削減が現在の割合で続くと(業界アナリストは加速する一方だと見ている)、二〇〇三年には一億六三〇〇万人いた工場労働者は、二〇四〇年にはわずか数百万人にまで減り、世界全体で工場での大量雇用が終焉を迎えることになるだろう[21]。ロボットを生産したり、生産フローを管理する新しいソフトウェア・アプリケーションを開発したり、プログラムとシステムの維持管理やアップグレードをしたりする人間の労働は多少必要だが、インテリジェント・テクノロジーが自らを再プログラミングする能力を増強するにつれ、そうした専門職や技術職さえもが削減される。初期費用を別にすれば、ある財を一ユニット追加で自動生産する労働の限界費用は日々ゼロに近づいている。

ロジスティクスは繊維同様、そのプロセスの大半を自動化できた部門だが、品物を受け取りに行ったり、配達したりするのに依然として人間の労働に大いに依存していた。ところが、労働の限界費用がほぼゼロで電子メールを世界中に瞬時に送れるようになったため、どこの国でも郵便事業は弱り果てている。ほんの一〇年前まで、七〇万を超える従業員を擁する国内最大の企業だったアメリカ合衆国郵政公社は、二〇一三年の従業員数が五〇万を切った。同社は、かつては世界最先端とまで言われた自動仕分け・処理のシステムを誇っていたが、郵便から電子メールへの移行が進み、そのシステムも今や消滅寸前に追い込まれている[22]。

自動化された機械やシステムがロジスティクス業界全体で人間に取って代わりつつある。インターネット通信販売企業であるとともにロジスティクス企業でもあるアマゾンは、労働の限界費用をできるだけほぼゼロに近づけることを目標とし、自社倉庫に自律走行型無人搬送車、自動ロボット、自動倉庫システムを追加して、効率が劣る手作業をロジスティクスのバリューチェーンのあらゆる段階で取り除いている。

今やその目標達成は、自動運転車の導入に伴って視野に入ってきた。人間が運転する車両をなくし、スマート道路を走る自動運転車がそれに取って代わるという見通しは、かつてはSFの中だけの話だったが、実現する日は近い。現在、トラックの運転手はアメリカだけで二七〇万人以上いる[23]。二〇四〇年までには、労働の限界費用がほぼゼロで稼働する自動運転車のおかげで、アメリカのトラック運転手の大半が姿を消しかねない(自動運転車については第13章で詳しく論じる)。

自動化、ロボット工学、AIは、製造部門やロジスティクス部門だけでなく、ホワイトカラー業界やサービス業界でも急速に労働力を削減している。自動化が労働の限界費用をほぼゼロに押し下げたために、秘書、文書整理係、電話交換手、旅行代理店、銀行の窓口係、レジ係、その他多くのホワイトカラーのサービス業務が、過去二五年間で激減した。

事務管理部門の雇用のコンサルティングを行なうハケット・グループの推定では、アメリカとEUで、大景気後退が起こって以来失われた職のうち二〇〇万は、人事、財務、IT、購買部門で、その半分以上が自動化に伴う、テクノロジーが原因の削減だったという[24]。

自動化は、アメリカ人一〇人につき一人を雇用している小売部門にも深く食い込んできている。事務管理部門、倉庫関連業務、配送業務は確実に自動化の候補にされたが、小売業界ウォッチャーは、さすがに販売員の首切りはないだろうと長年思い込んでいた。顧客との関係は非常に社会的なものだからだ。だが考えが甘かった。

自動販売機とキオスクでは、今や水着、iPod、さらには金貨まで売っている。二〇一〇年、セルフサービスの機械による商取引の売上高は七四〇〇億ドルだった。業界ウォッチャーは、この数値は二〇一四年には一兆一〇〇〇億ドルに跳ね上がると見込んでいる[25]。

ウォルマートはすでにセルフチェックアウト端末を導入しており、二〇一三年末までに一二〇〇店以上でさらに一万台の端末を設置する予定だ。この巨大スーパーマーケット・チェーンは、コロラド州デンヴァー地域の四〇店でスキャン＆ゴーというセルフチェックアウト・システムも拡大している。買い物客は棚から取った商品のバーコードをiPhoneのアプリでスキャンして、ショッピングカートに入れる。買い物を終えたら、「終了」ボタンを押すとアプリがその買い物にだけ有効なQRコードを発行する。セルフチェックアウト端末がiPhoneのQRコードを読み取り、買った商品の値段を合計し、顧客に支払い方法を選ぶように求める[26]。

実店舗で営業している小売業者は、人件費を削減するべく業務を自動化する努力を続けているにもかかわらず、労働の限界費用がほぼゼロに近づいているオンラインの小売業者に押しまくられる一方だ。実店舗で営業している小売業者の売上は、好調とまではゆかないまでも、表面上は堅調そのものに見える。これらの業者の売上は、二〇一一年の小売全体の売上の九二パーセントを占め、オンライン小売業者の売上はわずか八パーセントだった[27]。だが、もう少し深く覗いてみると、成長率では不吉な前兆が出始めている。アメリカ小売業協会によれば、実店舗で営業する小売業者は年間成長率がわずか二・八パーセントなのに対し、オンライン小売業者の年間成長率は一五パーセントで、固定費が大きく人件費も多くかかる従来型の小売業者が、労働の限界費用がはるかに少ないオンラインの業者といつまで闘えるかという疑問が生じる[28]。犠牲者のリストは、すでに長くなり始めている。書店のボーダーズと、家電製品のディスカウントショップのサーキット・シティは、かつてどちらも実店舗で営業する大手企業だったが、すでに、労働の限界費用の低いオンライン小売業の餌食となった。二〇二〇年までにはインターネットの小売店舗数が倍増することが見込まれており、利益率が下落しているせいですでに青息吐息の実店舗小売業者は、オンライン小売業者にいずれ屈するだろう[29]。

実店舗で営業する小売業者は苦境に追い込まれている。心ならずも自らの店舗を無料のショールームにされてしまっているからだ。顧客はそこで服や製品を見て手に取ったあげく、オンラインで購入する。価格が比較できるiPhoneのアプリで店舗にある商品をスキャンすると、その場でオンラインでの価格と比較できる。すると、アマゾンや他のオンライン店舗のほうが安いことは請け合いで、おまけに配送料無料のことも多い。

実店舗型の小売業者のなかには、「試着だけの客《フィットリフター》」、すなわち彼らの店で服や靴のサイズ合わせだけして、それからオンラインで注文する輩と闘っている人もいる。実店舗を試着の場に利用して実際の商品はオンラインで買う、「ショールーミング」という習慣に憤っている小売業者は増えている。ヴァージニア州のサクソン・シューズのオーナーで、アメリカ靴小売業協会の役員でもあるゲイリー・ワイナーも、彼らの怒りはもっともだと思っている。ワイナーによれば、子供が店に来てこう言い放つのが珍しくないそうだ。「ママが、店に行って自分でサイズを合わせておいでって言うの。そうすればインターネットで買えるからって[30]」。試着だけの客を減らすため、「試着料」を取る店もちらほら出てきた。その一方、品物を眺めて試着するのに料金を取れば、顧客が二度と来店しなくなるのではと、もっともな懸念を抱く小売業者もいる[31]。

多くの小売業者はインターネット・ショッピングと折り合いをつけようと、顧客には自社のオンラインショップで注文して実店舗で商品を受け取ることを勧めている。つまり、実店舗は事実上、小型流通センターと化しているわけだ。いかんせん、こうした努力は一時凌ぎの策にしかならないだろう。

なにせ実店舗を維持するには巨額の諸経費がかかるからだ。

ベスト・バイ、ターゲット、ウォルマートなど多くの大規模小売店は、おそらくビジネスをしだいにインターネットに移すことで生き残りを図るだろう。それ以外の小売業者、とくにメイシーズ、ノードストローム、ニーマン・マーカスなどの従来型のデパートは、小売がますますインターネットに移行するにつれ、縮小するか、単に消えてしまうかのどちらかだろう。インターネットで衣料を販売する店は、すでにバーチャル試着サービスを提供している。顧客はサイズ、性別、年齢、スリーサイズを入力して自身のバーチャルモデルを作成する。マウスを使えば、試着した姿をさまざまな角度から確認することさえできる。

実店舗で営業する小売業者の大半は遠からず終焉を迎えるだろうと予測する小売業界アナリストは増える一方だ。ＺＤＮｅｔのテクノロジー担当編集者のジェイソン・パーロウは、セブン‐イレブンなどのコンビニエンス・ストア、ウォルグリーンズなどのドラッグストア、クローガーなどのスーパーマーケット・チェーン、クラブツリー＆イヴリンなど高級専門店、ウォルマートなどの一握りの大規模小売店は存続するだろうと言う。だが、実店舗で営業する小売業者の大半は縮小するだろう。幼いころからオンラインで買い物をしていた若年層が成年に達すれば、なおさらだ。

パーロウは、実店舗での小売サービスは消滅こそしないものの、「今から一〇年後には、昔の面影はどこへやら、オンライン小売業者との熾烈な競争で、最強の実店舗業者しか生き残れないだろう」と述べている[32]。

他の業界と同様、インターネットの小売業界でも、自動化で人間の労働が急速に減少している。労働の限界費用がほぼゼロへ、労働者がほぼゼロの世界へと近づいてゆくなか、どれほどひいき目に見ても、実店舗で営業する小売業界で働く四三〇万人の未来は明るくない[33]。

知識労働者でさえ不要に

二〇〇五年には、製造業とサービス業で働く人間が機械に取って代わられるという事例証拠は、もはや珍しくもなかった。自動化はすっかり浸透していた。どちらを向いても、労働者は姿を消してしまったようで、私たちは代わりにインテリジェントな機械に取り囲まれ、その機械が私たちに話しかけ、耳を傾け、指示を出し、助言し、私たちと取引を行ない、私たちをもてなし、見守るようになった。当初は労働者不在の環境というのは面白おかしいことも多かったが、ときには苛立ちのもととなり、不気味でさえあった。ところが今やごく当たり前の光景だ。とはいえ、『機械との競争』、『トンネルの中の光――オートメーション、加速するテクノロジー、未来の経済（*The Lights in the Tunnel : Automation, Accelerating Technology and the Economy of the Future*）』、『アルゴリズムが世界を支配する』（永峯涼訳、角川EPUB選書、二〇一三年）など、不安を煽るようなタイトルの作品が続々と出版され、自動化が仕事に及ぼす影響を警告し始めたのは、二〇一〇年ごろからだった。著者たちはトークショーに出演し、労働者がいない世界がいずれ到来するという彼らのメッセージは、ソーシャルメディアで注目を浴び始め、政策立案者やシンクタンクの研究員、エコノミスト、バラク・オバマ大統領からコメントを引き出しさえした。

私たちの耳に、いずれ自動化と職の未来像についてのグローバルな政策論争となりそうな議論がかすかに聞こえ始めている。それは一つには、大景気後退に続く雇用なき景気回復のせいだ。GDPの上昇と雇用の減少が相関していないことは火を見るより明らかになりつつあり、これ以上無視し続けるのは難しい。とはいえ、この期に及んでもまだ、古典派経済理論の根底にある前提――生産性が向上すれば、それによって排除されるよりも多くの雇用が生み出される――がもはや信頼できるものではないと、前に進み出てついに認めようとする経済学者がほとんどいないことに、私は今でもいささか驚きを禁じえない。

自動化に関する一大議論が起こりそうだと私が思っている理由は、もう一つある。ビッグデータの活用における新しいイノベーションやアルゴリズムの精巧化、AIの進化が史上初めて職能の階段を一段また一段と這い上がり、自動化の攻撃とテクノロジーが原因の人員削減とは無縁だと長らく思われていた専門職にも影響を及ぼしつつあるのだ。コンピューターはパターンを認識し、仮説を立て、応答を自己プログラムし、解決策を実施したり、さらにはコミュニケーションを解釈したり、世界屈指の通訳者に肉薄する精度で、複雑なメタファーをある言語から別の言語へと即座に翻訳したりするようプログラムされるようになってきている。

進化したAIは、今や幅広い専門業種に採り入れられ、効率と生産性を上げ、人間の労働を削減している。eDiscovery《ディスカヴァリー》は、厖大な証拠開示の法律文書を下調べできるソフトウェア・プログラムで、思考パターン、論理の道筋、概念などを、ハーヴァード卒の最優秀の弁護士も顔色を失うほどの速さで探し当て、百戦錬磨の法学者も形無しの明快な分析を披露することができる。節約できる人件費の額にも、それに劣らず感心させられる。

「ニューヨーク・タイムズ」紙の記者ジョン・マーコフは、テレビ・スタジオ五か所、合衆国司法省、テレビ局CBSがかかわった、一九七八年の大型訴訟を例に引く。テレビ・スタジオ側の弁護士と弁護士補助員は、何か月もかけて六〇〇万件以上の文書全部に目を通すという、尻込みしたくなるような作業を行なった。その労働コストは二二〇万ドルだった。一方、二〇一一年一月に、カリフォルニア州パロアルトのブラックストーン・ディスカヴァリー社が、eDiscoveryを使って一五〇万件の法律文書を分析したコストは一〇万ドルに満たなかった。アメリカの化学企業の弁護士で、かつて多数の弁護士を講堂に集めては一度に何週間も続けて文書に目を通させた経験のあるビル・ハーは、こう言っている。「法曹の人員動員の視点に立つと、かつて文書を精査するのに割り当てていた多数の人間の労賃を、もはや請求できなくなったということだ［34］」。別のeDiscoveryサービス提供会社であるオートノミー社の創立者マイク・リンチの計算では、この新しい検索ソフトウェアを用いれば、弁護士一人で弁護士五〇〇人分の仕事ができ、しかも、そのほうが精度が高いという。eDiscoveryソフトウェアを使ってみて、ハーは弁護士が調査したときの精度がたった六割だったと知り、こんな愚痴をこぼした。「コイントスよりわずかにましな結果を得るために、どれだけのお金が使われてきたことか［35］」

ITとビッグデータを解読するアルゴリズムの影響力から逃れられる専門職はほとんどない。パターン認識ソフトウェアがあらゆる専門領域に浸透し始めているなかで、X線技師、会計士、中間管理職、グラフィック・デザイナー、さらにはマーケティング担当者に至るまで、ありとあらゆる知識労働者がその勢いをすでに感じている。マイク・マクレディが率いる新規企業ミュージック・エックスレイは、ビッグデータとアルゴリズムを用いてヒットしそうな曲を見つける。三年もしないうちに五〇〇〇人を超えるアーティストとレコーディング契約を結んだ同社は、高性能のソフトウェアを使用し、新しい曲の構造をこれまでレコーディングされた曲の構造と比べ、注目を集めてヒットチャート入りする可能性を評価する。無名のアーティストによる曲を発掘してヒットすることを正確に予測するという点で、同社はすでに見事な成果を挙げている。エパゴギクス社が開発した同様のソフトウェア・プログラムは、映画業界向けにシナリオを分析してヒットしそうかどうか予測する［36］。このプログラムがヒット作探しで大成功を収めたため、映画業界ではアルゴリズムによる予想を行なうのが当然になった。将来はこのような予測ツールを活用することで、高額な料金を取るマーケティング会社に依頼してフォーカスグループ〔特定の情報収集のために集められた消費者グループ〕の座談会やその他のマーケティング・リサーチを実施するのに多額の出費をする必要がなくなる。マーケティング会社の手法の精度は、クラウドソーシングを利用し、アルゴリズムによってフィルターにかけられたビッグデータを分析する手法の精度に見劣りしかねないからだ。

ビッグデータとアルゴリズムは、情報満載で、読者受けするくだけたスポーツ読み物の原稿の執筆にも使われている。アメリカ中西部の大学一〇校のスポーツ対抗試合を専門に放映するテレビ局ビッグ・テン・ネットワークは、試合直後にインターネット上に掲載する独自の記事を作成するのにアルゴリズムを利用し、人間のライターを使わなくなった[37]。

二〇一一年、AIは未来に向かって大きく飛躍した。IBMのコンピューターのワトソン（同社の元会長にちなんでそう名づけられた）が、テレビの人気クイズ番組「ジェパディ！」で七四連勝の記録保持者ケン・ジェニングズと対戦し、勝利を収めたのだ。IBMが賞金一〇〇万ドルを獲得したこの頂上決戦は、テレビの視聴者の度肝を抜いた。なにせ、彼らは番組のヒーローが「全知の」ワトソンに敗れ去るのを目の当たりにしたのだ。ワトソンは、生みの親で鼻高々のIBMによれば、「自然言語処理、機械学習、仮説生成・評価」を統合できる認知システムで、質問や問題について考え、それに応答することが可能だという[38]。

ワトソンはすでに実用に供されている。IBMのヘルスケア分析部門では、ワトソンは何百万もの患者の電子カルテと医学専門誌に収められたビッグデータを分析して、医師が迅速かつ正確な診断を下す支援をする予定だ[39]。

IBMでは、ワトソンの利用範囲をさらに拡げ、調査業界の特殊な要求や事務管理部門のビッグデータ管理業務以外にも対応することを計画している。ワトソンはパーソナル・アシスタントとして提供されており、企業が、さらには消費者までもが、タイプ入力した文章やリアルタイムの会話でワトソンとやり取りできる。ＩＢＭによれば、これはＡＩが単純な質疑応答モードを卒業して会話モードへと進んだ初のケースであり、より私的な交流や、個別の問い合わせに対してカスタマイズされた応答が可能になったという[40]。

ＡＩの専門家は、ＡＩ業界における最大の難関は言葉の壁を破ることだと言うだろう。ある言語の複雑なメタファーや表現の豊かな意味を汲み取り、話を別の言語で同時に語り直すのは、認知的作業のうちで最も難しく、人間ならではの能力なのかもしれない。私は長年、講演や会議で、そして必要とあれば社交の場でも、通訳者とかなりの時間を過ごしてきた。私が語っていることを、表面的な意味だけでなく、声の調子や抑揚、さらには表情や身振り手振りに込められた微妙なニュアンスも含めて理解し、間髪を入れずにその重層的な意味を、私の意図を反映させながら他の言語に移し替えて他者に伝える彼らの能力には、驚嘆を禁じえない。凡庸な通訳者は、ある言語から別の言語へと言葉や語句をただ文字どおりに移し替えるだけだ。彼らの通訳は機械的で、意味が取り違えられたり混乱したりする。最高の通訳者の技は芸術の域に達しており、彼らは二つの異なる認知の役割《ペルソナ》を同時に体現できる。

私は、ＡＩが世界一流の通訳者を打ち負かす日が来るという見通しに対しては長らく懐疑的だった。ところが、昨今のＡＩの進歩のおかげで、その日の到来がしだいに近づいている。ライオンブリッジ社は、オンラインの顧客サポート用に同時通訳サービスを提供する企業だ。このサービスを用いれば、消費者は、ユーザー生成コンテンツの同時通訳を介して、言語の壁を超えて話すことができる。同社の「ジオフルーエント」はプラグインのサービス型ソフトウェアで、マイクロソフト社の翻訳テクノロジーを利用しており、三九か国語間の通訳を提供している。一流の通訳者にはまだ及ばないが、ジオフルーエントは史上初めて言語の壁を破り、真の意味で共有されるグローバルな会話によって、すでにインターネットを利用している人々の三分の一を結びつける力を持ち、普遍的なコモンズと協働の時代への移行を速めている[41]。

あと一〇年ほどのうちに、ビジネスマンも労働者も旅行者もモバイルアプリを使い、オンラインや対面で、違う言葉を話す人と難なく会話ができるようになるだろう。高度な教育を受けて高い料金を取る通訳者一五万人から三〇万人ほどの大半は、レジ係や文書整理係、秘書と同じ運命をたどることになる。ＡＩがほぼゼロの労働限界費用で通訳サービスを提供し、またしても専門職の息の根を止めるからだ[42]。

ディープ・プレイの時代へ

私たちは仕事の性質における画期的変化のさなかにいる。第一次産業革命は奴隷労働と農奴労働に終止符を打った。第二次産業革命は農業と手工業労働を大幅に縮小した。第三次産業革命は製造業とサービス業の大量の賃金労働者と、知識部門の広い領域で給与制の専門職を消滅させようとしている。ＩＴ、コンピューター化、自動化、ビッグデータ、アルゴリズム、ＩｏＴ（モノのインターネット）に埋め込まれたＡＩは、多種多様な財とサービスを生産・流通させる労働の限界費用をほぼゼロに向けて急速に減じている。予想外の反動がなければ、二一世紀が進むにつれ、生産的な経済活動の大半は、高度な技能を有するごく少人数の専門家と技術者に監督されたインテリジェント・テクノロジーの「手」にしだいに委ねられてゆくだろう。

大量の賃金労働者と給与制の専門職がインテリジェント・テクノロジーにごっそり取って代わられ

るなか、資本主義体制はすでに綻びを来し始めている。エコノミストは恐ろしくて問うことができずにいるが、インテリジェント・テクノロジーがもたらす生産性の向上が人間の労働に対する需要を減らし続けると、市場資本主義はいったいどうなるのだろう？　私たちが目の当たりにしているのは、生産性と雇用の分離だ。生産性は雇用を促すどころか、今や雇用を削減している。だが資本主義市場では、資本と労働が互いに依存している以上、給料をもらって働く人が激減すれば、売り手から財やサービスを買う人もほとんどいなくなる。そのときには、いったい何が起こるのか？

まず、台頭しつつある限界費用がほぼゼロの経済は、経済プロセスというものの概念を根底から変える。所有者と労働者、売り手と買い手という古いパラダイムは崩壊し始めている。消費者は自らにとっての生産者になりつつあり、両者の区別は消えだしている。生産消費者《プロシューマー》は生産し、消費し、自らの財とサービスを協働型コモンズにおいてゼロに限りなく近づく限界費用でシェアし、従来の資本主義市場モデルの枠を超えた新しい経済生活のあり方を前面に押し出す。

次に、市場経済のあらゆる部門での仕事の自動化によって、すでに人間が労働から解放され、進化を続けるソーシャルエコノミーへと移行し始めている。市場経済時代には勤勉が重要だったが、来るべき時代には、協働型コモンズでのディープ・プレイ〔市場ではなくシビル・ソサエティで人々が才能や技能をシェアし、社会関係資本を生み出すことを意味する著者の用語〕がそれと同じぐらい重視され、社会関係資本の蓄積は、市場資本の蓄積に劣らぬほど尊ばれる。物質的な豊かさではなく、コミュニティへの愛着の深さや、従来の枠を超えたり意義を探求したりする度合いによって、人生の価値が決まるようになる。

それはしょせん夢物語で手の届かないものと思う向きもあるかもしれないが、現に何百万もの若者が今まさに旧秩序から新秩序への歩みを始めようとしている。インターネット世代は自らを労働者ではなくプレイヤーと見なし、自らの個人的特質を技能ではなく才能と捉えており、狭い仕切りに閉じ込められて割り当てられた仕事に精を出し、市場で独自の作業を行なうよりも、社会的なネットワークの中で自らの創造性を表現することを好む。従来の資本主義市場での雇用と比べると、コモンズで台頭しているソーシャルエコノミーのほうが、しだいに多くの若者に自己開発の大きな潜在的機会を提供し、密度の濃い精神的な報酬を約束する（資本主義市場経済から協働型コモンズにおけるソーシャルエコノミーへの雇用の移行は第14章で詳しく論じる）。

蒸気機関によって人間は封建時代の農奴制から解き放たれ、資本主義市場で物質的な私利を追求できるようになったとすれば、ＩｏＴによって人間は市場経済から解放され、協働型コモンズにおいて非物質的でシェアされた利益を追求できるようになった。全部とは言わないまでも、私たちの基本的な物質的要求の多くは、限界費用がほぼゼロの社会でほぼ無料で満たされるだろう。稀少性ではなく潤沢さを中心とした経済では、インテリジェント・テクノロジーが重労働の大部分を担う。今から半世紀後、私たちの孫は、私たちがかつての奴隷制や農奴制をまったく信じられない思いで振り返るのと同じように、市場経済における大量雇用の時代を顧みることだろう。生活の大半が協働型コモンズで営まれるという高度に自動化された世界に生きる私たちの子孫にしてみれば、人間の価値はほぼ絶対的に当人の財やサービスの生産高と物質的な豊かさで決まるという考え方そのものが、原始的に、いや、野蛮にさえ思え、人間の価値をひどく減じるものとしてしか捉えようがないはずだ。

第9章

生産消費者《プロシューマー》の台頭とスマート経済の構築

協働型コモンズでは、売り手と買い手に代わってプロシューマーが登場し、所有権はオープンソースのシェアにその座を譲り、所有はアクセスほど重要ではなく、市場はネットワークに取って代わられ、情報を作成したり、エネルギーを生産したり、商品を製造したり、学生に教えたりする限界費用はほぼゼロとなる。そこで肝心の問いが浮かんでくる。これらをすべて可能にする新しいＩｏＴ（モノのインターネット）インフラの資金はどうやって調達されるのだろうか？（限界費用がほぼゼロの社会がどのように統治・管理されるかについては第12章で別個に論じる）

限界費用論争

インフラへの資金調達の問題は、一九三〇年代と四〇年代にも持ち上がった。当時は「限界費用論争」と呼ばれ、エコノミストやビジネスリーダー、政府の政策立案者の間で激論が交わされた。そのころはまだ観念的な問題だったが、今日では社会が直面するきわめて重要な政治問題となっている。

私たちが限界費用がほぼゼロとなる社会を実現する資金をどのように調達するかで、おそらく二一世紀の残りの期間の経済生活、社会生活、政治生活の運営のされ方が決まるからだ。

一九三七年一二月、経済学者のハロルド・ホテリングが、計量経済学会の会長の座を退く際に、同学会の年次総会で、「課税と鉄道料金および公共料金の問題との関連における社会全般の幸福」という難解な論文を発表した。

ホテリングはまず、「社会全般の幸福が最大となるのは、あらゆるものが限界費用で販売されるときである[1]」と述べた。もちろん、企業は自社製品を限界費用で売れば、ほどなく倒産の憂き目に遭う。投資した資本を回収できないからだ。だから起業家なら誰もが、各ユニット（財やサービスの生産単位）の販売にあたって初期費用を上乗せしておく。

続いてホテリングは、誰もが利用せざるをえないために競争のない種類の財、すなわち公共財があることを指摘する。道路や橋梁、上下水道、鉄道、送電網などだ。このような公共財は一般的に、その他すべての経済活動を行なうためのインフラを構成し、巨額の資本支出を必要とする。そして、競争のない財なので自然独占になりやすい。道路、橋梁、上下水道、送電などのネットワークの競合が起これば、大いなる資源の浪費になるからだ。

これらを考え合わせると、ある疑問が浮かぶ。インフラと公共財の費用はどのように賄うべきなのか？　一般大衆は、自らが利用しているものの限界費用を支払うだけで済めば多大な恩恵を享受できるのだから、公共財を生み出すときの固定費を調達する最善策は、一般国民に課税することであるとホテリングは論じる。彼は、公共財を賄う方法としては所得税、相続税、土地評価額に対する課税が望ましいとした。競争のないインフラ開発の諸経費を政府が前もって税金で賄えば、「誰にとっても非常に好都合である[2]」と考えたのだ。

ホテリングは橋の例を引いて自らの主張を説明した。

通行料が無料の橋は、建設費は有料の橋と変わらないし、運営費は有料の橋より少ない。だが、社会は何らかの形で費用を支払わなければならないものの、橋が無料のほうが、受ける恩恵がはるかに大きくなる。無料であれば利用者が増えるからである。どれほど少額であれ通行料を課すと、回り道にはなるが安価な経路をとるために迂回して時間と金を無駄にする者や、橋を渡れなくなる者も出てくる[3]。

ホテリングは、公共財の諸経費を税金で賄うと、税の種類次第では一部の納税者にとって不利になるかもしれないし、とくに相続税や土地の評価額にかかる税の場合は富裕層に大きな負担がかかることは認めているが、社会全般の幸福の増進に比べたら、その負担は最富裕層にとっては微々たるものだと認識していた。

彼は、「発電所、浄水場、鉄道など、固定費が大きい事業においては、そのサービスと製品の価格を限界費用の水準まで下げるために」、政府の一般歳入を投じて、「固定費を賄うべきだ[4]」と結論した。当時のおもな経済学者の大半は、これこそ公共の利益の達成に向けたアプローチとして最も合理的だと確信し、ホテリングの主張に同意した。

とはいえ、すべての経済学者がホテリングの訴えに納得したわけではなかった。昔気質の自由企業支持者は、公共財――とくにインフラ――は競争がないので、この場合、追加のユニットを市場に出回らせる平均費用は、需要が長期に及ぶにつれて下がることに気づいていた。「減少する平均費用」分を勘案して課金するほうが筋が通っていると彼らは主張した。そうすれば、企業は投資を回収できるし、政府にも国民の経済生活に手を出させずに済む。

一九四六年、経済学者のロナルド・コースが議論に加わり、ホテリングが支持している社会的助成金は「生産要素の不均衡配分と所得の不均衡分配、そしておそらく、この企てが避けるよう構想されていたものと同類の損失をもたらすことになる」と論じて、ホテリングの主張に異議を唱えた[5]。

　コースは、料金は限界費用と同じであるべきだという点ではホテリングに不賛成ではなかったが、限界費用だけでなく、初期費用なども含めた全体のコストが埋め合わされるべきだと考えていた。コースは、公共財の利用者が限界費用に一定の料金を上乗せして払うという、複合的な料金体系を提案した。この方法では、（なかにはまったくそのサービスを利用しない者もいる）納税者ではなく、そのサービスの利用者が利用料金として少し多めに支払う。このような複合的な料金体系なら、限界費用も全体のコストも賄えるとコースは考えた[6]。

　限界費用論争の意味合いについてここで細部には立ち入らず、コースによって論争の流れが自由市場支持の方向に転じたと言うにとどめておく。一九四六年には社会通念は、何ものにも邪魔されない市場を支持する陣営に与《くみ》する状態に戻っていた。自然独占は民間部門の手に託され続けるべきであり、企業は先行投資分を回収するためには、公的な助成金を受ける代わりに、限界費用を上回る料金体系を設定できてしかるべきだと、自由市場の支持者は主張した。この考え方は今日でも支配的だ。ジョージ・ワシントン大学法学大学院の法学教授ジョン・ダフィは、「端的に言えば、現代の公益企業の理論家は概して、一律に限界費用に準じる料金体系という崇高な目標を追求するのに、広範に助成金を使うことを勧めない[7]」と述べている。

　現実には、政府は公共の財やサービスを生み出すインフラを助成すべきではないとか、自然独占は固定費を回収するために限界費用を上回る料金を設定できてしかるべきだとかいう議論は、多少不誠実であるどころの話ではない。政府の助成金に反対している当の自由市場主義のエコノミストの多くが、公益企業と位置づけられてほぼ独占状態を享受している民間企業が政府の税金によって最も多く助成金を受け取っている事実には、目をつぶっているからだ。

アメリカでは、連邦税による助成金全体のうち半分以上がわずか四業界に支払われている。金融、電気・ガス（供給）、電気通信、石油・ガス（採掘）・パイプラインだ。金融以外は、すべて公益企業という看板を掲げている。二〇〇八年から二〇一〇年にかけて、電気・ガス（供給）の公益企業には政府から三一〇億ドル以上、電気通信業界には三〇〇億ドル以上、石油・ガス（採掘）・パイプライン業界には二四〇億ドルが支出された[8]。

じつは、一九八〇年代に規制緩和・民営化の動きが起こる以前は、この三つの業界はほとんどの先進工業国で国が所有し、出資しており、おかげで消費者は比較的安価でサービスを享受できた。ところがアメリカでは、この業界はおおむね民間部門にとどまっていた。電気とガスの公益企業は政府の規制を受けていたものの、限界費用を上回る料金体系の設定を認められており、多額の政府助成金を受け取りながら利益を出すことができていた。

こうした助成金に加えて、政府は特許という形式で知的財産権保護さえ提供している。知的財産権は当初、発明を促進し、起業家に投資を回収させるために考案されたが、まったく違う機能を果たすようになって久しい。この権利のおかげで自然独占企業は、自らが供給する財とサービスを二重の意味で独占し、限界費用よりはるかに大きな代価を請求できるようになったのだ。

インターネットの目覚ましい台頭がなければ、こうした事実はいっさい明るみに出ることはなかっただろう。インターネットによって、情報収集の限界費用はほぼゼロになった。そして、太陽光、風力などの豊富な再生可能エネルギーを採取する限界費用の大幅な低下、「モノ」の３Ｄプリンティング、高等教育のオンライン講座が、次から次へとあとに続いた。

IoTは、経済の大部分で限界費用をほぼゼロにする可能性を秘めた史上初の汎用テクノロジー・プラットフォームだ。だからこそ、限界費用論争は人類の未来にとって非常に重要なのだ。IoTインフラ固有の新たな可能性が実現するかどうかは、誰がそのプラットフォームに出資するかによって決まるだろう。主導権争いは、世界各国の規制当局、法廷、議会、企業の役員会、シビル・ソサエティ組織、学界で、(おもに舞台裏で)とうに始まっている。現時点では、その議論のほんの一部しか一般の人々の意識に届いていない。だが、若い世代が自分にとって将来どのような経済が好ましいのかをめぐって真正面から自らと向き合うなか、そんな状況も今後数年のうちに解消しそうだ。

人々に力を

問題は、一方においては、オープンソースのアクセスとピアトゥピアの協働《コラボレーション》に慣れ親しんでいるプロシューマーが、限界費用がほぼゼロの社会を実現させる新しいインフラの可能性を最大限に引き出す資金調達モデルを見つけられるかどうか、だ。あるいは、旧態依然とした資本主義モデルと分かち難く結びついた企業が、知的財産権保護、規制政策などの法律を用いてインフラを自らに有利な形に歪め、価格をほぼゼロの限界費用よりずっと高く設定して利益が懐に流れ込むようにするかどうか、だ。

どちらの側が勝利しそうか見極めるためには、お金の流れを追うとよい。第一次・第二次産業革命では、民間資本の蓄積によって、新興の起業家層が必要不可欠なインフラの費用を負担し、それを規制する立法権、司法権、行政権も併せて支配することが可能になった。政府はインフラ整備の大部分と、そのインフラを中心として育った重要な産業に助成金を交付したが、少なくともアメリカでは、この展開を牛耳っていたのは民間資本だった。すでに述べたように、ヨーロッパなど他の地域では、政府が重要なインフラ産業の多く、とりわけ、競争のない公共財を提供する産業を所有していた。だがこれも、レーガン／サッチャー時代に、規制緩和の大型再編で公営企業が民間部門に次々と売却されるまでのことだった。公営企業の売却は、自由市場の促進という名目で三〇年近く続いた。

ところが、ＩｏＴのインフラに出資しているのは、裕福な資本家や企業株主ではなく、何億もの消費者と納税者だ。まず、ＩｏＴインフラのコミュニケーション媒体であるインターネットを見てみよう。インターネットを所有しているのは誰か？　実際の答えは、誰もが、であり、誰でもない、でもある。インターネットは、コンピューターのネットワークの相互コミュニケーションを可能にすべく取り決められた一連のプロトコル（規約）によって構成されたシステムだ。ケーブルを敷設し、有線・無線接続を提供し、最適経路選択《ルーティング》を行ない、データを蓄積する、大企業によって形成される有形のネットワーク（インターネット・バックボーン）は存在するものの、これらの企業は単なるプロバイダーや仲介役にすぎない。これとは別に、インターネット空間に存在し、コンテンツをコーディネートしているウェブ会社や非営利のウェブ団体も存在する。とはいえインターネット自体はバーチャルな公共の場で、インターネット接続料さえ払えば誰でも中に入って会話に加われる。インターネットは、人々が焦がれてやまないこの領域に、すでに二七億人を引き込んだ。そこでは、さまざまな形態のメッセージにアクセスしたり、そうしたメッセージを発信したりする限界費用はほぼゼロだ[9]。

今やインターネットが分散型の再生可能エネルギーと一体化して新しい経済パラダイムの神経系を創出しつつあるので、問題は誰がＩｏＴに資金を提供しているかに移る。発展途上にあるスマートインフラ（とくにエネルギー・インターネット）は概して、消費者が出資している。不足分は政府が支援しており、それはおもに、新たな物事を実現可能にするテクノロジーの研究開発を促進するためだ。

グリーンエネルギーの固定価格買取制度は、分散型再生可能エネルギーの利用を推進する中心的なツールとなっている。地域や地方の行政体や中央政府が一定期間（通常は一五〜二〇年間）、他のエネルギーの市場価格にプレミアムを上乗せした金額で再生可能エネルギーの買い取りを保証する制度で、風力や太陽光、地熱、バイオマス、小型水力といった再生可能エネルギーを早期に開発することを希望する人に、発電設備への投資を促し、新しいグリーン電力を送電網に送り込んでもらうことを目的としている。再生可能エネルギーを採取する人が増えると、業界の規模が拡大し、そうしたエネルギーの採取テクノロジーを刷新するために製造業者による新たな投資が促進され、効率と生産性が向上し、コストが下がる。そのどれもが、成長中の市場を刺激する。

効率と生産性が向上すると再生可能エネルギーを用いた発電コストが下がり、新しいグリーン電力の価格は従来の化石燃料や原子力による発電の市場価格に近づく。すると、行政体や政府は再生可能エネルギーの買取固定価格を下げ、最終的に旧来の電力の市場価格と完全に同じになった暁には、固定価格買取制度そのものを段階的に撤廃する。

固定価格買取制度を実施している国は六五あり、その半数以上が第三世界にある[10]。固定価格買取制度は、再生可能エネルギーへの移行を推進する強力な政策の道具であることが明らかになっている。世界の風力発電の三分の二近くと、太陽光発電の八七パーセントが、固定価格買取制度による後押しを受けたものだ[11]。

固定価格買取制度用の資金は一般に、電気利用者全員の月々の料金に少々上乗せして調達するか、もしくは税金で賄う。言い換えれば、電力会社が追加コストを消費者に転嫁し、消費者が再生可能エネルギーへの移行に資金を出すか、固定価格買取制度による政府の助成金という形で納税者が支払うかの二通りだ。固定価格買取制度導入当初の数年は、太陽光発電や風力発電の大手企業がこのプレミアムを最大限に活用していたようだ。これらの企業は、太陽光や風力によって発電する大規模な集中型のエネルギー団地を建設して利益を手にしたが、原資はすべて、何百万もの小口の電気利用者が支払っている値上げ分だった。場合によっては、電力会社は風力発電や太陽光発電の子会社も設立し、その子会社がプレミアムを上乗せした価格で親会社に電力を供給していたが、プレミアム分はすべて親会社の電力利用者によって支払われていた。つまり、親会社は何百万もの電気利用者から利益を搾り取っていたわけだ。

このような企業の「詐取」とプロシューマー（自らのグリーン電力の生産者であり消費者）になる機会の両方について一般の人々の意識が高まり、分散型再生可能エネルギーへの移行の原動力となりつつある何百万もの中小企業主や住宅所有者に資する方向へと、風向きが変わってきた。固定価格買取制度分も支払っている何百万という電気利用者のうち、しだいに多くの人が恩恵も受け始めている。彼らは自らの資本を投下し、それぞれ現地で再生可能エネルギー採取設備を設置している。先行投資はかなりの額にのぼるが、銀行や消費者信用組合から低利でグリーンエネルギー向けの融資が受けられるようになってきている。貸し手は金利が低くても喜んで融資してくれる。グリーン電力を送電網に売るときのプレミアムのおかげで、融資が返済されることはほぼ確実だからだ。

エネルギーの消費者からプロシューマーへという立場の移行は、電力が生産され、消費される方法の転換点となる。二〇世紀の石油、石炭、ガスの巨大企業は、銀行などの金融機関と頻繁に結託し、好条件の政府助成金にも助けられ、莫大な金融資本を蓄積してそれを利用し、国家の電力供給の支配権を握ることができた。だが現在は、何百万という小規模な発電者が、利用者の支払う電気料金の若干の上乗せ分が資金源となっている固定価格買取制度を利用して、自らの再生可能エネルギー革命の費用を負担している。

ヨーロッパにおけるグリーン電力への移行の先導役を務めるドイツでは、E・ON（エーオン）、RWE（エル・ヴェー・エー）、EnBW（エネルギー・バーデンヴュルテンベルク）、ヴァッテンファール・ヨーロッパといった従来の電力系公益企業大手は、二〇一一年末までに設置された再生可能エネルギー発電設備の容量のわずか七パーセントしか所有していなかった。一方、個人が「再生可能エネルギーの発電設備容量の四〇パーセント、エネルギー市場のニッチプレイヤーが一四パーセント、農民が一一パーセント、さまざまなエネルギー集約型の工業会社が九パーセント、金融機関が一一パーセントを所有していた。地方の中小公益企業と国際的な公益企業がさらに七パーセントを所有していた[12]」。ドイツの風力タービンの半分近くは、そのタービンが設置されている地方の住民によって所有されている[13]。他のEU諸国でもパターンは同じだ。消費者はプロシューマーになりつつあり、自分用のグリーン電力を生産している。

フランスのガス会社、GDF（ジェー・デー・エフ）スエズのCEOジェラール・メストラレによれば、ほんの一〇年前、ヨーロッパのエネルギー市場は地域の少数の独占企業がほぼ支配していたそうだ。だが今や「消費者の一部が生産者になったので、そういう日は二度と戻ってこない[14]」と彼は言う。ドイツに本拠を置くエネルギー企業RWEのCEOペーター・テリウムも、ヨーロッパでは発電が中央集中型から分散型になっていることを認め、電力などの公益企業は「従来の発電方法の収益力が、長期的には、昨今見慣れてきたものから著しく落ち込むことになるという事実に適応しなくてはならない[15]」と述べている。

何百万もの分散型再生可能エネルギーのマイクロ発電者が送電網用に自らグリーン電力を生産し始めたために、ヨーロッパの電力などの公益企業が崩壊の途をたどり始めると言う者が一〇年前にいたら、当時の権力者に夢物語だと一蹴されたことだろう。だが、今は違う。メストラレに言わせれば、「これは本物の革命だ[16]」。

消費者と中小事業主は、電気料金の上乗せ分や税金を払って、グリーン電力の供給を実現させるコストの大部分を負担しているだけではない。彼らはエネルギー・インターネットの構築費用の最大の負担者でもある。つい最近、合衆国政府は連邦資源回復法の資金として三四億ドルを拠出した。民間部門もそれと同等かそれを上回る額を出資し、合計七八億ドルが送電網の現代化の支援のために投入される[17]。これは大金のように思えるかもしれないが、性能が低い非効率的な送電網のせいで毎年起こる電力供給障害、電圧低下、停電によって企業と消費者が被る損失のことをしばらく考えてみるとよい。「停電や供給障害が原因で……アメリカ人は毎年少なくとも一五〇〇億ドルの損失を被っている。老若男女、一人当たり五〇〇ドルほどの損失だ[18]」

アメリカの電力供給障害の大部分は、腐りかけている木の電柱と電柱の間に古い電線が今でも空中に張られているのが原因だ。問題は、冬の吹雪、春の激しい嵐や洪水、ハリケーンなど、気候変動が原因の異常気象が増え、以前より頻繁に送電網が使用不能になり、広範囲にわたって電圧低下や停電が起こる点だ。停電は、かつてはめったにない出来事だったが、今ではアメリカの大部分で常態化している。異常気象が、老朽化して垂れ下がった電線に容赦なく打撃を与えているからで、本来なら電線はとうの昔に地下に埋設されるべきだったのだ。そのうえ、「使用された電力の一割以上が、変換効率が悪いせいで最終的に失われている[19]」。二一世紀にふさわしい、デジタル化された安全な分散型スマートグリッドを地下に敷設すれば、送電損失や停電が劇的に減り、送電効率が向上するだろう。

アメリカの電力業界の非営利シンクタンク、電力研究所（ＥＰＲＩ）が実施した調査の試算では、全国的なエネルギー・インターネットを段階的に導入する費用は、今後二〇年間で一年当たり一七〇億〜二四〇億ドル、総額にして約四七六〇億ドルだという[20]。安くはないが、よく考えれば法外に高いわけでもない。見返りを考慮に入れればなおさらだ。これは国防総省が航空母艦を二隻、新規に建造する年間予算とほぼ同額だ。あるいは、エネルギー関連で言えば、ロイヤル・ダッチ・シェルの二〇一一年度の年間売上が四七〇〇億ドルで、これは全国的なエネルギー・インターネットを二〇年かけて構築する費用におおむね相当する[21]。

ＥＰＲＩが試算した費用は、おそらく少な過ぎるだろう。スマートメーターを設置し、電線を増設して送電網を整備するにあたって、余分な機能はいっさいつけず、格安で行なうことを前提にしているからだ。他の研究では、エネルギー貯蔵、機器や装置、サーモスタットを送電網にすべて接続する作業、エネルギー・インターネット全体の何十億か所ものノードからのビッグデータ・フィードバックをＩＴ管理する費用などを含めると、二兆五〇〇〇億ドルになるとも言われている。一流のエネルギー・アナリストであるヴァーツラフ・スミルは、厖大に思われるこの額でさえ、じつはすべてではないと警告する。既存の化石燃料発電所や原子力発電所の処分費用が含まれていないからで、これらの設備をエネルギー・インターネットに置き換えるには、最低でも一兆五〇〇〇億ドルかかる[22]。

実際には、費用はおそらく一兆二〇〇〇億ドル前後に落ち着くだろう。それが三〇年程度に分散する。電力会社はエネルギー・インターネットを構築する費用の一部を、料金の値上げという形で利用者に転嫁する。それでも、値上げ分はごくわずかで十分対応できる。費用の残りの部分は、地元の行政体や州政府、連邦政府による直接支出、助成金、奨励金、手当という負担形式で吸収される。これが、第一次・第二次産業革命のコミュニケーション／エネルギー／輸送インフラの資金調達法だった。官民による投資の合わせ技だ。

ＥＰＲＩの調査では、アメリカ全土にエネルギー・インターネットが設置された場合、顧客が享受する「省エネ」効果の増加分は二兆ドル程度ということであり、インフラを敷設するための先行投資に十分見合う[23]。しかも、この二兆ドルというのは、すべての経済活動をインテリジェントでネットワーク化されたＩｏＴインフラに組み込んだ結果生じるはずの、生産性の劇的な向上をいっさい勘定に入れていない。このインフラは、ビッグデータのフィードバックと先端的な分析手法とアルゴリズムを継続的に用い、社会のありとあらゆる分野で熱力学的な効率と生産性を向上させている。先に述べたように、全体を合計したエネルギー効率が第二次産業革命では最高一四パーセントだったが、第三次産業革命では四〇パーセントへと格段に向上し、それに伴って生産性も向上するため、私たちは限界費用がほぼゼロの社会に果てしなく近づいてゆく。

現在一四か国がスマートグリッドを導入しており、そのほとんどで、エネルギー・インターネットは、利用者が支払う電力料金の値上げ分と、国民と企業が支払う税金が資金源となっている[24]。エネルギー・インターネットのために調達された資金のかなりの部分は、送電網の再編と、有形の稼働システムを構成する変電所などハードの設置に充てられる。残った資金の大半は、インテリジェントな通信テクノロジーに費やされ、このテクノロジーは、何百万もの個人プロシューマーが生産・貯蔵・シェアするグリーン電力の複雑な流れを調整することになる。

第５章で述べたように、あらゆる建物のあらゆる装置が、ＩｏＴにつながるセンサーとソフトウェアを備え、その場にいるプロシューマーとネットワーク全体にリアルタイムで電力使用情報を流すだろう。サーモスタット、洗濯機、食器洗い機、テレビ、ドライヤー、トースター、オーブン、冷蔵庫などの家電製品のそれぞれがどれほどの電力を消費しているかを、ネットワーク全体が知ることができる。継続的な情報のフィードバックにより、その場にいるプロシューマーは、自らの電気の使用方法が最適になるようプログラムでき、何百万ものエネルギー生産者は、分散型で協働型のシステムの特性を活用し、ネットワーク全体の効率が最適になるように電力をシェアできる。たとえば、これは任意性のシステムなので、何百万というエネルギー・プロシューマーが自らのノードを事前にプログラムしておき、地域に熱波が到来して冷房使用のために電力需要が跳ね上がったら、節電のためにサーモスタットが自動的に一、二度ほど温度設定を上げたり、洗濯機が自動的にすすぎ時間を短くしたりして、システムが電力需要の増加分を埋め合わせられるようにすることができる。送電網の危機を救ったプロシューマーは、次の電気料金請求額から貢献分が差し引かれる。

公益企業は、なんとしてもスマートグリッドで利益を挙げたいので、ネットワーク全体の通信を支配したがる。何百万もの建物に設置されているスマートメーターは、費用は毎月の請求額に上乗せされているために、消費者が払う羽目になるにもかかわらず、公益企業の所有のままだ。公益企業はエネルギー・インターネットの管理に不可欠な通信を滞らせ、このスマート電力システムに資金を提供している無数の企業や住宅所有者が、システムの恩恵を十分に受けられなくすることもできる。

だが、そうした企ては失敗に終わりそうだ。何十という企業が、インターネット接続型の新しいスマートなエネルギー装置を引っ提げて市場に参入しつつある。これらの装置があれば、プロシューマーは建物内のあらゆる家電製品をつなぎ、無線ネットワークを介して送電網と通信できる[25]。デイヴ・マーティンは、スマートグリッドへの無線接続を促進するアメリカの新規企業イントワイン・エネルギー社の社長だ。エネルギー・インターネットとの無線接続に信頼を寄せている人の例に漏れず、マーティンも通信に対する昔ながらの中央集中型で独占的なアプローチを回避して、分散型で開かれた、協働型かつ水平型のモデルに商機を見出している。

私たちは、専有的な「閉じた」システムに大きく依存しなくても、ブロードバンドを導入した家庭の既存のインターネット接続を活用して、ワールドワイドウェブを使えば、住宅所有者と公益企業に大きな利益が提供できると思っています[26]。

マーティンは、無線ネットワークと遠隔装置を用いてエネルギー・インターネット全体でエネルギーをプログラムし、管理し、流通させることの利点として、柔軟性、移動性、単純性、コスト削減を挙げる。彼は、スマートグリッドへの無線接続を支持する根拠を次のように説明する。

当社のシステムは、住宅所有者と公益企業の協働を強めます。その結果エネルギー利用者は、ライフスタイルに応じてエネルギー管理法をカスタマイズでき、エネルギー生産者は自分たちの専有システムを設計・配備することなく、需要管理の責務を遂行できます[27]。

無線ネットワーク装置は、自らのエネルギー生産と利用を直接支配する力を何百万もの人に与え、アメリカ全土に張り巡らされたエネルギー・インターネットでエネルギーを管理する限界費用を彼らがほぼゼロまで減らすことを可能にするだろう。

社会のインフラ全体を転換して第三次産業革命に突入させるなど、考えるだけで気が遠くなりそうだが、第一次・第二次産業革命も同じ道をたどってきた。両方とも実現までに四〇年もかからなかった。今回の転換の過程はもっと速く進むだろう。それは、インターネットのグローバルな接続性のおかげで、何十億という人々が新たなコミュニケーション／エネルギー／輸送マトリックスの構築に積極的にかかわれるようになった点に負うところが大きい。これほどの水準で関与できれば、エネルギー・インターネットと輸送インターネットは、過去二〇年間のコミュニケーション・インターネットの指数関数的成長を髣髴《ほうふつ》させる速度で水平方向に成長できる。

クリーンウェブ

若い世代の社会的起業家は、ソーシャルメディアを駆使して仲間を動員し、コミュニケーション・インターネット自体に自らが関与しているのと同程度まで、エネルギー・インターネットにかかわってもらおうとし始めたところだ。この過程で、彼らは新しいテクノロジーを創造しつつあり、それがやがて、ＩｏＴインフラに固有の熱力学的な効率と生産性の可能性を解き放つだろう。

これは「クリーンウェブ」と呼ばれ、二〇一一年にアメリカをはじめ世界各国で始まった草の根運動だ。「ＭＩＴテクノロジー・レヴュー」誌のウェブサイトで、二人の若きベンチャーキャピタリスト、スニル・ポールとニック・アレンがクリーンウェブのビジョンについてこう語っている。

> 次の狙い目は、私たちが「クリーンウェブ」と呼ぶものだと思っている。インターネットやソーシャルメディア、モバイルコミュニケーションを活用するクリーン・テクノロジーの一形態で、資源の消費の方法や、世界とのかかわり方、相互交流の仕方、経済成長を追求する方法を変える[28]。

クリーンウェブ運動は、「エネルギーＩＴ」あるいは「クリーンＩＴ」とも呼ばれ、おそらくパラダイムを瞬く間に変化させ、旧来のビジネス手法は、なぜ変化の兆しを見逃したのかと頭を抱えているビジネスリーダーたちとともに、置き去りにされるだろう――インターネット世代がアプリケーションを開発し、ソーシャルメディアを利用して音楽、動画、ニュース、情報をシェアし始めて、メディア業界と娯楽業界の大半を圧倒したときと、まさに同じように。

この変化が起こるであろう速度を理解するために、ここで一歩下がって「ザッカーバーグの法則」を見てみよう。フェイスブックの創立者マーク・ザッカーバーグにちなんで名づけられた法則だ。演算能力に関するムーアの発見や、太陽光テクノロジーに関するスワンソンの発見に似ていなくもないが、ザッカーバーグはソーシャルメディアにおける指数曲線的増加を発見した。ザッカーバーグはフェイスブックの内部で集めたデータを用い、インターネットでシェアされる情報量は年々倍増していることを示し、倍増の傾向は当面続くだろうと予想している。安価なコンピューターとモバイル機器が普及し、日々の暮らしのあらゆる瞬間がソーシャルメディア経由で簡単にシェアできるようになった。たとえば、音楽ストリーミングサービスを提供するスポティファイは、あなたが聴く音楽をすべて自動的にフェイスブックに投稿できる。サービスを開始してからの数か月で、一五億回分の「リッスン」がスポティファイや他のアプリ経由でシェアされた。アップルは「友達を探す」という機能をｉＰｈｏｎｅに追加した。アップルが個人の居場所を追跡し、その情報をネットワークで他の人々にシェアする仕組みだ[29]。エネルギー・インターネット全体で人々がグリーン電力を共同で生産し、シェアできるよう、同様のアプリが現在いくつも開発されている。

クリーンウェブ運動は、世界各地で週末に「ハッカソン」というイベントを開催している。このイベントではソフトウェア開発者、社会的起業家、環境保護活動家が一堂に会して一致団結し、何億もの人間がエネルギー・インターネットの参加者になれるアプリを開発する。優れたアプリを開発した人々には賞が与えられる。

ニューヨークのクリーンウェブ・ハッカソンでは、数百人の開発者が一五チームに分かれ、二八時間にわたって集中的に作業に取り組み、インターネット・テクノロジーを利用してグリーン電力を管理するための創意に富んだ新しいアプリをいくつも考案した。ニューヨークのハッカソンの勝者はエコノフライというグループだった。彼らのウェブサイトでは、彼らが開発したエネルギー効率の評価方法によって消費者が家電製品を比較できる。Ｗｉ‐Ｆｉ（ワイファイ）の利用可能なホットスポットのあるニューヨークの公園を探してくれるパーキファイというアプリも賞を獲得した。nycbldgs.com も入賞した。このアプリは、ニューヨーク市が作成したエネルギー・データを使って、市が管轄する建物を網羅した地図を作成し、エネルギー消費量と二酸化炭素排出量でそれらの建物を評価する。目標は、マイクロ発電所に改良できそうな建物を見つけることと、最先端の環境保全のデザインとエネルギー効率が特徴の優秀な建物を売り込むことだ[30]。

クリーンウェブ運動の背後にある発想は、ＩＴやインターネット、ソーシャルメディアを用いて考え方を同じくする仲間を集め、エネルギー効率の向上と、再生可能エネルギーの採取テクノロジーの導入における、水平型の規模の経済を生み出すというものだ。これは、エネルギー効率に関する情報収集の過程を簡素化し、再生可能エネルギー・テクノロジーへの投資を容易かつ安価にすることを意味する。

モザイク社はクリーンウェブ企業で、インターネットをベースとしたクラウドファンディングで集めた資金を使って、ソーラーパネルを屋根に設置する。面白いことに、調達した資金の大部分はソーラーパネルそのものに充てられるのではなく（パネルは安価になる一方だ）、「ソフト・コスト」を賄うために用いられる。これには潜在顧客調査、用地評価、資金調達などの費用が入る。アメリカでは、太陽光発電企業が新しい顧客を一人獲得するのに二五〇〇ドルほどかかる。ＩＴの力を借り、ソーシャルメディアを利用すれば、太陽光発電の価格を七五パーセント下げることも可能だろう。そうすれば石炭火力発電より安くなる[31]。

アメリカのクリーンウェブ運動では、連邦政府の新しい取り組みである「グリーン・ボタン」からビッグデータを入手している。グリーン・ボタンのプログラムは二〇一一年に開始され、電力などの公益企業にエネルギー消費データへの容易なアクセス方法を自発的に提供するよう促している。そうしたデータは、一般家庭や仕事場に多数のスマートメーターが設置されて、今や初めて利用可能になった。スマートメーターは、エネルギー・インターネットのインフラにおける重要なデータ収集ポイントだ。各企業の顧客はそのデータをダウンロードし、エネルギー利用を効率良く管理するのに必要な情報を得ることができる。一年もたたないうちに、自らのエネルギー利用データに即時にアクセスできる顧客の数は三一〇〇万人に膨れ上がった[32]。

オーパワー、アイトロン、ファーストフュエル、エフィシエンシー2・0、エコドッグ、ベルキン、オネスト・ビルディングズなどの企業は、利用者がグリーン・ボタンのデータを用いて、今後のエネルギーの使用法についての決定権を持てるようにする新しいアプリとウェブ・サービスの提供を目指して先を争っている[33]。

個人のエネルギー使用に関するこの豊富なデータは現在、ソーシャルメディア経由で活用されている。人々にエネルギー面のライフスタイルを変える気にさせるにあたって、金銭は重要ではない場合が多いことを示す調査がいくつもある。研究者によれば、持続可能な生き方に他者と協力して貢献したいという願望や、結束すれば力を獲得できるという思いに突き動かされ、エネルギーの使い方を変える場合のほうが多いのだという。

自らのエネルギー・データをソーシャルメディアでシェアできれば、エネルギーを管理する新たな方法についてピアトゥピアの会話を始める何よりのきっかけとなる。エネルギーを上手に利用するヒントを教え合ったり、エネルギー効率を向上させる新しいアプリを知らせ合ったり、エネルギー協同組合を結成して再生可能エネルギーの設備を安価に設置したり、もしくはただ単にエネルギーの使用の仕方を仲良く競い合うのを楽しんだりするだけでも、持続可能性を追求する活動家のグローバルなコミュニティを大いに強化できる。

フェイスブックは二〇一二年に天然資源保護協議会（NRDC）、オーパワー、公益企業一六社と協力して「ソーシャル・エネルギー・アプリ」を世に送り出した。参加者は、「グリーン・オン・フェイスブック」というエネルギー・アプリかオーパワーのウェブサイトで登録できる。このアプリは、参加者の電気料金請求書のデータを用いて、アメリカ全土の似たような家庭と比較したり、フェイスブックの友達の家庭と比較したりして、参加者の家庭の順位を示す。参加者はエネルギー効率を上げたり、エネルギー使用量を減らしたり、さまざまなグリーンエネルギーの取り組みに関心があるグループを結成したりして競い合うことができる。このソーシャル・エネルギー・アプリは、エネルギーを効率良く使用するヒントを提供し、参加者全員でエネルギーに関する助言をシェアできるプラットフォームも設けている。フェイスブックの持続可能性プログラムの責任者であるメアリー・スコット・リンは、「このアプリは省エネに社会性を持たせ、エネルギー効率を向上させた場合の利点について、現時点ではまだ起こっていない会話を生み出すのを目的としている」と語った。リンは「環境活動の社会的な側面を加えるというのが、エネルギー関係のインターネット・コミュニティを創造しようという従来の試みに欠けていた点かもしれない」と考えている[34]。

IT、インターネット、モバイルコミュニケーション、ソーシャルメディアと再生可能エネルギーを一つにまとめることで、クリーンウェブ運動は強力な組み合わせを生み出した。この新しい運動の先駆者の一人ドミニク・バサルトが、インターネット通信と再生可能エネルギーの統合の意味に触れている。「クリーンウェブは、グリーンエネルギーがムーアの法則に出合ったときに起こるもの、と考えてもらいたい」と彼は言う。「大局的な考え（*Big Think*）」というブログで彼は次のように述べている。

「社会的起業家は」かつて「クリーン・テクノロジー」と「インターネット」を二者択一の投資の提案と見なしていたが、今や、両者の利点を活かせるようになった。彼らはインターネットの未来やモバイルコミュニケーションの未来に投資しながら、同時に、太陽光発電企業に投資することも可能なのだ。シリコンヴァレーが、未熟だったコンピューターの演算能力を過去二〇年で向上させたのと同じように、クリーンウェブの規模も拡大できれば、どれほど多くの機会が得られるか考えてほしい[35]。

すべての人に無料のＷｉ‐Ｆｉを

プロシューマーが、自らのグリーンエネルギーの生産に資金を出し、自らの無線機器を用いてそのエネルギーの利用と流通を限界費用がほぼゼロで監督するという見通しは、「すべての人に無料のＷｉ‐Ｆｉを」という昨今の提言によって、現実味を帯びてきた。二〇一三年二月、アメリカの電気通信業界を監督する規制当局である連邦通信委員会（ＦＣＣ）が爆弾声明を発表した。ＦＣＣは、アメリカ全土に「スーパーＷｉ‐Ｆｉネットワーク」を構築し、誰もが無料で無線ＬＡＮを利用できるようにすることを提案したのだ。ＦＣＣの計画は、テレビ局などの放送局に使用していない周波数を政府に売り戻させて、公衆のＷｉ‐Ｆｉネットワークとして再利用できるようにするというものだ。再利用される周波数の電波は一マイル（約一・六キロメートル）以上先まで届き、壁や囲いを突き抜けられ、利用者はインターネット回線経由で携帯電話から無料で通話ができ、自宅や仕事場で無料でWi‐Fiが利用できるため、インターネット利用料金が大幅に下がる[36]。

限界費用がほぼゼロの通信を利用して限界費用がほぼゼロの再生可能エネルギーを管理すれば、IoTインフラを構築し、経済パラダイムを変革するのに必須の稼働プラットフォームを社会に提供できる。賛否の分かれるこのFCCの提案は、AT&T、T‐モバイル、インテル、ベライゾンなどアメリカの巨大電気通信企業の無線通信事業者と、それらに劣らず手強いグーグルやマイクロソフトなどのインターネット企業やIT企業を敵対させることとなった。前者は、FCCから周波数のライセンスを取得するために莫大な金額を支払っており、一七八〇億ドル規模の無線通信産業に巨額の損失が発生するリスクを抱えている[37]。一方後者は、無料のWi‐Fi接続サービスが実現すれば、「将来のIoTを構成する膨大な数の機器[38]」の導入に弾みがつくと主張する。グーグルはマンハッタンのチェルシー地区とシリコンヴァレーの一部地域で、すでに無料のWi‐Fiの提供を始めている[39]。

業界アナリストは、無料のWi‐Fiは「無線通信事業者のサービスに取って代わりうる」と予想している[40]。FCCも同意見だ。あるFCCの職員はこう言っている。「FCCは、通信事業者寄りではなく、エンドユーザー中心の方針をとりたいと思っている[41]」

FCCの提案はここ一〇年におけるテクノロジーの劇的な発展の産物だ。この発展によって、周波数帯域は稀少資源から、太陽光や風力、地熱のように無限に利用できる可能性を秘めた資源に変わった。ラジオ放送が一九二〇年代に始まった当初、至近距離にある複数の放送局が同じ周波数、もしくはごく近い周波数を使っていると、互いに放送信号を遮断したり、干渉したりということが頻繁に起こり、音声が不鮮明になった。ラジオ放送が普及して受信状態が混乱に陥ったため、一九二七年には連邦議会は無線法を成立させざるをえなくなった。このとき誕生したのが連邦無線委員会（FRC）で、どの周波数を利用可能にし、どの事業者にその使用許可を与えるかを決める組織だった[42]。その後の「一九三四年通信法」は、周波数の割り当ての権限を新設のFCCに与えた[43]。FCCは周波数帯域を管理する責務を担うこととなった。ある特定の地域のある特定の周波数を、放送局その他が独占使用することを認可するのだ。周波数帯域そのものは稀少資源と見なされ、それゆえ貴重な商業資産扱いになった。

ところが現在では、無線周波数による通信を管理する新しいテクノロジーのおかげで、周波数は稀少資源であるという概念は無効になった。この新しい現実が、放送通信の性質そのものを変えている。スマートアンテナ、ダイナミックスペクトラムアクセス、コグニティブ無線テクノロジー、メッシュネットワークといった新しいテクノロジーが登場し、周波数帯域を、以前より効果的かつ柔軟に利用することで、潤沢な資源へと拡張しつつある。これらの新テクノロジーは、送信する信号を集中させられるので、信号を特定の利用者のアンテナだけに送り、その他のアンテナとの干渉を避けられる。また、他の通信を感知したら、使われていない周波数をシェアすることも可能だ。周波数帯域をスキャンし、一時的に使用されていない帯域を探し出して利用することもできる。無線ネットワークでは、無線機器は互いに情報を調整し、並列伝送や、特定の時間スロットと周波数スロットの最適化を行なうことさえできる。

将来における無認可の周波数帯域の利用に関して電気通信情報局（NTIA）が出した二〇一〇年の報告書には、「このようなテクノロジーが利用可能になれば、無線周波数帯域の容量は指数関数的に拡大する」、それも「桁外れに[44]」としている。NTIAの報告書は、「この可能性のごく一部でも実現したら、周波数帯域不足という今日の概念は雲散霧消し、従来の認可制の周波数規制は劇的に変化しかねない[45]」と締めくくっている。

　多くの業界ウォッチャーは、新しいテクノロジーのおかげで放送電波が「じつに潤沢になるので、政府が周波数帯域へのアクセスを割り当てたり、ある業種を他の業種より優遇したりする正当な理由がなくなる[46]」と見ている。近い将来私たちが、潤沢な太陽光、風力、地熱などの無料のエネルギーをシェアすることになるのと同じように、地球上に潤沢にある無料の電波を誰もがシェアし、ほぼ無料で通信できるようになるだろう。

　Ｗｉ‐Ｆｉネットワークを介したオープンな無線通信は、従来の認可制の無線通信を瞬く間に凌駕しつつある。コムスコア〔アメリカのインターネット視聴率測定会社兼デジタル市場分析会社〕の調査によれば、「二〇一一年一二月に、アメリカではＷｉ‐Ｆｉによる接続は携帯電話のインターネット接続の四〇・三パーセント、タブレット端末のインターネット接続の九二・三パーセントを占めていた[47]」という。さらに興味深いことがある。モバイルデータのうち実際に「移動しながら」使われていたのはわずか三五パーセントで、残りのうち四〇パーセントは自宅、二五パーセントは仕事場で利用されていた[48]」ことがシスコ社の報告で明らかになったのだ。そして二〇一二年には、モバイルデータ全体のうち三三パーセントがＷｉ‐Ｆｉネットワークに転送された。シスコ社の調査によれば、二〇一七年までにその割合は四六パーセントを超えるという[49]。

　Ｗｉ‐Ｆｉネットワーク経由のオープンな無線通信の影響は、スマートグリッドの管理で最も顕著になるだろう。オープンな無線通信は、すでにスマートグリッド通信の七割以上を占めている[50]。

　無料のＷｉ‐Ｆｉネットワークによるオープンな無線通信の利用は、今後はアメリカだけでなく事実上あらゆる場所で標準となりそうだ。その恩恵はあまりに大きいので、旧来の有線通信事業者がどれほど反発しようと、オープンな無線通信を私たちが拒むとは思えない。専有的かつ中央集中型の有線通信ネットワークでコミュニケーションを行なうという概念は、二一世紀なかばに生きる若者にとっては過去の珍奇なものとなるだろう。

政府と市場を超えて

私たちは気がつくと、理解が難しい新しい現実に直面し始めている。稀少性の経済にすっかり慣れ親しんでいる私たちには、潤沢さの経済が実現可能だなどとはとうてい考えられない。だがそれは、可能なのだ。情報、再生可能エネルギー、3Dプリンティング、オンライン大学講座とまったく同じように、新しい通信テクノロジーが、放送用の周波数帯域を稀少な資源から潤沢な資源に変えつつある。とはいえ、潤沢さの経済に至る道は障害物だらけで、それが協働の時代の到来を遅らせ、悪くすれば阻みかねない。難題は、社会を新しいパラダイムへと移行させうる統治モデルを見つけることだ。それを探し求めていると、七〇年近く前にホテリングとコースを対立させた限界費用論争へと引き戻される。この二人の偉大な経済学者は、社会を統治する二つの違うモデルをめぐって口角沫《あわ》を飛ばした。ホテリングはインフラという公共財は政府が管理すべきだと熱烈に主張し、コースは市場が統治すべきだと信じて疑わなかった。

のちにノーベル経済学賞をもたらす一助となる素晴らしい業績をコースが残したのは、運命の皮肉だろうか、限界費用論争のあとだった。その業績とは、周波数帯域の民間開放に関する論文の執筆だ。周波数帯域全体を一括して売りに出し、営利企業に専有的使用権を与えて任せ、市場で取引させるべきだとコースは論じた。

コースは、政府の規制当局や官僚制度よりも市場のほうが、資源の割り当て方を決めるのにはるかに効率的な仕組みだと考えていた。今日の表現を使えば、「政府が勝者と敗者の選別に手を染めるべきではない」ということで、それは、売り手と買い手が市場にもたらすバリュー・プロポジション〔市場に対して提供できる、他者より優れている価値のこと〕に関する重大な最新情報を政府が欠いているばかりか、政府の政策立案者が特定の特別利益団体による利益誘導を受けがちだからでもある。

たいていのエコノミストはコースの言い分を認め、最終的にはFCCさえもコースの主張に同調し始め、周波数帯域をリース・オークションにかけて最高値をつけた組織に与えた[51]。周波数をリース・オークションにかけるというFCCの決定は、私利の追求と完全に無縁ではなかった。純粋に財政的な観点に立つと、政府は、貴重な周波数帯域をリース・オークションにかければ、国庫に何十億ドルもの資金が入ってくるのだから、無料で供与するよりずっと理にかなっているという理屈だった。周波数帯域のリース・オークションを行なえば、政府にとっても民間企業にとっても成功というわけだ。

ところが、双方が得をするこの協働は、周波数は稀少資源であるがゆえにきわめて貴重な商業資産だという前提に拠っていた。この前提は、新しいテクノロジーの導入によって周波数帯域が稀少な資源から潤沢な資源へと変わったために、一九九〇年代後期に崩れ始めた。周波数は無尽蔵の資源ではないにせよ、まだ使われていない容量が残っている再生可能な資源であることに間違いはなく、これを利用するコストはほぼゼロまで下がりうるとエンジニアたちは主張した。

社会批評家や少数ではあるが影響力のあるエコノミストたちは、潤沢な周波数帯域が大きな機会をもたらしうるという考え方に飛びつき、この問題を社会的な枠組みで捉えだし、何百万もの人に限界費用がほぼゼロで互いに通信する能力を与えないのは、言論の自由の権利を認めないのに等しいと主張した。なにしろ、現在アメリカや世界各国で行なわれている通信の大部分は、電子メール、スマートフォン、タブレット経由なのだ。協働の時代には、フェイスブックやツイッターなどのソーシャルメディアはなくてはならない手段であり、通信手段としてますます多く使われている。

コロンビア大学のエリ・ノーム、ハーヴァード大学のヨハイ・ベンクラー、ペンシルヴェニア大学ウォートン・スクールのケヴィン・ワーバックらの新しい世代の学者は、従来の市場経済学者と同じ立場だ。彼らは、FCCが無線帯域を牛耳ったところで、効率が悪くて無駄になるのが関の山だと口を揃えた。だが、これら新世代の活動家は、政府の管理に代わる唯一実行可能な選択肢は市場による管理だと主張するコースの信奉者とは一線を画した。彼らは、残りの電波が民間部門にリースされたり売却されたりすれば、大手の電気通信企業は周波数帯域の大部分を囲い込み（又貸しなどの利益の源泉とし）、残りを独占して（もっぱら自社で使用し）、国内の通信チャンネルをしっかり握って放さず、何百万ものプロシューマーと何十万もの企業が、ほぼ無料の通信と、それに付随する経済的・社会的・政治的恩恵を享受する道を断つだろうと主張した。そこで彼らは第三の選択肢を支持する。国内の通信を政府や市場の支配の及ばないところに置くのだ。彼らはこの新しい統治モデルを「ネットワーク化されたコモンズ」と呼ぶ。インターネット活動家たちが言及しているのは、封建時代の古めかしい先祖代々のコモンズではなく、IoTによって可能になったピアトゥピアの分散型・水平展開型の経済活動を管理できる、二一世紀のハイテクのコモンズだ。ネットワーク化されたコモンズが新たな協働型経済パラダイムの統治母体になる。

彼らが提唱しているものは電波の統治にとどまらず、はるか広範に及ぶ。情報や、グリーンエネルギーと電力、3Dプリンティングによるインフォファクチャリング、オンラインの高等教育、ソーシャルメディアによるマーケティング、プラグインのクリーンな輸送とロジスティクスといったものを統合し、管理する目的で、ＩＴによる演算や無線通信、インターネット・テクノロジーがますます利用されている今日、ネットワーク化されたコモンズこそがＩｏＴ全体に行き渡る統治モデルとなる。新たなデジタル世代のコモンズ参加者《コモナー》は誰一人、政府や市場が突然縮小するとは思っていないが、第三の選択肢のために政府と市場がその座を譲りつつあり、限界費用がほぼゼロの世界では、あらゆる領域や地域の経済的・社会的・政治的な事柄の多くの管理において、この選択肢がしだいに中心的な役割を担うようになると考えている。協働型コモンズがついに世界の舞台に登場したのだ。

第III部

協働型コモンズの台頭

第10章 コモンズの喜劇

コモンズの統治（第1章と第2章で説明した）に関してたいていの人はほとんど知らないが、それは資本主義体制以前から存在し、中世の封建制の時代には経済生活を構成するための統治モデルとして効果を発揮した。残念ながら現代では、その声価は、最初は啓蒙主義の哲学者、さらに時代が下ってからは、この統治モデルに代えて私有財産制と市場交換のモデルを行き渡らせることに熱を上げる保守的なエコノミストによって損なわれてしまった。

コモンズについて、現代の最も有名な叙述は（完全に否定的なものではあるが）おそらく、ギャレット・ハーディンが一九六八年に「サイエンス」誌に発表した「コモンズの悲劇」と題する論文だろう。カリフォルニア大学サンタバーバラ校の生態学の教授だったハーディンは、「誰もが利用できる」牧草地という仮定条件を提示した。個々の牛飼いは、できるだけ多くの牛を牧草地に放牧すれば得をする。だが他の牛飼いも同様にその開かれた牧草地でできるだけ多くの牛を放牧して利益の最大化を図るとしたら、牧草地の荒廃という好ましからざる結果を招くことになる。牧草地が荒廃し続けると、それぞれの牛飼いが、牧草地が荒地になってしまう前に自らの牛の放牧のためにその牧草地を最大限に利用しようとするので、牛飼いどうしの争いは激化するばかりだ。利益を得るための短期的な競争のせいで、資源の減少が不可避になってしまう。ハーディンは次のように書いている。

> そこに悲劇がある。各自が自らの牛を限りなく増やさざるをえないシステムに囚われているのだが、その世界には限りがあるのだ。コモンズの自由を信じる社会でめいめいが自己の利益の最大化を目指しながら突き進んでゆく先にあるのは、破滅だ。コモンズにおける自由は、全員に破滅をもたらす[1]。

牛飼いのうち何人かが、その開かれた牧草地の手入れをしたとしても、「フリーライダー（ただ乗りする人）のジレンマ」のせいで、コモンズの悲劇は避けられないだろう。つまり、誰もが牧草地を利用できると、フリーライダーは牧草地の手入れという全体の取り組みには貢献せずに自らの牛をより多く放牧して、資源の管理をしている他の人の善意につけ込む。フリーライダーのほうが管理者よりも幅を利かせると、コモンズは荒廃してしまう。

ハーディンは「コモンズに代わる選択肢は考えるのも恐ろしい[2]」という不吉な言葉で論文を締めくくった。熱心な生態学者ハーディンは、衰退している地球の生態系を効果的に回復させるには、中央集権化した政府の厳しい指揮・統制の手に委ねるしかないと信じて疑わなかったのだ。

> 込み合った世界で破滅を避けるのであれば、人々は己の精神の外部に存在する強制力に応えなくてはならない。その強制力とは、トマス・ホッブズ言うところの「リヴァイアサン」だ[3]〔ホッブズは著書『リヴァイアサン』の中で、人々が自らの権利を譲渡した、地上における最も強きものとしての国家を指して「リヴァイアサン」と呼んだ〕。

ハーディンによるコモンズの説明には少なからぬ真実が含まれている。だが、そこからはコモンズ・モデルが長い歴史を通して存続しえた最も顕著な要因が抜け落ちている。すなわち、自己統制し、自己執行する規約であり、それには参加の条件として成員が同意して行なう処罰が伴う。そうした規約や処罰がなければ、コモンズの悲劇は不可避ではないにせよ、起こる可能性が高い。言い換えると、ハーディンは統治のことを忘れていたのだ。

私にはなんとも奇妙に思えるのだが、ハーディンは現代の勝手気ままな強欲や破壊を野放しにする原因となる悪役としてコモンズを位置づけている。ところが実際には、一八、一九、二〇世紀を通して第三世界における資源の略奪や人類の大規模な搾取を引き起こすことにつながったのは、利益を執拗なまでに追い求めるよう動機づけられ、政府が指導する高圧的な植民地政策や新植民地政策に煽られた、市場主導の資本主義体制の行き過ぎだった。

コモンズを再発見する

ごく最近までエコノミストや歴史家はコモンズを、その妥当性が封建社会と切り離しようのない独特の経済モデルと見なしていた。ところが過去二五年間に若い世代の学者や専門家が、コモンズを統治モデルとして再検討し始めた。彼らはコモンズの基本理念と前提を今の時代に合わせて手直しすれば、過渡期の経済にとって、より実用的な構成モデルになるかもしれないと感じている。過渡期の経済では、ビジネスの中央集中化した指揮・統制が、分散型・水平展開型のピアトゥピアの生産に道を譲り、市場における財産の交換よりもネットワークにおける共有可能な財とサービスへのアクセスのほうが大きな意味を持ち、経済生活をまとめ上げる上で、市場資本よりも社会関係資本のほうが価値が高まってきているからだ。

ハーディンの論文がコモンズ理論にとどめを刺し、棺の蓋に最後の釘を打ち込んだかに見えたときから一八年後の一九八六年、キャロル・ローズがその蓋をこじ開け、寿命の尽きたアイディアだと多くの人がすでに結論づけたものに新しい命を吹き込んだ。ノースウェスタン大学法学教授のローズは、自らの論文に「コモンズの喜劇」という題をつけた。例のハーディンの論文に対する手厳しい返答だった。コモンズ方式の統治を擁護する彼女の威勢良く痛烈な議論は、学界を目覚めさせ、コモンズの研究と実践の復活に弾みをつけた。

ローズは、すべてのものが私的所有になじむわけではないことを読者に気づかせるところから始めた。海や満潮時に水没する陸、湖や川、森林、峡谷、山道、空き地、田舎道、道路や橋梁、そして私たちが呼吸する空気などは本来みな、公共財としての性質を備えている。それらは市場で交換される所有物として私有化することも可能だが、政府の監督下にあることのほうが多かった。とはいえ、つねにそうであるわけではない。ローズは次のように指摘する。

> 純粋な私有財産や政府が管理する「公有財産」以外に、政府にも個人にも完全には管理されていない「本質的に公共の財産」という独特の部類がある。[それは]社会全体が共同で「所有」し「管理」する財産で、その所有権は政府当局と称されるいかなる管理者からも独立しており、またそのような管理者の所有権より実際に優位にある[4]。

法律の分野では、これらの所有権は慣習的権利として知られており、イギリスやアメリカの法律に見られ、世界中の国々の法律原理の中にも見つかる。それらは一般的に、誰も記憶にないほど昔から存在してきた権利で、例を挙げると、動物を放牧するために共同で土地を使用したり、地元の森から薪を拾い集めたり、沼沢や野原から泥炭を切り出したり、道路を使用したり、地元の小川で魚を釣ったり、「パブリック・コモンズ」で祭りのために集まったりする、コミュニティの権利だ。慣習的な権利に関して興味深いのは、そのほとんどがコモンズの適切な管理を保証する公式あるいは非公式の規約を伴う点だ。

所有権の歴史の分野における二〇世紀の名高い権威で、トロント大学教授の故クロフォード・マクファーソンは、次のように指摘している。私たちは所有権を、他者が何かを利用したり、何かの恩恵に与ったりするのを許さない権利だと考えることにあまりにも慣れ過ぎているため、それより古い所有権の概念のことを忘れてしまった。それは共有物を利用する慣習的な権利、すなわち、水路を自由に航行したり、田舎道を散歩したり、公共広場を利用したりする権利だ[5]。

ローズは公共広場での活動に参加する慣習的な権利を取り上げ、それが社会生活に必須であると長い間見なされてきたことに注目している。公共広場は(少なくともインターネット以前は)、私たちがコミュニケーションを図り、交際し、他者と過ごす時間を楽しみ、コミュニティの絆を結び、コミュニティを育む上で欠かせない要素である、社会関係資本や信頼を生み出す場だ。そのために、祭りやスポーツの催しに参加したり、遊歩道に集まったりする権利はあらゆる権利のうち、昔から最も基本的なものだった。仲間に含めてもらう権利や、互いにアクセスする権利、つまり、「共同で」参加する権利が基本的な所有権であるのに対して、私有財産、要するに囲い込み、所有し、締め出す権利は、規範からの限定的な逸脱にすぎない。現代ではその限定的逸脱のほうが規範になってしまったも同然なのだが。

ローズはコモンズで祭りを開くという慣習的な権利について、核心を衝いた意見を述べている。それは、インターネット上のネットワーク化されたソーシャルスペースへのユニバーサル・アクセス権に関する昨今の議論と深い関係がある。公共広場での祭り、踊り、スポーツの催し、その他の社会的な活動に関しては、参加する人の数が多くなればなるほど、「参加者それぞれにとって参加する価値が増す[6]」とローズは言う。また、「これは『コモンズの悲劇』の逆、つまり『コモンズの喜劇』であり、それは『人多ければ楽しみ多し』という慣用句に余すところなく表現されている[7]」とも述べている。

ローズがこれを書いたのは、ワールドワイドウェブ出現以前の一九八六年だから、彼女の洞察には舌を巻くばかりだ。彼女は肝心要の疑問を簡潔な文章に表した。財産はいかなるときに個人の手に委ねられ、いかなるときにコモンズにおける公益信託〔公共の利益のための信託〕とされるべきなのか？ ここで問題となる財産は、個人が物理的に独占可能なものでなければならないとローズは述べた。だが、「財産自体は不特定かつ数に制限のない人々（一般大衆）に使用されるとき最大の価値を持つので、公共の権利が個人所有者の権利に優先されなくてはならなかった[8]」。ローズは財とサービスの「公共性」は「財産の『使用料』を生み出し、そのような公的に生み出された使用料を、個人が支払いを拒否して略奪することがないように、警察権原理のような、公共財産の原理が保護している[9]」ことに気づいた。

ローズがハーディンのコモンズの悲劇論に対して痛烈な攻撃を加え、コモンズの喜劇に対してそれに劣らず威勢の良い擁護をしてからわずか四年後に、エリノア・オストロムが『コモンズの統治――集団行動のための制度の進化（*Governing the Commons: The Evolution of Institutions for Collective Action*）』を刊行した。インディアナ大学とアリゾナ州立大学の両校で教鞭を執った経済学者のオストロムは、一〇〇〇年に及ぶ期間を網羅し、コモンズの歴史に関する、初の経済学的・人類学的な総合分析を行なった。彼女の研究は知識人たちを、そして経済学界さえも驚嘆させた。過去のコモンズ方式の統治の成功と失敗の原因に関する洞察に満ちた分析と、未来のコモンズの管理の成功を確実にする実用的な処方箋が認められ、オストロムは二〇〇九年にノーベル経済学賞を受賞した。女性初の受賞だった。

オストロムは骨の髄まで経済学者だったが、人類学者の役目を担うことに微塵《みじん》のためらいもなかった。彼女は、効果的な統治モデルの根底にある原理を見つけるために、スイスのアルプスの山村から日本の村に至るまで、コモンズの管理体制を調べた。彼女はこの研究書の冒頭で、自分の調べたコモンズ組織の多くが、長い歴史において、（彼女の言葉を借りると）「旱魃《かんばつ》、洪水、戦争、疫病、経済や政治の大変動などを生き延びてきた」ことを説明するのに心を砕いた。そして、コモンズは非常に優れた統治組織であり、しだいにつながりを深めるグローバルな世界で人類が直面する、環境、経済、社会の諸問題や好機の点から再考に値することをこれまでの実績が示している事実を、議論の余地のないまでに明白にした[10]。

彼女の研究は、「あらゆる」コモンズがフリーライド（ただ乗り）のせいで破綻する運命にあるというハーディンの主張を否定するとともに、個人はそれぞれ市場で直接の私利だけを求めるという、経済学者の間で長年にわたって信奉されてきた通念（アダム・スミスまでさかのぼる）に疑問を投げかけた[11]。

オストロムはその通念とは正反対のことを発見した。動物を放牧する牧草地、漁場、灌漑システム、森林などの共有資源を管理する上で、個人は自らが逼迫《ひっぱく》した状況に置かれているときにさえたいてい、私利よりもコミュニティの利益を、そしてまた各自の当面の境遇よりも共有資源の長期保全を、優先するのだ。それぞれの事例でコモンズの存続を可能にし続けている接着剤は、成員全員が民主的に参加し、自発的に締結し、合意した自主管理規約だった。幾世代にもわたって社会的な信頼の絆を結ばせたのは、継続的な協働《コラボレーション》とフィードバックだった。その社会的な絆が、コモンズが硬直化したり、崩壊したりするのを防ぎ続けた。最悪のときにさえ、「社会関係資本」がコモンズを持ち堪《こた》えさせる最大の強みとなった。オストロムはコモンズの管理の歴史的研究で以下のように述べている。

規則を破ることによって多大な利益が得られるものの、それに対する制裁が比較的軽いという状況は数え切れないほど発生した。スペインの果樹園で旱魃の年に水を盗めば、その年の収穫をそっくり枯死の運命から救えるかもしれない場合がある。フィリピンの灌漑設備を連日管理しないで済むなら、農民は他の仕事に従事して必要な収入を得ることもできるかもしれない。スイスや日本の山間部の入会地で非合法に森林を伐採すれば、高価な製品を生み出すこともできるだろう。そうした行為の誘惑を考えると、これらの場合のすべてにおける規則遵守水準の高さには、これまでずっと目を見張るものがあった[12]。

すべてのコモンズは合意に基づく管理規約を守らせるために制裁や処罰を組み込んでいる。だが、ほぼすべての事例研究において、規範に違反した場合に科される罰金は「驚くほど少ない」し、「ほとんどの場合、規則を破って得られる金銭的価値に比べてほんのわずかでしかない[13]」のは特筆すべきことだとオストロムは述べている。

互いの活動の監視は、必ずと言ってよいほど成員自身が行なっている。近しい者どうしが監視するので、どんな違反も起こる可能性が低くなる。「隠れる場所がない」からだけでなく、近所の人や友人の信頼を裏切った場合、羞恥の念に駆られたり罪悪感を覚えたりしかねないからだ。

スイスのテルベルという人口六〇〇人の村は、オストロムが引き合いに出したコモンズの成功例の一つで、八〇〇年以上も持続してきた。テルベルの農家は自らの所有地に作物を植えつけ、野菜、穀物、果物、冬に乳牛に食べさせるための干し草を生産している。地元の牧夫は夏の間、乳牛をアルプスの共有牧草地で放牧する。採れた牛乳から作るチーズは地元の経済に不可欠だ[14]。

一四八三年に締結されたテルベル・コモンズの協定は、アルプスの放牧地、森、荒地、灌漑設備、私有地や共有地を結ぶ道などを維持管理するための統治規約で、何世紀にもわたって更新、改定されてきた[15]。

このスイスのコモンズの境界はしっかりと定められており、コモンズの資源を利用する権利は地元住民だけにしかない。過剰な放牧を防ぐために明確な規則が設けられている。一五一七年に最初に定められた制限は、「冬の間餌を与えられる数より多くの牛をアルプスに連れてゆくことはできない[16]」と謳っている。年に一度、各家族にどれだけのチーズを分配するかを確定するために、夏の間に山で放牧してきた牛を連れ戻す際にその頭数を数える[17]。

コモンズの組合は毎年会議を開いて、管理について議論し、規則を見直し、運営役員を選ぶ。組合は罰金を科したり、道路の維持管理を計画したり、インフラの修理をしたり、行なわれた仕事のための組合費を集めたりする責任を負う。一般に、組合費は各世帯で保有している牛の数に比例する。組合はまた、建築や暖房のための材木用に切る木に印をつけ、どの世帯がどれを伐採するかを抽選で割り当てる。各世帯は自らの農地（菜園、ブドウ畑、穀物畑）を所有しているが、コモンズ・タイプの取り決めでは納屋、穀物倉庫、集合住宅などのコモンズのインフラもシェアできる[18]。

テルベルは何世紀にもわたってコモンズを慎重に管理して、つねに高水準の生産性を維持してきた。各世帯が土地の私有を享受しながらも、非常に現実的な理由で他の資源を共有することを選び続けてきたと、ロバート・マック・ネッティングが「ヒューマン・エコロジー」誌に発表した論文に書いている。共有は「ある種の資源を全体で利用することも、その資源を利用して最適生産をすることも奨励し、一方でそれらの資源が破壊されないように必要な保全措置をとるようコミュニティ全体に求める[19]」というのがその理由だ。テルベルが特別なのではない。スイスのアルプス地方の八割以上が、農地の私有と、牧草地、森林、荒地の共有という混合体制で管理されている[20]。

私は妻のキャロルと長年にわたって、このようなアルプスのコミュニティを何度となく訪れる機会に恵まれてきた。いつも二人して感動するのは、このような村での生活の質の高さだ。住民は伝統的なものと現代的なものとを絶妙に均衡させたようで、最新のコモンズの管理と市場知識、見識ある地域の統治を混交させている。スイス・アルプスの村々は持続可能な慣行の好例であり、コモンズが地域生活の重要な中心であるときに何が達成できるかを歴然と示している。

だが、スイス・アルプスのコモンズだけが稀少な例外なのではない。コモンズ方式の統治は、一〇〇〇年以上にわたってあらゆる大陸で成功を収めてきた。たとえば日本では、徳川時代（一六〇〇～一八六七年）に一二〇〇万ヘクタールを超える山間の草地や森林が、何千、何万という村の管轄するコモンズ方式の取り決めの下で統治されていた。今日でさえ、三〇〇万ヘクタールがコモンズ方式の統治の下で依然として管理されており、その規約はスイス・アルプスその他の場所で採用されているものと驚くほどよく似ている。日本の伝統的なコモンズ方式の統治を詳細に研究した政治学者のマーガレット・A・マッキーンは、「コモンズがコモンズであり続けているうちに生態学的破壊に見舞われた例には、これまで一つとしてお目にかかったことがない」と報告している[21]。そのようなコモンズの制度は、発展途上国での伝統的な農業コミュニティに見られるものから、アメリカ中にある郊外コミュニティの集合住宅を管理する最も複雑なコンドミニアム制度にまで及び、同様の例は文字どおり何千もある。

コミュニティの成員による自主管理

政府、民間部門、コモンズという三大管理モデルの長所と短所を調べても、どれか一つが残る二つよりもつねに良いか、あるいは悪いかは、まったくわからない。どの管理モデルが最善かは、個々の状況に大いに左右されるからだ。

私有財産制度は目的によってはきわめて効率的だ。だが、地球上の実質的にすべてのものを民間の手に委ねること(自由市場を支持する経済学者はたいていそれを提唱している)が最善の方法であるとは思い難い。すべての人が豊かになるためにアクセスする必要がある公共財に関しては、なおさらだ。あらゆる海岸や湖、川、全森林、郊外コミュニティのいっさい、すべての道路や橋梁を柵で囲い、地球の多様な生態系をそっくり民間の手に委ね、所有者だけに、所有地への出入りや資源の利用に対して料金を課す独占的権利を与えたり、こちらのほうがさらに悪いが、完全にアクセスを拒否する権利を与えたりすることを、私たちは望むだろうか? 商業地開発業者や宅地開発業者の手によって生態系や資源が飽くことなく破壊されるのを目の当たりにした経験のある人なら誰もが、民間市場はいつでも社会全般の幸福を最大化する最も効率的な方法だとは主張し難いだろう。

同様に、政府は、道路や上水道から郵便や公立学校まで、多くの公共財の運営を監督することに関しては見事に機能してきたが、それぞれの地域の特色を生み出している、地元ならではの非常に複雑なダイナミクスを十分に理解できないことが多かった。相手かまわず一通りの処方箋や規約で間に合わせる手法は、恐ろしい管理の不行き届きにつながることが多い。監督責任者が、管轄しているコミュニティとの結びつきのない、名も知れぬ官僚であるときはとくにそうだ。

コモンズにとって本質的前提があるとすればそれは、コミュニティの生活を管理する方法を最もよく知っているのはコミュニティの成員自身である、ということだ。その性質上、公共のものであり、公共のアクセスと利用に供してこそ最も適切に活用できる資源や財やサービスがあるならば、コミュニティ全体で管理するのが最善であることが多い。

オストロムとその共同研究者たちは、何がコモンズをうまく機能させるかについて、何年にもわたる現地調査や研究を行なったあと、調査対象のうちで効率的に運営されているコモンズに不可欠と思われる七つの「設計原理」を見出した。

第一に、コモンズの効果的な管理には、誰がコモンズを利用でき、誰が利用できないかについての「明確に定められた境界」が必要である。

第二に、使用できる時間、場所、技術、資源の量を制限する利用規則と、利用のために負担する労働量、物資の量、金額に関する規則を定めなくてはならない。

第三に、コモンズの組合は、利用規則に影響を受ける人が共同で民主的にその規則を決定し、時の経過に伴って、それを修正できることを保障しなくてはならない。

第四に、コモンズの組合は、コモンズでの活動の監視役を必ず、利用者もしくは、利用者に対して責任のある者から選ぶようにしなくてはならない。

第五に、規則を破った利用者には原則として、他の利用者か、利用者に対して責任のある役員が段階的な制裁を科さなくてはならない。これは、あまりにも苛酷な刑罰を科すことで違反者が将来、コミュニティに参加する意欲を失ったり、コミュニティ内に反感を生じさせたりしないようにするためである。

第六に、コモンズの組合は、利用者間の争い、あるいは利用者と役人との争いを素早く解決するため、私的で低コストの調停を迅速に利用できる手続きを組み入れなくてはならない。

第七に、コモンズの組合が定めた規則の正当性を政府機関が容認することがきわめて重要である。政府当局が、コモンズの組合が自主管理する権限を少しも認めずに事実上違法として扱えば、コモンズ自治の長期的持続は望めない[22]。

これら七つの設計原理は世界中のコモンズ制度で頻繁に見られる。グローバル・コミュニケーションの時代が到来するずっと前に、ほとんど外界と接触せずに孤立したいくつものコミュニティが類似の管理モデルを生み出したのであり、そこからは、普遍的な原理が働いているのではないかという興味深い問題が提起される。

オストロムらはこの考えを研究室の実験で調べた。実験参加者が共有資源問題に直面したとき、互いにコミュニケーションができず、単独かつ匿名で決定を下さなければならない場合には、必ず資源を過剰に利用することがわかった。ところが、互いに公然とコミュニケーションができる場合は、資源の過剰採取は劇的に減る。この研究室での調査では、規則違反をした人に罰金を科すために参加者が進んで料金を払うことも明らかになり、「自腹を切っても他人に制裁を加える」覚悟があることがはっきりした[23]。さらに参加者が、資源の利用、他人を罰するかどうか、どの程度罰するかに関しての規則を自ら定められる場合、最大限の効果を得られるものに非常に近い利用システムを作ることもわかった。また彼らは、他のメンバーを罰しなくてはならないことは稀だが、必要な場合は進んでそうする。人々が共有資源の管理について自らの規則を考案できるとき、世界中でコモンズの管理に形式と方向を与えてきた設計原理に近いものを直感的に目指すことが、この実験から窺える[24]。

ここで、たいていの経済学者は途方に暮れるだろう。なぜなら彼らの学問は、人間の本性はあくまで利己的で、各自が自己決定権を最大にしようとするという考えと、切っても切れない関係にあるからだ。集団の利益を追求することを進んで選ぶという考えそのものが、多くの市場志向型の経済学者に忌み嫌われている。彼らは、進化生物学者と神経認知科学者の研究成果について猛勉強すると得るところが大きいかもしれない。過去二〇年間に数多くの調査と発見がなされ、人類は根底では他人を搾取して自らを豊かにする機会を求め、市場を徘徊して実利を追求する一匹狼だ、という長い間信じられてきた考えが打ち砕かれているからだ。

私たちは自らの種《しゅ》が、甚だ大きく複雑この上ない大脳新皮質を持つ、抜きん出て社会的な生き物であることがわかってきている。人間に科すことができる最も苛酷な罰は、社会的追放だ。認知科学者によれば、私たちの神経回路網は他者の苦悩に共感するよう柔軟に配線されており、進化の過程で生き残ってこられたのは、自ら決定するという性質よりも集団的社交性に負うところのほうがはるかに大きいという。経済活動の運営におけるコモンズのアプローチは、断じて例外などではなく、ゼロサムゲームで見えざる手が利己的な行動に機械的に資する匿名の市場の荒涼とした風景よりも、私たちの生物学的な本能によほど適合するようだ。

第三の統治モデルの浮上

だが、このようにコモンズを社会の統治モデルとして復活させることへの関心が高まったのはなぜだろうか？　簡単な答えなどないが、とにかく関連する要因をいくつか示そう。

公共の財とサービスを民営化するという、レーガン大統領とサッチャー首相主導の経済政策によって、電気通信網、無線周波数、発電、送電網、公共交通機関、政府支援の科学研究、郵便事業、鉄道、公有地、試掘権、上下水道事業、そして長年公共事業だと考えられて政府機関によって管轄されてきた他の何十という事業が売却され、社会全般の幸福を監督する公的な責任の引き渡しも極まった。

規制緩和と民営化は他の国々にもたちまち波及した。権力の委譲の大きさは、その範囲においても規模においても驚異的だった。政府は一夜にして空洞化して抜け殻となる一方、社会的な業務に対する広大な力が民間部門に移行した。一般大衆は市民としての「集団的」力を削がれ、無数の人が、数百のグローバル企業にしだいに支配されるようになってきている市場において、自主的な行為者として自力で立ち回らなくてはならなくなった。この力の剝奪は電光石火の速さで進み、一般人はほとんど反応する時間がなく、ましてや、その過程に一般の人々が関与する時間などろくになかった。政府から民間企業への権力の移行が広範囲に及ぶにもかかわらず、当時幅広い議論はないに等しく、一般の人々はその結果に大きく影響されることになるというのに、ほとんどそれに気づくことも、関与することもない状態で放置された。

自由市場を支持する経済学者やビジネスリーダー、新自由主義の知識人、そしてアメリカのビル・クリントン大統領やイギリスのトニー・ブレア首相のような進歩主義の政治家は、たいていの場合、市場を経済発展にとっての唯一のカギとして描き出したり、自分たちに批判的な者は時代遅れで実態を把握していないとしてこき下ろしたり、果てはソ連型の大きな政府擁護論者として酷評したりして、主張を通すことができた。ソヴィエト帝国の崩壊は、同国での汚職の蔓延や非効率性や経済の停滞と併せて、経済的な判断をすべて市場に委ねて政府を公的な機能の最も根本的な部分まで縮小するほうが社会の健全性が保障されやすいことの確証として機会あるごとに持ち出され、攻撃材料として利用された。

そのような状況を一般の人々の大部分が黙認したのは、一つには彼らも、政府による財とサービスの管理に対する不満と失望の感覚を抱いていたからだ。とはいえそのような反感のほとんどは、長い間政府の保護の下で市場の力が及ばなかった、利益の挙がる分野に食い込んで、それを利用することを切望する実業界が煽り立てたものだった。なにしろ、ほとんどの先進工業国では、公的に管轄される財とサービスは、羨望に値する業績を残していたのだから。列車は時間どおりに運行し、郵便事業は頼りになり、政府の放送は質が高く、電力網によって照明は明るく輝き続け、電話網は確実で、公立学校は十分に機能し、という具合だった。

最終的には、自由市場イデオロギーが勝利した。だが間もなく、多様な立場の人々（労働組合や中小企業、非営利組織に属する人、先進工業国や発展途上国の草の根運動家）が一息ついて現状を顧みるようになり、認識し始めた——富を生み出す地上の資産のほとんどを民間部門が奪い取り、大きな口を開けて一瞬にして丸呑みして自身の脂肪や筋肉に変え、自らの優位性に対するどんな挑戦も蹴散らすほどの威力を持つに至ったことを。

政府は骨抜きにされ、民間市場にまともに対抗できる勢力を提供することがもはやできないため、悪影響を被った人々は、彼らの関心や感性をもっと適切に反映する別の統治モデルを探しにかかった。片や、中央集権化され、ときに人間味に欠ける官僚的な政府による管理、片や、収入源や利益の源泉に、生活にかかわるあらゆる面を取り込もうとしている、操作巧みで締まり屋の巨大な民間部門という両極端に対して人々は幻滅し、経済生活を構成するもっと民主的で協働型の方法を見込めるような統治モデルを探し始めたのだ。そして彼らはコモンズを再発見した。

各地のコミュニティはまた、地元の生態系の崩壊が進んでいることも感じ始めていた。その崩壊はまず、政府が地政学的な権力を振るったために起こり、続いて規制緩和に伴い、グローバル企業が安い労働力と環境基準の手ぬるい監視を求めて、世界のあらゆる地域に無理強いをしたために招いたものだった。

環境資源が減少し、リアルタイムの気候変動が地域の農業生産力やインフラに壊滅的な影響を及ぼし始めたため、各地のコミュニティが次々に恐ろしいほどの代償を払う羽目になってきており、その存在そのものを脅かされていた。政府は効果的な対策を打ち出せず、現地のコミュニティに対して責任を負わない非情なグローバル企業に翻弄されるばかりであるため、シビル・ソサエティ組織と地域企業は、彼らが自らの経済的均衡を取り戻すための拠り所としてゆかれそうな、第三の統治モデルを、コモンズに見出した。

そしてとうとう、二〇世紀も残すところ四半世紀となった時点で、新たなジャンルのテクノロジーが登場し、新しい豊富な経済的鉱脈が切り拓かれ、地球に残存する資産のうちどれほどが囲い込まれ民営化されうるか、あるいはされるべきか、または公益信託に供しうるか、あるいは供されるべきかについての議論が世界中で沸騰した。そしてこのときは、囲い込みを求める動きが、地球を形作る中核的構成単位にまで及んだのだった。

バイオテクノロジー業界は、すべての生命の青写真を形成する遺伝子の特許取得を試みた。電気通信業界は、電波の周波数帯域を民間部門に売却するよう要求した。それは、社会のコミュニケーションと情報の大半を伝達する無線周波数の排他的な管理を民間部門にさせるということだ。そして今、ナノテクノロジー産業が、原子レベルで物質世界を操作するプロセスの特許を求めている。

どのようにして私はコモンズを発見したか

私が最先端技術の囲い込みという新たな囲い込みを初めて知ったのは、一九七九年のことだった。ゼネラル・エレクトリック社に勤務する微生物学者アナンダ・チャクラバーティは、合衆国特許商標庁（PTO）に、海洋に流出した原油を分解するよう遺伝子操作を施した微生物に関する特許の申請をした[25]。PTOは、チャクラバーティの主張を却下した。生物はアメリカの法律の下では特許取得の対象にはなりえないというのだ。ただし、無性生殖によって繁殖させた植物は例外で、これには連邦議会の制定法によって特別な特許権保護が与えられている。

このチャクラバーティの一件は、連邦最高裁判所まで進んだ。この時点で私は、「ピープルズ・ビジネス・コミッション」という非営利組織（その後間もなく経済動向財団と改称）を通じてかかわることになった。私たちのこの組織は、PTOのために主要な法廷助言者として意見書を提出した。私たちはPTOと同調して、遺伝子はたとえ抽出・精製・単離され、用途や機能によって特定されても、発明ではなく自然に関する発見でしかないと主張した。けっきょくのところ化学者も、周期表にある化学元素に関して特許の取得を許可されたためしがない。彼らも、単離や精製、機能的な性質の特定という行為そのものにより、化学元素は発見というより発明とするのがふさわしいと主張したのだが、それでもPTOは、基本的な化学元素に対してどんな特許も与えなかった[26]。

私の同僚テッド・ハワードが作成したこの意見書の中で私たちは、もし特許が与えられた場合は、生物学的種の進化の基本的枠組みを形成する、遺伝子のあらゆる構成要素の特許権取得が怒濤《どとう》の勢いで拡大するだろうと警告した。民間企業に遺伝子コードの所有権を与えれば、このうえなく貴重な資源——生命そのもの——を囲い込んで、市場における利己的な利用や販売、利益のための単なる商品に貶《おとし》めることになる[27]。私は、少数の企業ロビイストとともに連邦最高裁判所の法廷に座って、口頭弁論に耳を傾けながら、これから起こりうる地球の遺伝子プール〔繁殖可能なグループ（ヒトでは人類全体）の遺伝子の総体〕の囲い込みは、人類にとってきわめて重要な転換点となり、私たちの種や他の生物に遠い将来まで影響を与え続けることになるだろうと考えていた。

最高裁判所は、五対四の僅差で、遺伝子組み換え生物の第一号に関する特許権を認めた。最高裁判所長官のウォーレン・バーガーは、私たちの意見書に書かれた主張のことを、「恐ろしい予測のおぞましい羅列」と言い切り、この判決のせいで地球の遺伝子遺産が民間企業の手に渡り、社会に数々の悪影響がもたらされると考えるのは誤りであるとした[28]。

最高裁判所の判決が出てまだ数か月しかたたない一九八〇年、バイオテクノロジー企業の第一号であるジェネンテックが株式を公開し、一株三五ドルで一〇〇万株を売り出した。市場での取引が始まってから一時間もしないうちに、株価は八八ドルまで急騰した。販売する製品をまだ一つも生産していないというのに、ジェネンテックはその日のうちに「株価が過去最大級の上昇をした銘柄」として三五〇〇万ドルを売り上げた[29]。農業関連企業や製薬会社、化学製品会社、バイオテクノロジーの新規企業も、遺伝子コードに対する権利を獲得しようと、このレースに加わった。

七年後、私たちが警告した「恐ろしい予測の羅列」が現実化した。PTOは一九八七年、生命に対して特許権は与えないという、長年とってきた立場を翻し、動物を含め、遺伝子操作された多細胞生物はすべて特許取得の可能性があるという裁定を下した。特許商標庁長官のドナルド・J・クイッグは、一般の人々の激しい抗議を抑えるために、人間は除くことを明言した――ただ憲法修正第一三条が奴隷制を禁止しているというだけの理由で[30]。それでもなお、人間の遺伝子や細胞株、組織、臓器だけでなく、遺伝子が組み換えられているヒト胚も特許を取得できる可能性があり、全人体のありとあらゆる部分の特許を取得する可能性が残されている。

それ以来、生命科学企業が世界中に拡がり、地球上のあらゆる場所で、稀少で貴重な遺伝子や細胞株（先住民族の遺伝子を含む）を「生物資源探査《バイオプロスペクティング》」している。それらの遺伝子や細胞株は、農業から医薬品や医療にまで及ぶ領域で潜在的な商業価値を持ちうるもので、「発見」されるたびに迅速に特許を取得して保護される。経済動向財団は過去三二年間の大半を、特許事務所や法廷や立法府において、囲い込みとの闘いに費やしてきた。

同財団は一九九五年、ほぼすべてのプロテスタント主要宗派のトップや、カトリックの司教、ユダヤ教やイスラム教、仏教、ヒンドゥー教の指導者を含む、二〇〇名以上のアメリカの宗教指導者を集め、動物と人間の遺伝子、臓器、組織、生体に対して特許を与えることへの異議を表明してもらった。いかなる問題に関してであろうと、これほど多くのアメリカの宗教指導者が一堂に会したのは二〇世紀初のことだった。だが、ほとんど効果はなかった[31]。

これより何年も前の一九八〇年代なかばには、私は気づき始めていた——法律や政府による規制監督が、地球のコモンズに対する営利目的の囲い込みを促すようにすっかり条件付けされている資本主義体制においては、生命に対する特許権に反対しても無駄なのだ、と。この件に関して、もし政府と民間部門が足並みを揃えているのなら、地球の生物世界を、さらに言えば、それ以外の地球の資源をも管理する手段として、他にどんな制度あるいは機関が利用できるだろうか？　それを追求しているうちに、私はコモンズの再発見に至った。

コモンズについての情報は、おもに難解な人類学の研究の中に散見される程度で、正規の歴史研究では、なおさら見つかりにくかった。コモンズの歴史は、ほとんどがイングランドの封建的経済に関する教科書の中の数段落で、申し訳程度に触れられているだけだった。それでも調査を続けるうちに、世界のさまざまな場所のコモンズについて、新たな記述が見つかるようになり、そのほぼすべてが、封建的な経済の取り決めについてのものだった。だが、「コモンズ」はそれよりはるかに多様な現象に適用される、ずっと幅の広いメタファーの可能性があるということがわかってきたので、ヨーロッパの農地の封建的な囲い込みで始まる、コモンズと囲い込みの歴史に関する本の執筆に乗り出した。それから私は、一六世紀の探検と発見の時代における海洋のコモンズの囲い込みや、一八世紀後期における、特許権や著作権、商標権という形態での知的財産権の導入に伴う、知識コモンズの囲い込み、二〇世紀前期における、民間企業への無線帯域の使用認可に伴う、周波数帯域コモンズの囲い込み、最終的には二〇世紀後半における、遺伝子特許の付与に伴う、遺伝子コモンズの囲い込みへと進んだ。

コモンズと囲い込みの観点から歴史的物語《ナラティブ》を組み立てることによって、過去五〇〇年にわたる人類の歩みについて、これまでにないほど説得力のある説明が見つかった。一九九一年、私は自分の発見を『地球意識革命――聖なる地球をとりもどす』という題名の著書で発表した。この本の中で、私はグローバル・コモンズの再開放を強く勧め、二一世紀に向けてコモンズ・モデルを再考することが、多様な利害関係者を本質的に異なる領域から共通の目標へと結集させるための要になるかもしれないと主張した。

二〇〇二年、経済動向財団は理論を実践に移し、ブラジルのポルトアレグレで開催された世界社会フォーラムで、五〇か国の二五〇の組織をまとめ、遺伝子コモンズを共有する協定の支持を取りつけた。これらの組織には、農業組合、女性団体、フェアトレード推進派、バイオテクノロジー使用に反対する活動家、自然食品団体、宗教団体、環境保護団体、飢餓援助組織と緊急援助組織などがあった。提案された協定の前文は、地球の遺伝子遺産は共有されるコモンズであり、私たちの種や他の生き物を代表して人類に委ねられていると謳っている。ここに引用しよう。

我々は、以下に述べる真実が普遍的かつ不可分であることを宣言する。

地球の遺伝子プールが、そのいっさいの生物学的形態および発現形態において有する本質的な価値は、実用性や商業的価値に優先し、それゆえ、すべての政治的、商業的、社会的機関によって尊重され、保護されねばならない。

地球の遺伝子プールはそのいっさいの生物学的形態および発現形態において、自然界に存在しており、それゆえ、たとえ実験室で精製あるいは合成された場合であっても、知的財産として権利を取得することは許されない。

世界の遺伝子プールはそのいっさいの生物学的形態および発現形態において、我々の共有遺産であり、それゆえ、我々は連帯責任を有する。

また、その一方で、生物学に関して増え続ける我々の知識は、自らの種のみならず他のすべての生き物の保護と繁栄のためにも、管理者として力を尽くす特別の義務を我々に課す。

それゆえ、地球の遺伝子プールはそのいっさいの生物学的形態および発現形態において、グローバル・コモンズであり、万人の手によって守られ、育まれるべきだと世界の諸国民は宣言する。さらに、遺伝子とその遺伝子がコードする、自然のままの、または精製あるいは合成された形での生成物、および染色体、細胞、組織、臓器、生命体（クローン生物、遺伝子組み換え生物、キメラ生物を含む）を、商業的にやり取り可能な遺伝子情報や知的財産として、政府、営利企業、その他の機関や個人がその権利を主張することは認められないと宣言する[32]。

このとき以降、グローバルな遺伝子コモンズを管理するとともにこれ以上の囲い込みを防ぐことを目的として、多数の団体や組織が設立された。

ケアリー・ファウラーが発足させた、「グローバル作物多様性トラスト」という独立した非営利団体は、研究機関や生殖細胞質の保護団体、農業団体、独立した植物育種家、その他の農芸関係者とともに世界中の減少しつつある植物の遺伝資源を保護するために活動している。このトラストは使命の一端として、世界の最果ての地、北極地方にあるノルウェー領スヴァールバル諸島の小さな島の凍土の地下深くに貯蔵庫を建設した。空調設備の整った密閉貯蔵庫の内部には迷路のようにトンネルが延び、そこには世界中から集められた何千種もの珍しい種子が今後の世代によって利用される可能性に備えて保管されている。この貯蔵庫はフェイルセーフ機構〔装置に故障があっても保障される仕組み〕を組み込んだ保管場所として設計されており、農芸で使われる種子を三〇〇万種も貯蔵でき、戦争が絶えず、人為的な大惨事が増え続けるこの世界において、それらの種子を安全に保管することを目的としている。このトラストは、自主管理型のコモンズとしてグローバルな規模で活動している。何千もの科学者や植物育種家がトラストのネットワークを形成して、代々受け継がれてきた種子や野生の種子をたえず探し求め、種子の備蓄を増やすためにそれらを栽培し、標本を貯蔵庫に輸送して長期保存している[33]。二〇一〇年には、人間が生きてゆく上で必要な主要農作物二二種の野生種の生育場所を見つけ出し、目録を作成して保護するための世界的なプログラムに着手した。

新しいＩＴや演算処理テクノロジーが遺伝子研究を加速させるなか、遺伝子コモンズ擁護の声が高まっている。生命情報学《バイオインフォマティクス》という新しい分野が生物学研究の性質を根本から変えてしまったが、それは、ＩＴやコンピューターによる演算処理やインターネット・テクノロジーが、再生可能エネルギーの生産や3Ｄプリンティングの分野で起こしたこととまさに同じだ。アメリカの国立ヒトゲノム研究所がまとめた研究によると、遺伝子配列決定にかかるコストは、演算能力がムーアの法則の指数曲線を描いて上昇したときのコスト減少よりも急激な割合で下がっているという[34]。ハーヴァード大学とＭＩＴが共同で運営するブロード研究所の副所長デイヴィッド・アルトシュラー博士は、遺伝子配列決定の価格がこのわずか数年の間に一〇〇万分の一に下がったと述べている[35]。ＤＮＡの塩基対一〇〇万個を解読するコスト（人間のゲノムはおよそ三〇億対ある）は、一〇万ドルからわずか六セントに急落したのだ[36]。これは、一部の遺伝子研究に関しては、そう遠くない将来に限界費用がほぼゼロになり、インターネット上の情報とまさに同じように、貴重な生物学上のデータがほぼ無料で入手可能になることを意味する。

遺伝子配列決定やその他の新しいバイオテクノロジーは、私たちを研究の大衆化に至る道へと導いている。「ワシントン・ポスト」紙の科学記者アリアナ・ウンジョン・チャは次のように述べている。

［一］世代前には、生物の遺伝子を操作しようとすれば、高性能な装置に何百万ドルもの費用をかけ、何年にもわたって試行錯誤を繰り返す必要があった。

ところが今や、インターネットで注文した中古のパーツを備えたガレージで数日あれば同じことをやってのけられる[37]。

生物学の研究とそれに伴う専門知識を利用できるのは、ほんの二〇年ほど前までは政府機関や産業界で働く科学者のエリート集団に限られていたが、今では、多くの大学生や愛好家《ホビイスト》たちでもそういったものに手が届く。グローバルな生命科学企業が、地球の生物情報を知的財産へ変えようと急いで画策していることを懸念して、環境保護主義者たちは、彼らの目から見れば究極の囲い込み運動であるこの動きを阻止しようと必死になっている。この努力に対して、若い世代の研究者たちの間で支持が拡がっている。インターネットとともに育った彼らは、遺伝子情報の開かれた共有は自らの権利であり、他の情報に自由にアクセスできる権利に劣らず重要だと考えているのだ。

将来は、ゲノム研究がほぼ無料になり、その応用もただ同然になりそうなので、科学的な試みをコモンズ方式で管理するという見通しが非常に現実的な選択肢になっている。遺伝子研究やその応用をコモンズ方式で管理することについての科学論文や提案がソーシャルメディアの世界には溢れており、遺伝子のイノベーションを管理しようとする新しいコモンズの団体が急増している。

若い世代の科学者が遺伝子コモンズの開放を迫り、この問題が公に論議されるようになった。遺伝子情報をシェアすることへの大衆の支持はしだいに大きくなり、連邦最高裁判所に、生命に関する特許を認めた以前の決定を一部覆すよう圧力がかかった。二〇一三年六月、同裁判所は判事が全員一致で、乳癌《がん》に関連する遺伝子は自然の産物であって人間の発明ではないとの決定を下し、その結果、ミリアッド・ジェネティックス社が取得していたこの遺伝子に関する特許は無効とされた。この決定は、遺伝子コモンズを再び開放する上で重要な第一歩であったとはいえ、見た目ほど意味のあるものではない。なぜなら、自然発生の遺伝子にわずかに手を加える新しいクローン・テクノロジーは、依然として人間の発明と見なされているために特許を取得することができ、バイオテクノロジー企業、製薬会社、生命科学企業が引き続き地球の遺伝子プールの一部を囲い込むことが許されているからだ。

地球の生物学に関して増え続ける知識を自由にシェアしようとする動きが急速に高まってきているが、これは、一九九二年から二〇〇八年にかけて、ソフトウェアや音楽、娯楽やニュースを自由にシェアしようとする気運が盛り上がったときと同じ状況だ。当時、情報を生成するときの限界費用の急落が、LINUXやウィキペディア、ナップスター、ユーチューブなどの開かれたコモンズを生んだのだ。

環境保護主義者とソフトウェア・ハッカー、意気投合

「無料《フリー》の遺伝学」の運動はここ三〇年来、「無料《フリー》のソフトウェア」の運動と並走してきた。両者は、従来の知的財産の保護に対抗して、開かれた形での情報のシェアを擁護しており、それぞれ手強い敵

に対峙している。フリーソフトウェア運動の初期の担い手たちが思い知らされたように、大手メディアや電気通信業界、娯楽業界はしっかりと守りを固め、知的財産権保護法の中に反乱のきっかけを与えかねない綻びが一つも出ないよう、必要な手をすべて打ってきた。環境保護主義者たちも、生命科学企業や製薬会社、農業関連産業を相手に、似たような状況に直面していた。

この二つの運動は共通の哲学的基盤を持っていたが、生命情報学という新たな分野の誕生を受けて技術的な基盤も共有するようになってきた。研究者たちは演算処理テクノロジーを用いて遺伝子情報の解読、ダウンロード、目録作り、保存、書き換えを進め、バイオ産業時代に向けた新しい種類の遺伝資本を生み出し始めた。コンピューターによる演算処理と高度なソフトウェア・プログラムのおかげで、生物学を概念化する新たな言語と、バイオテクノロジー経済における遺伝子情報の流れを管理する手段がもたらされた。一九九八年に拙著『バイテク・センチュリー——遺伝子が人類、そして世界を変える』で指摘したように、「演算処理テクノロジーと遺伝子テクノロジーが融合し、テクノロジーの面で強い影響力を持つ新しい現実が生まれている[38]」のだ。

今日、世界中の分子生物学者は、歴史上最も広範に及ぶデータ収集プロジェクトに精を出している。政府や大学、企業の研究所において、研究者は最下等のバクテリアからヒトに至る生物の全ゲノムのマッピングと、塩基配列の決定を進めている。彼らが目指しているのは、経済的な目的に遺伝子情報を利用し、有効活用する新たな方法を見つけることだ。

分子生物学者は、今世紀なかばまでには何万種もの生物のゲノムをダウンロードして目録作りを終えることを望んでいる。でき上がるのは、地球上に生息する多くの微生物、植物、動物の進化の青写真を蔵する厖大なライブラリーだ。生み出される生物情報の量があまりにも多いので、その管理はコンピューターに任せるしかなく、世界中の何千ものデータベースに電子的に保管せざるをえない。たとえば人間の完全なゲノム配列を電話帳で使われる形式で活字にするとしたら、マンハッタンの一〇〇〇ページの電話帳二〇〇冊分にもなるだろう[39]。これは三〇億件以上の項目を含むデータベースだ。このたとえをもう一歩進めて、もしあらゆる種類の人間のデータをプリントアウトするとしたら、データベースは前述のものより少なくとも四桁分大きくなる。つまり一万倍以上の大きさになるだろう。

ゲノムのマッピングと塩基配列の決定は、まだ序の口だ。遺伝子や組織、臓器、生命体、外部環境、さらに、遺伝子の突然変異やそれに対する表現型〔生物の形態的・生理的性質〕の応答を引き起こす変動などの間にある関係をすべて理解し、記録することは、これまでに設計されたどんな種類のシステムの複雑さをも凌駕している。そのため学際的なアプローチをして、情報科学者の演算処理技能に大きく頼らなければ、この課題の達成は覚束ない。

コンピューター分野におけるビル・ゲイツのような大物や、マイケル・ミルケンのようなウォール街の人間たちが生命情報学という新しい分野に資金を投入しているが、彼らの望みは、情報と生命科学のコラボレーションによる協力関係を促進することだ。

コンピューターは遺伝子情報の解読と保存に利用されるだけではない。バーチャルな生物環境を作り出し、そこから複雑な生物有機体やネットワーク、生態系のモデルを作るためにも用いられている。バーチャルな環境は、研究者が新しい仮説やシナリオを生み出し、後にそれを基にして新しい農産物や医薬製品を実験室でテストするのに役立つ。バーチャルな実験室での研究ならば、生物学者はキーをいくつか叩けば合成分子を作り出すことができ、実験台の上で本物の分子を合成するときの、得てして骨の折れるプロセス——何年もかかるときがある——を省いて研究を進めることが可能だ。3Dのコンピューター・モデルを使えば、研究者は画面上でさまざまな組み合わせを試して異なる分子を結びつけ、それらがどう相互作用するかを見ることができる。

科学者は、新しい情報化時代の演算処理テクノロジーを用いて、将来さまざまな新分子を作り出すことを計画している。化学者はすでに、自己増殖したり、電気を通したり、汚染を検知したり、腫瘍の増殖を止めたり、コカインの作用を抑えたり、果てはエイズの進行さえブロックしたりできるような合成物の開発の可能性について口にしている。

ビル・ゲイツはＩＴと生命科学の一体化に熱烈な関心を抱いており、こう述べている。「現在は情報化の時代であり、生物情報はおそらく、私たちが解読し、変えることを決断しようとしているもののうちでも最も興味深い情報だ。すべてはどのようにしてやるかという問題であって、できるかどうかという問題ではない[40]」

現在、演算処理テクノロジーは他のすべての分野に拡がり、再生可能エネルギーや３Ｄプリンティング、労働、マーケティング、ロジスティクス、輸送、保健医療、オンラインの高等教育などの分野を構成するためのコミュニケーション媒体になっている。社会を改組するための新しい演算処理言語は、インフォハッカー、バイオハッカー、３Ｄハッカー、クリーンウェブハッカーなど、さまざまな興味を持つ人々を一つにした。これらのグループをすべて結びつける絆となっているのは、協働型のオープンソース経済やコモンズの統治モデルに対する深い傾倒だ。市場が完全に斥けられているわけでも、政府がまったく考慮されていないわけでもないが、これらの新しい動きにかかわる人々に共通しているのは、ピアトゥピアのコモンズ方式の管理が優れているという熱烈な信念であり、彼らは限界費用がほぼゼロの社会の恩恵が阻まれずに確実に実現されるためには、これが最良の統治モデルだと信じているのだ。

第11章

協働主義者は闘いに備える

新しいコモンズ参加者《コモナー》は、政治的運動の範疇をはるかに超えた動きを生み出す。コモナーが体現するのは深遠な社会的変化であり、それがもたらす衝撃は顕著で、長期にわたって続くと見込まれる点で、資本主義時代の幕開けに際して神学による世界観からイデオロギーによる世界観へと社会を一気に転換した衝撃にも匹敵する。

生産消費者《プロシューマー》である協働主義者と、投資家である資本主義者との争いはまだ始まったばかりではあるが、二一世紀前半における決定的に重要な経済闘争の様相を見せつつある。第I部では、第一次産業革命のコミュニケーション／エネルギー／輸送マトリックスへ移行したために、労働者は道具を取り上げられ、株主の投資家は所有企業の経営から手を引かされたことについて考察したのを思い出してほしい。今日では、第三次産業革命の新たなコミュニケーション／エネルギー／輸送マトリックスのおかげで、消費者は自ら消費する財やサービスの生産者たることが可能になっている。そしてこの新たなプロシューマーは、世界中に分散し、ネットワーク化されたコモンズにおいて、限界費用がほぼゼロでしだいに協働したり、財やサービスをシェアしたりして、資本主義市場の機能を混乱に陥れている。協働主義者と資本主義者の間で展開する経済的衝突は、今後の人類の歩みの性質を再定義する可能性の高い、文化的対立の表れなのだ。現在出現しつつある文化の物語《ナラティブ》の根底に何かテーマがあるとするなら、それは「あらゆるものの大衆化」だ。

フリーカルチャー運動、環境保護運動、パブリック・コモンズ再生運動は、言うなれば、この展開中の文化ドラマの共同制作者だ。それぞれが脚本に対して独自のメタファーを持ち寄る。それと同時に、互いのメタファー、戦略、方針のイニシアティブをしだいに採り入れ、一つの枠組みへと限りなく近づけてゆきつつある。

フリーカルチャー運動の引き金となるもの、つまりハッカーの願望や想像力を掻き立てる契機があったとすれば、それはおそらく、彼らの一人が仲間に矛先を向け、コンピューターとソフトウェアの革命の甚だ不快な営利的側面を露呈したときだったのだろう。一九七六年、怒りに満ちた若きビル・ゲイツはハッカー仲間たちを公然と非難し、遠回しの警告とともに容赦なくこき下ろした。

> 愛好家《ホビイスト》の大多数は気づいているに違いありませんが、あなた方の多くはソフトウェアを盗んでいます。ハードウェアには対価を支払わなくてはならないがソフトウェアはシェアするものだ、ソフトウェアの開発に取り組んだ人々が報酬を得たかどうかなどどうでもよい、というわけです。これで公平だというのでしょうか？……対価を得られなくてもプロフェッショナルとして仕事ができる人などいるのでしょうか？……実際のところ、ホビー用のソフトウェアに多額の投資をしてきた人は、私たちぐらいのものです……が、ホビイストたちにこのソフトウェアを提供しようという気にはなれません。はっきり言えば、あなた方のしていることは窃盗なのです［1］。

ゲイツによる怒りの吐露は思いがけないものではなかった。コンピューターとソフトウェアの業界は成熟しつつあった。MIT、カーネギーメロン、スタンフォードをはじめとする大学のテクノロジー・ハブにはもともと、とりわけ気軽で遊び心や創造性に溢れる学究環境があり、演算処理やソフトウェアが平等かつ協働的にシェアされていた。こうしたハブにおける趣味としてのハッカー文化のただなかに、新たな動きをする者が現れた。彼らは、この新しい通信革命を市場に持ち込もうと決意していたのだ。ゲイツは他に先駆けて、譲れぬ一線を明確に引いた。すると、やはり若手のハッカーで、MITの人工知能研究所で研究に取り組むリチャード・M・ストールマンが、ゲイツの挑戦に応じ、その一線を越えた。

フリーソフトウェアの下に結集する

ソフトウェアコードは急速に、人と人、および人とモノとのコミュニケーション言語となりつつあり、この新しいコミュニケーション媒体を囲い込んで私有化し、少数の企業がアクセス条件を決めて使用料も徴収するのを許すのは不道徳で倫理にもとるとストールマンは主張した。そして、すべてのソフトウェアはフリーであるべきだと宣言した——「フリー」といっても、「無料《フリー》のビール」というときではなく「言論の自由《フリー》」というときの意味で。ストールマンとゲイツの立場はこれ以上ないほどかけ離れていた。ゲイツはフリーソフトウェアを窃盗だと見なし、ストールマンは言論の自由だと考えたのだ。

ストールマンは、ソフトウェアを引き続き流通させ、協働型でフリーにしておくための技術的な方法を考え出そうと決め、優秀なソフトウェア・プログラマーを集めてコンソーシアムを組織した。彼らは「GNU《グヌー》」という名称のオペレーティング・システム（OS）を開発した。GNUは誰でもアクセス、利用、改変可能なフリーソフトウェアで構成されていた。そして一九八五年にストールマンらはフリーソフトウェア財団を設立し、この組織の信条を支える四つの自由を次のように定めた。

いかなる目的のためにでもこのプログラムを実行する自由。このプログラムがどう機能するのかを調べ、あなたの望むとおりの演算処理をするように改変する自由。……プログラムを再配付して周囲の人々に資する自由。［そして］自分が改変したプログラムを他者に配付する自由。そうすれば、あなたの手による改変の恩恵に与る機会をコミュニティ全体に与えられることになる［2］。

ストールマンは自分の宣言に肉付けをするために、フリーソフトウェアのライセンスの枠組みを作り、「GNU一般公衆利用許諾書（GPL）」と名づけた。GPLは先に述べた四つの自由を保障するものだった。これらのライセンスは著作権法の行使に代わる方法として考え出されたもので、ストールマンはそれを「コピーレフト」と呼んだ［3］。従来の著作権（コピーライト）が、ある作者による作品を他者が複製したり、借用したり、複製を配付したりすることを禁じる権利を著作権所有者に対して認めているのとは対照的に、コピーレフト・ライセンスは、作者が「作品の複製を受け取る人全員に対して、複製したり翻案したり配付したりする許諾を与え、その結果生じた複製や翻案にも同じライセンス合意を求め」ることを認めるとしている［4］。

GPLはソフトウェアをフリーでシェアするためのコモンズ確立に向けた手段となった。このライセンスには、エリノア・オストロムがいかなるコモンズをも効果的に管理するために提案した、主要な特徴の多くが組み入れられていた。とりわけ重要なものとして、包含の条件と排除の制限、アクセスと使用中止を規制する権限、自主管理のための罰則と規約、リソースの強化と管理（リソースとはこの場合はソフトウェアコード自体を指す）といった項目が示されていた。ＧＰＬやその後に策定された他のフリーソフトウェア・ライセンスのおかげで、ソフトウェアコモンズに参加する何百万もの人が、正式に合意した稼働原理に則って、自由に協働する法的手段を得ることができた。ＧＰＬはまた、後にフリーカルチャー運動へと変化してゆくことになるものの基礎を据えた。フリーカルチャー運動の顔となったハーヴァード大学法学教授のローレンス・レッシグは、「コードは法なり[5]」という的を射た言葉を生み出した（「コード」には情報を表す記号体系以外に、「法典」や「規定」といった意味もある）。

ストールマンがＧＮＵオペレーティング・システム（ＯＳ）とＧＰＬを発表してからちょうど六年後、ヘルシンキ大学の若い学生リーナス・トーヴァルズはパーソナルコンピューター向けの、ＵＮＩＸ系ＯＳのために、フリーのカーネル（ＯＳの中核部分で、アプリケーションソフトウェアとハードウェアのやり取りの管理などを行なうソフトウェア）を設計した。そのＯＳはストールマンのＧＮＵプロジェクトと互換性があり、フリーソフトウェア財団のＧＰＬの下で配付された。このＬＩＮＵＸのカーネルのおかげで、世界中の何千ものプロシューマーはインターネットを通じて協働し、フリーソフトウェアコードを改良できるようになった[6]。

今日、ＧＮＵ／ＬＩＮＵＸは、スーパーコンピューターの性能ランキングトップ五〇〇に入る機種の九割以上で使用されており、フォーチュン五〇〇社に名を連ねる企業でも採用されている。さらに、タブレット型コンピューターや携帯電話などのシステム上でも稼働している[7]。

コロンビア大学の法学・法制史の教授エベン・モグレンは、ＬＩＮＵＸが成し遂げたことの永続的な重要性について、一九九九年に次のように述べている。

トーヴァルズがフリーソフトウェア財団のＧＰＬの下でＬＩＮＵＸのカーネルをリリースす

ることを選んだため……このカーネルのさらなる発展に向けて力を注ぐことを選んだ世界中の何百、最終的には何千ものプログラマーは、自らの努力が永続的にフリーなソフトウェアという形で実を結ぶのであって、何人《なんぴと》もそれをプロプライエタリー・ソフトウェア〔入手、利用、複製などに関して、法的手段や技術的手段で制限が設けられているソフトウェア〕にはできないと確信することができた。改良されたものを誰もがテストし、さらに改良し、再配付できるであろうことを誰もが理解していたのだ[8]。

ＧＮＵ／ＬＩＮＵＸは他にも、さらにもっと意義深い事柄を実証してのけた。それは、フリーソフトウェアを対象とするグローバル・コモンズにおける協働《コラボレーション》は、資本主義市場におけるプロプライエタリー・ソフトウェア開発に打ち勝ちうるということだ。モグレンは次のように続けた。

　ＬＩＮＵＸのカーネルの開発により証明されたとおり、インターネットのおかげで、営利の製造業者にはとうてい望みようのないほどの規模でプログラマーが結集し、ほぼ非階層的に団結して、最終的には一〇〇万行を超えるコンピューター・コードを必要とする開発プロジェクトに当たった。地理的に分散した無報酬のボランティアたちによるこれほどの規模での協働は、これまでの人類史では想像もできなかった[9]。

フリーソフトウェア運動に対する批判はＩＴコミュニティ内部にもなかったわけではない。一九九八年、運動において主要な役割を果たしていた人々の一部が分裂し、「オープンソース・イニシアティブ（ＯＳＩ）」という名の組織を創立した。創立者であるエリック・Ｓ・レイモンドとブルース・ペレンズは、フリーソフトウェアに関しては発想の問題が負担となって、営利企業を遠ざけてしまうのだと警告した。彼らがとくに懸念したのは、フリーソフトウェアがゼロコストの概念と結びつきかねない点だった。ゼロコストというと、民間企業は利鞘ゼロや利益消滅、無料の財という考えを思い浮かべる。すなわち発想の違いがあまりにも大きくて、ビジネス界にはふんぎりがつかないのだと二人は結論した〔10〕。

彼らが代替案として提示したのがオープンソースのソフトウェアだった。フリーとオープンソースの違いは実体よりも捉え方にある。どちらも実質的に同じ種類のライセンス合意に依存している。とはいえレイモンドとペレンズは、ビジネスコミュニティを引き込みたいと切に願っており、情報を専有することは不道徳で倫理にもとるという発想と、ライセンスの付与とを結びつかせずに、オープンソースのコードを実際的なビジネス上の提案とし、その利点を納得させるほうが簡単だろうと考えていた〔11〕。

ストールマンもレイモンドも、フリーのソフトウェアとオープンソースのソフトウェアには実質的にほとんど違いがないことは認めている。それでもストールマンは、言い回しを変えてしまえばフリーの概念が弱まり、フリーソフトウェア運動を衰えさせ、ライセンス合意に微妙な変化がもたらされ、それによって長期的にはビジネス界が運動の成果を徐々に切り崩してゆくための扉が開かれると信じていた。ストールマンは、「オープンソースは開発の方法論であり、フリーソフトウェアは社会運動だ」と断言し、アプローチにおける違いを概括した〔12〕。

オープンソースという言葉を使えばより多くの企業がフリーソフトウェアを採用することをストールマンは認めた。それは企業がその前提に同意しているからではなく、フリーソフトウェアを普及させればユーザーが増えて基本的に利益が得られるからにすぎない。そして、「遅かれ早かれ、ユーザーは何らかの実際的利点を求め、プロプライエタリー・ソフトウェアへと戻るように導かれるだろう」と警告した[13]。それにもかかわらず、オープンソース・ソフトウェアは圧勝を収めて成功しており、ビジネスコミュニティのかなりの部分を引き入れる一方、学術の世界やシビル・ソサエティでの支持も集め続けている。

それでも、フリーソフトウェアとオープンソース・ソフトウェアの取り組みはともに、コード（新しいメディアの言語）へのユニバーサル・アクセスを確保することに重点を置いていた。コンピューターマニアがやり始めたことが社会運動に変化したのは、インターネットの成熟のおかげだ。あれよあれよという間に何百万もの人がつながり、新しいバーチャルなサロンを作って交流を始めた。ソーシャルメディアの出現によって、やり取りの内容がコードから会話に変わった。インターネットはグローバルなバーチャル公共広場となり、音楽ファイルや動画、写真、ニュース、ゴシップをシェアする集会所と化した。フリーソフトウェア運動は突如、はるかに規模の大きいフリーカルチャー運動に取り込まれたのだ。エリック・レイモンドは「市場《バザール》」というメタファーを使って、この賑やかなバーチャルスペースの雰囲気を捉えた。そのスペースでは、アイディアや願望や夢と、人間がディープ・プレイの中でかかわり合うときに用いる無数の形態や表現とが混ざり合う[14]。インターネットは人間が市場資本ではなく社会関係資本を生み出す場だという意識が広まりつつあった。世界中の若者がこぞって仲間に加わりたがり、動画や写真を撮影して閲覧し合い、音楽情報をシェアし、アイディアや意見をブログにアップロードし、ウィキペディア上に学術的情報の断片を書き込んだ。自分のインプットが他のユーザーたちの役に立ってくれることを願って。

このように人間の交流の形が変容したことで、私たちは血縁、信仰、民族的アイデンティティを超えて、グローバルな意識へと導かれている。これは前代未聞の規模の文化現象で、それを先導しているのは二七億人のアマチュアだ。文化のグローバルな大衆化を可能にしたのはインターネット通信媒体であり、その稼働ロジックは分散型・協働型・水平展開型だ。このロジックは、民主的な自主管理というオープンなコモンズの形態に好都合なのだ。

ローレンス・レッシグは文化を大衆化している媒体の深遠な社会的意義を早々と理解した。「文化」という言葉そのものは、少なくとも二〇世紀においては、高尚なものと低俗なものに分けられ、高尚な文化が永続的価値を持つ社会関係資本を生み出すのに対して、低俗な文化は一般大衆向けの安価な娯楽に分類されるという暗黙の理解があった。

ところが、インターネットがその文化の尺度を覆した。二〇億を数えるアマチュアは気がつけば上に立ち、社会のナラティブをプロフェッショナルのエリートを中心とするものから一般大衆を中心とするものへと方向転換している。だが文化の大衆化は保証されたものではない。レッシグらはそれに対する反発について警告を発している。営利企業やプロフェッショナルたちが結託し、知的財産の保護を強めたり、ピアトゥピアの創造性を発揮するためのフォーラムという、インターネット特有の協働の可能性を抑え込んだりしようとしているからだ。

媒体がドメインである

文化を作り上げているのがエリートか一般大衆かは、媒体の性質に大きく依存している。石炭を燃料とする蒸気印刷が起こした革命と、その副産物である書籍や雑誌、そしてその後の電力革命とその結果生まれた映画やラジオ、テレビは、著作権の保護を促進した。これらの媒体は中央集中型の性質を持ち、作者の貢献の範囲が区切られていたため、文化のコンテンツが「個人化」した[15]。

印刷術によって、個々の原著者という発想がもたらされた。アリストテレスや聖トマス・アクィナスのような個々の著述家はそれまでにも存在していたが稀だった。筆写本の文化では、写本は長い時間をかけて何百もの無名の筆写人によって書かれることが多かった。一人の筆写人が、文書中の一文か二文を膨らませ、原文のほんの一部の意味をわずかに変えることもあったが、それは著述家としての重大な貢献とはおよそ言い難い。筆写人たちは、書き写すことが自らの役目と考えていた。本人の名前が作品全体と結びつけられている作家も少しはいたが、彼らでさえ、自分の考えを自力で生み出したものとはあまり考えていなかった。むしろ、自分の考えは幻視や啓示という形で外からもたらされた、つまりその考えに突然「見舞われた」と感じていた。考えは独創的な洞察として純粋に内面から生まれたのだという概念自体、まったく理解できないとは言わないまでも、奇異に思えただろう。

印刷術のおかげで、誰もが自分の考えを書きとめた後に印刷して広く配布し、他者に読んでもらえるようになり、物を書くという行為が大衆化した。次に、著作権法が導入されて、自分の考えや言葉を所有するという斬新な発想が採り入れられた。自分の言葉の所有が始まると、自分の考えは自分の労働の産物なのだから、個人の功績として市場で販売できるという発想に自ずとつながった。こうして印刷術とそれに付随する著作権法は、史上初めてコミュニケーション・コモンズを部分的に囲い込んだ（写本あるいは口承の文化では、自らの言葉を所有し、それを読みまたは聴く人に支払いを請求してもよいという概念は、まったく信じられなかっただろう）。

印刷された書籍は、さらに別のレベルでもコミュニケーションを囲い込んだ。口承の文化では、人どうしのコミュニケーションはリアルタイムで起こった。考えは人々の間で流れるように自由に行き来し、一つの話題から別の話題に移行する場合もしばしばあった。それにひきかえ、書籍は一方通行の会話で、その会話は通常、中心テーマあるいは一連のアイディアを中心にして高度に体系化され、印刷されたページに永遠に固定されて、表と裏の表紙の間に囲い込まれ、閉じ込められる。

言語は人々の間での共有体験となるべきものであるのに対して、印刷物がきわめて特殊なのは、それが一人で経験される点だ。印刷物はコミュニケーションを私有化する。人は本や新聞を他者から孤立して読む。読者は著者と会話ができない。著者も読者も自分だけの世界に身を置いており、「リアルタイム」の対話には参加できない。単独で行なうという読書の性質は、純粋に自らの頭の中で起こる自主的行為としてのコミュニケーションという考え方をいっそう強める。コミュニケーションの社会的な質が断ち切られる。読書をするとき、人は囲い込まれた場所に引きこもり、コモンズから締め出される。コミュニケーションの囲い込みは事実上、無数の自主的世界を創出する。歴史家のエリザベス・アイゼンステインは、読書の文化は口承文化よりも個人主義的で自主的だと述べ、次のように書いている。

社会は個別のユニットが集まったものと見なされうる、あるいは個人は社会集団に優先する、という考え方は、聞く大衆より読む大衆によく当てはまるように思われる[16]。

一方、インターネットは境界線を解消し、著作というものを、著作権によって一定期間保護される自主的で閉ざされたプロセスではなく、時間をかけて行なわれる協働型で制約のないプロセスに変える。レッシグは、インターネット上で行なわれる文化創造の寄せ集め的な性質に注意を促す。まず、インターネット世代は言葉で書くより、画像や音声、映像でコミュニケーションをすることのほうが多い。この媒体の持つ分散型の性質のおかげで、ジャンル内で、あるいはジャンルを超えて、混ぜ合わせたり組み合わせたりする、カット・アンド・ペーストする、といった作業が容易にできる。インターネット上では何をコピーするにしても限界費用がほぼ無料なので、子供たちは、情報の共有は会話の共有とほとんど変わらないという考えを持って育つ。この媒体の相互接続性や双方向性は協働を強く求め、レッシグが「リミックス」文化と呼んでいるものを生み出す。この「リミックス」文化では、誰もが他の誰もに反応し、メディアのミックスを通してテーマに自分なりのバリエーションを加え、それを次々に伝え合って果てしないゲームを繰り広げる。「このようなリミックスは会話だ」とレッシグは言う。そして、これまでの世代が会話をする際に互いに代金を請求しなかったのとちょうど同じで、インターネット世代も、会話の性質は違うにせよ、代金を請求する必要を感じていない[17]。

コミュニケーションのリミックスというこの新しい形態は、口頭でのコミュニケーションとほとんど変わらないほど安価になった。ただし、現在この形態の会話には二七億の人が参加している[18]。リミックスの生み出すグローバルな会話や協働型の文化が妨げられないようにするには、新しいコモンズを開かれたものにしておくための法的手段が必要となる。レッシグと大勢の仲間たちは、二〇〇一年に非営利組織「クリエイティブ・コモンズ」を創立した。この組織はフリーソフトウェア運動のストールマンらのあとに続き、コピーレフト・ライセンスを発行している。それは「クリエイティブ・コモンズ・ライセンス」として知られ、文化的コンテンツの創造に関与する人なら誰にでも無料で発行される。このライセンスには、原作者が自分のコンテンツに印を付けて他者に与える自由の度合いを決定できる、複数の選択肢が設けられている。著作権の重要な特徴である、「all rights reserved（著作権のすべてを留保）」という文言の代わりに、クリエイティブ・コモンズ・ライセンスは、「some rights reserved（著作権の一部を留保）」という文言を使用している。レッシグは次のように解説する。

作品のシェアまたはリミックス、あるいはその両方の自由を与えられる。非営利目的の場合にのみ、あるいはユーザーが同じようにシェアする（継承した自由を他者に与える）場合にのみ、あるいはその両方の場合に限り作品を使用できる、という制限を課せる。制作者はこうした自由や制限を組み合わせることができ、その結果、三つのレイヤー〔層〕で構成される六つのライセンスが可能になっている[19]。

レッシグは自分のお気に入りの例を挙げて、クリエイティブ・コモンズ・ライセンスが実際どのように機能しているかを示している。

〔それは〕コリン・マチュラというアーティストによって書かれた「マイ・ライフ（My Life）」という歌だ。彼は無料サイトにギター・トラックをアップロードして、他の人がクリエイティブ・コモンズ・ライセンスの下でダウンロードできるようにした。コーラ・ベスという一七歳のバイオリニストがそれをダウンロードし、その上にバイオリン・トラックを重ね、「マイ・ライフ・チェンジド（My Life Changed）」と名づけ直してから同じ無料サイトに再びアップロードし、他の人が好きに扱えるようにした。私はこの歌のリミックス版を非常に多く目にしている。重要なのは、これらのクリエイターたちが、著作権法に従いながら彼らの間に弁護士を誰も立てずに制作できたという点だ[20]。

クリエイティブ・コモンズ・ライセンスは急速に広まった。二〇〇八年までには、クリエイティブ・コモンズの下で認可された作品は一億三〇〇〇万点にのぼり、なかにはレコーディング業界で有名な作品もある[21]。フリッカー〔画像のアップロード、保管管理、共有ができるグローバルなオンラインサービス〕だけでもクリエイティブ・コモンズ・ライセンスが付与された写真を二億点掲載している[22]。ユーチューブが投稿動画にクリエイティブ・コモンズ・ライセンスの適用を開始したほんの一年後の二〇一二年には、ライセンスが付与された四〇〇万点の動画がこのサイトに載った［23］。二〇〇九年には、ウィキペディアがクリエイティブ・コモンズ・ライセンスの下、すべてのコンテンツの使用を再認可した［24］。

クリエイティブ・コモンズはサイエンス・コモンズも創立した。研究者によると、著作権やとくに特許権が、情報の時宜を得たシェアを妨げ、研究を遅らせ、科学者どうしのコラボレーションの邪魔をし、新しいイノベーションを阻んでいるという。最悪の場合、知的財産権保護は、生命科学企業、農業関連企業、製薬会社などの大手企業に、創造性に水を差したり競争心を挫《くじ》いたりする手段を与えてしまう。世界中の大学や財団支援の研究所に所属する科学者のなかには、遺伝子情報の特許を取得するという発想を捨てる人が増えている。彼らは、自らの研究をオープンソースのネットワークにアップロードして、管理されたコモンズで研究者どうしが自由にシェアできるようにしている。

ハーヴァード大学医学大学院は、クリエイティブ・コモンズ・ライセンスを同大学のパーソナル・ゲノム・プロジェクトに適用している［25］。このプロジェクトは長期的なコホート研究〔特定の集団（コホート）を長期的に追跡調査する研究手法〕で、カスタマイズされたテイラーメイド医療の分野における研究を進めるため、一〇万人の有志のゲノムを解析してその情報を公表することを目的としている［26］。クリエイティブ・コモンズ・ライセンスの対象とされるゲノムデータのすべてがパブリック・ドメイン〔特許権や著作権で保護されていない状態〕に置かれ、インターネット上で利用可能になるので、科学者が自分の研究室で行なう研究のために制限なく無料でアクセスできるようになる［27］。

クリエイティブ・コモンズのライセンス付与が成功しているにもかかわらず、レッシグはあらゆる機会を捉えて、自らが「拡大する著作権廃止運動［28］」と呼ぶものから距離を置こうとしている。著作権は来るべき時代も生き残るだろうが、人々が一部は市場で、一部はコモンズで生きることになる世界では、オープンソース・ライセンス供与にその座を譲る必要があるとレッシグは考えている。彼の意見は短期的には正しいが長期的には間違っているのではないだろうか。

特許権と著作権は、稀少性を軸にして構成された経済では成功するが、潤沢さを核として構成された経済では役に立たない。しだいに多くの財やサービスがほぼ無料となる限界費用がほぼゼロの世界で、知的財産権の保護にどんな妥当性があるというのか？

創造的な作品が、単独の原作者ではなく長期に及ぶ複数の協働インプットによって提供される方向へと移行するなかで、オープンソース・ライセンス供与の目覚ましい増加は、すでに従来の著作権や特許権の保護に深刻な問題を突きつけている。現在、ますます多くのビッグデータが、それに個人情報を提供している何百万もの個人にシェアされるようになっている。情報がフリーになりたがっているのと同様、「ビッグデータは流通したがっている」。ビッグデータに価値があるのは、厖大な数の個人や情報源から提供される情報のおかげであり、その情報を分析し、利用すれば、パターンを見つけ、推論をし、問題を解決できる。分散型・協働型の社会では、集合知に自分のデータを提供している無数の個人が声を上げ、自らの知識が吸い上げられて知的財産という形で囲い込まれ、少数の人によって所有され統制されるのではなく、開かれたコモンズで万人の利益のためにシェアされることを強く要求し始めている。

新しいコモンズのナラティブ

オープンソース・ライセンスは文化の大衆化を促すように構想されており、それはそれでけっこうだ。このような法的手段を、コモンズ方式の管理に付加するのはさらに素晴らしい。私たち人類の社会生活の大半はパブリック・ドメインで最適になるという考え方は、常識に適っている。けっきょく、パブリック・ドメインは私たちが社会関係資本や信頼を生み出す場だからだ。だが、新しい社会を構築するにあたって、オープンソース・ライセンスやコモンズ方式の管理、そしてパブリック・ドメインという曖昧な法的概念（後述）に頼って大丈夫だろうか？　これらは法的手段や管理規定ではあるが、それ自体は世界観とはおよそ言い難い。この筋書きに欠けているのは、包括的なナラティブ、展開しつつある現実の意味を解き明かせる、人類の歩みの未来についての新しいストーリーだ。

ＩＴやインターネット、フリーカルチャー運動のリーダーたちは、フリーソフトウェア・ライセンスやクリエイティブ・コモンズの合意が成功を重ねてゆくただなかで、ナラティブの要素が欠落しているのに気づき始めた。彼らには勢いがあったとはいえ、その積極的な活動にビジョンがあったわけではなく、彼らは物事に反応して動いているだけで、新しい立場を主張するというより火消し役に回っていた。資本主義市場における中央集中型の専有的な関係という、旧式のパラダイムの中でうまく立ち回らなければならないために制約を受け、そこから抜け出して一から新しいものを創出することが難しかったのだ。

フリーカルチャーの理論家たちは、より大きな課題に取り組み始めた。自らの直観には適うもののまだ不完全なビジョンを、一つにまとめ上げるためのナラティブを見つけ出すというのがその課題だ。二〇〇三年に、デューク大学の法学教授で、クリエイティブ・コモンズ創立者の一人ジェイムズ・ボイルは、「第二の囲い込み運動とパブリック・ドメインの構築」という題の論文を発表した。この論文は、そのナラティブの発見をめぐる議論を引き起こした。

私はボイルと面識はないが、彼は論文で、私が代表を務める経済動向財団やその他の環境保護活動家や遺伝子問題の活動家による、遺伝子コモンズを開かれた状態に保つための働きについて触れ、ヒトゲノムやその他すべてのゲノムは進化の「共有の相続財産」であり、それゆえ私有財産として囲い込むことはできないという私たちの主張に言及している［29］。

「生命情報学」という新しい分野は「コンピューターによる数理モデル化と生物学的研究との境界線を曖昧にする」ものの、オープンソースのゲノム学によって生物学的研究が企業利益の狭い範囲に縛られなくなり、地球上の遺伝資源の管理は人類の「共有」責任になるだろうとボイルは感じていた［30］。

この例を念頭に置きながら、ボイルはフリーカルチャー活動家や従来型の市場の擁護者の間で日常的に繰り返される争いから抜け出し、人類のための別の未来の見通しについて思いを巡らせた。それは、気がつくと私たちが歩んでいた現在の道とはまったく違う未来だ。彼の考えは断定的ではなく予言めいており、所見という形で示された。彼は次のように書いている。

> 最低でも、はるかに多くの知的で創意に富んだ生産がフリーとなる世界を実現できる可能性がいくらかある——その希望さえある。「『フリー』といっても、『無料《フリー》のビール』というときではなく『言論の自由《フリー》』というときの意味で」とリチャード・ストールマンは言った。だが、その生産の大部分が、中央集中型の制御からフリーでない、なおかつ低コストあるいはノー・コストの両方となることを期待しうる。生産の限界費用がゼロで、伝達と保管の限界費用がゼロに近づき、創造のプロセスが付加的《アディティブ》になり、労働力のほとんどが無料になったら、なるほど世界は少し違って見える。少なくともこれは実現可能な未来、あるいは実現可能な未来の一部で、私たちが軽はずみに除外してはならない未来だ［31］。

そのような未来にはどうやって到達したらよいのか？　社会での新しい生き方を正当化する理由で

パブリック・ドメインという曖昧な法的概念に戻ることによってではないのは確かだ。ボイルらは、ばらばらの発想をしっかり束ね、自らが築き上げたい世界について語るときの枠組みとなる一般理論が必要だと感じていた。

二〇年の間、環境保護運動はフリーカルチャー運動と並行して進むうちに、自らの運動に有益になりうる厳密な一般理論――ひょっとすると、二つの運動をもっと大きなナラティブにまとめることさえ可能かもしれない理論――を首尾良く練り上げていたことにボイルは気がついた。

現代の環境保護運動はつねに二つの部分から成る現象だった。生態学が地球の生物系の複雑なダイナミクスを作り上げているパターンと関係に焦点を絞り続ける一方、活動家たちは得た知識を、人間と自然の関係を立て直す新しい方法を求めるために用いる。たとえば初期の活動家は、絶滅の危機にさらされた個々の種の保護に努力の大半を向けた。生態学者たちが生物とその生息環境の間の複雑な関係について多くを学ぶにつれて、活動家たちはもし個々の種を救うつもりなら、その生息環境を守ることに重点的に取り組まなくてはならないことに気づき始めた。そして、そこからさらに理解が進んだ。多くの場合、絶滅危惧種が危機に瀕している原因は、生態系を断ち切って複雑な生態学的ダイナミクスを損ない、その結果、自然の動植物相を減少させるような、政治、ビジネス、居住の勝手な境界を押しつけられたことに帰せられるのだ。一九九〇年代、活動家たちはそのデータを拠り所として越境平和公園の設立を強く求め始めた。これは新しい開発コンセプトで、世界中で実践されている。その使命は、周期移動パターンだけでなく、さまざまな生態系に存在する他の多くの複雑な生物学的関係も併せて回復させるために、かつては国境によって分断されていた自然の生態系を再び結びつけることだ。

越境公園は、環境の囲い込み、私有化、商業開発を重視する既存のナラティブから脱却し、地域の生態系コモンズにおける生物多様性を回復させて管理し、再び全体を一つにしようとするものだ。自然の境界が重要性において政治やビジネスの境界に取って代わるという考えそのものが、社会のナラティブを、個人の私利、ビジネス、地政学的配慮から、自然の全体的な繁栄に向け直すという効果を持っている。

越境公園は大反転のごく試験的な端緒と言える。地球の環境コモンズ囲い込みの増加を特徴とする時代が五〇〇年続いたあと、越境公園は、ごく限られた形ではあるにしても、コモンズを再び開放するのだ。

生態学が学問として非常に先鋭的なのは、地球を、全体の機能を維持するために共生的かつ相乗的に機能する、相互関係の複雑なシステムとして重要視しているからだ。ダーウィンがおもに個々の生物や種に注目し、環境は諸資源という背景でしかないと考えたのに対して、生態学では、環境はそれを作り上げるすべての関係だと考える。

生態学は局地的な生息環境と生態系の研究から生まれた。二〇世紀初頭、ロシアの科学者ウラジーミル・ヴェルナツキーは生態学の概念を拡げ、地球全体の生態学的な仕組みを含むものにして、従来の正統派科学の考えと袂を分かった。当時は、地球のさまざまな地質学的プロセスは、生物学的プロセスとは無関係に単独で発展し、生命進化の環境を提供すると考えられていた。彼は一九二六年に画期的な著書を発表し、地質学的プロセスと生物学的プロセスは共生関係を保ちながら発展するという先鋭的な理論を提唱した。地球上の不活性な化学物質の循環は生物の質と量に影響され、同様に、生物も地球を循環している不活性な化学物質の質と量に影響されているという説を提示したのだ。彼は自分の新しい理論の核心概念を「生物圏《バイオスフィア》」と呼んだ[32]。地球の発展の仕方に関する彼の考えは、科学者たちが地球の働きを理解し研究する枠組みそのものを変えた。

生物圏は次のように説明されている。

何らかの生命体が自然に存在する深さおよび高さまでの、地球の外皮と周囲の大気から成る、生きた生命維持の統合システム[33]。

地球を覆っている生物圏は、最も原始的な生命体が生息している海底から成層圏まで、六五キロメートル足らずの厚さしかない。この狭い領域の中で、地球の生物学的プロセスと地球化学的プロセスが複雑なステップを踏みながらたえず影響し合い、地球上の生命の進化の道筋を決定している。

生物圏科学は一九七〇年代に大きく名を馳せたが、それはグローバルな環境汚染と地球の生態系の不安定化に人々が気づき始めたせいだった。イギリスの科学者ジェイムズ・ラヴロックとアメリカの生物学者リン・マーギュリスがガイア仮説を発表すると、産業公害が生物圏に及ぼしている影響にしだいに懸念を募らせていた科学界に、新しい関心の波が起こった。

ラヴロックとマーギュリスは次のように主張した。地球は自己調節する生物とほぼ同じように機能し、そこでは地球化学と生物学のプロセスが互いに影響し合い、調整し合って地球の気温の比較的安定した均衡を確保し、生命の存続に適した地球の存在を可能にしている。二人の科学者は酸素とメタンの調節作用を一例として挙げている。地球の酸素濃度はごく狭い範囲内に保たれていなければならない。酸素が多過ぎると地球全体が炎に包まれる危険が生じ、少な過ぎると生物が窒息死する恐れがある。ラヴロックとマーギュリスは、酸素濃度が許容水準を超えると、ある種の警報が発せられて、微小なバクテリアがより多くのメタンを大気中に放出し、安定した状態に到達するまで酸素含有量を減らすという理論を立てた[34]。

ガイア仮説は、地球化学、大気科学、生物学など幅広い分野の科学者たちに取り上げられてきた。地球の気候を安定した状態に保ち、生命を繁栄させているのは、地球化学的プロセスと生物学的プロセスの間の複雑な関係と共生のフィードバック・ループだ。それに関する研究は、ある程度の意見の一致につながった。生態学への新しい、全体論的色合いの濃いアプローチでは、個々の種の適応や進化は、もっと大きく、より統合的なプロセス、すなわち地球全体の適応と進化の一部と考えられている。

もし地球が自己調節する生物によく似た形で機能するのなら、地球の生化学的均衡を損なうような活動を人間が行なえば、システム全体の壊滅的な不安定化につながりかねない。第一次・第二次産業革命を通して行なわれてきた二酸化炭素、メタン、亜酸化窒素の大気中への大量放出が、まさにそういう活動だった。産業による地球温暖化ガスの放出がもたらす気温の上昇のせいで、今や地球の水循環は大きく変化し、生態系は急速な衰退へと向かい、ここ四億五〇〇〇万年における六度目の大絶滅という事態を招こうとしている。その結果は人間の文明と地球の将来の健全性の両方にとって悲惨なものだ。

生物圏は分割不可能な包括的な共同体で、私たちはみなこれに属し、その繁栄は私たち自身の繁栄や生き残りの保障とは切り離せないものであるということに、人類は急速に気づきつつある。新たに芽生えたこの認識とともに新しい責任感も芽生えている。それは、家庭、職場、コミュニティにおける個人や集団としての生活を、より大きな生物圏の健全性を高めるようなやり方で送るという責任だ。

ジェイムズ・ボイルらは環境保護的観点をたとえとして用い、彼らが「文化的環境主義」と呼ぶものを創造するための教訓を引き出すことに、自らの知的希望を託した。文化的環境主義とは、パブリック・ドメインの不可分性にまつわるシステム理論の一つで、本質的に異なるさまざまな興味や取り組みをすべて一つの包括的な一般理論にまとめられるかもしれない。彼らは今でも注視している。というのも、彼らがたとえとして考えていたものは、じつは、人類を統合する共通の枠組みだからだ。生物圏を支配しているのと同じ一般理論が、社会全般の繁栄のカギも握っているのだ。

資本主義時代における地球の生態系の囲い込み、私有化、営利目的の利用の結果として、人類の半数には満たないものの相当数の人々の生活水準が劇的に向上する一方で、生物圏そのものが犠牲になってきた。ボイル、レッシグ、ストールマン、ベンクラーらが、市場で交換される私有財産という形態でさまざまなコモンズが囲い込まれたことの結果に悲嘆しているうちにも、与えられた損害は、単なる情報伝達や創造の自由という問題より深い所まで浸透している。陸地や海洋のコモンズ、真水コモンズ、大気コモンズ、周波数帯域コモンズ、知識コモンズ、遺伝子コモンズの囲い込みは、地球の生物圏内部の複雑なダイナミクスを断ち切り、あらゆる人間の健全な暮らしと地球に生息するすべての生命体の存続を危険にさらしてきた。もしすべての人の関心を一つにまとめる全体理論を探し求めるとしたら、生物圏共同体を健全な状態に戻すことが、最善の選択肢となることは明白だろう。

フリーカルチャー運動と環境保護運動の持つ真の歴史的重要性は、どちらも囲い込みの勢力に立ち向かっている点にある。さまざまなコモンズを再開放することにより、人類は全体の一部という立場で考え、行動し始める。互いに再び結びつき、生物圏コモンズを作り上げているさまざまな関係すべてを包含するまでに拡がる、しだいに大きな関係のシステムに自らを組み込むことにこそ、究極の創造力があると、私たちは気づくようになるのだ。

文化を前進させると私たちが言うときに、意味を探し求めることを念頭に置いているならば、その意味は、私たちがけっして切ることのできない絆でつながれている物事のより大きな体系——私たちが共有する生物圏とその先にあるもの——と私たちとの関係を探求してゆけば見つかりそうだ。「言論の自由《フリー》」は「無料《フリー》のビール」と同じではないが、その目的はみなが手を携え、人類の歩みの本質が地球上の生命を称えるような形になるべく、協働して考え直すことでなければ、何だというのか？囲い込みの反対は、単に開かれていることではなく従来の枠を超えることなのだ。

分散型・協働型・水平展開型という性質を持つインターネット通信は、じつは媒体であると同時に領域《ドメイン》でもある。そしてそのドメインは社会的《ソーシャル》コモンズだ。ソーシャルコモンズは私たち人類が集まる出会いの場であり、ここで私たちは必要な社会関係資本を生み出して、一致団結し、できれば生物圏コモンズを作り上げている他の多くのコミュニティ――私たちがいっしょに暮らしていながら、しばしばそれに気づかないコミュニティ――を含むまでに共感の地平を拡げてゆくことが望まれる。

ソーシャルコモンズは単に私たち人類の居住場所であり、生物圏のごく一部でしかなく、じつは、自然の成熟した生態系の最も健全な状態を定めるのと同じエネルギーの法則がこのパブリック・ドメインでも働いている。アマゾンのような動的平衡状態に達した生態系において、熱力学的効率は最適化される。物質の消費は、生態系が廃棄物を取り込み、リサイクルし、資源を補充する能力を著しく上回ることはない。このような極相〔動的平衡に達した長期安定状態〕にある生態系においては、共生的で相乗的な関係は、エネルギー損失を最小限にし、資源の利用効率を最適化し、それぞれの種のニーズに対して潤沢な供給ができる。同様に経済においては、限界費用がゼロに近づくとき、最も効率の良い状況が達成される。その時点では生産量を一ユニット増加させて流通させるのにも、廃棄物をリサイクルするのにも、時間、労働、資本、発電という形でのエネルギー消費は最小限で済み、資源の入手可能性が最大化される。

文化コモンズを開放するために使われた法的手段と、環境コモンズを開放するのに使われた法的手段さえもが、不思議なほど似通っている。たとえば、保全地役権〔土地環境の保全目的に反する活動をいっさい禁止する権利〕は、文化の領域におけるクリエイティブ・コモンズ・ライセンスによく似た法的協定によって機能している。私たち夫婦はヴァージニア州のブルーリッジ山脈近くに土地を所有している。この土地は、アメリカクロクマ、オジロジカ、アカギツネ、野生のシチメンチョウ、アライグマその他、この地域が原産のさまざまな種の動物たちのための野生動物保護区に変えられつつある。この土地には保全地役権が設定されている。それは、私たちの所有権には土地の使用法に関する制約がついていることを意味する。妻と私は土地を所有しているが、それを分割して売却することや、特定の種類の建造物を建てることができない。

保全地役権によって土地を野生動物の生息地として手つかずのまま維持しなければならない場合もあるし、景観や美観という理由で空地のままにしておかなくてはならない場合もある。クリエイティブ・コモンズ・ライセンスと同じく、保全地役権の目的は、土地の所有権と独占的使用権とを切り離してコモンズを支援することだ。

保全地役権は、土地の使用権の一部をパブリック・ドメインに移すことによって囲い込みを緩和する。この法的手段は、ほとんど同じ機能を持つオープンソースのクリエイティブ・ライセンスと似ている。どちらの場合もその主眼は、資本主義時代の最大の特徴である、地球のさまざまなコモンズの囲い込みを覆し、コモンズを再開放して元に戻し、生物圏を回復させ、繁栄させることにある。

重要なのは、コモンズは公共広場にとどまらず、外に向かって地球の生物圏の端々にまで拡がるという点だ。私たち人類は、地球を満たすさまざまな種から成る進化の拡大家族の一員だ。生態学は私たちに、個々の生物の繁栄があって初めて生物学的な家族全体も繁栄しうることを教えてくれている。共生関係、相乗作用、フィードバックによって、ある種の大規模なコラボレーションが生じ、それがこの拡大家族の活力を維持し、生物圏という大所帯を存続させてゆくのだ。

コモンズという概念に関する私の体験談を一つ披露しよう。二五年近く前、コモンズの発展と衰退、復興について最初に書き始めたとき、私はほとんど強迫観念に取り憑かれたようになったのだと思う。どちらを向いても囲い込みが目に飛び込んできたので、社会活動家の私は「参加民主主義」――まだピアトゥピアの関与がこの言葉に取って代わる前だった――と呼ばれていたものを推進するのに役立つ機会があればいつでも、新しいコモンズの可能性について考えずにはいられなかった。私のこの知的黙想は、妻はもとより、友人や仕事仲間の間で冗談の的になった。執筆中の新しい本や、オフィスで始めた取り組みについて私が話すと、誰もがきまって「またコモンズじゃないよね……頼むから、そうじゃないって言ってくれ」と、情け容赦なくからかうのだった。

だが、一九九〇年代もなかばに差しかかったころ、自分以外にもこの稀少な「コモンズ熱」にかかっている人々がいることが耳に入り始めた。コモンズ熱は拡がりだした。至る所で「囲い込み」や「コモンズ」という言葉を耳にするようになった。それらの言葉は世間を飛び交い、公共の場全体に伝染病のように拡がり、さらに急速にバーチャルスペースに広まった。それを助けたのがグローバル化だった。グローバル化という言葉は的外れも甚だしいメタファーとして、政府の規制撤廃と公共の財やサービスの私有化を新しいグローバルな「相互接続性」という名に腹黒く包み隠すのに利用された。

地球上の人間の手になる資源と天然資源を数百の営利企業の手で私有化することと、それに「グローバル化」という名をつけることが矛盾するのは、ある世代の学者や活動家には明白だった。彼らにとってグローバル化という概念は、正反対の方向――社会の周辺に追いやられ、権利を剝奪された大勢の人間たちが、地球の恵みの分配にもっと参加できるような方向――に向かうものだったのだ。

グローバル化vs.グローバル・コモンズの再開放

一九九九年、労働組合やフェミニスト、環境保護主義者、動物保護活動家、農業団体、フェアトレード活動家、学者、宗教団体といった、多種多彩な非政府組織（NGO）と関係者たちを代表する何万もの活動家が、開催中の世界貿易機関（WTO）閣僚会議に対する集団抗議運動のためにシアトル市内に押し寄せた。彼らの目的はパブリック・コモンズの再生だった。抗議者はワシントン州コンベンション＆トレード・センター周囲のダウンタウンの通りを埋め尽くし、交差点を封鎖し、予定されていた会議にWTO代表が出席するのを阻止した。シアトル市議会は抗議者に味方し、多国間投資協定（MAI）フリーゾーン宣言を満場一致で採択していた。各国の数多くの報道機関も抗議者側についた。閣僚会議の数か月前に、イギリスの「インデペンデント」紙はWTO自体を非難する痛烈な社説を掲載した。

［WTO］が［その］権力をどう用いてきたかを見ると、その頭文字はじつは「World Take Over（世界乗っ取り）」を表すのではないかという疑念がしだいに深まる。WTOは民間の――たいていアメリカの――企業の利益を優先させるために一連の決定を下して、世界の貧困層を支援したり、環境を保護したり、人々の健康を守ったりするための施策を骨抜きにしてきた［35］。

抗議運動は六〇〇人以上の逮捕者を出し、グローバル化へとまっしぐらに突き進んでいた流れを変えた。一般の人々がはっきりと反対の声を上げ始めたのだ［36］。

このときの街頭デモは別の点でも注目に値した。活動家の多くは、デモの段取りをまとめるのを手助けしたコンピューター・ハッカーだったからだ。このデモは電子メール、チャットルーム、インターネット生中継、バーチャル・シットイン〔サイトに一斉にアクセスしてダウンさせるといった、サイバースペースにおけるシットイン（座り込み）〕、携帯電話を駆使して、デモへの参加の呼びかけをした抗議活動の走りだった。街頭デモではITとインターネット媒体を用いて段取りを同期させたが、同じ展開が一二年後のアラブの春において、カイロその他の、中東の政治的に不安定な地域の街頭で見られることになる。

　コンピューター・ハッカーには、環境保護論者や労働組合員やフェアトレード活動家と行動をともにするもっともな理由があった。その一年前、合衆国議会がソニー・ボノ著作権延長法を可決し、クリントン大統領が法案に署名していた[37]。その法律によって、作品の著作権保護期間は著作権者の死後五〇年から七〇年間へと延長された。同年、合衆国上院はデジタルミレニアム著作権法（DMCA）を可決して、ビル・クリントン大統領がこれに署名し、世界知的所有権機関（WIPO）の二つの条約を発効させた[38]。その条約と国の法律によって、著作権を保護する技術・機能であるデジタル著作権管理（DRM）を、テクノロジーや他の手段を用いて回避することは違法になった。

　著作物などがインターネット上に無料で頒布《はんぷ》されるのを防ぐことを目的とする、この二つの重大な法律制定が契機となって、フリーカルチャー運動が起こった。一九九九年、レッシグは、ソニー・ボノ法は違憲だと申し立てて、その案件を連邦最高裁判所にまで持ち込んだ。

　シアトルに集結した抗議者は、自分たちが何に反対しているのかを明確に理解していた。人類の知識と地球の資源の私有化だ。反グローバル化の旗印は、既存のパラダイムの拒絶だった。だが、それが自らの内に、そして一般大衆に対して提起した問題は、何に賛成しているのか、というものだった。私有化を通してのグローバル化に賛成でないのなら、何に賛成なのか？　ちょうどそのころ、人の生活のあらゆる面で、囲い込みを覆してコモンズを回復させようという考えが、学者の間のささやき声から民衆の雄叫びにまで高まった。公共広場コモンズ、土地コモンズ、知識コモンズ、バーチャル・コモンズ、エネルギー・コモンズ、周波数帯域コモンズ、コミュニケーション・コモンズ、海洋コモンズ、真水コモンズ、大気コモンズ、非営利コモンズ、生物圏コモンズなど、さまざまなコモンズの再開放が叫ばれた。資本主義が支配していた二〇〇年間に、囲い込まれ、私有化され、市場において商品化された事実上すべてのコモンズが、突如として精査され再検討されるようになった。NGOがいくつも設立されて、生物圏に人類を組み込む多くのコモンズの再開放を擁護するための取り組みが開始された。こうしてグローバル化は、長年にわたる大規模な囲い込みを覆してグローバル・コモンズを再構築することに傾倒するさまざまな運動の形で、強烈な反撃を食らう羽目になったのだ。

イギリスの不動産王ハロルド・サミュエル卿はかつて、「不動産にとって重要なものが三つある。一に立地条件《ロケーション》、二にロケーション、三にロケーションだ」と述べた。今では陳腐に聞こえるこの言葉も、活動家がシアトルの街頭に最初に繰り出して以来、過去一四年間にわたって世界各地でうねるように進んできた自発的な大衆デモの高まりを理解する上では、うってつけだ。集団デモは突発的に、一見どこからともなく起こり、どの大陸においても政権を転覆させたり社会的激変の引き金となったりしてきた。抗議の対象となる社会的問題はさまざまだが、そこには共通する側面がある。デモは整然と組織された抗議というよりもハチの群れに似て、たいがいリーダーは存在せず、非公式で、ネットワーク化されている。どの場合にも、参加者は世界の大都市の中央広場になだれ込み、そこに居座り、既存の権力に立ち向かい、ソーシャルコモンズを称えるべく構成された代替コミュニティを創り出す。

作家であり、パブリック・コモンズの再生を求めるグローバルな運動における初期のリーダーだったジェイ・ウォールジャスパーは、次のように述べている。二〇一一年の中東各地での抗議への参加呼びかけに、若者がバーチャル・コモンズでフェイスブックやツイッターなどのソーシャルメディアを使用したことにマスメディアは大いに注目しているが、「こうした反乱におけるずっと古い形態のコモンズの重要性は、ほとんど関心を集めていない。そのコモンズとは、市民が不満を声にし、自分たちの力を誇示し、最終的には故国のための新しいビジョンを表明するために結集する公共スペースのことだ[39]」。ウォールジャスパーは、「民主主義の行使は、人々が市民として集まることのできる文字どおりの共有地《コモンズ》——広場、大通り、公園などの万人に開かれた公共スペース——を持っているかどうかにかかっている[40]」と、重要な点を指摘している。

活動家たちは、それぞれ支持する方針は多様だが、共通する一つのシンボリズムを中心に団結している。それは、公共広場を再生し、それによって、特別利益団体や少数の特権階級の人々に奪われ、商品化され、政治的に利用され、囲い込まれてきた他の多くのコモンズを再開放しようという決意だ。アラブの春でエジプトのタハリール広場に集った疎外された若者たち、ウォール街を占拠した人々、イスタンブールのゲジ公園をめぐるデモの参加者、サンパウロの通りを行進した怒れる貧困層の人々は、それぞれさまざまな形の囲い込みに反対し、透明で階層のない協働型の文化の構築を基本的なテーマとして展開中の、新たな文化的現象の最前線にいる。彼らこそが新しいコモンズの参加者《コモナー》だ。

ネットワーク化された新たなコモンズの予見者の一人である故ジョナサン・ロウは、コモンズの何たるかを見事に説明している。彼は次のように述べた。

> 「コモンズ」と言うと、相手は困惑して間《ま》が空いてしまう。……だがコモンズは、政府と市場のどちらよりも基本的なものだ。それは我々全員が先祖から相続した共有遺産である広大な領域のことをいい、我々はたいてい使用料も代価も払わずにそれを使う。大気と海洋、言語と文化、人

間の知識と知恵の宝庫、コミュニティの非公式の支援システム、我々が切望する平穏と静寂、生命の遺伝的構成要素——こうしたもののいっさいがそれぞれコモンズの一側面なのだ[41]。

私は、自然愛好家マイク・バーギンがコモンズの本質について発した警句がとりわけ気に入っている。それは、資本主義者と協働主義者の間で現在生じている軋轢《あつれき》の核心を衝いている。彼はこう警鐘を鳴らした。

我々全員が共有してそこから等しく利益を得ているものを奪って、それを他者に与えてそこから排他的に利益を得たがる者を、誰であれ信用してはならない[42]。

故エリノア・オストロムの弟子で、シラキュース大学バード図書館の副館長シャーロット・ヘスは、コモンズの系統樹の多くの枝を分類している。彼女は手際良く「新しいコモンズ」を古いコモンズと区別し、共通点を示す一方、相違点を強調している。

コモンズとは、古いものであれ新しいものであれ、人類が地球の恵みを管理する方法を明確にしてくれる。何かがコモンズであるというのは、それが共有されて共同管理されているということだ。「コモンズ」という言葉は、統治の一形態を表している。あるものがコモンズになるためには、まずそれを管理するための技術的手段が手に入らなくてはならないことに、ヘスは気づかせてくれる。狩猟採集者は自然の恵みを享受したが管理はしなかった。コモンズは農耕や牧畜とともに始まる。海洋がコモンズになったのは、そこを航行する船が発明されてからのことだ。

近代になり、以前は管理の対象にならなかった地球の生物圏の新領域を管理できる、新しい大量のテクノロジーがもたらされた。印刷物、電気（そして、後に電磁波周波数帯域）の発見、大気圏内の飛行、遺伝子とナノテクノロジーの発見といったものが、以前は知られることも探られることもなかった領域を切り拓き、管理下に置いた。こうした新領域を管理できるのは、政府か、民間の市場か、あるいはコモンズなのだ。

第3章で述べたように、第一次・第二次産業革命のコミュニケーション／エネルギー／輸送マトリックスは、厖大な金融資本の投入を必要とし、垂直統合型の企業と中央集中化した指揮・統制メカニズムに頼って規模の経済を実現させ、そのため経済活動は政府の支援を受けた資本主義の管理下に置かれた。第三次産業革命のコミュニケーション／エネルギーマトリックス、すなわちＩｏＴは、市場資本よりも社会関係資本によって促進される度合いが高く、水平に展開し、分散型・協働型なので、政府の関与を伴うコモンズによる管理のほうが統治モデルとしてふさわしい。

ヨハイ・ベンクラーは次のように述べている。フリーソフトウェアに過度な関心が注がれているが、実際にはそれは、はるかに幅広い社会・経済的な現象の一例にすぎない。私たちが目にしているのは、デジタル方式でネットワーク化された環境において、新たな第三の生産様式が幅広く奥深い形で出現しつつあるところなのではないか。私はこの様式を、企業と市場による所有・契約に基づく様式と区別するために、「コモンズに基づくピア・プロダクション」と呼ぶ。個人から成る集団が、市場価格でも管理者の指揮でもなく、それぞれ動機を与えるさまざまな動因と社会的なシグナルに従って、大規模プロジェクトにおいてうまく協働するというのが、その様式のおもな特徴だ［43］。

期待が高まっているとはいうものの、コモンズ・モデルが人類の歩みの次章を必ず支配すると信じたら間違いになる。たしかに協働主義者は勢いを増し、資本主義者は分裂している。グローバルなエネルギー企業、大手の電気通信企業、娯楽産業は、明らかな例外は多少あるものの、第二次産業革命にしっかりと根差しており、既存のパラダイムと政治的ナラティブの重みに支えられている。だが、送電企業や建設産業、IT、エレクトロニクス、インターネット、交通の各部門などは、出現しつつある第三次産業革命の市場とコモンズのハイブリッド体制においてマーケットシェアを得るために、政府のさまざまな支援を受けて、迅速に新たな製品とサービスを創出したりビジネスモデルを変えたりしているところだ。

私が代表を務める社会的企業、TIRコンサルティング・グループでは、都市や地方や国家のための第三次産業革命マスタープラン開発にあたって、この新たなハイブリッドが支配する現実を日々経験している。コミュニティがIoTインフラを構築するのを助けるために我が社が従事している新しい企ては、協働型の取り決めで、市場とコモンズが両輪として機能し、必要なものを供給し合ったり、共同の管理体系の中で協働したりし、通常、規制基準や規約や報奨金を設けるという形で政府が関与する。ピーター・バーンズが著書『資本主義3・0――コモンズ再生のためのガイド（*Capitalism 3.0: A Guide to Reclaiming the Commons*）』で思い描く未来には、世界各国の現場における私たちの日々の営みが写し出されている。彼は次のように説明している。

2・0版と3・0版のおもな相違は、3・0版には「コモンズ部門」と私が呼ぶ一群の組織が含まれている点にある。一つのエンジン、すなわち企業が君臨する民間部門しかないのではなく、進歩した経済体制は、個人の利益の管理用に調整されたエンジンと、共有財の保存と増進用に調整されたエンジンの、二つのエンジンで動くことになる[44]。

現実の世界では、経済の行く末は、来るべき時代に役立つように整備されるインフラの種類次第であることも、私はほぼ確信を持って請け合える。資本主義市場と協働型コモンズは——ときとして相乗作用を起こしながら、ときとして競い合いながら、あるいは敵対しさえしながら——共存するだろうが、この二つの管理モデルのうちの、どちらが最終的に支配的な形態として優勢になり、どちらがニッチプレイヤーとなるかはおもに、社会が構築するインフラにかかっているのだ。

第12章 インテリジェント・インフラの規定と支配をめぐる争い

コモンズのアプローチの熱烈かつ明確な提唱者の一人に、法学者のヨハイ・ベンクラーがいる。彼は、専有のインフラに縛りつけられているかぎり、コミュニケーション・コモンズは実現しにくいことも承知している。ベンクラーは、その説得力ある著書『ネットワーク富論――社会的生産は市場と自由をどう変容させるか（*The Wealth of Networks: How Social Production Transforms Markets and Freedom*）』の最後の数ページで、ネットワーク化された情報経済がもたらす計り知れない利益を後世の人々が享受するためには、共有のインフラを創出することが必要になるだろうと主張し、こう書いている。

社会的生産活動が豊富に行なわれる、ネットワーク化された情報経済の繁栄には、その核を成す共有のインフラ、すなわち情報の生産や交換に必須で、誰もが利用できる一連の資源を要する。つまり、物的資源、論理的資源、コンテンツ資源が必要とされ、そこから新たな発言が生まれ、それはコミュニケーションのためにコード化され、授受される［1］。

これに異論はない。だが、ベンクラーの分析からは肝心な要素が欠落している。ブレット・M・フリシュマンの著書『インフラストラクチャー——共有資源の社会的価値（*Infrastructure: The Social Value of Shared Resources*）』は、『ネットワーク富論』同様充実した内容で、ベンクラーの分析や所見と符合しているのだが、フリシュマンは『ネットワーク富論』の欠陥に気づき、こう述べている。「ベンクラーは、基幹的な共有のインフラを構成するのは何かということや、共有のインフラへの持続可能なパブリック・アクセスを確保するにあたって、どんな難題があるかということを十分に検討していない[2]」。フリシュマンはさらにこう説明する。

基幹的な共有のインフラとは、誰にでも差別なく利用可能であるべき基本的なインフラ資源を指す。……最初の難題は、真に基礎的な資源を特定すること、そして、インフラ資源のその肝心な部分を、なぜ無差別に利用可能にすべきなのかを説明することであり……その障害を乗り越えた暁には……いかなる制度的手段でコモンズの管理を達成すべきなのだろう？[3]

フリシュマンは、ベンクラーが開かれた無線ネットワークや何らかの形での通信インフラの一般提供を支持してきたことは認めているが、はたしてそれで十分だろうかと問うているわけだ。ただし、ベンクラー（そしてエリ・ノーム、デイヴィッド・ボリエー、ケヴィン・ワーバックなど、開かれた無線ネットワークの推進に尽力してきた人々）の名誉のために言っておくと、最近、連邦通信委員会（ＦＣＣ）が全国的な無料のＷｉ‐Ｆｉ通信ネットワークのために無免許周波数帯域を作ろうと提案したのは、開かれたコミュニケーション・コモンズを支持する彼らの揺るぎない決意と説得力ある議論に負うところが少なくない。

ベンクラーの議論に想像力の欠落があるとするなら、それは、基本的インフラにおいてエネルギーが果たす不可欠の役割を正しく理解していない点だ。本書の冒頭で述べたように、歴史に残る大経済革命はインフラ革命であり、大インフラ革命が経済の形を変えるほどの威力を発揮するのは、新たなコミュニケーション媒体と新しいエネルギー体制が一体化したときだ。歴史上のどのエネルギー革命も、それぞれに特有の通信革命を伴っていた。エネルギー革命は社会の時間的・空間的拡がりを変え、より複雑な生活様式を可能にするが、そのすべてに、新たに生まれた機会を管理・調整するための新しいコミュニケーション媒体が必要だからだ。想像してみてほしい。蒸気を動力源にした都市型の産業革命で複雑化した生産・流通過程を、やはり蒸気を利用した安価で速い印刷技術や電報なくして切り盛りできるだろうか？　また、石油と自動車、郊外から成る大量消費文化の管理上の複雑な諸問題を、中央集中型の電気通信、とくに電話やラジオ、テレビなしで処理できるだろうか？

あるいは話を現在に移して、こんな問題を考えてみよう。ベンクラーらは、新しいインターネット通信はネットワーク化されたコモンズ方式の管理に資すると主張する。この媒体の性質が分散型・協働型であり、ピアトゥピア・プロダクションや経済活動の水平展開を可能にするからだ。ここで議論の便宜上、アメリカがこのまま、運営にますます多くの金融資本の投入を要する、垂直統合型で高度に中央集中化した化石燃料エネルギー体制の軛《くびき》につながれていると仮定しよう。化石燃料エネルギーがグローバル経済のあらゆる面の根底にあるかぎり、原料、動力産出、輸送とロジスティクスを化石燃料に頼っている営利企業はみな、規模の経済を達成して生き残るために、必然的に垂直統合型のビジネスモデルや中央集中化した管理体制を用い続けざるをえないだろう。

多額の資本を注ぎ込んだ中央集中型の、化石燃料に基づくエネルギー体制の中で、どうすれば分散型・協働型・水平展開型でピアトゥピアの通信革命が成功しうるのか、ネットワーク化されたインフラのコモンズを提唱する人々に想像できるだろうか？　別の言い方をすれば、限界費用がほぼゼロの社会へ、そして資本主義体制の縮小へと限りなく近づくことを狙って、再生可能エネルギーや3Dプリンティングなどを、オープンソースでピアトゥピアの形で管理しうる通信革命を、多額の資本をかけた中央集中型の化石燃料エネルギー体制が歓迎する見込みはあるだろうか？

一方、分散型・協働型・水平展開型でピアトゥピアのコミュニケーション媒体は、再生可能エネルギーを管理するのにうってつけだ。再生可能エネルギーは自然界に分散しており、協働型に構成するのが最適であり、ピアトゥピア・プロダクションに好都合で、社会全体に水平方向に展開しているからだ。インターネット通信と再生可能エネルギーが一つになると、コモンズ方式の管理の下で最適に稼働する基礎的インフラのための、不可分の構成要素が形成される。第1章で概説したように、そのインテリジェントなインフラは、連動した三つのインターネットで構成されている。コミュニケーション・インターネット、エネルギー・インターネット、輸送インターネットだ。これら三つのインターネットが結びついて、相互に作用する一つのシステム、すなわちＩｏＴ（モノのインターネット）ができたとき、それが社会の動向に関するビッグデータの流れをもたらす。それは、「極限生産性」と限界費用ゼロ社会を目指して、全人類がグローバル・コモンズで協働してアクセスしたりシェアしたりできるものだ。

このＩｏＴを構成する、連動した三つのインターネットのガバナンスをめぐる熾烈な争いが、各政府、資本主義企業、コモンズで誕生しつつあるソーシャルエコノミーの擁護者という、いずれも来るべき時代を規定することをもくろむ三者間で展開している。

コミュニケーション・コモンズ

新しいコモンズのインフラのうち、まずはコミュニケーション・インターネットから見てゆこう。このインターネットは、政府と民間部門とシビル・ソサエティという三つの主要な利害関係者《ステークホルダー》が形成するハイブリッド・インフラだ。従来、インターネットはグローバル・コモンズとして管理されており、そのガバナンスにあたっては、前述の三大ステークホルダーが揃って協働的な役割を果たしてきた。

テクノロジー面でのインターネットの統治には標準や管理プロトコル（規約）の策定が含まれるが、それはインターネット技術タスクフォース、ワールドワイドウェブ・コンソーシアム、アイキャン（ICANN、Internet Corporation for Assigned Names and Numbers の略）などの非営利組織に委ねられてきた。アイキャンはアメリカ政府が創設し、名目上はその管轄下にあったが、政府は二〇〇九年にその監督機能を放棄した。アイキャンは現在、学者や企業、シビル・ソサエティの関係者で構成された国際的な理事会によって運営されている［4］。これらの組織はどれも、少なくとも理論上は、誰でも参加できる開かれたものだが、非常に専門的な技術を要する組織なので、管理業務に関する決定はたいてい技術的な専門知識を有する人々が合意のもとに下している。

とはいえ、インターネットのガバナンスは一般に思われがちなほど平易でもなければ明確でもない。二〇〇三年、インターネット・ガバナンスについて話し合うため、三つの主要なステークホルダー集団の代表者がスイスのジュネーヴで世界情報社会サミットを開催し、二〇〇五年六月にはチュニジアのチュニスで二度目の会合が開かれた。そこで国際連合の事務総長により「インターネットのガバナンスに関して、適宜調査し、行動を提案すべく」、インターネット・ガバナンス作業部会が設立された[5]。

作業部会は合意に基づいて管理・統制の枠組みを提案し、それは後に一七四の参加国により採択された。そこにはこう謳われている。

インターネット・ガバナンスとは、政府、民間部門、シビル・ソサエティがそれぞれの役割を果たすことにより、インターネットの発展を方向づける共通の原則、規範、規則、意思決定手続き、プログラムを開発し、適用することである[6]。

三つのステークホルダーを軸にしたこのモデルは、非常に意義深い。かつては、グローバル・ガバナンスの問題を議論するのは政府と民間部門に限られており、シビル・ソサエティはせいぜいオブザーバーや非公認の代表の立場を与えられる程度だった。だがインターネットが登場すると、この新しい媒体上でピアトゥピア・プロダクションに従事している者の多くは第三セクターの出身者であるため、シビル・ソサエティを排除すれば批判は免れないという了解があった。

三者協働のガバナンスを行なうという合意ができると、ガバナンスの方針を協議するために、国際連合傘下の部会の下で、「インターネット・ガバナンス・フォーラム（ＩＧＦ）」と呼ばれるマルチステークホルダー体制の組織が設立された。ＩＧＦは定期的に会合を開き、分散型・協働型・水平展開型というインターネットの性質が方針の協議に確実に反映されるようにしている。これまでに、地域や国家のＩＧＦ組織が世界中の国々に設立され、無秩序に拡がってゆくこの新しいコミュニケーション媒体の共同自主管理のために、トップダウンの統治モデルではなく、ネットワーク化されたアプローチを提供してきた[7]。

だが、国際連合はけっきょくのところ各国政府の代表機関であるため、世界情報社会サミットのチュニス会議で合意された公式文書に、「強化された協力」〔全加盟国の合意が得られなくても、一定数の加盟国の合意で、非合意国を強制することなく合意内容を実施できる措置。もともと欧州連合条約に規定されている〕のプロセス開始の権限を国連事務総長に与える条項を織り込んだ。この措置により、各国政府は、インターネットに関連した国際的な公共政策問題に関して、対等の立場でその役割や責任を果たすことが可能となるが、国際的な公共政策問題に影響しない、日常の技術・運営上の問題についてはこの限りではない[8]。

インターネットにまつわる政策問題は、バーチャルスペースにおける商業活動に対する課税、知的財産権の保護、サイバー攻撃に対する安全維持、政治的反対分子の制圧を含んでいて、公共の福祉や国家の利益に影響するため、各国政府はこうした多数の問題を懸念して国内法を制定しており、そのうちにはインターネットという媒体の本質的特徴、すなわち開かれていて万人が共用でき、透明性が高いという性質を脅かすものもある。驚くまでもないが、インターネットを対象とした政府による新たな統制を推進する国には、ロシア、イラン、中国、南アフリカ、サウジアラビア、さらにはインドやブラジルなどがある。

二〇一一年、ロシア、中国、ウズベキスタン、タジキスタンが情報社会のための国際的な行動規範の確立を求めて、国連総会に一つの提案を出した。その提案にはマルチステークホルダーのアプローチを尊重する条項はなく、採択されれば、インターネットに対する政府の支配を強める効果があった[9]。提案の前文にはこう明言されている。「インターネット関連の公共問題に対する政策策定権限は国家の主権に属する[10]」

民間部門もまたステークホルダーによる三者協力体制から逸脱し始め、価格の差別化により増収・増益を図っている。これは、インターネットの基本理念の一つ、ネットワークの中立性（あらゆる参加者が平等にアクセス・一体化できるような、非差別的で開かれた万人のためのコミュニケーション・コモンズを保障する原則）を損なう恐れのある動きだ。

ネットワークの中立性の概念は、端末どうしを結ぶインターネットの設計構造から生まれたもので、ネットワークのプロバイダーではなくユーザーに有利に働く。ユーザーはインターネットへの接続料を払い、その料金はインターネットサービス・プロバイダーが提供するサービスの速さや質によって異なるが、ひとたび接続されれば、あるユーザーが送信したパケットは、ネットワーク・プロバイダーにより、他の誰のパケットとも同じように扱われる。

だが、ネットワーク・プロバイダー（大手の電気通信会社やケーブル会社）は今、従来のやり方を変えることで、インターネットを介してやり取りされる情報を制御する権利を確保して商業的な利益を得ようとしている。情報が制御できれば、特定の情報へのアクセスに別料金を課したり、より高額の料金を課して急ぎのパケットを優先して伝送したり、アプリケーション料金を取ったり、これまた差別的な支払いを請求して特定のアプリを自社のネットワークから排斥し、他のアプリを優遇したりすることが可能になる。

ネットワークの中立性の擁護者は、ネットワークは「愚か」であり続けるべきだと主張する。そうすれば、何百万というエンドユーザーが独自のアプリを開発することにより、協働してイノベーションを行なえるからだ。この種の「分散型のインテリジェンス」こそが、インターネットをかくも独特なコミュニケーション媒体にしている。ネットワーク・プロバイダーが、コンテンツへのアクセスやその配信方法に対して中央集中型の制御を行なえるようになろうものなら、エンドユーザーは無力化され、分散型の協働《コラボレーション》や水平展開型のインテリジェンスがもたらす創造性が損なわれるだろう。

もちろん、ネットワーク・プロバイダーの感じ方は違う。アメリカではAT&Tやベライゾンやケーブルテレビ会社が、新たな増益計画を追求する上で、自分たちは不当な制約を受けていると主張している。AT&Tの元CEOエド・ウィティカーは、「ビジネスウィーク」誌のインタビューで自らの苛立ちを吐露している。

今、連中がやろうとしているのは、我々の回線《パイプ》を無料で使うことだが、そうはさせない。なぜなら、我々はそれなりの資本をかけており、そこから収益を挙げなければならないからだ[11]。

じつのところ、AT&Tは、同社の回線を使っているインターネットサービス・プロバイダーか自社の顧客のいずれかから、情報パケットの伝送に対する支払いを受けている。それでもなお、AT&Tをはじめとするネットワーク・プロバイダーは、さまざまな差別化の仕組みを駆使して、このプロセスからもっとお金を絞り取りたいと考えている。

二〇一三年五月には、ドイツのインターネット接続の六割を支配する巨大通信会社ドイツテレコムが、自社の家庭用インターネットサービスを利用する顧客全員にダウンロード制限を課すと発表して騒動になった。同社によると、制限をかけるのは、データ通信量が急増し、二〇一六年には四倍になることが見込まれるからだそうだ。だが、なおさら物議を醸したのは、ダウンロードの上限を上げたい顧客にはアップグレードしたサービスを有料提供するという同社の発表だった。さらに困ったことに、同社は、自社のインターネットテレビサービスからのトラフィック〔ネットワーク上で送受信される情報〕は受け容れるが、グーグルやユーチューブやアップルなどの競合企業からは受け容れないと発表した[12]。

ネットワークの中立性を切り崩そうとするドイツテレコムのあからさまな試みに、ドイツの規制機関は即座に反応した。同国の電気通信規制当局である連邦ネットワーク庁が、サービスプロバイダーが異なる料金設定により顧客を差別化することを禁じた、ネットワークの中立性保全プロトコルに、ドイツテレコムの計画が違反するかどうか検討中であると発表したのだ［13］。

ネットワークの中立性をめぐる争いは、つまるところ、パラダイムとパラダイムの闘いだ。第二次産業革命で誕生した大手電気通信会社は、新たなコミュニケーション媒体を牛耳って、中央集中化した指揮・統制を押しつけることを望んでいる。そうすれば、情報のコンテンツやトラフィックを囲い込み、利鞘を増やし、「パイプ」を所有することにより独占を確保できるからだ。だが、エンドユーザーも決意の固さでは引けをとらず、なんとしてもインターネットを開かれたコモンズに保ち、ネットワーク上の協働と限界費用がほぼゼロやほぼ無料のサービスの実現を推進する新しいアプリを見つけようとしている。

政府は、資本主義モデルを貫く通信会社とコモンズ・モデルを信奉するエンドユーザーという二人の主人に仕えようとして、板挟みになっているようだ。ＦＣＣはかつてはネットワークの中立性を擁護していたが、開かれたインターネットに関する規制を二〇一〇年に発表して、開かれた自由なインターネットを保障するための三つの基本的規則を提示した際、中立性の擁護というまさにその使命を果たすために長年堅持してきた揺るぎない方針を変えたように思われた。最初の二つの規則は、インターネットの管理業務の透明性を求め、アプリやサービスに対する妨害を禁じるものだった。ところが三つ目の規則は、ネットワーク・プロバイダーに、主導権を奪還し、インターネットを自らの囲い込みの網の中に取り込めるかもしれないという希望を抱かせるものだった。そこには「固定ブロードバンド・プロバイダーは、合法的なネットワーク・トラフィックを不当に差別してはならない［14］」

と謳われているのだ。

三つ目の規則を見て、おやっと思った人は少なくなかった。これを「分別を取り戻した」規則と見る人もいるが、「降伏」と捉える人もいる。「何が正当（不当）か、知れたものではない」という、ブレット・フリシュマンの皮肉めかしたコメントこそ、誰もが訝《いぶか》るFCCの真意を捉えているようだ[15]。

だがインターネットを囲い込もうとするのは、外から強引に割り込みつつある電気通信やケーブル関連の悪徳大企業だけではない。そうした動きは内部でも発生している。ウェブ上でとりわけよく知られているソーシャルメディア・サイトのいくつかが、この新しいコミュニケーション媒体を囲い込み、営利目的で利用し、独占する新手の方法を見つけようと活気づいている。おまけに彼らによる侵蝕は、「パイプ」を管理している企業のそれをはるかに凌ぐ可能性を秘めている。

バーチャルスペースの独占企業

二〇一〇年一一月、「サイエンティフィック・アメリカン」誌の記事で、ワールドワイドウェブの考案者ティム・バーナーズ＝リーは、ウェブ誕生二〇周年に寄せて、苦言を呈した。インターネットに起こっている事態を懸念してのことだった。

バーナーズ＝リーが考案したウェブは、デザインは単純だが強烈な影響力を持っていた。ウェブでは、誰もがいつでもどこでも、許可を求めたり使用料を支払ったりする必要なく、他の誰とでも情報をシェアできる。ウェブは、万人が例外なくアクセスできる、開かれた分散型のものとしてデザインされているのだ。

ところが残念ながら、グーグルやフェイスブックやツイッターといった、ウェブ上でも最大級のアプリのいくつかは、自らをここまで大きな成功に導いてくれた、まさにその参加規程を金儲けの種にし、自社のサービスで伝送されるビッグデータから入手した大量の情報を、ターゲット広告、販売キャンペーン、市場調査、新しい財やサービスの開発などの多くの商業的事業に利用する、営利目的の入札者や事業者に売っている。要するに、コモンズを商売に利用しているのだ。バーナーズ＝リーは自らの記事で、「大きなソーシャルネットワーキング・サイトは、ユーザーが投稿した情報を壁で囲ってウェブの他の部分から引き離し」、囲い込んだ商業空間を創り出していると警告している[16]。

インターネットは共有財《コモンズ》だが、ウェブ上のアプリには、一般にコモンズとして運営されている非営利団体によるものと、市場利益に目を向けた営利企業によるものが混在している。ウィキペディアやLINUXは前者に、グーグルやフェイスブックは後者に分類される。

インターネット上でウェブ・アプリケーションを利用する人々は、アマゾンのようなサイトが純粋に営利目的であることは承知しているが、グーグルやフェイスブックのようなサイトについては、営利性を比較的感じにくい。というのもそれらのアプリは、世界一の検索エンジンから世界最大の家族アルバムへの受け容れまで、さまざまな無料サービスにリンクする機会を提供しているからだ。画面の端の小さな広告は、接続のためならしかたのない、ちょっとした邪魔にすぎない。だがその舞台裏で、グーグルやフェイスブックやツイッターをはじめとする多くのソーシャルネットワーキング・サイトは、自社のシステムに入ってくるビッグデータを取り出し、サイト内で付加価値のあるサービスを提供するか、そのデータを第三者に販売するかしているのだ。

バーナーズ＝リーはこう説明する。あなたのデータが独占使用のために捕捉される過程を知る上で重要なのは、誰かがソーシャルメディア・サイトに入るとき、そのユーザーの統一資源位置指定子（URL）に何が起こるかを理解することだ。各ユーザーのURLは、そのユーザーがウェブ上のいかなるリンクをたどることも可能にし、彼らを相互接続したコモンズの情報空間における流れの一部にしてくれる。だが、営利目的のソーシャルメディア・サイトにユーザーが接続すると、（少なくとも最近までは）本人の知らない間に、その人のきわめて重要な情報が即座に捕捉され、貯蔵され、囲い込まれて、商品化されるのだ［17］。

バーナーズ＝リーは、ユーザーのデータが囲い込まれるまでを、こう説明している。

> フェイスブック、リンクトイン、フレンドスターなどは一般に、あなたが入力する情報を捉えることにより価値を提供する。あなたの生年月日、電子メールアドレス、好み、誰が誰の友達かやどの写真に誰が写っているかを示すリンクなどの情報だ。こうしたサイトはこれらの細々としたデータを集めて見事なデータベースを作成し、その情報を再利用して、付加価値のあるサービスを提供する。ただし、自分たちのサイト内だけでだ。こういうサービスの一つにデータを入力しても、そのデータは他のサイトでは容易に使用できない。一つひとつのサイトがいわば貯蔵庫《サイロ》になっており、他のサイトとは壁で隔てられているのだ。たしかに、あなたのサイトのページはウェブ上にあるが、あなたのデータはない。あなたは自分が一つのサイト内に作った人名リストについてのウェブページにアクセスすることはできるが、そのリストやリスト内の項目を別のサイトへ送ることはできない。情報が隔離されるのは、一つひとつの情報にはURLがないからだ。データ間のつながりは、一つのサイト内に限られる。したがって、あなたが情報を入力すればするほど、あなたはしっかり閉じ込められてゆく。あなたのソーシャルネットワーキング・サイトが中心的なプラットフォームとなるのだ。それはコンテンツの閉ざされたサイロで、そこにあるあなたの情報はあなたの思いどおりにはならない［18］。

ソーシャルメディア・サイトが私たちに関する手持ちの情報をすべて第三者たる営利企業とシェアすることを、私たちは懸念すべきなのか？　もちろん、ターゲット広告に煩わされたい人などいない。だが、もっと質《たち》が悪いのは、これまであなたが特定の病気に関する研究をグーグルで検索していないか医療保険会社が調べたり、あなたの雇用を検討する事業者が、隠れた奇癖や性癖、あるいは反社会的行動の可能性まで見つけようと、ウェブ上にあるあなたのデータの痕跡を分析することにより、あなたのこれまでの個人的な社会生活を詮索したりするかもしれないという将来の可能性だ。

もちろん、すべてのソーシャルメディア・サイトが営利を目的としているわけではない。ウィキペディアをはじめ、多くは非営利団体で、純粋にコモンズ方式の統治を忠実に守っている。だが、営利企業が運営するソーシャルメディア・サイトにとっては、バーナーズ＝リーが説明したビジネスモデルが標準的な運営手順だ。バーナーズ＝リーはさらにこう述べている。「この種のアーキテクチャーの使用が広まれば広まるほど、ウェブはいっそう細分化され、私たちは万人に共通する単一の情報空間を享受できなくなってゆく[19]」

バーナーズ＝リーは事態がもっと深刻であることを示唆している。インターネット自体の稼働上の特徴、つまり分散型・協働型・水平展開型でピアトゥピアのアーキテクチャーそのものが、貴重な個人情報という価値ある埋蔵資源を供給している可能性はないか？　それが掘り出され、再統合され、商業目的で的を絞って影響力を振るうために営利企業に売られているのでは？　さらに悪くすれば、このインターネットの最新型の商業利用は、独占企業をバーチャルスペースに生み出そうとしているのではないか？　そうした独占企業は、中央集中的で専有的である点に関しては、自らが権力の座から追い払おうとしている第二次産業革命型の企業に少しも劣らないのではないか？

二〇一二年には、グーグルは「毎日一八〇か国以上のユーザーによる三〇億件の検索」を処理していた[20]。二〇一〇年、検索エンジンの分野におけるグーグルのマーケットシェアは、アメリカで六五・八パーセント、ドイツで九七・〇九パーセント、イギリスで九二・七七パーセント、フランスで九五・五九パーセント、オーストラリアでは九五・五五パーセントだった[21]。同社の売上は二〇一二年に五〇〇億ドルを上回った[22]。

フェイスブックはソーシャルネットワークの世界市場で七二・四パーセントのシェアを獲得し、二〇一三年三月現在、一一億人を超えるアクティブユーザーを誇っている。つまり、地球上の人類の七人に一人以上が利用者というわけだ[23]。人気上位のソーシャルメディア・サイトでビジターが一か月に費やす時間を計ってみると、フェイスブックは群を抜いている。フェイスブックのビジターは、サイト上で一か月に平均四〇五分を費やしているのだ。これは、フェイスブックに次ぐ人気の上位六サイトの利用時間――タンブラー（八九分）、ピンタレスト（八九分）、ツイッター（二一分）、リンクトイン（二一分）、マイスペース（八分）、グーグルプラス（三分）――の合計をはるかに凌いでいる[24]。なお、フェイスブックの二〇一二年の売上は五〇億ドルだった[25]。

二〇一二年、ツイッターの登録ユーザーは五億人で、そのうち二億人がツイートする人[26]、残りはリスナーでいるほうを選んでいる。同社の二〇一四年の売上は一〇億ドルを超える見込みだ[27]。

アマゾンやイーベイのように、協働型コモンズの特徴を内包しながら営利を前面に押し出したサイトもまた、急速にオンライン上の独占企業になりつつある。アメリカの調査会社フォレスター・リサーチが行なった調査によると、ユーザーが製品をオンラインで調べる際に、「従来の検索サイトから始める人が一三パーセントであるのに対して」、三人に一人はアマゾンドットコムから始めるという[28]。アマゾンは「一億五二〇〇万を超える顧客のアクティブ・アカウント」と「二〇〇万以上の売り手のアクティブ・アカウント」、そして一七八か国にサービスを提供する世界規模のロジスティクス・ネットワークを持っている[29]。一方イーベイは、二〇〇八年にはアメリカのオンライン・オークション市場の九九パーセントを手中に収め、他のほとんどの先進工業国でも同様の実績を挙げるまでになっていた[30]。イーベイの二〇一二年の売上は一四一億ドルだった[31]。

新しく誕生したソーシャルメディア・サイトの支配が今やあまりに浸透しているため、ユーザーは自分がどれだけ頻繁にそれを参照しているかに気づくことさえめったにない。こんな例がある。フランス政府は最近の決定で、話題が直接フェイスブックやツイッターに関係しないかぎり、放送で両社に触れることを放送会社に禁じている。この決定自体がメディア評論家によるツイートをいくつも触発し、フランスの官僚は案の定、これは介入だという批判を浴びた。とはいえ、政府の言い分は妥当だった。たとえばニュースや娯楽報道でフェイスブックやツイッターにたえず言及すると、放送各社はそれにより一種の無料広告を提供することになり、それははるか後方から追う競争相手予備軍を無視して、両社に便宜を図る行為だという主張には一理ある[32]。

コロンビア大学の法学教授で、連邦取引委員会の上席顧問を務めたティム・ウーが、バーチャルスペースを広範にわたり植民地化している新巨大企業に関して、興味深い質問を投げかけている。「グーグルなしで一週間過ごすのは、どれだけたいへんだろう？ いや、ハードルを上げて、フェイスブック、アマゾン、スカイプ、ツイッター、アップル、イーベイ、グーグルがなければどうだろう？[33]」と問うたのだ。ウーは新たに生まれた不穏な現実を的確に指摘している。つまり、開放性、透明性、強い社会的協働性が保障されているために若い世代を惹きつけているこの新しいコミュニケーション媒体は別の顔を隠し持っており、ネットワーク化されたコモンズを助長することで利益を挙げるほうに熱心であるというのだ。ウーはこう書いている。

今日［インターネット上の］主要部門のほとんどは、一社の有力企業あるいは少数の寡占企業によって支配されている。グーグルは検索部門を、フェイスブックはソーシャルネットワーキング部門を「手中に収め」、イーベイはオークション部門に君臨し、アップルはコンテンツのオンライン配信を、アマゾンは小売部門を牛耳るといった具合だ。

ウーは、インターネットが「しだいにモノポリー［サイコロを使ったボードゲームの一種で、プレイヤーは不動産を独占しようと競い合う］のゲーム盤の様相」を呈してくるのはなぜか、と問いかける[34]。

評論家のなかにはこう主張する者もいる。この手の新しい企業の意図に少しでも疑念が残るなら、最近の特許権の取得状況を調べてみれば、それは晴れるというのだ。二〇一一年と二〇一二年のわずか二年を見ても、新たな特許権の取得は、知的財産を扱い慣れた経験豊かな弁護士でさえ息を呑むほどの勢いだ。二〇一一年には、アップルやマイクロソフトをはじめとする企業が、カナダの通信機器製造会社ノーテルネットワークスの六〇〇〇件の特許権を四五億ドルで競り落とした。グーグルはアメリカの通信機器開発製造会社モトローラ・モビリティを一二五億ドルで買収し、一万七〇〇〇件もの特許権を取得した。マイクロソフトはアメリカのインターネットサービス会社AOLから九二五件の特許権を一一億ドルで買収し、フェイスブックがそのうち六五〇件を五億五〇〇〇万ドルでマイクロソフトから買い取った[35]。

通信産業のアナリストや反トラスト法専門の弁護士、フリーカルチャー運動の提唱者の間では、こんな問いかけをする人が増えている。バーチャルスペースを牛耳るこれらの新しい大企業は、じつは二〇世紀のAT&Tや電力などの公益企業に相当する「自然独占」企業なのではないか？　したがって反トラスト法の対象とするか、公益企業として規制するか、いずれかの措置を受けるのが妥当なのではないか？　彼らは、これら二つの措置の一方もしくは両方を厳格に実施しないと、共有され、ネットワーク化されたグローバル・コモンズとしてのインターネットの大いに有望な未来が台無しになり、それとともに、ピアトゥピアの協働主義の精神をこれほど重視してきた世代の希望も大志も失われるだろうと主張する。

コモンズの提唱者はこう力説する。グーグルのような検索エンジンが、誰もが必要とする普遍的なサービスを提供していて、それに代わる検索エンジンが検索力で見劣りするために「必須の手段《エッセンシャル・ファシリティ》」化したら、他の選択肢が実質的になくなってしまう。そういう状況では、グーグルは自然独占のように見えてくるし、感じられもする。「検索の中立性」を求めて、ネットワークの中立性を確保するために政府が課すものと同じような規制を盛んに要求する声も出始めている。そうした主張をする人々は、民間部門の支配的な検索エンジンは、商業上の理由あるいは政治的な理由のどちらかから、検索結果を操作する誘惑に駆られるかもしれないと警告する。

ツイッターのようなソーシャルメディア・サイトが会員を惹きつけるのに使っている人気機能の一つであるランキングを操作したくなる可能性を懸念する人もいる。たとえば、ツイッターはホットなトピックや現在トレンドになっている関心事を特定する、「ツイッター・トレンド」というサービスを展開している。だが、ここで疑問が出ている。さまざまな企業がトレンドを見つけて格付けするのに使うアルゴリズムは、意識的であるにせよないにせよ、それを監督する経営陣のバイアスを反映するようにプログラムされている可能性があるのではないか？　ウィキリークス〔政府や企業、宗教団体などに関する機密情報を匿名で公開するウェブサイト〕の創始者ジュリアン・アサンジの支持者は、二〇一〇年のスキャンダル〔同年、アサンジが性的暴行の嫌疑をかけられた〕のとき、ツイッターがトレンド調査を操作したのではないかと疑った[36]。業界ウォッチャーも「アルゴリズムの中立性」はどうしたら守れるのかを問い始めている。

コーネル大学のコミュニケーション学教授タールトン・ギレスピーは、とくに金銭上もしくはイデオロギー上の理由でデータの操作を正当化しかねない商業目的の人間がアルゴリズムを作った場合、アルゴリズムの操作はまったくありえないとは言い切れないと述べ、こう書いている。

ツイッター・トレンドのようなツールに関する議論は、今後しだいに頻繁に行なわれると思われる。選り抜きの民間のコンテンツ・プラットフォームと通信ネットワークを使ってオンラインで公に交わされる会話がますます増え、その手のプロバイダーが複雑なアルゴリズムを頼りに、集まった膨大な会話を処理し管理し整理するようになり……。［私たちは］……そうしたアルゴリズムは中立ではないこと、政治的な選択をコード化していること、情報を特定の形でフレーミングしていることを認識しなければならない［37］。

一般大衆が、情報を分類し、格付けし、そこに優先順位をつけるアルゴリズムをいっそう頼るようになると、おもに商業目的の事業がデータとアルゴリズムの両方を管理している場合はとくに、私たちは透明性や客観性を確保するための規約や規制を組み込む何らかの方法を見つけなくてはならないと、ギレスピーは述べている［38］。それをせずに、このプロセスの健全性を守るには企業の善意があれば十分だろうと期待するのは、良くて世間知らず、悪くすれば無謀なことだ。

とはいえ、そこにはジレンマもある。グーグルやフェイスブックやツイッターのような企業が成長し続ければユーザーの数が増し、それがネットワークの利用者全員の利益となるのだ。だがこうしたネットワークは営利事業なので、ユーザーが社会的なつながりを最適化することに関心を抱いているのに対して、企業はユーザーに関する情報を第三者に売れる立場を利用して利益を最大化することに関心がある。言い換えれば、問題は企業が商業的な事業としてソーシャルコモンズを運営していることだ。ノースカロライナ大学の社会学助教授ゼイネプ・トゥフェクチはこの手法を「ソーシャルコモンズの企業支配化[39]」と呼んでいる。

一握りの企業がインターネットを独占することを、誰もが案じているわけではない。法学者のなかには、ソーシャルメディア・サイトを運営する企業は、有形のインフラに莫大な先行投資をすることにより自然独占が保証される電気通信会社や電力などの公益企業には匹敵しないと主張する人もいる。公益事業の業界に新たに参入する企業が、すでに成熟したインフラ設備を持ち、独自のユーザー基盤を確保した、押しも押されもしない企業と競争するのは、不可能ではないにせよ困難だと彼らは言う。一方、ソーシャルメディア業界に新たに参入する企業の場合、先行費用がはるかに少なくて済む。コードを書き、新しいアプリを考案することは、公益事業を設立するのにかかる費用のごく一部でできるので、新しいプレイヤーが参入し、すぐに業界を牛耳る、いや、少なくとも競争で優位に立つことは可能だ。彼らはその証拠として、ほんの数年前には無敵の支配力を誇っているかに見えたマイスペースやフレンドスターなどのソーシャルメディア業界大手が、フェイスブックやツイッターのような新興企業の出現でほぼ壊滅状態となったことを指摘する。

自由市場の支持者も、グーグルやフェイスブックやツイッターのような企業を「社会的公益企業」と認定して自然独占の事例として規制する行為自体が、じつはそうした企業を潜在的な競争から永遠に守り、独占企業にしてしまうのだと警告している。それがまさに第一次大戦後にＡＴ＆Ｔに起こったことだ。第3章で述べたように、連邦政府はこの巨大電話会社に自然独占企業の地位を与え、連邦法で規制して、二〇世紀のほとんどの間、電気通信市場における無敵の支配を事実上同社に保証したのだ。
さらに、ソーシャルメディアの巨大企業を社会的公益企業として規制することに反対の人々は、規制を受けた公益企業は競争相手に脅かされることがないため、リスクを嫌い、イノベーションをためらいがちだと主張する。この主張には一理ある。固定価格が規制に盛り込まれていて、収益率が保証されていたら、いったい何が彼らを新しいテクノロジーやビジネスモデルの導入に駆り立てるだろう？

こうした反対意見が共感を呼んでいる。とはいえ、グーグル、フェイスブック、ツイッター、イーベイ、アマゾンのような巨大企業は、それぞれ何十億ドルも注ぎ込んで、私たちが比較の対象として思いつく過去のいかなるものの何倍も大きなユーザー基盤を誇る世界市場を確保してきたのも事実だ。人類史の大半を通して蓄積された集合知がグーグルの検索エンジンによって統制されることになったら、それはいった何を意味するのだろう？　フェイスブックがバーチャルな公共広場の唯一の監督者となり、一〇億人の社会生活をつないでいる場合はどうだろう？　あるいはツイッターが全人類のよもやま話の独占的な通信経路になったら？　また、イーベイが世界のオークション市場を取り仕切る唯一の存在となったら？　アマゾンが、ほとんど誰もがオンライン・ショッピングならここと決めるバーチャル市場になったら？　実店舗販売の商業世界の歴史には、こうした独占企業に匹敵するものは一つとしてない。

これらの企業はインターネット時代のほぼ最初から参入し、優れたアイディアを活かして、ごくわずかな投資で業界大手を斥けることができたが、今日それをするのははるかに困難なのが現実だ。グーグルやフェイスブック、ツイッター、イーベイ、アマゾンなどは、ユーザー基盤を拡張し、同時に何層もの知的財産権に守られた突破不能の囲いを作るのに、何十億ドルもの投資をしている。すべては、彼らがその誕生に貢献したグローバルなソーシャルコモンズから利益を得るように設計されているのだ。

こうした広大な社会的領域を手中に収めている企業が、何らかの規制による制約を受けずに済むことは、まずありえない。反トラスト法による措置を受けるか、適切な規制・監督の下に運営されるグローバルな社会的公益企業として扱われるかのいずれかだろう。どんな監督をどこまでするかは、まだ議論の余地が非常に大きな問題だ。

だが、コミュニケーション媒体の商業的な囲い込みという気がかりな問題に取り組まなくてはならないことに、議論の余地はない。なにしろこの媒体は、その存在そのものが、全人類が協働して社会生活のあらゆる部門で限界費用がほぼゼロで価値を生み出せる、万人のコモンズを提供することを前提としているからだ。

エネルギー・コモンズ

水平展開型のアーキテクチャーがもたらす膨大な社会的・経済的利益を最大限に活用するために、インターネットを開かれたグローバル・コモンズに保つのは容易ではない。そして、この新しいコミュニケーション媒体を、水平展開型の再生可能エネルギーの管理に利用し、エネルギー・インターネットを同じように開かれたグローバル・コモンズに保つことも、それに劣らず難題だ。地域、地方、国家、大陸の全体にエネルギー・インターネットのコモンズを作ろうという試みはすでに、地歩を固めた大手営利企業の壁にぶつかっており、それはコミュニケーション・インターネットが直面している電気通信企業やケーブル会社の壁に少しも引けをとらない手強い障害となっている。

グローバルなエネルギー企業や電力などの公益企業が、エネルギー・インターネットの創出を完全に妨害している場合もある。また、新しいエネルギーの商業的な囲い込みを可能にすべく、スマートグリッドに中央集中型のアーキテクチャーを強制しようと試みている場合もある。

世界最大の経済を誇る欧州連合は、従来の電力などの公益企業に発電事業と送電事業の分離を義務づけることにより、エネルギー・インターネットを開かれたアーキテクチャーに保つ措置を講じた。この発送電分離規制は、地元のマイクロ発電所と主要な送電網との接続を電力などの大手公益企業が困難にしているという、何百万もの小規模な新規のエネルギー生産者の不満が膨らんだことで実現した。大手の企業はまた、提携しているビジネスパートナーが生産したグリーン電力には迅速な接続を提供して便宜を図るといった差別的な手法や、他からのグリーン電力には煩雑な手続きを課して処理を遅らせる、さらにはその受け容れを拒絶さえするといった行為でも非難を浴びていた。

電力公益企業は第二戦線の闘いも展開し、裏工作を行なって、すべての送電データがプロシューマーから企業本部への一方向にしか流れない、中央集中型で専有的な閉ざされたスマートグリッドを作ろうとしている。刻々と変化する電力価格に関するきわめて重要な情報を何百万もの新規のプロシューマーに与えず、一日のうちのさまざまな時間に現れる電力価格のピークを活かすために自分たちの電力をいつ送電網にアップロードするかを、彼らには制御できなくするのが目的だ。

だが、送電会社のこうした努力も勢いを失いつつあるようだ。世界中の国々がグリーン電力の固定価格買取制度を導入して、何百万というエンドユーザーが独自のグリーン電力を生産し、エネルギー・インターネットを介してシェアすることを奨励しているからだ。しだいに多くの送電会社が、エネルギーのプロシューマーをめぐる新たな現実に真剣に取り組み、自社のビジネスモデルを新しいエネルギー・インターネットに適合するように変え始めている。送電会社の収益は今後ますます、顧客のエネルギー利用を管理し、彼らのエネルギー需要を削減し、エネルギーの効率や生産性を上げ、増加した生産性と節約分の一部をシェアすることにより生まれるようになるだろう。送電会社はエネルギー利用をより効率的に管理し、電力の販売を増やすのではなくむしろ減らすことで、利益を伸ばしてゆくだろう。

このエネルギー・インターネットの揺籃期に、分散型の発電を管理する最善のアプローチをめぐり、議論が持ち上がっている。新しいコモンズ・モデルは具体化し始めたばかりだ。そして面白いことに、それは一九三〇年代にアメリカの田園地帯に電気をもたらすために誕生した、電力管理のための、かつてのコモンズ・モデルの派生物なのだ。

ニューディール政策の最大の成果

ハロルド・ホテリングの一九三七年の論文発表を振り返るところから話を始めよう。この発表でホテリングは、国の送電網の費用は政府が負担することを提案した。送電網は誰もが必要とする公共財なので、民間の公益企業に委ねておかずに連邦政府の資金で費用を負担することによって、公共の福祉が最も効率良く拡充できると主張したのだ。政府が費用を負担すれば、消費者は電力のために民間の公益企業に「賃料」を払わずに済むので、電力の価格が限界費用を超えることはなく、その限界費用も、ひとたび送電網が敷設されればゼロに近づいてゆくからだ。

第9章では触れなかったが、ホテリングは自らの考えの優位性を明示するのに、当時新しかった政府の事業の例を用いた。それはテネシー川流域開発公社（TVA）プロジェクトで、それまでに構想されたうちで最も大がかりな公共土木工事計画だった。一九三三年五月一八日、フランクリン・デラノ・ローズヴェルト大統領が署名してテネシー川流域開発公社法（TVA法）が成立した。計画は一九三三年から一九四四年までの間に、アメリカでとくに貧しい七つの州（テネシー州、ケンタッキー州、ヴァージニア州、ノースカロライナ州、ジョージア州、アラバマ州、ミシシッピ州）にまたがるテネシー川流域の労働者二万八〇〇〇人を雇用し、一二のダムと一つの蒸気プラントを建設するというものだった。工事は厖大な規模で、エンパイア・ステート・ビルディング二〇棟分の建設に相当した[40]。

連邦政府は水力を利用して、国内でもとりわけ貧しいコミュニティの多くのために安価な電力を生産しようとした。それが長期的な経済成長の起爆剤となるのを期待してのことだ。テネシー川流域に水力発電による安価な電力を供給すれば、「その地域の経済水準が総合的に上がり、文化的・知的水準もそれに追随し、地元の人々が享受する利益は、金銭に換算すると、利息を考慮しても開発費用を大幅に上回るほど大きいだろう[41]」と、ホテリングは説明した。その上で、「だが、政府が生産した電力に対して、投下資本、あるいは利息分だけでも取り戻せるほどの価格を要求したなら、利益は政府がそれによって得る収益をはるかに上回る分だけ減少するだろう[42]」と警告した。したがって、「この投資を行ない、生産した電気エネルギーを極端に少ない限界費用で売るというのが、優れた公共政策だと思われる[43]」と、彼は結論づけた。

ホテリングは、TVAプロジェクトの費用は、国内の他の地域の納税者が負担しなければならないことは認めたが、テネシー川流域の経済状態が改善されれば、この地域から売りに出される農業生産物のコストが減るので、他の地域も間接的に利益を受けるだろうと述べている[44]。この地域の収入が増し、生活水準が上がれば、他の地域の生産物の消費が増えることにもなる。最後にホテリングは、TVAプロジェクトの成功が、他の地域における同様の公益事業プログラムを促進するだろうと述べた。彼はこう論じている。

そうした事業の実行に積極的な政府は、同じ理由で、広範に分散した他の場所に他のダムを建設することや、非常に多様な公共土木工事を実施することにも積極的だ。そうした事業はどれも、あらゆる階層に広く拡散するような利益を必然的にもたらす。事業の分布に大まかなランダム性が十分あれば、全国各地のほとんど誰もがプログラム全般の恩恵を受けてより裕福になるような利益の分散が確保できよう[45]。

ロナルド・コースはホテリングの主張を受け容れなかった。思い出してほしい。コースは自由市場の支持者で、たとえ対象となる公共の財やサービスが間違いなく誰もが必要とするものである場合でも、政府は消費者需要の予測には長けていないと考えていた。彼はこう書いている。「あらゆる価格が限界費用に基づく体制での個人の需要を、政府が正確に見積もることはできないと、私自身は考えている[46]」

コースの最初の主張は、よく考えてみるとやや胡散臭く思える。消費者が井戸水を好んで、公共財として限界費用で供給される清潔な水道水を拒むだろうか？　未舗装の道路を選んで、公共の幹線道路の使用に背を向けるだろうか？　さらに言えば、松明《たいまつ》がよいと言って、公共の電灯照明を拒絶するだろうか？　限界費用を反映した価格でそうした便益を享受できるというのに。

伝染効果については、コースは、TVAのような公共土木工事の事業が成功すれば、それが刺激となって、国内の他の地域でそれを模したプロジェクトが行なわれるという主張を斥けた。たとえ最初の公共土木工事が成功しても、ほぼ同様の状態が他の地域にすでに存在していて、そのため同様の結果が望めると決め込むことはとうていできないというのだ。

コースがホテリングに対する反論を書いたのは一九四六年で、帰還したアメリカ兵とその家族が、貯まった蓄えを使って戦時中になしで済ませていたものを買い漁《あさ》ることにより、戦争の間に失われた時間を取り戻そうと躍起になっていたころだ。市場は消費社会を活気づけるエンジンになった。一五年に及ぶ経済不況、世界大戦、政府による物資の支給の時代のあとでは無理もないことだが、何百万もの人々が今まさに市場を歓迎し、収入をどう使うべきか、各自が自分で決める気になっていたのだ。コースは時流をつかんでいた。他の経済学者のほとんどが彼に追随した。以後、この国の経済生活における勝者を選ぶ仕事は、政府ではなく市場に任せたほうがよいというのが、経済の通念となった。もっとも、州間ハイウェイ・システム、退役軍人に対する大学の学費融資、政府の助成による連邦住宅局の抵当付き住宅ローンといった公共金融政策となると、アメリカ国民はかなりの例外を積極的に許したことを指摘しておくべきだろう。

だが、待ってほしい。ホテリングの主張やそれを支える最良の例がけっきょく正しかったかどうかを見届けるところまで、この時代の歴史に興味を持った学者はほとんどいない。最後まで見ればわかったはずだが、ホテリングの主張やその成功例としてTVAを使う彼の論法をさっさと斥けようとしたコースの反論は、時の試練にはまったく堪えられなかった。

当時の歴史に埋もれたものが一つある。電力をコモンズ方式で管理する斬新な仕組みの出現だ。それは二〇世紀にはアメリカの経済発展の行方を根本的に変え、二一世紀にはエネルギー・インターネットを構成するのに欠かせないコモンズ方式のビジネスモデルをもたらすものだった。

連邦政府が電力生産ビジネスに乗り出したのはそもそも、民間の公益企業が、田園地帯の世帯はあまりに少なく、疎《まば》らで、購買力が弱いので、サービスを提供できないといって、送電線をそこまで拡張しようとしなかったからだ。

一九三〇年代には都市住宅の九割に電気が行き渡っていたのに対し、田園地帯で電気が使える住宅はわずか一割だった[47]。電化されていないために、アメリカ人のかなりの割合が、運が拓ける見込みもほとんどないまま悲惨な貧困生活を送っていた。そして大恐慌時代には、都市と田園地帯の格差は拡がるばかりだった。

TVAは遅れた田園地帯に二〇世紀の生活をもたらし、前例を作ることにより全国の他の田園地帯に計画を拡張するよう意図されていた。電力などの公益企業は反発した。彼らは田園地帯の市場に興味はないものの、連邦政府が電力市場に猛然と参入してきたことや、TVAが手頃な料金で電力を販売して、農民や農村のコミュニティを「優遇」する権限を与えられていることに怒ったのだ。こうした企業の反対にもかかわらず、一九四一年にはTVAはアメリカで紛れもなく最大の電気エネルギー生産者となっていた。しかもその発電を担うのは水力、つまり再生可能資源だった[48]。

民間公益事業の業界は、ビジネス界の保守的な大手企業の後ろ盾を得て、TVAはアメリカを社会主義社会にしようという政府の大がかりな取り組みの隠れ蓑だと非難した。「シカゴ・トリビューン」紙の社説は、「テネシー川流域に小さな共産主義ロシア[49]」を打ち立てつつあるとしてTVAを非難した。公益企業は、連邦政府が電力生産の権限を奪取することは憲法で認められていないと主張して提訴し、連邦最高裁判所まで持ち込んで争ったが、けっきょく同裁判所がTVA法の合憲性を認めたため敗訴した。

TVAは発電に加え、田園地帯の電化を進めるために、各地のコミュニティに向けて送電線を敷設する権限も与えられていた。そこで一九三五年、ローズヴェルトは大統領令に署名して、アメリカの田園地帯の全世帯に送電線を到達させる使命を帯びた、農村電化局(REA)を設立した。「一九三六年と三七年で、この新機関は三〇万以上の農場に到達する七万三〇〇〇マイル(約一一万七〇〇〇キロメートル）の送電線を敷設した[50]」

ＲＥＡの業績は素晴らしかった。とはいえ、この機関が組織内の専門技術や労働力を結集しても、アメリカの田園地帯全域に独自の送電線を敷設するのはとうてい不可能であることが明らかになった。民間の電力会社に頑なに協力を拒まれて、ＲＥＡは型破りの、当時としては革新的なアイディアを採用した。地元のコミュニティで結束し、電力協同組合を設立するよう農民たちに促したのだ（ＴＶＡの管轄地域やペンシルヴェニア州や太平洋沿岸北西部では、田園地帯の電力協同組合がすでにいくつか活動しており、成功を収めていた）。

新たな計画では、ＲＥＡは送電線の敷設のために、連邦政府による低金利ローンを地元の農業コミュニティに提供し、技術面と法律面で支援することになっていた。非中央集中型のアプローチを推進して電化に取り組もうという構想だ。それにより、地元の農村電力協同組合が自らの送電線を敷設し、それをつなぎ合って、地域の送電網を作ることが可能になる。協同組合は非営利的な自主管理型コモンズとして機能し、その理事会は組合員から民主的に選ばれた人々によって構成される。

ＲＥＡによる送電線の敷設コストは一マイル（約一・六キロメートル）につき平均七五〇ドルで、民間の電力会社の見積もりより四割安かった[51]。地元の農民が協同組合からの借入金を返済するために、自らの時間を提供して送電線の敷設工事で働くのを認めることにより、費用を低く抑える場合が多かった。一九四二年にはアメリカの農場の四割に、四六年には半分に電力が供給されていた[52]。そして四年後、残る半分の農村家庭も電化された。これは、独自の電力協同組合を運営するのと、敷設工事を支援するのとの両方に必要な技能を習得した農民たちの手によって大方成し遂げられた、素晴らしい偉業だった。

テネシー川流域からカリフォルニア州までの農村コミュニティに及んだ経済効果は計り知れない。

電力が供給されたことにより、生産のための就労時間が延び、農場での重労働の負担が減り、農場の生産性は劇的に増し、何百万という農村家庭の健康や福祉が改善された。ＲＥＡの計画の最初の五年で、田園地帯の一万二〇〇〇を超える学校に電気が引かれた[53]。電気が通じ、照明がついたおかげで、児童・生徒は夕方、農場の手伝いのあとで宿題をして、学習時間を延ばすことができた。

田園地帯の電化は家電製品の製造と小売に多大な影響を与えた。ＲＥＡはゼネラル・エレクトリック社やウェスティングハウス社を説得し、通常価格の半値で売れる安価な家電製品を製造させて、何百万もの農村家庭が最新の便利な電気器具を装備するよう促した[54]。農村家庭が新しい家電製品を購入したおかげで、大恐慌という最悪のときに家電製品の売上はなんと二割も増え、低迷する経済を下支えした[55]。

農村の電化はまた、アメリカ各地の田園地帯の資産価値を押し上げ、州間ハイウェイ・システムの敷設や、ハイウェイの出口近辺の何百万もの新しい郊外住宅、オフィス、ショッピングモールの建設に伴って、一九五〇年代から八〇年代にかけて都市から田園地帯になだれ込んだ大量の移住者にも送電インフラを提供した。アメリカの郊外化は田園地帯に新たな商機と、それに伴う無数の新しい仕事ももたらし、アメリカは史上最高の経済繁栄期を迎えた[56]。

ホテリングが連邦政府によるＴＶＡへの融資を支持する論文で展開した主張は、どれも驚くほど正確であることが判明した。唯一の小さな誤算（しかも嬉しい誤算）は、アメリカの田園地帯を電化するのに、莫大な税金の流出は必要なかったことだ。電力インフラの多くは、農村電力協同組合に対する政府の低金利ローンで賄われ、事実上その全額が返済された[57]。政府は全負担を背負い込む必要はなく、事業のプロセスを後押しして、その費用を保証するだけでよいことを、ホテリングは見逃したのだ。

最後に、農村電力協同組合は連邦政府の助成金を受け続けているが、あらゆる電力事業のなかで、「電力協同組合が受ける連邦政府の助成金は、一消費者当たりでは最も少ない」。これは納税者にとっては驚きの事実かもしれない[58]。

コースは資本主義市場の優位性に、ホテリングは政府による管理の優位性に、それぞれこだわっていたが、両者の代わりに、一般の福祉の最適化に向けた第三のアプローチが見えてきたのだった。政府はアメリカの田園地帯を電化して一変させる最高の手段として、分散型・協働型・水平展開型の経済機関、すなわち協同組合を支援した。このコモンズ方式の自主管理機関は、わずか一三年で、民間企業や政府がその倍の時間をかけてもそれだけの低コストではとうてい果たせなかっただろう事業を成し遂げた。

今日、九〇〇の非営利の農村電力協同組合が、四七州で二五〇万マイル（約四〇〇万キロメートル）に及ぶ送電線を管理して、四二〇〇万人の顧客に電力を供給している。アメリカの送電線の四二パーセントは農村電力協同組合によるものだ。その送電線は、国土の四分の三に張り巡らされており、アメリカで売られる総電力の一一パーセントを届けている。各地の農村電力協同組合の資産を合計すると、一四〇〇億ドルを超える[59]。

何より重要なのは、全国の農村電力協同組合の七万人の従業員が、顧客への電力供給サービスを「原価で」提供していることだ。協同組合なので、利益を挙げる構造にはなっていないのだ[60]。

協同組合の復興

協同組合について最初に理解すべきは、民間企業が営利の事業体として活動する構造になっているのに対し、協同組合はコモンズとして活動するように設計されている点だ。つまり、民間企業とは大いに異なる目標を達成すべく構成されているわけだ。

世界中の協同組合を代表する組織、国際協同組合同盟（ＩＣＡ）は、協同組合を次のように定義している。

共通の経済的、社会的、文化的なニーズや願望を、共同で所有し民主的に管理する事業体を通して満たすことを目的に、自発的に結束した人々の自治的組織である[61]。

協同組合は競争ではなく協力を、狭量な経済的私利ではなく広量な社会的責任を原動力としている。その活動の場は市場ではなくコモンズだ。ＩＣＡはこう説明する。

協同組合は自助、自己責任、民主主義、平等、公正、団結という価値観に基づいている。……組合員は、正直さ、開放性、社会的責任、他者への思いやりといった倫理的価値観を信条とする[62]。

協同組合の仕組みははるか昔から存在するが、近代的な協同組合の事業構造が生まれたのはイギリスで、一八四四年のことだった。この年、二八人の織物工が「ロッチデール公正先駆者組合」と称する協同組合を結成した。彼らは資金を出し合って蓄え、仕事のための良質の必需品を原価で購入することを可能にした。協同組合の最初の店舗は、小麦粉や砂糖などの食品を仕入れて、組合員に販売した。

ロッチデール組合はコモンズ方式の管理のために七つの規則を制定し、それが協同組合の標準的な規約となった。それらの規則は改定を重ね、協同組合の統治モデルとしてＩＣＡに正式に批准されており、コモンズ方式の管理の理念と実践を次のように要約している。

一、何人《なんぴと》も人種、宗教、民族、性別、社会的・政治的帰属を問わず、協同組合の組合員となることができる。

二、協同組合は民主的に運営される組織であり、組合員は各自一票の投票権を有する。組合員から選出された代表者は、組合の管理に責任があり、組合員に対する説明責任を負う。

三、組合員は組合の資本に公正かつ民主的に出資する。その資本の一部は組合の共有財産となる。組合員は、組合の発展および日常の業務に、その資金をどう使うべきかを合同で決定する。

四、協同組合は自治的な自助組織である。他の組織とさまざまなビジネス上の取り決めを交わすことができ、実際に交わすが、それは組合の民主的な管理と自治を確保する形で行なうものとする。

五、協同組合はその組合員、管理者、従業員に教育や継続的研修を提供し、組合のプログラム、事業、取り組みへの全面的参加を奨励する。

六、協同組合は、地域や世界全体での協働と協力のためにたえず拡張と統合を続ける空間を提供することにより、ネットワーク化されたコモンズを拡げるよう期待される。

七、協同組合は組合が従事する方策や事業を通して、自らが貢献するコミュニティ内の持続可能な発展を促進する使命を帯びている[63]。

資本主義市場とそれに伴う功利主義的精神（人間の行動は競争的で自己本位のものという捉え方）が支配的な世界では、協働や公正さや持続可能性を基礎とする協同組合方式のビジネスモデルに人々が惹かれるかもしれないという考え自体が、救いようもないほど非現実的に思える。だが、人類の多くはすでに、経済生活の少なくとも一部をコモンズで活動する協同組合方式の組織に構成している。ただ私たちは、それについて耳にしたことがないだけだ。二〇一二年は国際連合により国際協同組合年として正式に認定されていたが、グーグルでざっと検索しても、一年にわたる祝賀行事については小さなニュースがかろうじて見つかる程度だ。グローバルなマスメディアが、何をニュースにするかを決める少数の大手の営利メディア会社に牛耳られているからかもしれない。

実際は、現在一〇億を超える人、つまり地球上の人間の七人に一人が協同組合に所属している。また、一億人以上が協同組合に雇用されており、これは多国籍企業の従業員より二割多い。規模で上位三〇〇の協同組合の組合員を合計すると、世界で一〇番目の大国の人口に相当する。アメリカとドイツでは四人に一人、カナダでは五人に二人が組合員だ。インドと中国では四億人が協同組合に属しており、日本では三世帯に一つが組合員だし、フランスでは三二〇〇万人が協同組合に参加している[64]。

二〇一一年六月、アメリカの全国協同組合事業協会のＣＥＯポール・ヘイゼンはこう述べている。

アメリカでは、一億二〇〇〇万人の組合員を擁する二万九〇〇〇の協同組合が、全国七万三〇〇〇か所で事業を行なっている。全体として見ると、アメリカの協同組合は三兆ドルを超える資産を有し、年間売上五〇〇〇億ドル以上、賃金および諸手当二五〇億ドルの実績を挙げ、二〇〇万近い職を提供している[65]。

アメリカの協同組合は、農業と食品製造業、小売業、保健医療、保険業、信用組合、エネルギー産業、発電・送電事業、電気通信事業など、事実上あらゆる経済部門で活動している。今度エースハードウェア〔全米に展開するフランチャイズ制のホームセンター〕の店に立ち寄ったときには、あなたは協同組合で取引しているのだ。「アメリカ人が保有する協同組合の組合員資格は三億五〇〇〇万を超えている[66]」世界中の何億もの人が、協同組合から食べ物を買い、協同組合住宅に住み、協同組合の金融機関で預金したりローンを組んだりしている。ほとんどのアメリカ人は気づいていないが、「アメリカの農業産品や農業用品の約三割が、三〇〇〇の農民所有の協同組合を通して売買されている[67]」。ランド・オ・レイクスのバターやウェルチのグレープジュースは、農業協同組合が販売している有名ブランド食品で食料品店の棚に並ぶもののうちのほんの一部にすぎない[68]。

欧州連合では住宅一〇〇〇万棟、つまり全世帯の一二パーセントの住まいが協同組合の住宅だ[69]。エジプトでは、国民の三分の一近くが住宅協同組合に所属している[70]。最大の住宅個人所有率を誇るアメリカでさえ、一二〇万を超える住宅が協同組合のものだ[71]。また、パキスタンでは住宅の一二パーセントが協同組合によるものだ[72]。

銀行業を営む協同組合も、金融業界では主要な事業者と言える。ヨーロッパの六か国（ドイツ、フランス、イタリア、オランダ、オーストリア、フィンランド）では、預金総額のおよそ三二パーセント、国内貸付総額の二八パーセント近くを、協同組合が占めている[73]。アジアでは四五三〇万人が信用組合（組合員が所有する金融協同組合）に所属している[74]。フランスではリテールバンキング〔小口の銀行業務〕の六割が協同組合を通して行なわれている[75]。

アメリカでは、二〇〇八年の金融市場の崩壊以来、信用組合（組合側によれば、組合員数は九〇〇〇万人を超えるとのことで、これは世界最多）が復興を遂げた[76]。預金の伸び率は、国内最大級の銀行が三一パーセントであるのに対し、信用組合は四三パーセントに達した[77]。アメリカの信用組合は今や一兆ドル近い資産を有している[78]。

協同組合は、その輝かしい実績にもかかわらず、第一次・第二次産業革命を通してずっと、営利企業に次ぐ二番手の事業者だった。中央集中型のコミュニケーション／エネルギー・マトリックスのために莫大な資本が必要とされ、それが、株式市場や債券市場で十分な額の資金を集められる民間企業に有利に働いた。資本主義市場で事業を行なう民間企業は、製造やサービスの垂直型の統合・展開のおかげで、先の二つの産業革命時代を確実に支配できたのだ。

協同組合は、小・中規模の事業者が販売やロジスティクス、流通の経路をシェアすることで下流部門の経費を削減する一方で、原材料や財を上流部門の供給者からかなりの割引で購入するために、金融資源を出し合って蓄えることにより生き残る方法だ。市場の外で共有のコモンズにおける非営利事業体として活動すれば、協同組合は財やサービスを低い限界費用で組合員に届けることができた。

今や、突然形勢が逆転した。これまでの章で述べたように、ＩｏＴは何十万もの小規模事業者に有利に働く。ただし、それは彼らが生産者協同組合の形で団結し、新しい分散型・協働型のコミュニケーション／エネルギー／輸送形態で可能になった水平型の力の利点を活かすことができればの話だ。

一方、新しい経済インフラとパラダイムは限界費用をほぼゼロに減らせる見通しなので、十分な利鞘を確保して利益を出せるかどうかに存続がかかっている民間企業の先行きは暗い。協同組合こそが、限界費用がほぼゼロの社会で機能する唯一のビジネスモデルなのだ。

世界中のコミュニティで、何千というグリーンエネルギーやグリーン電力の協同組合が生まれ、地域や大陸の送電網を介してピアトゥピアで電力をシェアするための、ボトムアップのコモンズ基盤を確立している。

欧州連合では、株式市場より協同組合に投資する人のほうが多く（驚くべき事実だ）、協同組合銀行が率先してグリーン電力協同組合に融資している。ベルギーの協同組合であるエコパワーを創立した理事長のダーク・ヴァンシンチャンによれば、風力発電や太陽光発電のプロジェクトに最初に飛びついて融資するのは、たいてい協同組合銀行だという。可能なときには協力し合うという、協同組合運営七原則の一つの精神に則って、協同組合銀行は会員の資金を使って、エコパワーのようなグリーン電力協同組合にますます頻繁に融資するようになっている。一九九〇年に組合員三〇名で始まったエコパワーは、二〇一三年には四万三〇〇〇人の組合員を擁し、すでにフランダース地方の家庭の一・二パーセントに、再生可能な風力や水力のエネルギー設備で生産したグリーン電力を提供している[79]。

ドイツでは、全国にグリーン電力協同組合が誕生している。二〇一一年だけでも、一六七のグリーン電力協同組合が新たに設立された[80]。ドイツのシュトゥットガルトにあるホルブ全世界エネルギー協同組合は、地元のコミュニティにおけるエネルギーの生産と利用のパターンを変革させるにあたって協同組合が発揮しうる威力を示す典型的な例だ。この協同組合はその地域にすでにいくつかの太陽光発電所を設置しており、さらに増設を予定している。前述のように、ドイツでは現在二三パーセント以上の電力を再生可能エネルギーで生産しており、その多くが地元の協同組合で生み出されている[81]。シュトゥットガルトの再生可能エネルギー協同組合の主導者ベルンハルト・ボークは、「ここは協同組合の国である[82]ことを考えると、これはさほど意外ではないと述べている。

デンマークもまた、ＩｏＴインフラを整えることによる社会変革の先頭に立っており、持続可能な経済パラダイムを確立するために、ボトムアップ式の協同組合モデルを大いに頼りにしてきた。飛行機でコペンハーゲンに向かうとき、空港に進入する途中で私はいつも港を見下ろし、二〇基ほどの風力タービンに感嘆するが、その半分は協同組合が所有している[83]。

デンマーク人がすでに気づいたとおり、新しいインフラを効果的に機能させる秘訣は地元のコミュニティの賛同であり、一般の人々の信頼を築き、新しいエネルギー・インフラに対する地元の支持を得るためには協同組合を活用するのがいちばんだ。彼らがとくに誇りにしているのは、サムソ島という小島（住民およそ四〇〇〇人のコミュニティ）で展開されている、今後の指針となるプロジェクトだ。ここでは電力を、石炭火力をおもに使う発電所からの買い入れにほぼ全面的に頼っていたのを、地元の家庭や事業者の力で、わずか一〇年で再生可能エネルギーによる電力に全面的に切り替えて、地域を一変させることに成功した[84]。

大手開発会社によるウィンドファーム（集合型風力発電所）の設置が各地で地元のコミュニティからの反対に遭っているときに、サムソ島は新しいエネルギーの所有権を島民に付与することによりその反発に対応した。デンマークの他の地域では、設置された風力発電所によるエネルギー容量の八割を協同組合か個人のどちらかが所有しているので、この島はそれを手本にしたわけだ[85]。

島を訪れ、どうしてそんな成功を収めることができたのかを知りたがる人々に、地元の住民は説明する――成功の秘訣はつまるところ、住民が民主的に参加し、コミュニティが所有することだ、と。グリーンエネルギー協同組合は、住民の誰もが島内とその周辺に設置される風力タービンの開発や管理に関する決定に平等の発言権を持って加われるコモンズを提供したのだ。住民は同時に共同所有者にもなったので、新たなグリーン電力の価格の低さという恩恵にも与れた。

協同組合はまた、島の住民に、個々の存在より大きなものの一員となる機会も与えた。グリーンエネルギー協同組合の意思決定や管理に積極的に参加することで、社会関係資本や信頼、善意が築かれたのだ。

アメリカでは、田園地帯の電力協同組合がグリーン電力化運動の先頭に立ってきた。全国農村電力協同組合連合は、二〇二五年までに組合員の電力の四分の一を再生可能な資源から生産することを目指している[86]。二〇〇九年には、ノースダコタ州のベイスン・エレクトリックという農村電力協同組合が、二億四〇〇〇万ドルをかけた、出力一一五メガワットの国内最大のウィンドファームを稼働させた[87]。このプロジェクトは四か月という記録的な速さで完成し、世界でも最大級の再生可能エネルギー事業となった。西部九州の田園地帯の消費者二八〇万人に電力を供給しているこの協同組合は、エネルギー生産を化石燃料から再生可能資源によるものへと切り替えるプロセスを開始している。二〇〇五年には同組合の電力の九四パーセントが石炭による発電で、風力発電は一パーセントに満たなかったが、今日では二割がウィンドファームで生産されるグリーン電力になっている[88]。

田園地帯の電力協同組合は、新しいエネルギー・インターネットの構築においても、民間や自治体所有の公益企業を凌ぐ働きを見せている。全電力協同組合の四割以上が、工業、商業、居住の場に、高性能のメーターを設置しているのだ[89]。

グリーン電力導入を推進する協同組合は、世界の多くの地域で、田園地帯ばかりか都市や都市近郊にも根を下ろしつつある。ドイツで行なわれた、都市の電力協同組合が将来果たす役割に関する調査では、当初の想定に反して、グリーン電力協同組合は田園地帯のほうが発展しやすいわけではないことがわかった。どうやら都市のグリーン電力協同組合は、田園地帯の組合より速いとまではゆかなくとも、同じ程度の速さで発展しているようだ。先のドイツの調査によると、ある国内最大級のグリーン電力協同組合の組合員の八割が町や大都市に居住しているという。グリーン電力コモンズの一員になった理由を訊かれると、ほとんどの回答者が「政治的な動機」を挙げる。つまり、自分自身と自分たちのコミュニティのエネルギーの将来に関する計画立案に積極的にかかわりたいから、ということだ[90]。

インターネット上で育ち、分散型・協働型でピアトゥピアのネットワークにおいて価値を生み出すのは当然の権利だと思っている世代の人々は、独自のグリーンエネルギーを生産してエネルギー・インターネット上でシェアすることをほとんど躊躇しない。彼らは自分たちが、深刻化するグローバルな経済危機の時代に生きていることを知っている。そして、化石燃料エネルギーに依存し、中央集中化したトップダウンの指揮・統制で管理されてきた経済体制に起因する、なおさら恐ろしい地球の気候変動の時代に生きていることも承知している。彼らは、開かれた情報コモンズで仲間と自由に協働する権利を妨害しているとして大手の電気通信会社やメディア会社やエンターテインメント会社を非難するだけでなく、世界の巨大なエネルギー会社や電力会社などの公益企業にも同様に批判的だ。そうした企業は、エネルギー価格の高さ、経済の衰退、迫り来る環境の危機に、ある程度責任があるというわけだ。

従来のエネルギー企業や公益企業は、中央集中化した権力構造のまさに典型であり、そのような構造が世界に押しつけてきたあらゆる弊害を象徴していると感じる若者がしだいに増えている。団結し、開かれた協働型で民主的に管理される協同組合を結成して、クリーンなグリーンエネルギーを生産しシェアすることにより、そうした弊害が取り除けるという見通しは、大きな力を与えてくれる。それは持続可能性の旗印の下に結集するよう、一つの世代を駆り立てている。コミュニケーションへのフリーアクセスを求める運動に、今やフリーグリーンエネルギーを求める声が加わろうとしているのだ。

ロジスティクス・コモンズ

コモンズのインフラを作るために、マトリックスに含めなくてはならない領域がもう一つ残っている。水平展開型のグリーン電力を管理し始めているインターネット通信は現在、世界中のロジスティクス・ネットワークを自動化する輸送インターネットを創出するのに利用されている。コミュニケーション・インターネットとエネルギー・インターネットと輸送インターネットが一つになり、コモンズで稼働するＩｏＴの形に統合されれば、協働の時代への道が拓かれる。

世界のどこでも道路はたいてい公共財として扱われているが、道路上を移動したり原料や財を送ったりするのに使う輸送手段は、公共事業と民間事業の混合だ。毎日、何億もの人が通勤や社会的な移動に公共の交通機関を使っている[91]。通勤電車やライトレール〔本格的な鉄道より小さく、バスより大きな輸送力を持ち、通常は専用軌道と道路を併用している軽量級の公共交通機関〕やバスは、税金の助成を受け、原価をわずかに上回る料金でサービスを提供している。他の何億もの人は、経済活動や社会活動のための移動を自家用車に頼っている。公共の交通機関と自家用車、自転車、徒歩を組み合わせている人もいる。

商業的な財の路上輸送のほとんどは民間の運送業者によって行なわれる。第二次産業革命で誕生した垂直統合型の大企業は、完成した財ばかりか原料や部品などの物資を、バリューチェーンの全般にわたって保管し移動させるのに、自社の輸送車・トラック部隊に頼るか、民間運送業者に外注するかする。だが、ロジスティクスを単独で行なうことには欠点がある。ロジスティクスや輸送に関して、社内のトップダウンの集中制御を維持すれば、民間企業は自社の生産、保管、流通経路を強力に支配できるが、その支配には効率や生産性を損ない二酸化炭素の排出量を増やすという高い代償が伴う。

まさにそのことが、最近のグローバルな調査で明らかになった。第一に、アメリカ国内だけ見ても、走行中のトレーラートラックの積載率は平均わずか六割だ。グローバルな輸送となるとその効率はさらに下がり、推定積載率は一割に満たない[92]。多くの場合、トラックは積み荷を満載して出発するが、途中で荷を降ろすたびに積載量が減り、帰りは空《から》のことが多い。二〇〇二年、アメリカではトラックは走行距離の平均二割を積み荷なしの状態で走り、ほぼ空のトレーラーを牽引していた距離はそれよりはるかに長かった[93]。第二に、製造業者、卸売業者、運送・倉庫業者、小売業者はみな多くの場合、最終目的地のはるか遠くで高いコストをかけて長期間、製品を保管している。二〇一三年三月現在、アメリカの企業在庫は推計一兆六〇〇〇億ドル相当だった[94]。これらの在庫は、莫大な諸経費をかけて遊ばせている財にほかならない。また、製品のラインナップには季節的な変動がつきものなので、倉庫は時期によって十分に活用されていなかったり、許容限度を超える量の保管を余儀なくされていたりする。第三に、食品や衣料品のように時間的制約のある製品の多くが、ロジスティクスの効率が悪いせいで流通業者が時宜を得た配達ができないために、売れ残ってしまう。輸送やロジスティクスのインフラが脆弱で、当てにならず、使用不能に陥りやすい発展途上国では、こうした時間的制約絡みの損失は膨れるばかりだ。第四に、広い地域を担当する中央集中型の巨大な倉庫や流通センターに依存していることが大きな原因となり、製品は最短ルートではなく遠回りして輸送されることが多い。第五に、何十万もの民間運送業者がひしめき合うグローバル・ロジスティクスの体制には共通の基準や規約が存在しないため、企業が最新のＩＴやインターネット・テクノロジーのアプリを駆使して協働し、ロジスティクス資源をシェアして効率や生産性を上げ、運営コストを下げることができない[95]。

自由市場を支持する経済学者なら、市場における財やサービスの私的な交換と深く結びつき、利益を得るという動機を原動力に稼働する資本主義体制が、稀少な資源を生産目的で割り振る最も効率の良い手段だと主張するだろう。だが、ロジスティクス（そうした財やサービスを保管し、顧客に届ける手段）となると、資本主義のプロセスは甚だ非効率的かつ非生産的だということを、経済学者は少なくとも一考すべきだろう。エネルギーのコストがうなぎ上りに上がり、ただでさえ無駄が多くて非効率的なロジスティクス・システムにますます大きな負担をかけている現在、原料や財を保管したり輸送したりする方法を考え直すことはとくに重要だ。ロジスティクスの効率が悪いために、二酸化炭素の排出量も厖大になっている。二〇〇六年、アメリカのトラックは何十億ガロンもの燃料を使って二六三〇億マイル（約四二〇〇億キロメートル）を走行し、大気中に記録的な量の二酸化炭素を排出した[96]。

ロジスティクスが経済の端役にすぎなければ、たいしたことではないかもしれない。だが、ロジスティクスはシステム全体（バリューチェーンの各段階で供給業者と買い手がつながり、業務を行なうためのプロセス）を動かす要なのだ。二〇〇九年、輸送業は「アメリカのＧＤＰの一割」を占めた。これは「およそ一兆四〇〇〇億ドル」に相当する。貨物輸送にかかる費用が五〇〇〇億ドル、梱包費用が一二五〇億ドル、保管費用は三三〇億ドルだった[97]。

今、新たな世代の学者やロジスティクスの専門家は、二一世紀のグローバル・ロジスティクスを根本的に変革するためのモデルとして、オープンシステム・アーキテクチャーとコモンズ方式の管理を特徴とする分散型・協働型・水平展開型のインターネット通信システムに目を向けている。業界主導者は、ＩＴや電気通信の業界がロジスティクスからメタファーを借りてインターネット通信革命への第一歩を概念化したことを思い返すにつけ、インターネットの教えやメタファーをロジスティクスに応用することの皮肉を痛感している。ワールドワイドウェブが稼働して間もなく、アメリカの副大統領アル・ゴアは「情報のスーパーハイウェイ」確立の必要性について語り、一世代前の州間ハイウェイ・システムの建設は道路交通をつなげた上、郊外の発展、製造業や小売業の地理的分散、観光業の発達などの波及効果を生み、それがすべてアメリカにその二〇〇年の歴史上最大の経済繁栄期をもたらしたことを指摘した[98]。相互接続した州間ハイウェイ・システム（一度として赤信号で停まることなくアメリカを自動車で横断できる）のオープンアーキテクチャーに触発された技術者たちは、情報のパケットが分散型のシステム内のさまざまなネットワークを縦横無尽に難なく移動できるような、相互接続したコミュニケーション媒体を思い描いた。

今日、ロジスティクス業界は自らの部門のあり方を考え直すのに、インターネットのメタファーを使っている。カナダのモントリオールにある「企業ネットワーク・ロジスティクス・輸送に関する大学間共同研究センター（CIRRELT）」のブノワ・モントルイユは、デジタルの世界がスーパーハイウェイのメタファーを採用したのとちょうど同じように、今度はロジスティクス業界が分散型インターネット通信のオープンアーキテクチャーのメタファーを使って、グローバル・ロジスティクスを改造すべきだと言う[99]。

モントルイユは、輸送／ロジスティクス・インターネットの本質的な特徴を挙げ、構成要素の多くはすでに稼働しているが、まだ単一の透明性の高い開かれたシステムの形で結合していないと述べている。第一に、インターネットを通して伝送される情報パケットには、それぞれのIDと送信先までの最適経路選択《ルーティング》に関する情報が含まれている。データパケットは装置とは無関係に構成されているので、銅線、光ファイバー線、ルーターの種別を問わず、構内ネットワーク（LAN）であろうが広域ネットワーク（WAN）であろうが、さまざまなシステムやネットワークで処理できる。輸送／ロジスティクス・インターネットでも同様に、すべての有形の製品をこのインターネットの全域で標準化されたモジュラーコンテナ〔規格化されたユニットを組み合わせたコンテナ〕に収めなければならない。コンテナには中身を特定したり分類したりするためのスマートタグやセンサーを装備する必要があるだろう。一つの地点から別の地点への円滑な輸送を実現するためには、倉庫での保管からエンドユーザーへの配送に至るまでの全システムを、同一の標準テクニカル・プロトコルに則して運営しなければならない。

輸送／ロジスティクス・インターネットでは、従来の二地点間の輸送やハブ・アンド・スポーク式の輸送は、分散型で多分割方式の複合一貫輸送〔輸送単位を組み換えることなく、異なる輸送機関を組み合わせて運ぶ輸送形態〕に取って代わられるだろう。一人の運転手が生産センターから配送先まですべての積み荷の全行程を担当し、それから最寄りの出荷場所に向かって、帰路に配送指定された荷物を積み込むのではなく、配送が分担されるのだ。最初の運転手は近くの拠点に荷を届けて、そこで別の荷を積んだトレーラーをつないで戻る。拠点に届いた荷物は別の運転手が受け取って、トラック発着場にしろ鉄道の車両基地にしろ空港にしろ、輸送経路上の次の拠点に届ける。荷全体が目的地に着くまで、これを繰り返すのだ。

モントルイユの説明によると、現在のシステムでは、ケベック－ロサンジェルス間の往復一万キロメートルを一人の運転手が少なくとも二四〇時間かけて走行しており、コンテナがロサンジェルスに届くのに一二〇時間かかる。分担型のシステムの場合、一七人の運転手が各自平均およそ三時間運転して次の配送拠点まで行き、その日のうちに戻る。このリレー式のシステムだと、コンテナは約六〇時間、つまり従来の二地点間輸送システムの半分の時間でロサンジェルスに到着する。コンテナをインターネットで追跡していれば、どの流通拠点でも確実に素早く荷をリレーできるので、受け渡しでの時間ロスがなくて済む[100]。

現在のロジスティクス体制では、ほとんどの民間企業が一つもしくは複数の倉庫や流通センターを所有しており、その数が二〇を超えることはめったにない。独立した倉庫や流通センターのほとんどは、普通、民間企業一社と専用契約を交わしており、一〇社以上のロジスティクスを扱うことは稀だ。つまり、民間企業には利用できる倉庫や流通センターがわずかしかなく、それが財の保管や大陸の広域輸送業務を制約しているわけだ。

だが、現在アメリカで使用されている五三万五〇〇〇か所の倉庫や流通センター〔101〕を、どの企業もすべて使用できるとしたらどうだろう? 仮にそれらのセンターが連携して、高度な解析技術とアルゴリズムによって管理される開かれた供給網を形成していれば、企業はそのシステムを用いて、いついかなるときにも最も効率良く品物を保管したり輸送経路を決めたりできる。そのようなネットワークが利用できれば、どの企業にとっても、燃料の節約や二酸化炭素排出量の削減はもとより、エネルギー効率や生産性の向上も劇的だろう〔102〕。

モントルイユは、企業の在庫品が最終的な買い手の市場近くにある何百もの流通センターのいくつかに分散していれば、開かれた供給ネットワークのおかげで企業はリードタイム〔注文から配達までの所要時間〕をほぼゼロまで減らすことができると指摘する。そのうえ、3Dプリンティングが発達すると、企業が各地の3Dプリンティング業者に製品コードを送信して、そこで品物をプリントアウトし、近くの流通センターに保管して、地域の卸売業者や小売業者に配達することも可能になる。

そのテクノロジーはすでにある。必要なのは、地域や大陸の、さらにはグローバルなロジスティクス体制を管理するための、万国共通の基準や規約とビジネスモデルを受け容れることだ。

個々の民間企業は、結束してロジスティクス協同組合などのコモンズ方式の管理形態を生み出して初めて、大きなネットワークの一員となることで生じるコスト面の恩恵を享受できる。統合輸送サービスのプロバイダーはすでに存在しており、今後ますます、水平型の規模の経済を推進する輸送/ロジスティクス・インターネットの潜在能力を引き出すべく、顧客を協同組合の形に束ねる仕事を担ってゆく可能性が高い。開かれたロジスティクス・インフラは統合輸送サービスのプロバイダーに誰もが利用できる場をもたらす。それは何千もの倉庫や流通センターがつながった一つの協同ネットワークであり、それにアクセスすれば、顧客それぞれのロジスティクス上の要求を最大限に満たすことができる。

三つのインターネット・コモンズ上で時間的管理を行なう

ＩｏＴを成り立たせるのに欠かせない三つのインフラはすべて、同様の管理上の課題を共有している。伝統的なコモンズの場合はたいてい、自己管理上の第一の関心事は、有形の共有資源を管理して蓄えの枯渇を防ぐことだが、協働の時代における三つのインフラ・コモンズの場合はそれと異なり、時間的管理を行なって渋滞を避けなければならない。コミュニケーション・インターネットは、どの無線帯域でも情報を伝送する際にデータが渋滞しないように自己管理しなければいけない。エネルギー・インターネットは、電力サージ〔一時的に定格を超える電圧がかかる現象〕や電圧低下や停電を避けるために、最大需要電力と最少需要電力の管理における作業の滞りを防いで、エネルギーの貯蔵と送電の間に適切な均衡を維持しなければならない。輸送インターネットは、交通渋滞を防いで陸路（道路・鉄道）、水路、空路の配送スケジュールを最適化するために、ロジスティクスの流れを調整し、有形の原料や財の保管と輸送の均衡を図らなければならない。これら三つのどの場合も、ネットワーク化されたコモンズのプレイヤーが多ければ多いほど、コモンズの各成員に生じる利益は多くなるが、滞りを警戒する必要性も大きくなる。

私有を軸とした資本主義モデルでは、各企業が孤立した存在で、規模の経済の達成を目指して経済活動を一つ屋根の下に垂直に集めようとするため、その運営上の特徴そのものが災いして、水平展開型の事業で何千もの関係者が積極的に協働することが求められる活動は管理できない。個々の民間企業が、コモンズ方式の管理の代わりに、他社を犠牲に自社の時間的フローを最適化しようとするため、ネットワーク内の滞りが増えて稼働性が落ちるばかりで、それがネットワーク内の全社に影響し、管理ができていないコモンズにつきものの悲劇的な結果に終わる。

コミュニケーション・インターネットとエネルギー・インターネットと輸送インターネットがもたらす類のコスト面の恩恵は、各社が独自に活動する純然たる市場経済ではとうてい実現できない。いかに野心的な企業であろうとも、ネットワーク化された水平展開型のコモンズに加わることで得られるものに匹敵する効率や生産性の向上を達成できるほどの合併や買収に従事することなど望むべくもない。

第1章で簡単に触れたように、どの社会も正常に機能するには、コミュニケーション手段とエネルギー源と何らかの形態の移動性が必要だ。コミュニケーション・インターネット、エネルギー・インターネット、輸送インターネットが一つになってＩｏＴを形成すれば、相互接続して社会全体に拡がるグローバル・コモンズとして全人類を統合するための認知神経系と物理的手段が揃う。スマートな都市、スマートな地域、スマートな大陸、スマートな惑星を語るとき、私たちが意味するのが、まさにこうした環境だ。

人間の活動をすべて、インテリジェントなグローバル・ネットワークでつなぐことにより、私たちはまったく新しい経済体制を生み出そうとしている。第一次・第二次産業革命が生んだ古い体制は、莫大な資本を要するコミュニケーション／エネルギー／輸送インフラに頼っており、そのため規模の経済を達成すべく中央集中化した指揮・統制の下に垂直統合型の企業という形で構成するしかなかった。そして資本主義体制と市場の仕組みが、そのパラダイムを推進する最高の制度的ツールだった。

だが、第三次産業革命における新体制は性質が大きく異なる。この体制は、それ以前の体制と比べると、金融資本はそれほど要らないが、より多くの社会関係資本を必要とし、垂直ではなく水平に展開し、厳密に資本主義的な市場の仕組みよりむしろコモンズ方式の管理で最もうまく機能する。社会は、開かれた、分散型・協働型で、ネットワーク化された形態をとるべく設計される度合いがしだいに増してゆくだろう。これはつまり、資本主義市場がこのまま生き残れるかどうかは、そうした社会体制に新たな効率性や生産性が見つかる世界で、価値を見出せるか否かにかかっているということだ。

旧体制が資本主義市場における自己利益の自主的追求を良しとするなら、出現しつつある新体制はネットワーク化されたコモンズにおける密接な協働関係を良しとする。来るべき時代には、社会の経済生活を構成するために政府と民間部門との二者間で長年結ばれてきた協力関係が三者間の協力関係に道を譲り、コモンズ方式の管理が政府と市場の力に補完されつつ、しだいに大きな役割を果たすようになるだろう。

第IV部

社会関係資本と共有型経済

第13章

所有からアクセスへの転換

私有財産が資本主義制度の決定的特性ならば、個人所有の自動車はその象徴たる製品だ。世界の多くの地域で、自動車を所有する人は家を所有する人よりも多い。自動車が最も高価な所有物である場合もしばしばだ。自動車の所有は長い間、所有を軸とする関係から成り立つ世界に迎え入れられるための通過儀礼と考えられてきた。

「自動車」という言葉自体も、古典的な経済理念、すなわち人間は本質的に、自主性と移動性を追い求める気持ちによって衝き動かされており、誰もが自らの領域の支配者でありたいと願っているという考え方をよく表している。アメリカ人は昔から、自由の概念を自主性と移動性に結びつけてきた。大きな馬力によって肉体的な能力を増幅できる、外部から遮断された車の運転席に座っているときほど、自主的であるという感覚を強く経験できることはない。自主的であるとは、自らの運命の支配者となって、自足でき、他者に依存しない、あるいは借りがないこと、言い換えれば、自由であることを意味する。自動車は究極の囲い込みを象徴している。自分だけの孤島となり、自己充足し、何者にも邪魔されたくないという願望を、個人所有の車は反映している。私たちはまた、自由を、妨げられることのない移動性とも同一視する。何ら制限されずにどこにでも行ける能力は、身体的な自由の感覚と密接に結びついた。私の世代の人なら誰もが、若いころに初めて自分の自動車のハンドルを握って公道に出たとき、この種の自由がもたらす高揚感を味わっただろう。資本主義の時代、私たちは他者を排除する権利として、自由を否定的な観点から定義するようになった。そして自動車は、一般的な自由の概念のシンボルとなったのだ。

ところが、インターネット世代は、自由を否定的な意味合い——他者を排除する権利として——ではなく、むしろ肯定的な意味合いから、他者の仲間に入れてもらう権利と捉えるようになっている。彼らにとって、自由とは人生を最大限活用できる能力であり、最高の人生は、一生の間にかかわりを持つさまざまなコミュニティで、多様な経験を積み、広範な人間関係を結ぶことによって実現できる。自由は市場における資産の所有よりも、ネットワークにおける他者へのアクセスによって評価される。人間関係が深く包括的であるほど多くの自由を享受できる。フェイスブックやツイッターなどのソーシャルスペースにおいて絶え間なく他者にアクセスできることは、人生に意味を与える。インターネット世代にとって自由とは、ピアトゥピアの世界で制限なく他者とコラボレーションする能力なのだ。

世代間における自由の捉え方の変化、すなわち、所有し排除する権利からアクセスし仲間に入れてもらう権利への転換が起こっていることを疑う人は、以下の瞠目すべき統計について考えるとよい。運転免許を持っている一八〜二四歳の若者に関する最近の調査で、回答者の四六パーセントが車の所有よりもインターネットへのアクセスを選ぶと答えた。同じようにこの転換をよく示しているのが、「一九歳以下で運転免許の取得資格者のうち、実際に免許を所持しているのは、一九九八年には六四・四パーセントだったのに比べ、二〇〇八年には四六・三パーセントだった」という事実だ。一九八一〜二〇〇〇年生まれのミレニアル世代の消費者三〇〇〇人に、三一のブランドのなかでどれが好きかを尋ねたところ、上位一〇社に自動車企業は一つも入らず、上位はおもにグーグルのようなインターネット企業が占めた[1]。

メタファーとしての自動車

若い世代は自動車との関係も転換しつつあり、所有よりもアクセスを好むようになっている。カーシェアリングは、世界中のミレニアル世代の間で人気を博している。少額の会費を支払う見返りに、必要なときに自動車を利用できるカーシェアリング団体に加入する若者が増加している。会員はスマートカードを供与され、これを使って、都市内各地の駐車場に配置された車両を利用できる。会員はインターネットかスマートフォンのアプリケーション経由で事前に車を予約する。ボストンに本拠を置くジップカーやシカゴのアイ・ゴーのように民間企業による事業もあるが、フィラデルフィアのフィリー・カーシェアやサンフランシスコのシティ・カーシェア、ミネアポリスのアワーカーのように、非営利団体によって運営される場合が多い。

二〇一二年の時点でアメリカにおいてカーシェアリング・サービスに加入している人は、八〇万人にのぼる。世界に目を向けると、二七か国で一七〇万人がカーシェアリングを利用している[2]。コンサルタント会社のフロスト＆サリヴァン社が実施した最近の調査は、二〇二〇年には欧州連合全域で二〇〇以上のカーシェアリング事業が運営され、事業全体の車両数は二万一〇〇〇台から二四万台へ増加すると予想している。カーシェアリングの会員数は、七年足らずの間に、七〇万人から一五〇〇万人に増加し、その総収入は二六億ユーロに達すると見込まれている。北アメリカでは、カーシェアリングによる収入はさらに急速に増加し、二〇一六年には三〇億ドルを上回ると思われる[3]。

カーシェアリングのネットワークが拡大するにつれ、会員が所有する車の台数は減少している。大手カーシェアリング事業一一団体を調査すると、調査対象となった会員でカーシェアリングを始める前に車を所有していた人のうち、八割がネットワーク加入後に車を売却したことがわかった。まだ車を保有している世帯もあるが、カーシェアリング団体に加入後、一世帯当たりの車両所有数は〇・四七台から〇・二四台に下落した[4]。

カーシェアリングは、路上の車の台数を減らすだけでなく、炭素排出量も低減する。二〇〇九年には、カーシェアリングの車両一台につき、自家用車が一五台減った。さらに、カーシェアリングの会員は、個人で車を所有していたときに比べて、運転量が三一パーセント減少した。こうした車での移動行動の変化によって削減された二酸化炭素排出量は、アメリカ全体で四八万二一七〇トンにのぼる[5]。

カーシェアリングには、大きなクロスオーバー効果もある。二〇一一年に実施されたある調査によれば、カーシェアリングを始めると、他の移動行動にも変化が生じ、自転車や徒歩での移動や公共交通機関の使用が増加する傾向にあるという[6]。なかでも自転車シェアリングは、過去五年間で急激に躍進している。これには、スマートカードやタッチパネル式のキオスク端末などのテクノロジーの進歩によって貸し出し手続きや自転車の配備が容易になったこと、そしてGPSによる自転車追跡システムのおかげで、自転車シェアリングとカーシェアリングや公共交通機関の一体的利用が可能になったことも貢献している。最新のイノベーションである太陽電池式の電動アシスト自転車は、若い世代から絶賛されている。二〇一二年の時点で、北アメリカには一九の自転車シェアリング・プログラムがあり、二一万五〇〇〇人以上が利用している[7]。世界全体では、一〇〇を超える自転車シェアリング事業で一三万九三〇〇台が提供されている[8]。

アメリカとカナダでは、ITを活用した公共の新規自転車シェアリング事業のうち、五八パーセントを非営利団体が運営し、二一パーセントを民間企業が所有し、一六パーセントが公有で委託業者運営となっている。大きな存在感を示しているのが非営利の事業で、会員の八二パーセント、使用されている自転車の六六パーセントがこの部門に属している[9]。

自転車シェアリングの会員資格は、一年、一か月、あるいは一日単位で取得できるほか、一利用ごとに料金を支払うことも可能だ。利用者は、会員カードやクレジットカードを機械に通したり、スマートフォン経由で申し込んだりすることによって、自転車の貸し出しを受けられる。

自転車シェアリングは、ラッシュアワーのピーク時にはしばしば、車の列が渋滞でほとんど動かなくなるほど混雑している大都市圏で、高い人気を博するようになっている。パリの自転車シェアリングのヴェリブとワシントンのキャピタル・バイクシェアの実施した調査では、自転車シェアリングの利用者の圧倒的多数が、自転車による移動のほうが速くて便利だと回答した。自転車シェアリングは、自動車を使用すればかかっただろう経費の削減にもつながる[10]。

カーシェアリングは家計費の節減にもなる。アメリカでは、自動車の所有と使用にかかる費用は、毎月平均数百ドルにのぼり、世帯収入の二割を食いつぶし、住居費に次ぐ二番目に大きな支出となっている。ガソリン価格の急騰のせいで、自動車所有の支出はいっそう深刻化するばかりだ。カーシェアリングによって、会員は使用にまつわる経常的な支出のみならず、維持管理や保険、免許にかかる費用や税金なども含めた所有経費からも解放される。

アメリカでは、自動車は使用されていない時間が平均で九二パーセントにものぼり、きわめて効率の悪い固定資産になっている[11]。そのため、若い人々には所有ではなく、時間単位で移動手段の費用を負担するほうが、はるかに気安く思われるのだ[12]。

カーシェアリング・サービスは、電気自動車（EV）への移行も先導している。二〇一三年、パリ市庁が近隣の四六の市や町と共同でカーシェアリング事業を開始したので、パリとその近郊に設置された七五〇の充電ステーションでは、一七五〇台のEVの利用が可能になった[13]。このオートリブというシステムは、持続可能な移動を実践したいという意識がますます高まるユーザー基盤に対して、炭素排出量ゼロのEVを提供する新たなカーシェアリング事業の一例で、この種の事業は数を増しつつある。フロスト＆サリヴァン社の見積もりでは、二〇一六年までに、カーシェアリングに新規に導入される車両の五台に一台が、そしてカーシェアリングに使用される全車両の一〇台に一台がEVになるという[14]。

ピアトゥピアのカーシェアリングの実践法として、所有者が自分の車をリレーライズのようなオンラインのネットワークに無料で登録し、ユーザーとシェアする仕組みがある。貸し手は一時間当たりの料金とレンタル可能な時間帯を設定したり、借り手の候補を選別したりできる。リレーライズはユーザーの身元確認を実施し、保険料を負担する。ユーザーはガソリン代と、自分の運転に起因する修理費が発生した場合にはそれを負担する。車の所有者はユーザーが支払う料金の六割を受け取り、残る四割がリレーライズの取り分となる。貸し手は車両の提供と維持管理の責任を負うが、すべての新車と多くの中古車には基本システムの維持管理の大半についてアフターサービスと保証が付帯しているので、貸し手が支払うのは固定の諸経費だけだ。車の所有者は一時間当たり平均五～一二ドルの料金設定に基づき、年間二三〇〇～七四〇〇ドルの収入を得ることが可能になる。車の所有にかかる費用は毎月平均で七一五ドルほどになるので、ピアトゥピアのカーシェアリングによって、所有者は車の所有・維持にかかるコストを大幅に削減できる[15]。

統合交通供給サービス（ITPS）を利用するカーシェアリング団体が増加しつつあり、会員が複数の異なる交通手段を用いて目的地へ向かう役に立っている。たとえば、会員はカーシェアリングを活用してライトレールの駅まで行き、そこから電車に乗る。数駅先で電車を降りると、そこにある自転車シェアリングの駐輪場で一台借り、それに乗って最終目的地の近くにある別の駐輪場まで行くといった具合だ。スマートフォンに搭載されたITPSアプリのおかげで、ユーザーは迷わずに済む。もし途中で思い直して経路を変更したくなったら、その要望をアプリに打ち込めば、周辺のその時々の交通量や渋滞ポイントも考慮した新たな経路が数秒で示される。

大手自動車メイカーのなかにも、カーシェアリングの時流に乗った企業がある。ゼネラルモーターズ（GM）はリレーライズ社と手を組んだ。ゼネラルモーターズ・ヴェンチャー社は、このピアトゥピアのカーシェアリング・ネットワークに資金援助を行なうとともに、自社の「オンスター・システム〔GMの車載情報ネットワーク・システムで、さまざまな運転支援や情報提供をする〕」のサービスを提供して、ユーザーが携帯電話でGM車に簡単にアクセスすることを可能にした。GMバイスチェアマンのスティーヴ・ガースキーは、同社がカーシェアリングに乗り出す理由について、「我が社の顧客を増やし、アメリカのおもな大都市における交通渋滞を緩和して、都市の交通問題に取り組む方策を見つけることを目的とする」と述べている[16]。

GMをはじめとする自動車メイカーは、他の経済部門の資本主義企業と同じく、厳しい状況に直面している。ネットワーク化されたコモンズの登場は、移動のコストを押し下げている。まもなく、この動きに対して傍観者を決め込んでいられる自動車メイカーは一社もなくなるだろう。というのも、競合他社が参入して、新興のカーシェアリング・コモンズの少なくとも一翼を担おうとすることが危惧されるからだ（実際、どの企業も参入するだろう）。だが、自動車メイカーは、カーシェアリングを採り入れることによって得られる利益と、それによって見込まれる販売台数の減少を比較考量する必要がある。カーシェアリング団体の会員の八割が、ネットワーク加入後、それ以前に保有していた自動車を売却したこと、そしてカーシェアリングの車両一台につき個人所有の車一五台が道路上から姿を消していることを思い出してほしい。すでに利鞘はごくわずかで、競争を継続する余力も乏しい自動車メイカー各社は、この新たな競争自体で売上が下落し、すでに微々たるものになっている利鞘がさらに圧縮されるだけであっても、カーシェアリング事業に乗り出さざるをえないのだ。

二〇〇九年までＧＭの研究開発・戦略企画担当バイスプレジデントを務め、現在はミシガン大学の工学教授であるローレンス・Ｄ・バーンズは、自動車業界が直面する矛盾の核心を衝いている。バーンズは自らの予測に基づき、以下のように結論した。

> 〔ミシガン州〕アナーバーのような都市の住民にとって、このようなサービス〔カーシェアリング〕は七割以上安上がりなうえ、自動車の保有に必要な投資の五分の一未満で事足りるだろう〔17〕。

信じ難いことだが、バーンズは次のように認めている。「うまく調整して車両をシェアすれば、個人所有の車よりも八割程度少ない台数で、同レベルの移動性を提供でき、しかも投資額は少なくて済むだろう〔18〕」。さらに彼は、効率性の観点から、車の所有にかかる費用の二割で同等の移動性を提供できる共有の車両は、公共の福祉を最適化する素晴らしい手法であり、これを見逃す手はないと認識してもいる。たとえ結果として製造・販売される車両の台数が八割減少するとしても、だ。そうした現象が見込まれてもなお、かつてＧＭで重責を担っていたバーンズは、市場における自動車所有から協働型コモンズにおけるカーシェアリングへの移行を熱烈に支持する。それによって路上の車両数が大幅に減少することがわかっているからだ。

第二次産業革命期に資本主義市場の中心的存在だった個人所有の自動車は、公共の福祉を最適化することにいっそう適した新興の協働型コモンズにおいて、カーシェアリングが持つ分散型・水平展開型モデルの煽りを食い始めている。市場がコモンズを手懐《てなず》けるのではなく、コモンズが市場を手懐けるのだ――共有型経済《シェアリングエコノミー》は資本主義を滅ぼす存在ではなく市場機会である、と誤解し続けている人々にはいまだ十分に呑み込めていない現実だ。

　自動運転車の導入に伴い、所有からアクセスへ、市場から共有のコモンズへという個人の移動手段の移行に、今後拍車がかかると思われる。二〇一二年、カリフォルニア州知事ジェリー・ブラウンは、州内の公道における自動運転車の走行を合法化する法律に署名した。ネヴァダ州とフロリダ州でも、公道における自動運転車の走行が認められている。ブラウン知事は新法に署名する際、「我々は本日、サイエンスフィクションが明日の現実となろうとしている場面に立ち会っているのだ[19]」と宣言した。

　この新法の成立のために猛烈なロビー活動を行なったグーグルは、すでに三〇万マイル（約四八万キロメートル）もの自動運転車のテスト走行を積み重ねている[20]。GM、メルセデス、BMW、アウディ、ボルボ、フォルクスワーゲンの各社も、自動運転車のテスト走行を始めている。グーグルの車両はトヨタのプリウスを改造したもので、カメラやレーダーセンサー、レーザー測距器を搭載し、GPSナビゲーションシステムに接続した詳細なグーグルマップを活用して自動運転を行なう[21]。

　車好きの人のなかには、自動運転車の安全性を懸念する者もいる。とはいえ、自動車開発に携わる技術者は、自動車事故の九割は人為的ミスが原因であることを指摘する[22]。人間のドライバーと異なり、自動化された車両は運転中に気を散らされたり、酔っ払ったり、眠ってしまったりしないため、アメリカ国内だけで毎年何万人にものぼる自動車事故の死亡者の多くを救える可能性が拓ける[23]。J・D・パワー・アンド・アソシエイツ社の調査によると、一八～三七歳のドライバーの三割が、自動運転車を必ず買う、あるいは買うかもしれないと答えており、道路交通におけるこの革新的変化のとてつもない可能性を示している[24]。

守旧派からは、ドライバーの大半は、自ら思いのままに車を運転することはもちろん、ハンドルを握るスリルも楽しんでいるのだから、自動運転車には手を出さないだろうという主張も聞かれる。古い世代の人々はそうかもしれないが、インターネット世代にその説は当てはまらないのではなかろうか。ただでさえ運転中もスマートフォンに気をとられているようなミレニアル世代が、車に運転してもらうよりも、車を運転することに魅力を感じるとはとても思えない。時間は稀少資源で、互いに注意を向けることが重視される協働《コラボレーション》の時代には、一日に数時間もの運転から解放されれば、バーチャルスペースでより興味深い活動に関心を振り向ける大きな余裕が生まれる。

グーグルの共同創立者であるセルゲイ・ブリンは、何百万ものカーシェアリング会員が自動車を電子機器で呼び出す日もそう遠くないと見込んでいる。自動運転車は、目的地で会員を降ろすと、自動的に次の利用者の元へ向かうか、最寄りのカーシェアリングの駐車場に戻り、バッテリーを充電して次の呼び出しに備えるかするのだ。

メルセデスは二〇一三年五月、すでにある程度の自動運転が可能で、自動駐車さえできるSクラスの新型車を導入した。一〇万ドルで売り出されたこの車は、車線の中央を前方車両との車間距離を保って走行することすら可能だ。ダイムラー社のCEOのディーター・ツェッチェは、メルセデスの最新車は「全自動運転時代の幕開けを告げる[25]」と述べている。

業界アナリストたちは、八年程度で自動運転車が一般向けに販売されるようになると推測する。ブリンはもっと楽観的で、五年以内に完全自動運転車が実現するだろうと述べている[26]。

携帯電話から即座にカーシェアリング・サービスの自動運転車に「アクセス」でき、GPSガイダンスを用いて、その車に目的地まで苦もなく運んでもらい、利用時間に応じた料金だけを支払えば事足りるのならば、車を「所有」し、維持したがる人などいるだろうか？

市場における財産の交換と深く結びついた資本主義時代が、協働型コモンズにおけるサービスへのアクセスに地歩を譲りつつあるという事実を証明する必要が少しでもあるとすれば、自動車との関係の変化は、大転換が間近に迫っていることを示す明白な証拠だと言えるだろう。

所有権を手放す

二〇〇〇年に、私は『エイジ・オブ・アクセス』と題する著作を出版した。この本が発売されたのは、ドットコム・バブルの崩壊前夜だった。ワールドワイドウェブの出現から一〇年、インターネットは成熟しつつあった。何億もの人々が接続し、五〇〇年前に発見された新世界に匹敵する、広大で機会に満ちた新しいバーチャル世界を隅々まで探索していた。サイバー空間の新たな領土の地図を描き、事実上無限で境界のない未踏の領域を開拓しようという熱狂的な動きが生じていた。ソーシャルメディアという新たな世界は、日々その活気を増し、他者と協働して人生をシェアするまったく新しい方法を編み出せるかもしれないと、この時代に属する人が一人残らず畏敬の念を抱いているように見えた。

サイバー空間の植民地化を大げさにもてはやすさまざまな言説が飛び交う陰で、識者や活動家らは一様に、この新しいバーチャルな公共広場——歴史上初めて全人類をつなぐことのできる場所——が、社会の成り立ちの基本原理をどのように変えかねないかという問題について、問い始めていた。誰もがあらゆる人と接触でき、誰とでもつながり、協働し、地球規模で相互交流する新たな方法を創造することができるソーシャルスペースから、どのような結果がもたらされるのだろうか——これまで想像すらできなかったものが何か生じるのだろうか？

私が『エイジ・オブ・アクセス』の執筆を考え始めたのは、一九九八年のことだった。当時私は、ペンシルヴェニア大学ウォートン・スクールの上級経営プログラムで教鞭を執っていた。世界中のCEOがインターネットの動向を窺い、自らの事業経営にとって脅威となるのか、機会を提供するのか、それともその両方なのかを見極めようとし始めていた。私にいくつかの疑問が湧いたのは、そんなときだった。何百万ものインターネットユーザーが、市場という従来の商業経路を迂回しだしたらどうなるだろうか？ 彼らが自らバーチャルな出会いの場を創設し、インターネットの分散型・協働型の性質を活用して、水平型の規模の経済を生み出し、伝統的な資本主義におけるバリューチェーン上のあらゆる中間業者、値決めや利益といったものを省いて、コモンズの下でアイディアや情報、さらにはモノまでもシェアし始め、それによって、生産量を一ユニット増加させるための限界費用がゼロに近づきだしたらどうなるだろうか？ アマゾンやイーベイはその時点ですでに三、四年の実績があり、売り手と買い手の間に介在する業者をほんの少数に絞り込んで、バリューチェーンの中でかかるコストを圧縮することでどれほどの商業的利益が得られる可能性があるかを垣間見させてくれていた。

さらに重大な意味を持ったのが、一九九九年に設立されたばかりのナップスターで、それがインターネットの可能性をもう一つ先の段階に推し進めようとしていた。ナップスターは、インターネット上のピアトゥピアのファイルシェアリング・ネットワークで、何百万もの人がコモンズにおいて無料で音楽をシェアできるようにした。突如として、新たな経済モデルが姿を現したのだ。数年のうちに、ナップスターに続くインターネット上のファイルシェアリング・ネットワークが台頭し、音楽業界を屈服させることになる。

ナップスターは経済活動のルールを変えた。売り手と買い手の多くが姿を消し、プロバイダーとユーザーに取って代わられた。CDの所有は、オンラインの音楽ライブラリーへのアクセスに道を譲った。市場はネットワーク化されたコモンズに敗れた。一握りの大手レコード会社が牛耳る垂直統合型の業界は、ピアトゥピアの協働者と化した何百万もの買い手集団の重みに屈した。

この影響は拡大しうるだろうか？ 私のマネジメント講座を受けている経営幹部の属する企業や業界も、一つ残らずその影響を受けかねないのだろうか？ 私は受講者たちにこの質問をぶつけてみたが、彼らにもわからなかった。

『エイジ・オブ・アクセス』の中で、私はこう認めた。

市場と財産の交換を過去のものとする――そして、人間関係を構築する際の拠り所となる発想を、所有からアクセスへと転換していく――という考え自体、多くの現代人にとっては思いも及ばないことだろう。それは、五〇〇年以上前に、土地と労働を所有関係の中へ囲い込んで私有化するという概念が想像を絶していたに違いないのとちょうど同じだ。［しかしながら］今から二五年後には、しだいに多くの企業や消費者が、所有権という発想そのものを偏狭で、古臭いとさえ感じるようになる可能性が高い[27]。

この本を出版してからの一〇年というもの、私はウォートン・スクールでの講座を受講する企業幹部に同じ質問を繰り返し投げかけてきた。所有よりもアクセスへの渇望が高まり、商業文化の至る所に波及するにつれて、「わからない」という返答の数は減少していった。グローバル企業は、モノの販売重視の姿勢を改めて、顧客のバリューチェーンのあらゆる側面を管理するビジネス手法に重点的に取り組むこと――彼らに言わせれば、「ソリューション提供企業」になること――によって、所有からアクセスへの世代交代に適応し始めている。利鞘が急速に消滅しつつあるなか、めまぐるしく変化する経済環境において自らの妥当性を見出そうと、各企業は必死に努力している。限界費用がほぼゼロの社会を求めて、若い世代が協働の手腕を振るう今日、所有からアクセスへ、市場からネットワーク化されたコモンズへという移行の影響を免れる業界はほとんどない。

何百万もの人がネットワーク化されたコモンズで、自動車や自転車ばかりでなく、住居や衣服、道具、玩具、技能もシェアしている。共有型経済の台頭には、いくつもの理由がある。二〇〇八年夏に世界各地で起こった第二次産業革命の経済の崩壊は、その警鐘だった。アメリカでも他の地域でも、何億もの世帯が、ほとんど使いもしないのに借金に埋もれてまで費用を工面している「モノ」が、自分たちの周囲にいかに多いかに気づいた。世界市場の原油価格が一バレル当たり一四七ドルに達すると、購買力が急落して経済が行き詰まり、その結果何百万もの人が職を失ったというのは、紛れもない事実だ。大恐慌《グレート・ディプレッション》の再来――けっきょく、今回は「大景気後退《グレート・リセッション》」と呼ぶことで落ち着いたが――に対する切実な懸念が生まれていた。給与も将来の展望も失った何百万もの世帯が、貯蓄を取り崩そうとして、蓄えなどないことに気づいた。貯蓄の代わりにあったのは、史上最悪の購買熱に浮かされて、二〇年近くも派手な散財を重ねた結果として積み上がった天文学的な額の負債だった。考えてみてほしい。アメリカの全世帯の負債総額は、二〇〇八年時点で一三兆九〇〇〇億ドルに達していた[28]。このような負債から抜け出るには、何十年も要すると思われ、たとえ借金生活を脱したとしても、現代の若者は親や祖父母の世代に近い生活水準を享受することなどとうていできそうにないと、エコノミストらは警告していた。

何百万もの世帯がこのとき初めて、必要でない上に代金の支払いさえ終えていない品々の山を見渡し、単に「なぜ私が？」ではなく、「なぜこうなったのか？」と問うた。これは集団による実存的な問いであり、現代生活の本質に関する内省的再評価だ。「私は何を考えていたのか？」というのが、いわゆる「消費社会」の誰もが口にこそ出さないものの、繰り返し呈する疑問となった。なかには、幸福や安らぎの感覚をほとんど、あるいは何一つもたらさないものを次々に手に入れることの価値について問い始める者もいた。

時を同じくして、子を持つ人々は、気候の激変に関する切迫した警告にもさらされるようになった。過去二世紀にわたる産業活動は比類ない繁栄を生み出した——平均的な上層中産階級の人の財産は、たった四世紀前の皇帝や国王の富を上回っていた——が、それは地球の環境資源を犠牲にしてのものであり、それがこのような気候変動を生んだのだ。自分たちの富は、返済し切れないかもしれないほどの、さらに巨大な環境上の負債を子供や孫たちに負わせているのだろうか？

自分がまんまと騙されたことや、巨額を投じた企業広告が煽る中毒症状に陥って無力化され、結果として破産と絶望が目前に迫っていることに、多くの家庭が気づき始めた。これこそ集団的「悟り」の瞬間で、多数の人がはたと立ち止まり、進路を反転させ始めた。解決策は経済体制全体を覆すことだった——買い物を控え、貯蓄を増やし、自らの所有物を他者とシェアするのだ。過剰な消費は、共有型経済に取って代わられるだろう。

経済における新たな力強い動きが、一夜にして始まった。その理由としては、グローバル・コモンズで素早く効果的に何かを広めたり、自分のものをシェアしたりできるツールを、若い世代が自由に使えたことが大きい。インターネットの持つ分散型・協働型の性質のおかげで、何百万もの人がうまく相手を見つけ、何であれ自分がとくだん必要としないものをシェアして他者の利用に供することができた。こうして共有型経済が誕生した。これは、従来のものとは異質の経済、すなわち市場資本ではなく、社会関係資本にはるかに大きく依存する経済だ。そしてまた、匿名の市場の力ではなく、社会的信頼に大きく拠って立つ経済でもある。

オックスフォードとハーヴァードで学び、GEとIBMのコンサルタントを務めた後、そのキャリアをなげうって新たな共有型経済の世界に飛び込んだレイチェル・ボッツマンは、協働型消費に至る道筋について述べている。ボッツマンによれば、ソーシャルウェブは三つの段階を経てきたという。第一段階では、プログラマーが自由にコードをシェアできるようになり、次いで、フェイスブックやツイッターによって、人々が人生をシェアすることが可能になった。そして、ユーチューブやフリッカーが、創作的なコンテンツのシェアを可能にした。「私たちは今、第四段階へ移行しつつある」とボッツマンは言う。「この段階において人々は、『これと同じテクノロジーを適用して、あらゆる種類の資産をオフラインで実世界でもシェアできる』と口にするようになる[29]」

この機会に、私からも敷衍《ふえん》してつけ加えさせてほしい。コミュニケーション・インターネットはあらゆる資産の共有を実現するための一翼を担っており、今後エネルギー・インターネットと輸送インターネットと相まって、限界費用がほぼゼロで運営できる、コミュニケーション、エネルギー、輸送が統合されたシェア可能なインフラ——すなわちIoT（モノのインターネット）——を構築する一方、レンタルや再流通のネットワーク、文化交流、専門的技能や技術的技能の交換といった、シェア可能な他の部門の将来性も劇的に高める。これが実現すれば、協働型の生産と交換は、ニッチ分野から支配的パラダイムへと拡大して、資本主義はコモンズに合わせて姿を変えることになるだろう。その逆ではないのだ。

ボッツマンは、私たちのただなかで成長しつつある新たな経済パラダイムの働きを捉えて、こう書いている。

人々は日々、協働型消費を実践している――テクノロジーとピア・コミュニティを通して新たに定義し直された伝統的な共有や物々交換、貸与、売買、賃貸借、贈与、交換などがこれに当たる。こうした協働型消費によって、製品やサービスを所有するよりも、それにアクセスできるほうがはるかに利点が大きいことに人々は気づき、同時にお金や空間や時間を節約して、新しい友人を作り、再び活動的な市民となることも可能だと悟った。……こうしたシステムは、利用効率を向上させ、無駄を省き、より良い製品の開発を促し、過剰な生産と消費から生まれる余剰を一掃することによって、環境にも著しい利益をもたらす[30]。

あらゆるものをシェアする

私たちの所有物には、たいてい使われていない時間がある。空いている部屋、さらには寝床《カウチ》までもが、シェアに強い関心を持つ者たちの間で高値のつくアイテムとなった。貸し出せる部屋を持つ何百万もの人と有望なユーザーを結びつける新規事業が多数登場しており、エアビーアンドビーとホームアウェイはその代表格だ。二〇〇八年に創業したエアビーアンドビーは、わずか三年後に、そのサイト上に一一万件もの空室を掲載するまでに成長し、驚くべきことに一日に一〇〇〇件の割合でリスト上の物件数を伸ばしている[31]。これまでにエアビーアンドビーを通じて、三〇〇万人もの顧客が世界一九二か国、三万三〇〇〇もの都市で、一〇〇〇万泊もの予約を成立させている[32]。二〇一二年には、一年に五〇〇パーセント増という凄まじい勢いで予約数が増加した。グローバルなホテルチェーンに、脅威の念とまでは言わなくとも、羨望を抱かせるような指数関数的増加だ[33]。二〇一四年には、エアビーアンドビーは世界全体における一晩当たりの予約室数で、世界有数のホテル運営企業であるヒルトンやインターコンチネンタルといった老舗ホテルチェーンを凌ぐと見られている[34]。

シェア可能なものを取り扱う他のブローカーと同じく、エアビーアンドビーも借り手と貸し手から受け取る仲介手数料はごくわずかだ。このように安い手数料が実現できるのはひとえに、固定費がきわめて低く、貸借の仲介を一件増やすための限界費用がゼロに近いからだ。新手のあらゆるシェアサイトに言えることだが、インターネット上の水平展開が宿す可能性には目を見張るものがあり、エアビーアンドビーのような新規企業でも、わずか数年のうちに事業を軌道に乗せ、老舗の世界的ホテルチェーンに追いつき、さらには追い越すことさえ可能になっている。

エアビーアンドビーは、共有のインターネット・コモンズで運営されている私企業だ。同社の有力な競争相手であるカウチサーフィンは、方式が異なる。カウチサーフィンは非営利団体として出発し、二〇一一年まで非営利だった。その間に二〇七か国の九万七〇〇〇の都市で五五〇万人の会員を獲得した[35]（同社は二〇一二年に名目上、営利事業に転換したが、今なお無料のサービスだ。ただし会員が自ら選択した場合には、二五ドルの会費を一度だけ支払うことができるようになった[36]）。カウチサーフィンの会員は、無料で宿泊場所を提供し合う。

カウチサーフィンは、その使命を商業的というよりはむしろ、もっと幅広く社会的な性質に見出すことで、商業色のより強い競合企業であるエアビーアンドビーとの差別化を図っている。会員たちは、滞在中に交流し、訪問後も続く友情の絆を結ぶよう推奨される。その目的は、「カウチサーファーが出会った人々と人生をシェアし、文化交流と相互尊重を促進する[37]」手助けをすることにある。九九パーセント以上の会員が、カウチサーフィンによって有意義な経験ができたと回答している[38]。九会員の報告によると、訪問から生じた交友は一九一〇万件を超えるという。カウチサーフィンの会員は、何千もの多彩な相互宿泊提供関連団体にも参加している[39]。

玩具もシェア可能な品物として、レンタル業が成功を収めている。ベイビー・プレイズやレント・ザット・トイ！、スパーク・ボックス・トイズなどはその典型例だ。これらのサービスは、月々二五～六〇ドルという少額の料金で、会員の自宅に毎月四～一〇種類の玩具を届けてくれる。適切な衛生対策基準を確実に満たすため、玩具は返却後に毎回消毒される。親ならば誰でも知っているように、子供はたいてい新しい玩具にすぐ飽きて、それらはその後、おもちゃ箱やクローゼット、あるいは屋根裏の箱の中で、ときには何年も埃を被ったままになる。シェア可能な玩具に親しむことで、子供たちにはごく幼いときから、玩具は所有するものではなく、むしろ短期間楽しむ経験であるとの意識が芽生えるようになり、自分の使用する有形のモノ全般に対する考え方自体にも変化が生じる。

あらゆる有形のモノのなかで最も私的な品物である衣類でさえも、所有物からサービスへと変容しつつある。驚くなかれ、今やネクタイまでもレンタルされている。ワシントンの新規企業タイ・ソサエティは、購入したらそれぞれが相当な額になるデザイナーブランドのネクタイを三〇〇種類以上も取り揃えている。加入者は、月額一一ドルの料金で、箱詰めされた消毒済みのネクタイを受け取って使用し、月ごとに違うネクタイを利用できる[40]。

女性向けには、レント・ザ・ランウェイやアイ・エラ、メイクアップアリー、アヴェルをはじめ、ファッション小売業界を網羅して提供者とユーザーを結びつける数多くのサイトがある。こうしたサイト上で、デザイナーブランドのドレスやハンドバッグ、ジュエリーを購入した女性と、衣服やアクセサリーを小売価格のごく一部の料金でレンタルする女性が結びつく。

レンタル分野が活況を呈するなか、再流通のネットワークでも同じような状況が生じている。プラスチックやガラス、紙などのリサイクルに親しみながら成長してきた若い世代が、今度は自分の所有物のリサイクルに目を向けたとしても何ら不思議はない。リサイクル製品を製造する必要性を削減するために、それぞれの品物のライフサイクルを最大限引き延ばそうという意識は、持続可能性こそが新たな倹約を意味する若い人々にとって、自然と身につく第二の天性のようなものになった。

ザ・フリーサイクル・ネットワーク（TFN）は、シェア可能なリサイクル品の分野では、コモンズの初期の担い手だった。この非営利団体は八五か国に九〇〇〇万人の会員を擁し、五〇〇〇の地域グループに分かれた会員は、不用品を同じコミュニティに属する他の会員が無償で手に入れられるよう出品する。TFNの創立者たちは、同団体のリサイクル品のコモンズ・モデルは、「一度に一つの寄贈品で世界を変えてゆく[41]」と、誇らしげに記している。

スレッドアップもまた、人気の再流通組織だ。四〇万人の会員数を誇るこの組織は、子供服を委託販売によりリサイクルするオンラインショップとして出発したが、近年は女性物の衣服も取り扱うようになっている[42]。スレッドアップの指摘によると、子供が一七歳までに着られなくなってしまう衣料品は、平均で一三六〇点以上にもなるという[43]。親は子供が着られなくなった衣服をスレッドアップの専用袋に入れて、玄関前に置いておく。スレッドアップはその袋を回収し、送料を負担する。そして衣料品が別の家庭にもらわれてゆくたびに、提供した親がスレッドアップのオンラインショップに設けた口座にお金が貯まり、今度はそれを使って、大きくなった子供のために「新たな」古着を購入できる。シェア可能な衣服を扱うこの委託販売店は、古着を最大七五パーセントも値引きするので、商品は（お下がりとして一度引き継がれるだけでなく）次々に人手に渡って、何度も活用される。スレッドアップの成功は、分散型・水平展開型のネットワーク上で何十万人もの提供者とユーザーを結びつけるウェブの力に負うところが大きい。会員はウェブサイト上の商品棚に並ぶ厖大な数の品物を見て回り、我が子にぴったりの服を見つけることができる。スレッドアップのサイトを閲覧する人は毎月のべ三八万五〇〇〇人ほどにのぼり、二〇一二年の販売点数は三五万点を超え、注文数はじつに毎月五一パーセントも増加している［44］。

協働型消費や共有型経済という考え方に異を唱えられる者などいるだろうか？ これらの新たな経済モデルは、とても好ましく思える。分かち合いは人間の性質の持つ最良の面を反映している。中毒のような消費を減らし、倹約に勤《いそ》しみ、持続可能性の高い生活様式を促進することは、称讃に値するのみならず、私たちが今後も生き残るために必要不可欠なのだ。

だがここでさえも、勝者と敗者が生まれる。今なお支配的地位にある資本主義体制は、共有型《シェア》文化のいくつかの側面を活用して収益創出の流れを起こすことで、協働型経済に価値を見出せると考えている。とはいえ、成長著しいネットワーク化されたコモンズから資本主義体制がいかなる利益を搾り出せるにせよ、それは失うものに比べれば色褪《あ》せて見える。

ホテルは今後も予約が入るだろうが、何百万もの若者がエアビーアンドビーやカウチサーフィンに乗り換えるのに伴って、すでに市場縮小の憂き目を見ている。高い固定費を抱える巨大ホテルチェーンが、ほぼゼロにすらなるほどに低い限界費用でシェアできる、文字どおり何百万もの個人所有の空間と、どうして張り合ってゆけるだろうか？

利幅が消失しかけて窮地に陥っているあらゆる種類の小売業者も、共有型経済によって同様に不利な立場に追い込まれるはずだ。シェア可能な経済では、衣料や家電製品、玩具、道具類をはじめとする何千もの品物が、レンタルや再流通のネットワークを通じて継続的に使用に供される。ユーザーからユーザーへと次々に受け渡されて製品のライフサイクルが延びれば、新品の売上は大幅に減少する。

二〇一二年にオンライン上に登場したヤードルという名の新たな共有サイトについて耳にしたとき、私は小売業者のジレンマに衝撃を受けた。このサイトを創立したのは、実業界とも密接な関係を持ち、持続可能性を追求する運動に長年取り組んできた人々だった。一人はシエラクラブ〔長い歴史を持つアメリカの自然保護団体〕元会長のアダム・ワーバック、そしてもう一人は、ウォルマート社で持続可能性担当の責任者を務めたアンディ・ルーベンだ。ヤードルは、使っていない所有物を譲るか売るかしたいと考えているフェイスブック上の友達を結びつける。ヤードルの会員は、衣類だけでなく、ほとんど何でも交換できる。携帯電話、コンピューター、スポーツ用品、キッチン家電、ペットのアクセサリー……とにかく、ありとあらゆるものだ。

今のところ、ヤードルのコミュニティは、地域ごとに運営されている。シェアできる品物が五〇点以上あれば、フェイスブックの友達が集まってシェアのための空間を設けることが可能だ。数千点もの品を取り揃えて、「友達」がシェアしたいと考えるかもしれないものを、ワンストップですべて手に入れられるという経験を提供しているコミュニティ・ネットワークもある。ヤードルは個々の取引に手数料を課してはいないが、利用者は通常、送料を負担する必要がある。ヤードルが成長するにつれて、地域ごとのネットワークが地理的に拡大して、そこで扱われる品物を友達だけでなく、未知の人に売ることも可能になるだろう。ヤードルは運営費を賄うために、少額の取引手数料を徴収する計画を立てている。

ヤードルも他の多くの同類と同じ構想を持っており、それが循環型経済という考え方を推進する役に立っている。循環型経済では、あらゆるものがリサイクル・再利用され、ライフサイクルが尽きる前に廃棄されるものは何一つなくなる。ヤードルの持続可能なビジネスの論理はたしかに筋が通っているが、創立者が小売業者の参加を訴えだした途端、どうも曖昧さを帯びてくる。ワーバックはこう言う。「あなたがチェーンソーを隣人から借りられるとしたら、小売業者の仕事には、あなたに新たにチェーンソーを売ることばかりでなく、あなたの目的を手助けすることも含まれる[45]」。そうかもしれない……だが、はたしてそうなるだろうか？

ワーバックとルーベンは、「シェアリングはショッピングよりも楽しい」という考え方を喧伝していて、これに賛同する人は増加しつつあるようだ。だが、ウォルマートはどうだろう？　賛同するはずがない！　それでもワーバックとルーベンは、大型小売チェーンの参加を促す契機になるかもしれないニッチ・ビジネスの商機ぐらいはせめて見出そうと躍起になって、ショッピングよりもシェアリングに依拠した動きから大型チェーンが利益を得られる可能性のある筋書きをいくつか提案している。たとえば、初めてキャンプに行こうと思っているものの、キャンプを楽しめるかどうかすらわからないうちから、五〇〇ドル以上も費やして高価な装備を揃えたくはないと考えるヤードルの会員がいたとしたら、まずはヤードルで借りられるキャンプ用品を利用して始めてみるかもしれない。営利目的の小売業者がヤードルのスポンサーや「友達」であれば、その後その会員がキャンプの愛好家になって、最新のキャンプ道具一式に買い換え、商業の懐に飛び込むということもあるかもしれない。これもまた、資本主義市場とソーシャルコモンズの境界線上を歩む若い社会的起業家の多くが抱く希望的観測と言える。肝心の疑問は、何を本義とするか、だ。「ワイアード」誌の元編集長クリス・アンダーソンをはじめとする人々が主張するように、限界費用がほぼゼロのコモンズは、市場が開拓することのできる新たな商機と見られているのだろうか？　それとも、それ自体が、新たな経済パラダイムという最終目的であって、副次的に市場の関与をある程度促すにすぎないのだろうか？　社会的起業家の多くは後者の見方をしているものの、新たに形成されつつあるネットワーク化されたコモンズに、旧来の資本主義体制を責任を持って取り込む術を見出すのにやぶさかではないのだと、私は確信している。

「シェアラブル」誌は、協働型消費経済の新たな進展に関する報道を行なう非営利のオンライン・メディアで、その共同創刊者で編集者のニール・ゴレンフロによると、二〇一一年のアメリカの小売業の売上は四兆七〇〇〇億ドルだったのに対し、同年の協働型消費の取引高は一〇〇〇億ドル近くに相当するという。ゴレンフロは、小売業者がその大きな商業上の影響力を行使して、協働型消費を速やかに主流に育てるために、何ができるのかを考察した[46]。

ゴレンフロはまず、共有型経済において各アイテムがユーザーからユーザーへと移動しても、小売業者が自分の販売した品物の収益の一部を捕捉し続けられる追跡システムの概略を示した。小売店で品物を購入する時点が、「複数の所有者やユーザーを含めた、製品のライフサイクル全体を通してその製品を管理する、協働型市場への入口[47]」となる。どの品物にも、製品情報と取引情報が自動的にコード化されて添付され、使用したユーザーの履歴を記録した個別の識別チップが備えつけられる。大手の小売業者が巨大なオンライン・マーケットを創設すれば、そこにそれぞれの購入者が繰り返しシェア可能な品物を掲載して、レンタルや交換ができるようになるだろう。ゴレンフロによれば、こうしたやり方によって、購入者は自分の資産の管理方法をコントロールでき、所有物をシェアする世界最大の市場を得られるという。さらにゴレンフロは、「このサービスを利用して取引をするたびにわずかな手数料がかかるとしても、私ならば喜んで払うだろう[48]」と言い添えた。この筋書きでは、誰もが勝者となると彼は言う[49]。小売業者は、商品のライフサイクルを通して売上を確保し続けられる。また、商品の一部を有料サービスとして市場に出し、繰り返しシェア可能な経済の中心に据えようという気にさえなるかもしれない。財のライフサイクル全体を通じて価値を引き出せるのであれば、小売業者が製品の質や耐久性の向上に努める動機ともなるだろう。一方のユーザーにも、長期間の所有に比べて、より安いコストで短期間のアクセス権の獲得が可能になるという利点があり、無駄を減らして持続可能性を高める、より広範な共有型経済の一端を担っているという充実感も得られる。

これは興味深い説だ。そのような筋書きでは、小売業者が分け前に与ることは間違いないが、それは彼らに絶好の機会を提供するというよりは、とりあえず餌を撒いて黙らせると言ったほうが近いだろう。最初に自分の店で販売した製品のライフサイクルが尽きるまで、少額の取引手数料を受け取れるとしても、何百万もの人がますます多くの品物をシェアし、新規の購入が減少するために被る損失に比べれば、それは微々たるものだ。この説でも、資本主義市場はコモンズに価値を見出せないというわけではないが、ソーシャルエコノミーが市場経済を凌ぐようになるにつれて、ますます限定的なニッチ市場へと縮小し続けるだろう。

家庭の裏庭さえも、シェアされ始めている。シェアードアースは、インターネット起業家のアダム・デルによって創立された。デルは、テキサス州オースティンの自宅の庭に菜園を造りたいと思ったのだが、実現するための時間も技能もなかった。そこで二〇一〇年に、クレイグズリスト〔三八九ページを参照のこと〕にこんな広告を投稿した。「畑仕事をしてくれる方がいれば、土地と水と必要なものはこちらで用意します。収穫は折半しましょう」。デルのこの申し出に、ガーデニングは大好きだがアパートに住んでいる女性が応えた[50]。

インターネットに精通したたいていの知的職業人と同じく、デルはこの経験をウェブに持ち込むことで、水平に展開できるかもしれないと考えた。四か月のうちに、シェアードアースに登録された土地は、八〇万平方フィート（約七万四三〇〇平方メートル）から二五〇〇万平方フィート（約二三二万二五〇〇平方メートル）に急増した。何百万エーカー〔一エーカーは約四〇〇〇平方メートル〕もの使用されていない裏庭が、菜園のコモンズに転換されるとデルは予想している。

シェアードアースは有意義な影響を与えうる存在であると思うし、そうした影響を与えることが私の希望でもある。一〇〇〇万エーカーの耕作地があると、ちょっと想像してみてほしい。そうした土地は、多くの酸素を生成し、多くの二酸化炭素を吸収し、多くの食物を生み出すのだ[51]。

シェアードアースは今のところ、従来の農業にとって深刻な脅威とはなっていない。だがそんなことなどものともしないデルは、菜園を造りたがっている大勢の人が使用されていない土地と結びつけば、高品質で地域に根差したオーガニック食材を生産できると信じている。そしてこのような取り組みが、生産物を遠方に出荷する垂直展開型・中央集中型の農業を離れて、地元の消費を賄うための分散型・水平展開型の地域農業へ向かうトレンド――これには効率性の向上も伴う――を後押しするよう願っている。

デルは「我々のサービスは無料だ。ビジネスモデルなどというものはない!」と言い添える。だが、これは違う。シェアードアースにはビジネスモデルがある。すなわち、コモンズというモデルだ[52]。

園芸好きの人々がごく狭い土地の収穫物をシェアし始める一方で、若い世代の農民は、事業規模の土地で育てた作物を都市の消費者たちとシェアするようになっている。「コミュニティに支援された農業(CSA)」は、一九六〇年代にヨーロッパや日本で始まり、当初は先行きが危ぶまれたが、インターネットの発達とともに、一九九〇年代にアメリカをはじめとする国々で急成長を遂げた。都市消費者は、作物を育てる上で必要な初期費用を賄うために、生育期に入る前に地元の農家に特定の金額を提供する。消費者は、こうしていわば株主となる。その見返りとして、消費者は生育期を通して、収穫物の分け前を玄関先、あるいは最寄りの配付所まで届けてもらえる。資金提供した農家が豊作ならば、「株主」が受け取る「配当」も増える。逆に、悪天候その他の状況によって不作となれば、「株主」も受け取る生産物が減るという形で、その損失をシェアすることになる。

消費者と生産者がリスクをシェアすることで、相互に信頼の絆が生まれ、社会関係資本が育まれる。さらに、従来の垂直統合型農業関連事業の運営にかかわっていた中間業者が一掃されて、生産物が最終消費者に渡るまでのコストは劇的に低下する。

CSAの多くは、環境に配慮した生産方式と有機農法を採り入れて運営されており、石油化学で製造した肥料や殺虫剤の使用がもたらす高コストや環境破壊とも無縁だ。エネルギーコストや環境コストは、収穫物のプラスチック包装や長距離輸送をやめることでも低減される。

インターネットは、農家と消費者がピアトゥピアのネットワークで結びつくのを容易にし、CSAの重要な推進役を担ってきた。コミュニティに密着したCSAのウェブサイトは、農家と消費者がたえず連絡を保ち、作物の生育状況や配達予定に関する最新情報をシェアする役にも立っている。CSAは、従来の市場における売り手と買い手を、社会的《ソーシャル》コモンズで農産物を交換するプロバイダーとユーザーに置き換える。消費者は、自らが消費する最終生産物を生み出すための生産手段の資金を提供することで、ある意味ではプロシューマーになるとも言える。現在、世界各地で何千ものCSA事業が実施されており、その数は右肩上がりだ。というのも若い世代は、コモンズにおけるソーシャルエコノミー上での商業的選択肢を増やすという発想に、ますます心地良さを感じるようになっているからだ。

患者主導の保健医療

寝床や衣服、食糧をシェアするというのは、人々の日常生活のかなり個人的な側面に触れる行為だが、保健医療データの共有は、コモンズにアップロードされるもののなかでも最も私的な領域にまで踏み込む行為だと言える。何百万もの人々が、自分の病歴や現在の病状についての詳細な個人情報をオープンソース化し、症候や診断、治療などの情報をシェアしたり、治療法を見つけるための研究で協働したり、互いに慰めや癒やし、励ましを与え合う支援団体に参加したり、権利擁護団体の先頭に立って、保健医療分野のあらゆる面で医療や保健の前提や慣習を見直すよう、政府や保険会社や医学界に働きかけたりもしている。保健医療費がＧＤＰの一七・九パーセントに相当するアメリカでは、保健医療コモンズが市場経済に匹敵するほどの巨大な勢力となり、従来の医学理論や保健医療実践を揺るがしつつあり、そこで患者たちは自らの擁護に立ち上がっている[53]。

伝統的に医師と患者の間の私的関係、すなわち、医師が診断を下し、受け身の患者はその指示に従うという関係だった保健医療は突如として、分散型・水平展開型でピアトゥピアの関係に姿を変えた。そこでは、医師や研究者などの保健医療提供者と患者が、オープンネットワーク化されたコモンズで、患者の治療や社会の衛生を推進するために協働する。

患者主導の保健医療は、自分の病状がどういった病気に該当するのかを突き止めようと、その症状についてインターネット上で検索する人が増えるにつれて、自然発生的に始まった。そうしたなかで、患者たちはウェブ上で同じような病状の人に出会い、情報をシェアするようになった。すでに診断を受けた人々は、同様の病歴を持つ人からのフィードバックを引き出せるのではないかと期待して、さまざまな保健医療関連のウェブサイト上で自分の病歴をシェアし始めた。さらに、医師に指示された治療に納得できず、別の治療法について知りたいと考えて、同じような不満を抱いている患者を探す人々も現れた。また、特定の薬を服用したとき、なかでも他の薬と併用したときに生じる副作用についての情報を比較する人も出始めた。現在の治療法では不十分、あるいはそもそも治療法が存在しない慢性疾患や致命的な病気を患う人々は、治療の可能性を求めて結束しつつあった。とりわけ積極的な人々は、物心両面から互いに支え合う団体を結成したり、自分たちの病気に世間の注意を集め、治療法の研究により多くの公的資金を求める支援組織を発足させたりした。

今日では、保健医療や公衆衛生の向上を求めて、数多くのソーシャルメディアのウェブサイトで何百万もの人が関与し合い、互いに支え、助け合っている。なかでもとくに評判が良いものに、ペイシェンツライクミーや癌オンライン情報協会（ACOR）、LAM基金、キュア・トゥギャザー、ライフ・ラフト・グループ、自閉症研究機構、脊索腫《せきさくしゅ》基金、平滑筋肉腫ダイレクト・リサーチなどがある。

患者主導の保健医療サイトは、きわめて個人的な事情から派生したものが多く、稀少疾患を取り上げていることもしばしばで、そうした疾患の認知度は低く、治療法や治療薬の研究はさらに不足している。リンパ脈管筋腫症（LAM）は、細胞増殖を司る細胞経路の異常によって引き起こされる致死的な稀少疾患だ。若い女性の肺組織を破壊するこの異常は、黒色腫や乳癌を含む多くの癌と関連があるとされている。

二〇〇五年、現在教鞭を執るハーヴァード大学医学大学院の学生だったエイミー・ファーバーは、LAMの診断を受け、妊娠すれば病気が進行する恐れがあると警告された。治療法や治療薬を何とか見つけたいと、ファーバーは既存の研究機関に接触したが、この稀少疾患についてはほとんど研究されていない上、協働する努力がほとんど、あるいはまったくなされないまま、それぞれの取り組みが個別に実施されていた。病気への対処法をなかなか見出せないことに苛立ちを感じたファーバーは、ハーヴァード大学医学大学院の教授で癌の研究者でもあるジョージ・ディミトリ医師に連絡をとった。ディミトリは、珍しい種類の癌についての経験と洞察を活用するために、インターネットを通じて世界中の患者を結びつけるという手法に興味を抱いていた。彼はこうしたデータから稀な疾患の性質や経過に関するある種の「集合知」のようなものが明らかになり、治療実施要綱の作成や治療薬の開発に役立つのではないかと期待していた。二人はその後、ＭＩＴメディアラボ所長だったフランク・モスと手を組み、この協働から、患者が自分の健康状態について報告できる国際情報共有プラットフォーム、「LAMsight」が誕生した。投稿された報告に含まれるデータは、集約・分析されて、研究者が新たな研究計画を策定する際に役立てられる。クラウドソーシングに頼るこの研究手法は、従来の研究で用いられる伝統的なランダム化比較試験〔治験を受けるグループと受けない比較対照グループに被験者を無作為に分けて、客観的にその治療効果を評価する方法〕とは大幅に異なる。従来の研究は多くの費用と時間を要し、研究者がトップダウンで構想して実施する形式をとり、患者は受け身の被験者にすぎなかった。だが、ＬＡＭのサイトは、保健医療コモンズにおける他の研究活動と同じく、患者たちの集合知から出発しており、その知識を活かして研究の実施要綱が決定されている。「私たちは実際のところ、患者を科学者に仕立てて、臨床医と科学者と患者の間の力関係に変化を与えているのだ」とモスは説明する[54]。

　ジル・フリードマンが創立したＡＣＯＲは、患者主導の保健医療の考え方をさらに一歩進めて、六〇万人以上の患者や介護者が一六三もの公開オンライン・コミュニティに積極的に参加する、より包括的な保健医療コモンズを創設した。ＬＡＭ治療同盟が病状の報告を患者に、治療実施要綱の作成を研究者に頼っているのに対し、ＡＣＯＲの患者や介護者は科学的な情報をシェアし、「データを収集・集約する新たな方法を構築・発展させること」にともに関与し、「最終的には自らの疾患の研究を主導することを目指している[55]」。また、学術研究のための資金も募っている。彼らのようなｅ患者は、「参加型保健医療モデル」とフリードマンが呼ぶものを進展させつつある。そのモデルによれば、患者や研究者、医師、費用を支払う者、保健医療機器メイカー、介護者、製薬会社、保健医療従事者などのさまざまな立場の人がすべて一つのコモンズに集結して、患者に最良の治療を与えるために協働することになる。

患者主導型の研究（PDR）は、科学の聖域にさえ踏み込み始めている。e患者のオンライン・コミュニティのなかには、組織バンクや標本バンクを創設したものもある。また、検査のために細胞株を作ったり、患者の登録簿を作成して、臨床試験のためのネットワークを築いたりしているコミュニティもある［56］。

ペイシェンツライクミーは、二〇万以上の患者から成り、一八〇〇種類の疾患を取り扱う患者主導型の保健医療ネットワークで、史上初となる患者発の観察研究を公表した。この研究は、炭酸リチウムの投与により、神経変性疾患である筋萎縮性側索硬化症（ALS）の進行を遅らせることができるという従来の研究に基づく知見を反証する内容だった［57］。ペイシェンツライクミーは「リチウムを摂取していると報告した患者と、同じような病状の経過をたどる他の多くのALS患者を対照することを目的とした、これまでにないアルゴリズムを開発した［58］」と報告している。この組織はアメリカ食品医薬品局の認可外のリチウムを使用している三四八人のALS患者を追跡調査し、「対象患者の病状の進行に対して、リチウムは観察可能な効果を及ぼしていない［59］」ことを発見した。

患者主導型の試験は、二重盲検対照試験〔新薬の臨床試験などにおいて、対象の薬や治療法を試す処置群と試さない対照群を、被験者・実施者の双方が区別できないようにして行なう試験〕による臨床研究と同等には扱えないかもしれないが、迅速かつ低コストで実施できるため、研究分野の有力な新手法となっている。消化管間質《かんしつ》腫瘍（GIST）というごく稀な癌に特化した保健医療コモンズであるライフ・ラフト・グループのノーマン・シャーザーは、多くの患者が新しいコモンズ方式の研究アプローチに移行している理由について、以下のように説明している。

> PDRの大きな利点の一つは、その速さだ。私たちは命を救う情報を、それを今すぐ必要としている人々に、専門の研究者たちよりもずっと早く届けることができる。専門家は時間を要す

る多くの段階を経なくてはならないからだ。……数年かかることもある。そのため、専門的な研究にはどうしても致命的な時間の遅れが伴う。すなわち、一部の人間が医学的な大発見を把握したときから、誰もがそれについて知るときまでの時間のずれだ[60]。

二重盲検対照試験による臨床研究が非常に高額であるのに対して、ビッグデータとアルゴリズムを活用して健康状態のパターンや健康への影響を見出すという、患者主導の観察研究は、限界費用がほぼゼロで着手できる。

まだ緒に就いたばかりのこのオープンソースの研究手法は、じっくりと時間をかけた専門的な再検討過程によって従来のランダム化比較試験に加えられるような検証を欠いていることが多い。この手法の提唱者もこうした欠点を承知しているが、それでも患者主導の研究は今後、適切な検証法を組み込んでゆけるだろうと自信を見せる。その方法は、ウィキペディアが自らのウェブサイト上の記事を検証し、その正確性を確認するために用いている編集プロセスによく似た方法になるという。ウィキペディアには現在、一九〇〇万もの寄稿者がいる。そして、多数のユーザーが事実確認をして記事に磨きをかけるので、このオープンソースのウェブサイトの正確性は他の百科事典に引けをとらない水準に保たれている。ウィキペディアは、今では世界で八番目に訪問者の多いウェブサイトとなっており、世界中の知識の詰まったこの百科事典に厖大な数の閲覧者を惹きつけている[61]。

患者主導の保健医療コモンズを支持する人々は、ウィキペディアが初めて登場したとき、学術研究の大衆化は、百科事典の編集に適用される高い学術水準を大幅に引き下げる恐れがあると、学者たちが主張していたことを指摘する。だが、彼らの懸念は当たらなかった。オープンソースのコモンズにおける患者主導の保健医療研究を擁護する人々は、厳しい科学的手順を備えた研究のクラウドソーシングが、同じように成功しないわけがないと主張する。

誰もが医師に

こうした患者主導の新たな保健医療コモンズを促進する動きに、若い世代の医師たちが連携し始める兆候も見受けられる。マサチューセッツ総合病院に所属し、てんかんを専門とする神経科医のダン・ホックは、e患者たちによる新たなオンライン・コモンズ運動に自分が目覚めた理由について、洞察に満ちた論説を記している。そのなかで彼は、保健医療の現場には、医師の権威を損なう恐れがあるとして、患者が結束することに対する「暗黙の禁止」がつねに存在してきたことを認めた。ホックはこう書いている。「患者どうしの交流を促し、医師の中心的役割を重視するのをやめることで、自分は何か大きなタブーを犯しているのかもしれないと、気まずさを感じていた[62]」

ホックは思い切って、ブレイントーク・コミュニティーズという、てんかん患者の支援をするオンライン・グループを覗いてみることにした。このグループは、マサチューセッツ総合病院の同僚であるジョン・レスターが設立した非営利のウェブサイト・コミュニティだった。ブレイントークは当時、アルツハイマー病や多発性硬化症、パーキンソン病、ハンチントン病、てんかんを含めた幅広い神経疾患のために、三〇〇を超える無料のオンライン・グループを主宰していた。そして、世界中から二〇万人以上が、定期的にブレイントークのサイトを訪れていた。

ホックにしてみれば意外だったが、予想に反して、精神的支援に関する投稿は三割にすぎず、残る七割は、自分たちの疾患や治療法の選択肢、体調管理、副作用に関する知識を学び合い、病気にうまく対処しながら日々を送る術を身につけようとする会員たちによるものだった。なかでもホックがとくに興味を惹かれたのは、根拠のない、あるいは疑わしい情報に異議を唱え、誤りを自ら正す過程を通して、会員たちがたえず互いに事実確認をしている点だった。何よりも驚いたのが、「ブレイントーク・コミュニティーズのてんかんグループのようなオンライン・グループが、どんな個人患者よりもはるかに賢明であるのみならず、多くの医師、さらには専門医よりも賢明である、あるいは少なくも、より幅広い理解力を有している[63]」と気づかされたことだったと、ホックは語る。ホックは衝撃的な告白で論説を締めくくっている。

患者は医師によってのみ「力を得」られると考えるように、私は指導されてきたが……医師による承認の有無にかかわらず、まったく問題なく自らの手で力を得られる患者たちが増えていることは、もはや明白そのものだろう[64]。

現在、ウェブ上には何百ものオープンソースの保健医療コモンズが存在する。この数字は、保健医療サービスの提供を合理化するために、各国で電子カルテの活用が進みつつあることを思えば、今後劇的に増加する可能性が高い。二〇〇九年に、アメリカ政府は保健医療機関の電子カルテ導入を支援するため、一二億ドルの助成金を供与した[65]。アメリカやその他の国々で入手可能になるかもしれないビッグデータは、情報の宝庫であり、適切なプライバシー保護の下、オープンソースの患者主導型保健医療コモンズで活用されれば、保健医療の分野に革命をもたらすかもしれない。

保健医療問題への対策にビッグデータが活かされる可能性は、二〇一三年の冬、世界中で深刻なインフルエンザの流行が急速に拡大したときに明らかになった。グーグルは、自社のサイト上でインフルエンザ関連の話題が検索されたデータを分析して、インフルエンザの拡大状況をリアルタイムで追跡できたばかりか、それが発生しつつある場所や流行の程度までもつかむことができた。マスメディアによる広範な報道——とりわけソーシャルメディアの報道——がインフルエンザ関連の検索の誘引となったことも影響して、グーグルが流行の程度を過大評価していたことがその後の分析で判明したものの、同社の追跡結果は早期警戒メカニズムとして十分に信頼に足るものだったので、合衆国疾病管理予防センターはその後、グーグルを同センターの監視プログラムの公式パートナーにした[66]。

感染症の場合、リアルタイムで流行の拡大を追跡することは、疾病を管理する上できわめて重要だ。地元の保健医療機関を動員し、インフルエンザ・ワクチンを確保して、必要な地域で遅滞なく確実に接種し、一般の人々に警戒を呼びかけることができれば、流行の深刻度に大きな違いが生まれる。従来の監視制度では、患者の来院数に基づくデータを全国の病院から収集するには、一、二週間を要する場合もある。そのころまでに、インフルエンザ・ウイルスの感染はすでにピークを迎えていることや、自然に終息していることさえある。グーグルは、自分の症状がインフルエンザの症状に合致するのかを調べるために、人々がウェブを検索するという最初の反応を追跡する。こうした反応は、患者が医師に連絡したり、病院に足を運んだりする数日も前であることが多い。

ツイッターも追跡手段の一つとして注目されている。ツイッターのユーザーは、一日に五億回以上もつぶやきを投稿する。具合が悪い人は、インフルエンザで動けなくなる何時間も前に、友人に自分の状態についてつぶやくことがよくあり、ここからもウイルスの拡散状況に関する最新情報が得られる。

疫学者たちは目下のところ、こうした早期警戒のための追跡手段は、信頼性が確立している監視モデルを補完するもの、あるいは、ただのつけ足しにすぎないと主張している。だが、余計な情報を排除してデータをより正確に読み取るようにアルゴリズムに磨きをかけてゆけば、グーグルやツイッターによる監視と追跡は信頼性を増し、そのシステム自体がウイルス性感染症の監視や封じ込めに欠かせなくなるだろうという考え方が、しだいに賛同を得つつある[67]。感染症の世界的な伝播状況を追跡してその拡大を抑制するためにビッグデータを活用すれば、何十億ドルもの医療費を削減することができるとともに、監視・報告システムの限界費用をゼロに近づけられるだろう。

ゲノム医療という新分野で、遺伝子異常と環境要因の関係についてより多くのことが判明するにつれて、研究者たちが気づき始めていることがある。疾病は、たとえば乳癌や白血病、肺疾患といった具合に大まかに分類しうるものの、このように広く定義された疾病の診断を受けていたとしても、その疾病自体は一人ひとり異なるのだ。疾病に対するカスタマイズ方式の新たなアプローチの最前線にあるのが遺伝医学で、そこでは各人の症状が特異な疾患として扱われる。

DNA塩基配列決定《シークエンシング》の費用低下を受けて、個人が同じようなDNA配列を共有する人々と接触を持つために活用しうるビッグデータのライブラリーが、実現可能になりつつある。将来は、DNAデータベースが拡大して、人間のDNAの全配列が検査で利用できるようになれば、カスタマイズされた患者主導型の保健医療ネットワーク上で、何百万もの人が共通の遺伝形質を受け継いだ他の人々と結びつき、病状の記録を比較したり、治療薬を見つけ出すために協働したりできるようになるだろう。こうしたカスタマイズ化が進んだ患者主導型の保健医療コモンズが実現すれば、十分に水平展開して自分たちの疾病群に世間の関心を集め、当該疾病に関する研究の増強を政府や学界や企業に働きかけることも可能になり、また患者自らが研究や臨床試験、治療を実施するための資金を募ることもできるだろう。

生物学的に類似する特質を持った人々のこうしたDNA群は、ビッグデータを利用して、食習慣、喫煙や飲酒、運動、労働環境といった各人のライフスタイルを互いに参照し、遺伝的素因とさまざまな環境要因との関連をさらに掘り下げることもできるようになるだろう。同じような遺伝子配列を持つ人々のこうしたデータ群には、胎児期から老年や死に至るまでの時系列に沿った生活史が含まれているので、効果的な治療法のみならず、人生のさまざまな時期における潜在的な疾病のリスクを特定するためのアルゴリズムの開発にも、間違いなく役立つだろう。

遅くとも今世紀なかばには、誰もがグローバルな保健医療コモンズの検索エンジンにアクセスして、自分の遺伝子構造を登録し、似たようなゲノムを持つ適合群を見つけて、生涯にわたる健康リスクに関する詳細な情報や、健康を回復・維持するために最も効果的なカスタマイズ方式の医学的治療の概要を、限界費用がほぼゼロで受け取れるようになると私は考えている。

臓器移植は、医療処置のうちでもきわめて高額な部類に入る。この分野でさえも、医学の新たな飛躍的進歩が、コストを大きく引き下げる可能性を高めつつある。組織や臓器を移植する必要が生じた場合、これまたわずかな、あるいはほぼゼロの限界費用で、3Dプリンターで作製することが遠からずできるようになるのだ。3Dプリンターによる臓器の作製は、順調に進んでいる。ノースカロライナ州のウェイク・フォレスト再生医療研究所は最近、生細胞を使用してヒトの腎臓を3Dプリンティングにより試作した[68]。サンディエゴに本拠を置く生命科学企業のオーガノヴォは、3Dバイオプリンティングを用いて、正常に機能するヒトの肝臓組織の一部を作製した[69]。オーストラリアのウロンゴン大学に設置された豪州研究会議（ARC）電子材料科学高等研究センターの研究者たちは、筋肉細胞や神経細胞を素材に用いて生体組織を3Dプリントする実験を行なっている。ARCセンターの研究者キャメロン・フェリスは、バイオプリンティングの仕組みをこう説明する。「私たちが使用しているのは、インクジェット・プリンターと同じテクノロジーですが、インクの代わりにさまざまなタイプの細胞を使います[70]」。ドナーの組織を移植するのではなく、患者自身の体から採取した細胞を使用して組織を再生すれば、移植に伴う拒絶反応を避けられる。心臓修復パッチや神経移植片、血管片、変性した関節のための軟骨といった移植用組織の3Dバイオプリンティングは、今後一〇年以内に広く普及することが予想される。臓器をそっくり3Dプリントするには、もう少し時間がかかりそうだ。

ケンタッキー州ルイヴィルにある心血管イノベーション研究所の科学者スチュアート・ウィリアムズは、脂肪吸引の施術中に吸い取られた脂肪由来の細胞を採取し、接着剤と混ぜ合わせて心臓のプリントを試みている。ウィリアムズによれば、3Dプリンターを使用した「生体・人工混成《バイオフィシャル》の」心臓の作製が、一〇年のうちに可能になるかもしれないという[71]。ARCセンターのゴードン・ウォレスは、「二〇二五年までには、それぞれの患者に合わせて、きちんと機能する器官をまるごと作製できるようになると考えて差し支えないだろう[72]」と述べている。身体のスペアパーツを3Dプリンティングする素晴らしき新世界は、今後数十年のうちには現実となりそうだ。その他の形態の3Dプリンティング同様、生体のスペアパーツを複製するコストは、この新テクノロジーの向上とともに急激に低下するだろう。

現在の高額な保健医療——その多くは未発達で、重要な情報を欠き、コストも高い——は、ビッグデータ文化と限界費用がほぼゼロの社会では、過去の遺物となる。

インターネット上での情報の大衆化、エネルギー・インターネット上での電力の大衆化、オープンソースの3Dプリンティングを用いた製造の大衆化、MOOCを活用した高等教育の大衆化、共有型経済における交換の大衆化と同様、今後見込まれるウェブ上での保健医療の大衆化によっても、ソーシャルエコノミーの厚みがいっそう増し、社会のさまざまな場面において協働型コモンズの存在がより顕著なものになってゆくだろう。

広告の終焉

コモンズの共有型経済はすでに、伝統的な市場交換経済の主要部分の一つ、すなわち広告の抜本的再構成を迫っている。広告は当初から資本主義体制の原動力だった。資本主義成立以前には、経済は右肩上がりというよりはむしろ横ばいの活動の様相を見せ、人間は日々の生活の糧を確保するに足る分だけ働くのが慣わしだった。貯蓄は存在しないに等しかった。ところが、産業革命の幕開けとともに、モノの生産が劇的に増加し、それに伴って賃金も上昇した。この賃金が、労働者の生産した財の購入に遅滞なく確実に振り向けられるようにすることが、広告の使命となった。「見えざる手」なるものが実在するとすれば、それは供給量の増大ペースに合わせて需要を増大させるという広告の能力であることに違いない。だが、それはなんとまた難しい仕事だろう。

二〇世紀初頭までは、「消費（consumption）」には否定的な含意があったことを思い出してほしい。「consumption」は肺病の俗称でもあり、初期の辞書に記載された定義には、「無駄にする、略奪する、使い果たすこと」とある。消費がイメージを一新して、災禍から社会的な羨望の対象へと姿を変えたのは、一九二〇年代に近代的な広告が登場してからだった。広告業界は、長年の倹約の伝統を追い払い、守銭奴でなく浪費家を称讃する新たな精神を選択するように、大衆心理を方向転換した。消費者であることは、ほかならぬ成功の証となり、芯まで近代的であることの象徴ともなった。二〇世紀後半には、消費社会はシビル・ソサエティに取って代わり始め、人々が愛着を抱き、社会的なアイデンティティを形成する最も重要なコミュニティになった。九・一一同時多発テロで世界貿易センターと国防総省が攻撃された直後、ジョージ・W・ブッシュ大統領が、衝撃に打ちのめされた国民への政府の対応として、「アメリカ経済は今までどおり、業務を行なう《オープン・フォー・ビジネス》」と述べたのは、けっして手違いではない。大統領は消費者に、ディズニーワールドを訪れるよう勧めたわけだ[73]。

二〇一二年におけるアメリカの広告産業の売上は、総額一五三〇億ドルにのぼる。同年の世界全体の広告の売上は、総額で四七九九億ドルだ[74]。広告業界は景気が良いように思われるが、関係者はみな不安を抱いている。彼らは、何百万もの人が受け身の消費者から、自らニュースや知識、娯楽、エネルギーを生み出して（そしてまもなく、3D製作も手がけるようになって）消費するピアトゥピアのプロシューマーになりつつあることに気づいている。こうした人々はその一方で、購入済みの商品を協働型経済で他者とシェアし、市場での商品購入を極力控えている。彼らは所有よりもアクセスを選び、自動車からスポーツ用品に至るまで、あらゆるものを必要なときに必要な分だけ、「看板方式《ジャスト・イン・タイム》」で使用するのだ。そして、そのための交渉の事実上すべてが、情報交換にかかる限界費用がほぼゼロの、開かれたインターネット・コモンズ上でなされる。若い世代は従来の資本主義市場からひっそりと身を引きつつある。今はまだ大きなうねりとなってはいないが、この動きは指数関数的に拡大しており、後戻りはしそうにない。

これはすなわち、広告業者が開拓できる消費者市場の縮小を意味する。さらに、コモンズで発展を続けるソーシャルエコノミーは、分散型・協働型で、ピアトゥピアの仕組みを持つので、経済的な意思決定は、企業の広告キャンペーンの影響よりもむしろ、フェイスブックやツイッター、ユーチューブをはじめとする何百ものオンラインのソーシャルメディア・サイトで、「友達」や仲間どうしで交わされる推薦やレヴュー、口コミ、好き嫌いといった意見に左右される。

最近の多くの調査によると、購入を決断するにあたって、消費者は家族や友人の薦めに対するのと劣らないほどの信頼を、他の消費者がオンラインで書き込んだレヴューにも置いているという。ある全国調査では、六六・三パーセントの消費者が、購入を決断する際に、ユーザーが書き込んだレヴューや推薦を「非常に」重視すると回答している[75]。二〇一二年のローカル・コンシューマー・レヴュー調査〔地元企業の財やサービスを購入するときのオンライン・レヴューの参照態度を調べる調査〕では、「七二パーセントの消費者が、知り合いから直接薦められたときと同じように、オンライン・レヴューも信頼すると回答した[76]」。また別の調査では、八七パーセントの消費者が、購入者が書き込んだ好意的なオンライン・レヴューが商品購入の決め手となると回答した[77]。さらに意義深いのは、「六五パーセントの消費者が、広告業者が制作したコンテンツ以上に、インターネット上の口コミを信頼している[78]」という結果だ。前述のローカル・コンシューマー・レヴュー調査で、好意的なオンライン・レヴューが決断に影響を与えると回答した人が五二パーセントにのぼることを考えると、どの地元企業を利用するかを決定するにあたり、購入者によるレヴューは重要な意味を持つ可能性がある[79]。

レヴューサイトはインターネット上に溢れている。イェルプやアンジーズ・リスト、シティ・サーチ、トリップアドバイザー、トラベロシティ、ジュディーズ・ブック、ローカルなど、レヴューサイトは何百もあり、消費者がそうしたページを覗くと、財やサービスに関する他の消費者の経験を、肯定的なものも否定的なものも含めてたどることができる。今では、実際に消費者が店で商品を手に取っているときに、その場でこうしたレヴューを参照することもできる。コンシューマー・レヴューズはスマートフォン向けアプリで、スマートフォンを特定の製品のレヴューに直接接続する。製品についているバーコードをスマートフォンに読み込むだけで、ユーザーはすぐにその製品のレヴューにアクセスできる。最新のアプリのなかには、消費者の倫理的価値観さえ考慮したものがある。携帯電話向けアプリのグッドガイドを使えば、消費者はバーコードをスキャンし、画面上でレヴューをスクロールして、その製品の安全性、健康への影響、倫理的配慮、総合的な持続可能性について、他の人々がどう評価しているのかを調べることができる[80]。モバイルアプリの活用が拡がれば、消費者はリアルタイムで製品やサービスのレヴューを投稿して、自分がそうした製品やサービスを利用した直後から、レヴューを他の人々に公開することが可能になるだろう。

広告のコンテンツよりも消費者の書き込んだレヴューを信頼する理由を問われると、ウェブ上のアンケートサイトのサーベイモンキーが実施したある調査の回答者たちは、消費者と広告業者の信頼性を比較して、前者には偏見がないが後者には利害が絡んでいることを指摘した。典型的な例を挙げれば、広告よりも消費者の書き込んだレヴューを信頼する理由について、ある回答者は「たいていの製品について、メイカーは製品説明に際して販売促進を極端に重視する傾向にあるが、消費者は製品の売上には利害関係がないので、彼らのレヴューのほうが本質的に信頼性が高い[81]」と述べた。

自社の製品やサービスに対する好意的な匿名のレヴューを投稿したり、ライバル企業を中傷するために否定的なレヴューを投稿したりして、制度を悪用する企業も珍しくはないが、あくまでも例外的な存在だ。レヴューサイト側も、消費者の間で高い評価を保つために、監視手段を増やしたり、より洗練されたアルゴリズムを使ったりして、偽情報の排除に当たっている[82]。

従来の広告は、袋叩きに遭っている形だ。広告の稼ぎ頭の一つである新聞や雑誌の案内広告（求人、貸家などの項目別小広告）について考えてみよう。クレイグ・ニューマークが一九九五年に開設したクレイグズリストは、地元の案内広告やフォーラムを掲載するサイトで、その大部分は無料だ。クレイグズリストは今でも、オンラインで「.com（ドット・コム）」ではなく、「.org（ドット・オーグ）（非営利の組織や団体に利用されることが多い）」のドメインで記載されているが、これは同組織が主張するその「どちらかと言えば非営利的な性質や公共サービスとしての使命、企業とは異なる文化」を反映している。毎月アメリカ国内だけで六〇〇〇万人、さらに世界七〇か国でも数百万人がクレイグズリストを利用し（このウェブサイトは一三か国語で表示できる）、仕事や住居、ロマンス、さらにはあらゆる種類の財とサービスを探している。

クレイグズリストのユーザーは、毎月一〇〇万件もの案内広告を投稿しており、サイト上の討論フォーラムには二億人が参加する。サイトの運営費はすべて、二八地域における求人広告のごくわずかな掲載手数料とニューヨーク市のアパートメント情報掲載にかかわる仲介手数料で賄われている[83]。

クレイグズリストだけで、紙媒体の案内広告の掲載収益を年間一〇〇億ドルも消滅させ、その代わりにオンラインの広告の売上を一億ドル伸ばしたと見られる。オンライン広告の運営コストは、長い間案内広告の売上に頼って事業を継続してきた新聞や雑誌の広告費用に比べれば、ごくわずかだ[84]。クレイグズリストのグローバルなオンライン掲示板は、サンフランシスコの事務所でたった三〇名のスタッフによって管理されている[85]。

「私たちにおなじみの広告の終焉」という挑発的なタイトルを冠した、IBMグローバル・ビジネス・サービシズによる二〇一二年の研究は、インターネット上のソーシャルコモンズが「従来型のアナログ・コンテンツ配給業者や情報収集・提供業者の収益基盤を危うくしている[86]」ことを認める。広告主にとっての問題は、彼らのビジネスモデルが新聞や雑誌、テレビ、ラジオのコンテンツ提供にかかる費用の大半を調達するという前提に立っている点にある。こうしたコンテンツは、プロのジャーナリストやテレビプロデューサー、ライター、演者、アーティストなどによって制作される。以前は消費者が受け身で、コンテンツを購読・視聴する見返りとして、その制作費用を提供した企業の広告を受け取ることに甘んじていた。だがインターネットの登場で、ユーザー自身が制作し、ユーチューブやフリッカー、フェイスブックのようなサイトで、何百万もの人と無料でシェアするコンテンツが増えている。消費者がプロシューマーになり、共有型経済において無料でコンテンツを交換できるとなると、企業広告はどのような付加価値を提供できるのだろうか？　広告主には、プロが制作したコンテンツのオンライン配信に資金を提供するという選択肢もあるが、成功するとは思えない。

なぜなら、インターネットは参加型であるがゆえに無数の人を惹きつけるからだ。インターネットはその大部分が、ピアトゥピアで双方向型の関与によって統治されているソーシャルエコノミーで運用されるコモンズなのだ。

受け身のテレビ視聴者は、番組が定期的にコマーシャルで中断されてもたいして苛立つことはないかもしれないが、インターネット上で積極的に活動するオンラインの参加者たちは、画面の真ん中に突然表示されてコピーをブロックしたり作業を邪魔したりする広告に、それほど寛容ではない。ポップアップ広告は、無礼で押しつけがましいものと見なされる。また、ユーザーが特定のリソースやサービスを検索したときに、企業スポンサーを検索結果の上位に表示するという方法で、広告主にアクセス権を販売している検索エンジンサイトに、インターネットユーザーたちはしだいに不信感を募らせている。

ピアトゥピアのメディアに表示される企業広告は、あまりにも場違いなので、単なる邪魔や迷惑というよりはむしろ、侵入者のように扱われる。ウォートン・スクールで運営・情報管理学の教授を務めるエリック・クレモンズは、インターネットは、その社会的な性質ゆえに、商業的売り込みの禁止領域になっていると言う。クレモンズの説明によると、インターネットは「キャンプファイアを囲んで会話を交わしたり、ルネサンス・フェア〔ルネサンス期、あるいはその他の歴史上の一時期をテーマにして、その時代の人物に扮した人々が集まるお祭り〕に出かけたりするのと同じく参加型だ。すなわち、映画や従来のテレビ局のように、囚われの身の視聴者に一方的にコンテンツを押しつけることだけを意図してはいない」[87]

そのため、インターネットユーザーの大部分が宣伝文句を信用せず、その代わりに購入する製品に関する最も信頼できる情報源として、他のユーザーによる仲間どうしのレヴューを参照しており、インターネット上のコンテンツの大半は広告主の企業ではなく、ユーザー自身が制作しているという条件をつけ加えると、広告業界がピアトゥピアの通信媒体への移行を乗り切るには、ごく限られた役割に甘んじる以外の道は想像し難い。以上すべての理由から、有料の広告は「ほとんどのインターネットサイトにとって、主要な収入源となりえないだろう」とクレモンズは考えている。そして「インターネットは広告業に取って代わるのではなく、それを壊滅させようとしている[88]」と結論する。「エコノミスト」誌でさえも、しぶしぶながらこれに同意する。「無料ランチの消滅」に関する冷徹な論説の中で、同誌は誤った前提だとしてある説に不快感を示している。それはすなわち、ソーシャルメディアが無料のコンテンツを提供することによって何百万ものユーザーを集められるならば、広告主はその「ロングテール」の分け前に与ろうと、躍起になってインターネットに広告を打つだろうという説だ。だが、ユーザーがそうした広告に見向きもせず、製品の推薦や有効性についての情報を仲間たちに頼っているのだとしたらどうだろう？「エコノミスト」誌はこう結論する。「インターネット広告による収益で経営を維持できる企業の数は、多くの人が考えていたよりもはるかに少ないことが判明しており、シリコンヴァレーはどうやら、新たな『核の冬』に突入しつつあるようだ[89]」

広告収入は、この悲観論を映し出し始めている。インターネット広告の収入は、二〇一二年には三六六億ドルに達したが、その一方で、すでに触れたように、アメリカの広告収入は総額一五三〇億ドルにのぼり、アメリカの広告市場においてインターネット広告が占める割合は、二四パーセント程度にすぎなかった[90]。しかも、インターネット広告に投じる金額の伸びは緩やかになりつつあるようで、営利のソーシャルメディア・サイトに無料で提供されるコンテンツの制作費用を企業広告によってすべて賄えるという、当初の夢のような高揚感が薄れたことが窺われる。二〇一〇～一一年には二三パーセントだったインターネット広告の成長率は、二〇一一～一二年にはわずか一四パーセントに低下している[91]。二〇一二年に、「消費者の自動車購入に対する効果に乏しい」として、ＧＭがフェイスブックへの広告掲載を取りやめたことは、インターネット広告の真価に関して一部企業で強まり始めた見方を反映している。

インターネット広告収入の成長率は、何百万ものユーザーがコンピューターからモバイル機器に乗り換えるにつれて縮小を続ける可能性が高い。インターネット広告収入においてトップに立つグーグルはすでに、こうした状況の変化で広告収入が枯渇する兆候を目の当たりにしている。二〇一三年の第3四半期に、ラップトップやデスクトップのコンピューターを使用したグーグルの検索数には変化がなかったのに対して、携帯電話での検索数は二倍になり、タブレットでの検索数も六三パーセント増加した[92]。問題は、モバイル広告の料金がデスクトップ広告の二分の一から三分の二にしかならない点にあり、なお悪いことに、モバイル広告から製品やサービスの購入につながる頻度は、デスクトップ広告からの四分の一から三分の一でしかなく、この傾向が大きく変化する兆しはまったくない。グーグルの主要収益源が脆弱化しているというのが現実なのだ。「ニューヨーク・タイムズ」紙はこう報じる。

誰かが広告をクリックするたびに、広告主が［グーグルに］支払う単価は、8四半期連続で減少している。料金は前年同期に比べて八パーセント下落しているが、それはおもに、モバイル広告の料金がデスクトップ広告よりも安いことによる[93]。

インターネットユーザーが急激にモバイル機器に移行するにつれて、広告収入の成長率は低下の一途をたどる可能性が高い。営利の大手ソーシャルメディア企業すべてで経営幹部が気にかけている大きな問題は、この傾向が自社の今後の成長可能性にどのような影響をもたらすかということだ。

資本主義市場の他の部門同様、協働型コモンズの台頭に伴って広告業が完全に姿を消すことはないだろう。広告業は状況に適応し、成熟度を増すソーシャルエコノミーの中でやがてはニッチに落ち着く。ソーシャルエコノミーに対応できるように資本主義市場を調整するというのは新奇な現象であり、長年にわたってソーシャルエコノミーが市場の力を補完する小さな存在だった世界では、簡単には受け容れられにくい。なかには、市場とコモンズが相乗効果を生む可能性を見出したり、双方が発展できる共生関係さえも享受できたりする場合もあるだろう。だがその他の分野では、そのおもな目的自体がソーシャルコモンズの協働型でピアトゥピアの性質とまったく相容れない広告の場合と同じく、適応する道を見出す試みは水と油を混ぜようとするような行為になるだろう。

一〇パーセント効果

これまでに列挙してきたさまざまな事業はどれも、協働的な性質を持ち、共有可能となるよう構想され、水平展開型・分散型のＩｏＴの構造の利点を活かしている。事業のなかには、カウチサーフィンのように、無償提供という形でサービスをシェアできるものもある。また、無償提供と何らかの有償交換を組み合わせた混合型もある。さらには、イーベイのように純粋に営利目的の企業もある。無償提供だけでなく、有償無償を問わない再流通やリサイクルも含む概念として協働型経済を捉えれば、すべてを包括できる。

最近のさまざまな調査からは、協働型コモンズの持つ幅広い経済的可能性が浮き彫りになる。ミネアポリスの広告代理店であるキャンベル・ミトゥン社（現ミトゥン社）が、カーボンヴュー・リサーチ社と共同で二〇一二年に実施した調査では、Ｘ世代〔一九六〇・七〇年代に生まれた人々〕とミレニアル世代の六二パーセントが、協働型コモンズで財やサービスや経験をシェアするという考え方に魅力を感じているという。この二つの世代は、所有よりもアクセスを好む点で、ベビーブーム世代や第二次大戦世代とは大きく異なる。調査で共有型経済の合理性に関する利点を評価するよう求められた回答者たちは、お金を節約できることを第一に挙げ、環境への影響、柔軟なライフスタイル、シェアの実用性、財やサービスに対する容易なアクセスがそれに続いた。精神面での利点については、寛容性を第一に挙げ、以下にコミュニティの大切な一員であるとの実感、賢さ、強い責任感、運動への参加意識が並んだ[94]。

各種世論調査の結果は、若い世代の間で経済活動の性質に関する意識に根本的な変化が起こっていることを示している。二〇〇〇年に拙著『エイジ・オブ・アクセス』で初めて指摘した所有からアクセスへの移行は今や明らかで、進展を続けている。ピアトゥピアの協働型経済活動はすでに活況を呈しており、IoTの段階的導入に伴って今後顕著になる一方だろう。

協働型経済が従来のビジネスモデルを打破する可能性はどの程度あるのか？　二〇一〇年にラティチュード・リサーチ社が実施した世論調査によると、「回答者の七五パーセントが、今後五年間にモノや空間をシェアする度合いが増すだろうと予想している。……七八パーセントの調査参加者が、オンラインで他者と交流したことで、見知らぬ人とシェアするという発想を受け容れやすくなったと感じている」という。さらに、「参加者の八五パーセントが、将来大規模なシェア・コミュニティを構築する上で、ウェブやモバイルに関するテクノロジーが決定的な役割を担うだろうと考えている[95]」。業界アナリストの多くも、この楽天的な予測に賛同する。「タイム」誌も二〇一一年、「世界を変える一〇のアイディア」の一つに協働型消費を選んでいる[96]。

協働型コモンズは、多くのエコノミストの予想よりもはるかに早く、「一〇パーセント効果」によって、従来の資本主義市場の基盤を大きく崩す可能性を秘めている。『新資本主義宣言――破壊的なまでに優るビジネスを構築する（*The New Capitalist Manifesto: Building a Disruptively Better Business*）』の著者で、「ハーヴァード・ビジネス・レヴュー」誌の寄稿者でもあるウメール・ハクは、協働型経済は多くの経済部門ですでに危険なまでに小さい利益率をさらに削る力を備えているため、賛同者の割合が一般に思われているよりもはるかに低い閾値《いきち》を超えると「壊滅的」インパクトを与えると考える。ハクは以下のように書いている。

正式に消費者と見なされている人々が、消費を一〇パーセント減らし、仲間との共有を一〇パーセント増やしただけで、昔ながらの企業の利鞘に与える打撃は、不釣合いなほどに大きなものとなるに違いない。……すなわち、一部の産業は大幅な変革を実施するか、過去という流砂に呑み込まれる覚悟を決めるかの決断を迫られるということだ[97]。

低い閾値の影響はすでに、音楽業界や新聞社、実店舗での書籍販売に大きな打撃を与えている。出版においては、二〇一二年にアメリカで発行された出版物の二二・六パーセントを電子書籍が占めた[98]。電子書籍の制作・配信にかかる限界費用は減る一方で、販売価格を大幅に押し下げ、煽りを受けた小規模な出版社や多くの書店が廃業に追い込まれた。だが、この安価な電子書籍さえも、無料あるいはただ同然で提供されるコピーレフトの著作物とのさらに厳しい競争に直面している。

この低い閾値の影響については、ドイツで再生可能エネルギーが及ぼしつつある壊滅的打撃を第5章で取り上げた際にも検討した。ドイツでは、グリーン電力が電力全体のわずか二二パーセントを占めただけで、電力などの公益企業が化石燃料によるバックアップ用の新たな発電所を稼働させるためのコストは、法外だと見なされる事態になっている[99]。太陽光や風力によって生産され、何百万ものプロシューマーによって送電網に供給される電力が急増している現実に照らせば、バックアップ用の発電所を使用する必要のある時間は、思いのほか短くなることが予想され、企業が固定費を償却するまでの資本回収期間があまりに延び、償却の目処さえ立たなくなるため、発電所建設にかかる初期費用を正当化することは難しい。

さまざまなビジネス部門ですでに利益率の激減に直面している巨大な資本主義企業は、財とサービスの生産・提供の限界費用がほぼゼロに向かう激しい勢いに対して、そう長くは持ち堪えられないだろう。非常に高度に統合された垂直展開型の一〇〇〇社ほどの巨大企業は、目下のところ世界の商取引の大部分を掌握し、圧倒的存在として無敵であるかのように思われるが、実際には、すでに危険なまでに小さい彼らの利益率を急激に侵蝕しつつある協働型経済に対しては、きわめて脆弱なのだ。

いかなる部門においても、協働型コモンズが経済活動の一〜三割を占めるようになれば、第二次産業革命以来の垂直統合型グローバル企業の大半が姿を消すと考えるのは、理のないことではない。百歩譲ったところで、限界費用がほぼゼロになることの恩恵によって、協働型コモンズにおける経済活動の占める割合が今後ますます拡大すれば、旧来の資本主義市場がグローバルな商業と交易に対する圧倒的な支配力をしだいに失ってゆくことだけは間違いない。

第14章

社会関係資本のクラウドファンディング、民主化する通貨、人間味ある起業家精神、労働の再考

二〇〇八年にグローバルな金融システムが崩壊しかけ、無数の人が恐怖におののいた。貸し出しは凍結され、あまりに「大き過ぎて潰せない」という理由で、アメリカ政府は国内の大手金融機関を救済せざるをえなかった。国民は激怒した。放漫経営に報いるかのように、金融機関に国家の税収から七〇〇〇億ドルもの資金が手渡される一方で、何百万という人がローンの返済ができずに住む家を失っていたのだから。言い換えれば、庶民は「小さ過ぎて問題にならない〔1〕」というわけだ。

ピアトゥピアのソーシャルレンディング

銀行の大失態を受けて、新種の貸付機関がインターネット上に姿を現した。それは「ピアトゥピア・レンディング」、あるいは「社会的融資《ソーシャルレンディング》」と呼ばれている。ゾーパやレンディング・クラブ、プロスパーといったオンライン・バンキングのプラットフォームでは、個人やプロジェクトに直接資金を貸し出す。こうしたオンライン融資の仕組みは、従来の銀行に代わる融資媒体として人気が高まり

つつある。というのも、こうした組織は、利子への上乗せという形で借り手の負担増となる中間業者の存在や、大規模な金融機関につきものの高い固定費を排除しているからだ。ウェブが促進した融資手法の展開により、借り手に資金を貸し出すための限界費用はゼロに近くなり、結果として利率や手数料が低減する。イギリス初のピアトゥピア・レンディング企業であるゾーパが取り扱った融資は、四億一四〇〇万ポンドを超えている[2]。ピアトゥピアのソーシャルレンディング企業が仲介した融資は、二〇一二年末には一八億ドルに達し、大手銀行にも無視できない存在となった[3]。

近年ピアトゥピアのソーシャルレンディングから派生したのが、「クラウドファンディング」と呼ばれるものだ。クラウドファンディング大手のキックスターターは、二〇〇九年四月に事業を開始した。その仕組みは以下のとおりだ。キックスターターは従来の投資媒体を通さず、インターネット上で一般の人々から金融資本を募る。融資を必要とするプロジェクトの発案者は自らの計画をサイトに掲載し、必要資金の調達期限を設定する。期限までに目標額に達しなければ、資金はいっさい受け取れない。この規定により、プロジェクトは開始時点で、少なくとも、企画を成功させるに足る資金を確実に手に入れていることになる。資金提供者が託した資金は、Ａｍａｚｏｎペイメント〔アマゾン以外のサイトでの支払いなどに、アマゾンのアカウントを利用できるサービス〕を使って集められる。キックスターターは、調達された資金の五パーセントを徴収し、Ａｍａｚｏｎペイメントがさらに平均で三〜五パーセントの手数料を課す[4]。従来の金融機関とは異なり、キックスターターは投資対象事業に対する所有権は持たない。つまり、プロジェクトの世話役にすぎないのだ。

二〇一三年一一月までにキックスターターが斡旋《あっせん》した事業は五万一〇〇〇件にのぼり、その成功率は四四パーセントに達した。プロジェクトが集めた資金は総額八億七一〇〇万ドル以上になる。キックスターターは、資金調達をするプロジェクトを一三のカテゴリーに限定している。すなわち、美術、ダンス、デザイン、ファッション、映画、ビデオ、飲食物、ゲーム、音楽、写真、出版、テクノロジー、演劇だ[5]。

さまざまなクラウドファンディング・プラットフォームが、それぞれ異なる形態の見返りを用意している。資金提供者は資金を無償で託すことも、プロジェクトが発足して軌道に乗ってから、借り手に渡った資金額相当の財あるいはサービスを受け取ることも、利子付きの通常融資として提供することも、出資に見合った持分を所有する形でプロジェクトに投資することもできる。

クラウドソーシングによる資金提供者たちは金融部門ではまだ小さな存在にすぎないが、IoT（モノのインターネット）インフラ構築に関連した新規企業の創立に際して、重要な脇役を演じている。すでに触れたモザイク社は、クラウドファンディングの手法によって、一〇余りの太陽光発電プロジェクトのために一一〇万ドルの資金を集めた。太陽光発電への投資プロジェクトを最初に発表したとき、モザイクは四・五パーセントの利回りを提示し、最低二五ドルという少額から出資できるようにした。同社の共同創立者のビリー・パリッシュは、万事順調にゆけば、当初の目標額の三一万三〇〇〇ドルを一か月で調達できるだろうと見込んでいた。ところが驚いたことに、この必要資金は四三五人の出資者から二四時間足らずで調達できた。二〇一三年の同社のポートフォリオには、太陽光発電プロジェクトの実施に出資する用意のある投資家一万人が記載されている[6]。

モザイクの太陽光発電システムの一つで、政府や民間の投資ファンドの資金と合わせて、クラウドファンディングによる資金を活用したものが、非営利団体のユース・エンプロイメント・パートナーシップ（YEP）によってカリフォルニア州オークランドに建設された床面積二万六〇〇〇平方フィート（約二四〇〇平方メートル）の建物内に設置されている。この発電システム設置にかかった費用は二六万五〇〇〇ドルで、モザイクはこの設備をYEPにリースしている。電気料金は八五パーセント減少し、YEPはこの大きな経費節減分を重要なプログラムに振り向けられるようになった。さらに魅力的なことに、この契約には一〇年後にYEPがモザイクからシステムを買い取ることができるというオプションが付帯しており、買い取り後は電気料金がほぼ無料となる[7]。

太陽光テクノロジーに対する需要は、今後一〇年で急増が見込まれている。ブルームバーグ・ニュー・エナジー・ファイナンス社の推定では、六二〇億ドル以上の融資が必要になるという。ソーシャルレンディング、なかでもクラウドファンディングには、資金調達の重責の一部を担い、何百万もの小規模プレイヤーどうしがマイクロ発電設備の資金を提供し合える場となることが期待されている。これもまた、ピアトゥピアの協働に備わる水平型の力を示す一例となるだろう[8]。

はたして何百万もの微力なプレイヤーだけで、水平展開型の協働の取り組みを通してエネルギー改革を実現してゆけるのかなどと冷笑家たちが疑うといけないので、第8章で取り上げた事実を思い返してみよう。再生可能エネルギーの分野で世界を先導するドイツでは、すでに導入されている再生可能エネルギーの五一パーセントを小規模事業者や個人が所有しており、大手公益企業はグリーンエネルギー生産のわずか七パーセントしか所有していない[9]。

インディーゴーゴーやアーリーシェアーズ、クラウドファンダー、ファンダブル、クラウドキューブといったクラウドファンディング・プラットフォームが、ウェブ上の至る所に登場している。これは、二〇一二年の新規産業活性化法（JOBS法）成立のおかげでもある。この法律により、小規模事業者はクラウドファンディング・プラットフォームを通じて、年間一〇〇万ドルまでの投資資金を一般の人々から集めることが可能になったからだ[10]。

クラウドファンディングの熱烈な支持者は、お金が目当てではないことを強調する。彼らは、他者が夢を追いかけるのをじかに支援できることを喜び、自分のささやかな貢献が大きな効果を持つこと——すなわち、プロジェクトを前進させる上できわめて重要であること——を実感しているのだ。ガートナー社の推計によると、ピアトゥピアの融資額は、二〇一三年末には五〇億ドルを超えると見られる[11]。

共有型経済にはさまざまな形式があるが、それらはどれも、市場経済とソーシャルエコノミーを部分的に併せ持つハイブリッドの存在だ。市場経済は、法律や資本主義体制の根幹を成す固有の規則によって規制されているが、ソーシャルエコノミーはコモンズであり、その規制は異なる道筋をたどる。監督や規制の一部は政府主導で行なわれるが、残りの大部分は、何百万ものプレイヤーがコモンズへの参加条件として、自発的に同意した自主統治の規範に拠っている。

評価格付けとコモンズの通貨

ソーシャルエコノミーで指針となるのは、「買い手危険負担」ではなく、社会的信頼だ。そして、伝統的なコモンズの場合と同じく、新たな協働型コモンズも、社会関係資本を確保して協働の精神を築くために必要な社会的信頼を高いレベルで維持しようと、フリーライダーや妨害をする人々を罰し、さらには排除さえするような制裁を含め、さまざまな規約を試してきた。主要な協働型のソーシャルネットワークではほぼ例外なく、会員の信頼性を格付けする評価制度を設けている。市場経済における各人の支払い能力を格付けする従来の信用格付け制度とは異なり、評価制度はコモンズにおける各人の社会関係資本を格付けすることを目的とする。

再流通組織のスレッドアップは、「スレッドアップ式黄金律」と自らが呼ぶルールに基づいて運営されている。これによると、同サイトの会員は自分が引き換えに受け取りたいと思うような「高品質の衣服」だけを送ることが求められる。スレッドアップには三つの格付けがあり、まず会員は自分の提供する各アイテムの「品質」を四段階で格付けする。二つ目の格付けは「スタイル・ポイント」と呼ばれ、「スタイリッシュさ」の観点から、それぞれの品を〇から一〇までのポイントで評価する。そして最後は、会員が「期限厳守」で発送しているかを示す指標だ。

このオンラインの協働型委託販売店は、擦り切れたり破れたりした衣類を送ってきた親に対しては、断固たる方針で臨んでいる。違反者は一度目には周知され、二度目にはコモンズから排除される[12]。つねに高評価を維持している会員どうしは競い合わせる。寄贈する衣服の品質を徐々に高めるよう全会員に促そうというわけだ。

市場経済における信用格付けサービスによく似た、インターネット・コモンズにおける評価サービスは、活動を規制したり、承諾された規範の遵守を確実にしたり、社会的信頼を構築したりするために重要な仕組みとなりつつある。トラストクラウドは、評価サービスを提供する数ある新興企業の一つだ。同社は、「各人のオンラインでの道徳に適った振る舞いや取引を査定して、それを共有型経済内部のどこででも使用できる、持ち運び可能な『トラストスコア』に変換する」。各会員は自らの信頼性を一～一〇〇〇点（一〇〇〇点が満点）のスコアで格付けされる[13]。格付けにあたっては、インターネット上の過去の活動に基づく、各人の一貫性、寛容性、透明性が考慮される。トラストクラウドのアルゴリズムは、信頼性のプロフィールを作成する際に、対応の良さや活動期間の長さといったオンラインでの振る舞いを検索する。会員はその後、スコアの記されたトラストクラウド・バッジを受け取る。すべて無料だ。

カウチサーフィンは、独自の評価制度を設けている。自宅を開放して見知らぬ人を無料で宿泊させるには、少なからぬ勇気が要る。そうした不安に加え、ホストとゲストは交流を持ち、それぞれの文化をシェアすることが期待されている。滞在後には毎回、ホストとゲストが互いを評価し合い、その結果を書き込む。カウチサーフィンのお墨付きは「ヴァウチング〔信頼性の高い会員に与えられる個人的な保証〕」と呼ばれている。少なくとも三人のカウチサーファーと実際に面識があって、彼らからヴァウチングを受けているユーザーは、他の会員に新たにヴァウチングを与えることが認められている[14]。

シェア・コモンズは推定ですでに一〇〇〇億ドル超の規模を持ち、飛躍的な成長を続けており、ソーシャルエコノミーは人々の日常生活でますます重要な役割を担いつつある。この現状に鑑みれば、資本主義市場の消費者にとって信用格付けが重要だったように、協働型コモンズに参加する何百万もの人々にとっては、社会関係資本の評価が重要な意味を持つようになると考えるべきだろう[15]。

協働型経済は勢いを増しつつある。きょう執筆にとりかかる直前、偶然にも私は、今週の「エコノミスト」誌に掲載された共有型経済に関する特集記事を目にした。編集者や寄稿者は、共有型経済の長所を称讃し、伝統的な市場経済に与えうる衝撃について論じていた。評者の多くは、すでに定着している資本主義体制と新興の協働型コモンズが、どのようにして折り合いをつけるのかに注目している。興味をそそる手がかりは、新しい種類の交換通貨に見出せるかもしれない。こうした通貨は相次いで創設されており、コモンズでのビジネス手法と市場におけるビジネス手法を差別化している。

構成員どうしの財やサービスの取引を可能にするために社会が採用する通貨は、そのコミュニティが抱く基本的な価値観をよく示している。一九世紀の社会学者ゲオルク・ジンメルは、名著『貨幣の哲学』の中で、人間の社会的交流を拡大・深化する上で、通貨が歴史を通じて果たしてきた決定的な役割について確認している。硬貨とはすなわち約束手形であり、以前になされた交換で受け取った硬貨はいずれ、その後の取引において第三者に引き受けてもらえるという、見知らぬ者どうしの暗黙の集団的信頼に裏打ちされていることをジンメルは指摘する。

通貨はあらゆる種類の有価金属に裏づけられてきた（なかでも、長年最も好まれてきたのは金と銀だ）が、この資産の背後には、交換媒体としての通貨の価値の根幹を成すさらに奥深い資産、すなわち社会関係資本が存在することに、人類学者は注目する。たとえば、パプアニューギニア領のトロブリアンド諸島の住民はかつて、地元産の貝殻による複雑な交換を行なっていて、相互信頼の絆を結ぶ手段として、通貨代わりの貝殻をやり取りするために、長い距離を丸木舟で行き来することも多かった。社会的通貨《ソーシャルカレンシー》のやり取りによって、交易を繁栄させるに足る社会関係資本が築かれていたのだ。

二〇〇八年にグローバル経済が崩壊し、機能不全の、犯罪的でさえある世界的な金融システムの空虚な内実が露呈するまで、世界の通貨制度は、ときに不安定になったとしても信頼できると、大半の人々が当然のように考えていた。そして、たとえ通貨に何か問題が起こっても、万が一銀行が倒産した場合には、政府が自分たちの預金を――アメリカでは二五万ドルまで――保証してくれると思い込んでいた。少なくとも、連邦準備制度が銀行の後ろ盾となって、ドルを救済してくれるだろう、と[16]。そんな何百万、何千万もの人々が初めて強い恐怖を覚えたのは、仮に通貨制度が地に墜ちるような事態になっても、財務省はいつでも紙幣を増刷して流通させられるので、私たちは地の底から救済されるだろうとエコノミストたちが言い始めたときだ。私たちはようやく、あらゆる規則や規制、防護壁の背後には、虚ろな深淵が口を開けていることに気づき始めた。

グローバルな金融崩壊のせいで、商業取引は原初からの制度であるという長年の前提が思い込みにすぎなかったことが露わになった。人類史上、文化に先立って商業的な市場や交換が成立した例はない。私たちは誤って、商業が先行し、文化の発展を可能にしたと信じ込んでいたが、実際はその逆だったのだ。第1章で触れたように、文化とは私たちの交流の場だ。そこで社会の物語《ナラティブ》を紡ぎ出すことによって、私たちは共感する対象を拡大し、より大きな架空の家族として団結できるようになる。同じアイデンティティを共有しているという意識が社会的信頼の絆を培い、その絆のおかげで私たちは、統一された全体として機能できるだけの十分な社会関係資本を蓄積することが可能になる。アイデンティティの共有があってこそ、私たちは約束手形として役に立つさまざまな象徴的通貨を創り出し、互いに信頼し合って、過去の商業的な約束も将来の取引も相手に尊重されると考えることができるのだ。

だが、商業はつねに文化の延長として存在してきたことを、私たちは忘れがちだ。商業は社会に蓄積された社会関係資本を糧に発展する。二〇〇八年の金融危機のときのように人類史上において、営利的な機関、とりわけ金融機関が社会的信頼を危うくし、社会関係資本を枯渇させてしまった場合には、人々が通貨の仕組みに不安を抱いて、代わりとなる選択肢を探し始めたとしても、驚くには当たらない。

二〇〇八年の場合、見通しの立たない時期にいくらかでも安全を確保できるのではないかと、多くの人が金《きん》に拠り所を求め、その結果、国際市場で金は記録的な高値をつけた。その一方で、金属の塊に固執することの意義に疑問を抱き始める人も現れた。金塊もどのみち、象徴としての通貨の一つにすぎず、その価格は金そのものが本来有する価値を測る尺度というよりはむしろ、社会関係資本と社会的信頼を急速に枯渇させて、従来の通貨に対する人々の信頼をも失わせた金融機関が引き起こしたパラノイアや恐怖を測る尺度なのだ。

そんなわけで、密接な協働の上に成り立ち、新たに積み重ねられた社会関係資本に裏打ちされた、これまでにない種類の通貨を試してみる人が増え始めた。しばしば「地域通貨」や「地域交換取引制度（LETS《レッツ》）」、「マイクロ通貨」などと称されるこうした代替通貨は、二〇〇八年の経済崩壊を受けて、世界各地に根づきだした。代替通貨はかつても(とりわけ大恐慌の時代には)、あちこちに存在していたが、その影響は些細なものだった。だが、今回の拡がりは、これまでとは比較にならないほど大きな結果を社会にもたらす可能性がある。というのもこの復活劇は、何億もの人が日常生活において、協働型コモンズで——社交上のものであれ経済上のものであれ——協働的な活動に従事する時間がますます長くなり、ソーシャルエコノミーの再興と時を同じくして起こっているからだ。

いわゆる代替通貨はじつのところ、コモンズでの財とサービスの協働的な交換を盛んにする社会的通貨にほかならない。協働型経済の他分野でと同じく、人々はここでも中間業者、大手金融機関の固定諸経費、利鞘、クレジットカード会社の課す高い利息などを回避して、自分の労働時間を直接交換するようになっている。だが、一対一でサービスを提供し合う旧式の方法と異なるのは、ウェブで生まれたアプリが各人にポイントを貯めたり使ったりする仕組みを提供している点だ。ポイントはそれに相当する労働時間で表され、ソーシャルエコノミーと市場経済のどちらにおいても、あらゆる種類の財やサービスと交換できる。

世界では、四〇〇〇種類を超えるマイクロ通貨が流通している[17]。その多くは、各人が他者のためにモノを作ったり、修理したり、サービスを提供したりした労働時間を基本にしている。労働時間は、現金のように時間銀行《タイムバンク》に貯蓄され、他の財を得たりサービスを受けたりする時間と交換できる。時間銀行というアイディアを練り上げたのは、ディストリクト・オブ・コロンビア大学の法学教授であるエドガー・カーンだ。血液銀行で献血する人々に着想を得たのだという。この概念は、ソーシャルエコノミーを成り立たせる中核原理、すなわち互酬性に基づいている。隣人に手を貸せば、回り回っていずれ誰かに同じように手を貸してもらえるだろうという考え方だ。

カーンの時間銀行は、労働時間の種類を区別しない。自動車整備士の一時間は、医師の一時間と等価だ。これはつまり、誰の時間も等しく貴重であると見なされるべきであり、専門の技能や技術に基づく序列に服さないという考え方による。時間銀行のなかには、技能によって異なる算出方法で時間を蓄積できるものもある。同じ時間働いても、税理士は洗車人より多くの時間を稼げるというわけだ。時間銀行は現在、世界中で運営されている[18]。

一例を挙げると、メイン州のアワー・エクスチェンジ・ポートランドは、人々の保健医療費の支払いを支援している。非営利の診療所であるトゥルーノースは、アワー・エクスチェンジ・ポートランドと提携しており、コミュニティの人々にサービスを提供した対価を貯蓄している患者は、その「タイムダラー」を医療費の支払いに充てることができる[19]。支払われたタイムダラーは、時間銀行を通じて、医師らが他の人々からのサービスを受けるために利用することができる。

LETSでやり取りされる地域通貨のうちには、財の交換の促進を目的としているものもある。スイスの地域通貨のヴィア（WIR）は、販売代金相当額を将来の購入に備えて会員の口座に入金するという仕組みだ。つまり会員が品物を販売すると、その価格に相当する額が口座に入金され、他のヴィア会員から商品を購入する際の支払いに充てることができる[20]。

地域通貨は、コミュニティからの資金流出を食い止める目的で導入される場合もある。マサチューセッツ州バークシャー地域で使用されているバークシェアーズは、地元での購入を促すことを狙った数多くの社会的通貨の一つだ。会員は地域にある六つの銀行のどこでも、ドルと等価でバークシェアーズを購入でき、少額の特別優待が受けられる。九五ドルを支払うと、銀行からは一〇〇ドル相当のバークシェアーズがもらえるので、会員はこの両替によって得をする[21]。会員はバークシェアーズを使って、地元の事業者から財やサービスを購入し、資金が地元経済の内部で循環し続けることが保証される。仲介銀行として非営利の銀行を活用したおかげで、会員にはクレジットカードや商業銀行の小切手を使うときに負担しなければならないような追加費用はかからない[22]。バークシェアーズは二〇〇六年に導入され、その後の五年間で、三〇〇万バークシェアーズが流通した。これは、地元経済にとっては相当な金額だ[23]。

今世紀初頭の大景気後退により最も深刻な打撃を受けたヨーロッパの一部地域でも、代替通貨は急成長を遂げた。ギリシアとスペインでは、地域通貨のネットワークが次々に導入されている[24]。失業率の高い地域では、非営利団体によって、提供する技能を持つ人とそれを必要とする人を結びつけるオンラインサイトの開設が続いている。その結果、しだいに機能不全に陥りつつある中央集中的な市場経済の内部に、分散型・協働型・水平展開型のマイクロソーシャルエコノミーが創設されつつある。こうしたマイクロ通貨は新たな交換の仕組みとなり、少なくとも一部の労働者を仕事に復帰させた。

地元住民に提供される社会的通貨が急増する一方、インターネット上では、国境を超越するグローバルな代替通貨がしだいに存在感を増している。ビットコインはピアトゥピアの通貨ネットワークで、何百万ビットコイン、あるいはそれ以上が流通している。ビットコインは世界中の通貨との交換が可能で、二〇一三年一一月現在、一ビットコイン当たり四〇〇USドル前後で取引されている[25]。ビットコインの創始者であるアミール・ターキとドナルド・ノーマンの話によれば、二人がこの通貨のアイディアを思いついたのは、アムステルダムに滞在していたときに、イギリスの友人から至急資金を送ってほしいと頼まれたのがきっかけだという。送金手段は、ウエスタンユニオンかマネーグラムの二通りしかなかったが、どちらを使っても二〇~二五パーセントという高い送金手数料を徴収された。そこで二人は、不当に高い手数料を回避するために、ビットコインというインターネット通貨を開発したのだ[26]。

世界の主要銀行に対して取引標準に関する助言を行なっている未来学者ヘザー・シュレーゲルは、インターネットを基盤にしたグローバルな通貨が従来の通貨に取って代わるとは考えられないとした上で、「コミュニティが貨幣を通して自らの意思を実現する可能性に気づき始めたら、何百ものビットコインやそれに類似したもの、あるいは、私たちが今はまだ想像もできないようなものが登場すると思われる[27]」と付言している。

さらに楽観的な見解もある。AOLフランスの共同設立者であるジャン＝フランソワ・ヌーベルは、イーベイやフェイスブック、アマゾン、エッツィーをはじめとする多くのベンチャー企業を生み出した、分散型・協働型・水平展開型のインターネットの破壊力も、金融の領域には及ばないだろうという見方は、視野が狭いと考えている。今後「何百万もの自由通貨がインターネットや携帯電話を通じて流通する」ようになっても驚きはしないと、ヌーベルは述べている[28]。

社会的起業家精神

市場で機能する資本主義経済と、コモンズで機能するソーシャルエコノミーという、大きく異なる二つの経済の必要性を満たすために、新手の資金調達手段や社会的通貨と並んで、新たなビジネスモデルが登場し始めている。そうしたビジネスモデルは、二つの経済が共生関係にある分野に価値を見出そうという試みだ。協同組合については、本書でもすでに考察した。組織のデザインや運営規約の点から見ると、二つの経済の橋渡しをし、潜在的な相乗効果が見込める境界部分に価値を見出すには、協同組合が最も適した形態だと言える。

アメリカでは、柔軟性を高めて市場とコモンズのハイブリッド世界でうまく立ち回れるように、従来の資本主義企業の改革を試みる「ベネフィット・コーポレーション」という興味深い新ビジネスモデルが登場している。これまでにベネフィット・コーポレーションに転換した企業のなかで最もよく知られているのは、カリフォルニア州に本拠を置き、五億四〇〇〇万ドルほどの年間売上を誇るアウトドア用品の世界的メイカー、パタゴニア社だ[29]。

ベネフィット・コーポレーションは現在、アメリカの一八の州で法人として認められ、法の管理下に置かれており、新たな融資と引き換えに社会や環境への貢献活動をやめるよう迫る可能性のある外部の投資家に対して、起業家たちにある種の法的保護を与えている[30]。ベネフィット・コーポレーションは資本主義企業として運営され、株主に対して責任を負ってはいるが、新たな法的地位のおかげで、株主の利益の最大化にしか関心のない投資家の怒りを買う危険を冒すことなく、社会と環境の面での使命を第一に掲げることができるようになった。

ベネフィット・コーポレーションは、社会的起業家精神という名称で緩やかに定義される、より大きなうねりの一部で、このうねりは世界中で経営大学院出身の若い世代の心を捉えている。社会的起業家精神は、コモンズの中心を担う非営利団体から市場の支配的事業体である従来の持株会社まで、幅広く網羅する。非営利団体と営利企業という二つのモデルは、ソーシャルエコノミーと市場経済が接する辺縁でかかわりを持つだけでなく、互いに相手の特質をいくらか採り入れているので、非営利事業と利益追求型事業の相違は曖昧になってきている。社会的起業家精神という大きな天幕の下、営利の世界と非営利の世界は、市場経済と協働型コモンズの双方から成る二層構造の商業空間に対応するため、あらゆる類の新たなビジネスの取り決めや規約を生み出しつつある。

社会的起業家精神のルーツは、非営利のコミュニティにある。一九八〇年代から九〇年代にかけて、アメリカやイギリスをはじめとする国々における社会福祉の削減は、非営利部門にとってピンチでもあり、チャンスでもあった。政府による貧困者救済の施策が縮小し、恵まれないコミュニティは危機に瀕した。民間の慈善団体は、非営利の取り組みに資金提供して、その空白を埋めようと試みたが、コミュニティに入る資金は、政府が手を引き始めたことで失う収入源に比べると見劣りがした。コミュニティの切実な要求を満たすための社会的負担が増大する一方で、収入は減少するという事態に窮した非営利団体は、新しいビジネスモデルに目を向け始めた。それは、組織の主要な使命に合致しつつ、運営継続とサービス拡充のための収入源を補充できるモデルだった。数え切れないほどの非営利団体が、運営戦略に有料サービスの要素を組み込んだ。非営利団体の経営陣と言えば、以前は政府の助成金や慈善活動に対する財団の寄付を手に入れて、芸術やレクリエーションから食事提供サービスや診療所に至る幅広い活動を運営することに長けた人々だったが、組織は今や、起業家精神に精通する一方で、コミュニティの社会福祉の向上に自らの技能を役立てようとする新しい種類の指導者を求め始めた。

政府の撤退に伴い、営利の新規企業も社会部門に新たに有望な商機を見出し始め、空白を埋めるべく市場の側から参入してきた。マネジメントの第一人者であるピーター・ドラッカーは、善いことをなして良い業績を残すという発想について好意的に論じた。慢性的貧困、お粗末な教育、環境の悪化といった数々の社会悪に対する取り組みには、起業家精神の持つ独創的な想像力を解き放つのが最もふさわしいと主張した。これまでは行政の領域にしっかりと組み込まれていた学校、保育所、低所得者向け住宅をはじめとする多くの活動やサービスは、営利市場開拓の格好の対象となった。

一方で、第7章で述べたように、一九九〇年代のアメリカでは、新たな世代——高校や大学で奉仕学習《サービスラーニング》を経験した最初の世代——が経済界に入り始めた。新しい社会的起業家精神を育む上でサービスラーニングが果たしたきわめて重要な役割については、これまでは十分に理解も認知もされてこなかった。成長過程において、危機に瀕したコミュニティで実施される非営利のプロジェクトや取り組みに参加・貢献してきた若者たちは、市場が提供するあくまで営利目的の商機を超えたところに、意義や自尊心を見出す新たな手法の魅力を味わった。少なくとも、無視できない数の人たちが、その熱意から新しいキャリアへと足を踏み出した。社会的起業家精神の誕生だ。

社会的起業家精神はつかみどころがなく、定義しようとするとなかなか難しい。一九九四年にジョン・エルキントンが生み出した造語である、「人、地球、利益」のいわゆる「三つの重要事項《トリプル・ボトムライン》」を営利企業が重視するのに対して、非営利団体は「人と地球が利益に優先[31]」するよう努める。営利部門と非営利部門双方の社会的起業家八〇名を対象に実施された詳細な調査から、同じ状況に対する彼らのアプローチの微妙な相違がいくつか浮き彫りになった。まず、営利の社会的起業家が商機ありという見込みに触発されて行動するのに対し、非営利の社会的起業家は満たされていない社会的要求に対処することにもっと的を絞る。第二に、どちらの起業家もリスクを冒すことを厭わないが、リスクの種類は異なる。営利の起業家は、リスクを投資収益率という観点から総括する。一方、非営利の起業家は、自らの資金を危険にさらすことはほとんどない。彼らにとってのリスクは、コミュニティにおける自らの社会的「評価」と密接に結びついている。第三に、利益追求型であれ非営利志向であれ、社会的起業家は自らの役割の重要性を確信しているが、この調査からは、非営利の「社会的起業家のほうが、ボランティアや受益者を仲間に引き入れ、さらには功績を彼らと分かち合う必要のあることが明白である[32]」のが判明した。

両者の相違が何であれ、利益追求型と非営利志向の社会的起業家がさまざまな形で互いに歩み寄る様子が見られるのは興味深い——とりわけ、長い間それぞれの領域に特有と見なされていた属性を兼ね備える新たなビジネスモデルを模索するミレニアル世代の間に、その動向が見られるのは。「エコノミスト」誌は、「良心ある資本市場」と題する論説の中で、社会的起業家精神の進化についてこう述べている。

社会関係資本市場という概念は、じつに多様な人々や制度を一つに寄せ集めているせいで、一貫性を欠くように思われるかもしれない。だがその市場には、一方の極に純粋な慈善資金があり、他方の極に営利の資金があるものの、両者の間にリスクや収益、社会的影響といったものをさまざまに勘案した連続体が存在する。この連続体に焦点を当てて、それぞれの社会目的に合わせて、いかなる種類の社会関係資本、あるいは、いかなる社会関係資本の組み合わせをもってすれば成功の見込みが最も高まるのかを見出すことに……議論の大部分が費やされるだろう[33]。

たとえば、ベネフィット・コーポレーションは、資本主義企業の利益追求の目的意識を社会的《ソーシャル》コモンズにおける非営利団体の社会的・環境的な優先課題に近づけるよう修正する試みであり、その一方で非営利団体も自らに修正を加えて、資本主義企業の利益志向に近づきつつある。アメリカではイリノイ、メイン、ロードアイランド、ミシガン、ルイジアナ、ワイオミング、ノースカロライナ、ヴァーモント、ユタの九州で、いわゆる「L3C関連法」が施行された。これは有限責任会社〔LLC。会社形態とパートナーシップ性を融合させた非株式会社。日本では二〇〇六年の新会社法施行に伴い、「合同会社」が日本版LLCとして認められるようになった〕を規制する法律に手を加えたもので、第一義的な目的が社会に資するものであるかぎり、非営利団体が「多少の利益」を得ることを認めている。L3C関連法により、非営利団体は資本を入手するための合法的手段を獲得した。非営利団体が慈善団体としての地位を維持しつつ、社会的起業家の流儀に倣って事業寄りの方向性を強めている現状を考えれば、こうした手段はこれまで以上に重要な意味を持ち始めている[34]。

社会的起業家精神は、世界中の多くの大学で人気のテーマとなっている。ハーヴァード大学のカリキュラムには、「社会的企業の経営」や「社会的起業家精神入門」といった講座が名を連ねる[35]。社会学部では、新興のソーシャルエコノミーの社会学的側面にじっくり取り組ませるために、起業家精神についての「協働研究室《コラボラトリー》」が設置されている。さらに、同大学の「プレジデント・チャレンジ」と称する取り組みでは、「教育から衛生、清浄な水や空気に至るまで、グローバルな問題の解決策」を見出すための学術研究やフィールドワークに取り組む学生グループに、一五万ドルを提供している[36]。

アショカやスコール財団、アキュメンファンド、デューク大学社会起業推進センターといったグローバル・ネットワークの数々は、世界各地で社会的起業家精神を推進するシンクタンクや事業者団体、資金提供機関の役割を果たしている。社会的起業運動の第一人者であるビル・ドレイトンは、アショカの創立者だ。アショカが催すコンペには、世界の至る所から社会的起業家が集って、人身売買から紛争解決まで幅広い課題に協働して取り組んでいる。社会的起業家たちはアショカのチェンジメイカーズというウェブサイト上に自分のプロジェクトを投稿するよう促され、そのサイトでは他の人がログインして、投稿された構想を改良するために協働できる。アショカは現在、七〇余りの国で三〇〇〇人を超える社会的起業家仲間の事業を支援している[37]。

一九九九年に創立され、これまた社会的起業分野の重要な担い手となっているスコール財団は、全世界で社会的起業推進に尽力する九七人の社会的起業家と八〇の組織に三億五八〇〇万ドルの助成金を提供してきた[38]。

社会的起業家の成功の度合いは、投資収益率よりもむしろ、彼らが貢献するコミュニティにおける福祉の改善によって測られる。社会関係資本はきわめて重要な資産であり、同時に社会的企業とコミュニティの協働的な協力関係によって築かれた連帯と信頼の絆の反映でもある。この点において、例外はあるにせよ、非営利の社会的起業家は一般に、利益追求型の社会的起業家よりも優位に立つ。というのも、前者の第一義的な動機は「良い業績を残す」ことよりも「善いことをなす」点にあるからだ。

アメリカには現在、数十万の社会的企業があり、一〇〇〇万人以上を雇用し、年間五〇〇〇億ドルもの収益を挙げている。こうした企業は、二〇一二年のGDPのおよそ三・五パーセントを占めている。社会的企業の約三五パーセントが非営利団体で、三一パーセントが株式会社あるいは有限責任会社だ。社会的企業は近年急増している。アメリカのすべての社会的企業のうち、六割が二〇〇六年以降に創立されており、二〇一一年と一二年の二年間に誕生したものだけで、二九パーセントを占めている[39]。

二〇一〇年にイギリスでは、六万二〇〇〇の社会的企業が八〇万人を雇用し、同国経済に二四〇億ポンドの貢献をした。英国社会的企業連合（SEC）会長のピーター・ホルブルックは、社会的企業がイギリスのGDPに寄与する割合が、二〇二〇年までに三倍に増加すると予見する。SECはその一方で、ボランティア部門や民間部門とは別の実体として社会的企業部門を公式に認め、併せて税制上の優遇措置やその他の支援を与えるよう政府に働きかけている[40]。

二〇一〇年、オーストラリアには推定で二万ほどの社会的企業があった。非営利分野では、二九パーセントの組織がビジネスベンチャーを行ない、五八パーセントが有料のサービスを提供していた[41]。

目下のところ、営利事業と非営利事業のちょうど中間的な立場にある社会的企業だが、今後数十年で協働型コモンズに根差したソーシャルエコノミーが資本主義市場を侵蝕してゆくにつれて、しだいに非営利事業に近い性質を帯びることになるだろう。

新種の雇用

資本主義市場経済から協働型コモンズに移行し始めている働き手は、社会的起業家ばかりではない。他にも何百万もの人がすでに移行を開始している。第8章で述べたように、製造業からサービス業、学術界、娯楽部門まで幅広い分野にわたり、ＩＴ、ビッグデータ、高度な分析手法、人工知能（ＡＩ）やロボット工学が、何百万もの働き手に取って代わるにつれて、資本主義市場における労働の限界費用はほぼゼロに向かいつつある。

ＩｏＴは実際のところ、仕事を減らす要因であると同時に雇用の源でもある。長い目で見れば、ＩｏＴのスマートインフラ、すなわち、コミュニケーション・インターネットとエネルギー・インターネットと輸送インターネットによって、文明社会の経済活動の大半は、少数の管理職と専門職だけで賄えるようになるだろう。

とはいえ短中期的には、世界のあらゆる地域で大規模なＩｏＴインフラを構築するため、大量の時間給労働と給与労働に対する需要が最後にもう一度だけ高まりを見せることになり、それは四〇年、二世代にわたって続くと思われる。グローバルなエネルギー体制を化石燃料や原子力から再生可能エネルギーへと転換するのは、きわめて労働集約的な事業で、何百万、何千万もの労働者を要し、何千という新規事業を生むだろう。何億棟もの既存の建物を改装してグリーンなマイクロ発電所に変えたり、小規模発電を行なう実用的な建物を新規に何百万棟も建設したりする際にも、同じように何千万という人手が必要で、省エネ関連企業（ＥＳＣＯｓ）やスマート建築の施工企業、グリーン電化製品メイカーには、新規事業の商機が開かれる。グリーン電力の流れを管理するために、経済インフラ全体に水素などの貯蔵テクノロジーを導入する際にも、同様の大規模な新規雇用と新たな起業が促されるだろう。世界の送電網をエネルギー・インターネットに再編する際には、敷設に伴う何百万件もの雇用が生まれ、クリーンウェブ用アプリを開発する何千社もの新規企業が登場するだろう。そして最後に、輸送部門を内燃エンジン車から電気自動車や燃料電池自動車へ切り替えるには、国の道路網や燃料供給インフラの変革が必要になる。プラグイン電気自動車の充電ステーションを道路沿いとすべての駐車場に何百万台も設置するというのは、労働集約型の仕事で、かなりの労働者が雇い入れられることになると思われる。

だが中長期的には、雇用はしだいに市場部門からコモンズへ移ってゆくに違いない。市場経済で財やサービスを生み出すために必要とされる人手は減少する一方で、コモンズでは機械は人の代用として比較的小さな役割しか担えないだろう。なぜなら、社会と深くかかわり、社会関係資本を蓄積するというのは、本質的に人間の営為にほかならないからだ。機械がいつの日か社会関係資本を生み出すという考えには、どれほど熱烈な技術信奉者であっても賛同しない。

世界の先進工業経済の多くでは、非営利の領域はすでに、雇用の拡大が最も著しい部門となっている。惜しみなく自分の時間を割いてくれる何百万ものボランティアに加えて、さらに何百万、何千万人もが雇用されて勤務している。ジョンズ・ホプキンズ大学シビル・ソサエティ研究センターが四二か国で実施した調査によると、非営利部門で雇用されている常勤の労働者は現在、五六〇〇万人にのぼるという。なかには、非営利部門の雇用が労働人口の一割以上を占める国々もある。オランダでは、有給雇用の一五・九パーセントを非営利部門が占める。ベルギーでは、労働人口の一三・一パーセントが非営利部門で働く。イギリスでは、非営利部門の雇用は労働人口の一一パーセントに、アイルランドでは一〇・九パーセントに相当する。アメリカの非営利部門の雇用は労働人口の九・二パーセントを占め、カナダでは一二・三パーセントだ。これらの数字は、自動化のきわめて進んだ市場経済から高度な労働集約型のソーシャルエコノミーに雇用が切り替わるにつれて、今後数十年間、着実に増大すると思われる[42]。

コモンズにおける雇用の劇的な増加にもかかわらず、多くのエコノミストはコモンズに不信の目を向け、非営利部門は経済勢力として自立しておらず、政府調達の受注や民間からの寄付に大きく依存していると反論する。だが同じことが、民間部門に振り向けられる巨額の政府調達や助成金、奨励金についても言える。そしてこの点を別にしても、四二か国を対象としたジョンズ・ホプキンズ大学の調査から明らかになったとおり、多くのエコノミストの見解に反して、コモンズで運営されている非営利部門の総収入のすでに約半分は、サービス料金として得たものであり、政府による支援が収入に占める割合は三六パーセント、民間からの寄付は一四パーセントにすぎない[43]。

遅くとも今世紀なかばまでには、世界の雇用者の半数以上が協働型コモンズの非営利部門に属し、ソーシャルエコノミーの推進に尽力する一方で、必要とする財やサービスの少なくとも一部を従来の市場で購入するといった状況になるのではなかろうか。そして伝統的な資本主義経済は、少数の専門職と技術職が管理するインテリジェント・テクノロジーによって運営されることになるだろう。

第1章でも触れたが、八〇年以上も前に孫たちに向けて記した先見性の高い評論の中で、ジョン・メイナード・ケインズは、人間が機械によって市場での苦役から解放され、より高邁で従来の枠を超えた目的を追い求めて、コモンズで意義深い文化的役割に従事する世界を見越していた。このビジョンは、ケインズの経済予測のなかでも最も正確なものとなるかもしれない。

当面の課題は、世界中でIoTインフラの大規模な整備が実施されることに伴って生じる、新たな職種や商機への移行を円滑に進めるために、既存の労働力を再教育したり、労働市場に参入する学生に適切な技能の育成を行なったりすることにある。一方学生たちは、協働型コモンズで新たに提供される雇用機会に見合った、これまでにない専門技能を身につける必要があるだろう。これには一方《ひとかた》ならぬ努力が求められるだろうが、そのような努力ができることを、人類はこれまでにも身をもって証明してきた——とりわけ、一八九〇年から一九四〇年にかけて、農業から工業へと生活様式が急激に移行したときがそうだった。

政府の助成金は言うまでもなく、市場の要請と資本主義の神話が人々の間にもしっかりと根を下ろしている社会では、協働型コモンズに溢れ出始めた数々の新たな経済的取り組みや制度的な取り決めが今なお、単に経済の主流を補う存在として扱われていても何ら不思議はない。限界費用がほぼゼロに向かうペースが速まり、メディア、娯楽、出版といった業界、再生可能エネルギー、工業製品の3Dプリンティング、オンラインでのオープンソースの高等教育などに大きな影響を及ぼし始めているが、これらの変化を既存の経済パラダイムの中にうまく収め切れないと考える人はほとんどいない。AIや自動化されたテクノロジーが世界の労働力に取って代わったり、所有からアクセスへ重点が移ったり、市場がネットワークへ転換したり、共有型経済が台頭したりする動きを、体制そのものを根底から揺るがす攻撃と捉える者はさらに少ない。クラウドファンディングによる資金調達、通貨の民主化、社会的起業家精神の急拡大に直面してもなお、これらが資本主義に対する何らかの重大な脅威になるのではないかという懸念は、あまり聞かれない。だが、こうした新たなモデルが、私たちが過去二世紀にわたって経済生活を構成してきた標準的な方法と根本的に異なっていることには、誰もが畏敬の念を禁じえないだろう。

以上のような新しいアプローチは、その包括的なナラティブにおいても、稼働ロジックにおいても、既存の経済パラダイムとはまったく異なるので、現在の体制の中にそっくり取り込む方策を思い描くことすら難しい。従来とは違うこうしたさまざまなアプローチが嚙み合い、相乗効果を生み始めて、資本主義のコンテクストには収まり切らなくなり、ある時点で既存のパラダイムを打ち壊し、新たな経済を生み出す可能性は高い。そしてその活力源は、市場資本主義とはまったく異なる。市場資本主義が、その誕生母体であった中世の体制や封建制度とまったく異なるのとちょうど同じように。

第V部

潤沢さの経済

第15章

持続可能な「豊穣の角《つの》」

ある社会で生産にかかわる経済活動の限界費用がゼロに近づくと、古典派経済学と新古典派経済学の理論は言葉を失う。限界費用がほぼゼロにまで縮小すると、財とサービスは市場での価格決定から解放されるので、利益は消失する。そして、財とサービスは本質的に無料になる。ほとんどのモノがただ同然になれば、財やサービスの生産と流通を司るメカニズムとしての資本主義の稼働原理は何もかも無意味になる。というのも、資本主義のダイナミズムの源泉は稀少性にあるからだ。資源や財やサービスは、稀少であればこそ交換価値を持ち、市場に提供されるまでにかかったコスト以上の価格をつけうる。だが、財やサービスを生み出すための限界費用がゼロに近づき、価格がほぼ無料になれば、資本主義体制は稀少性をうまく活用して、他者に依存される状態から利益を得ることができなくなる。「フリー」には、二つの意味がある。価格が「フリー」、すなわち無料であることと、稀少性による束縛から「フリー」、すなわち「自由」であることだ。ある財やサービスの生産量を一ユニット増加させる限界費用がほぼゼロの場合、それは稀少性が潤沢さに取って代わられたことを意味する。お金を支払わなくても、誰もが必要なものの大半を確保できるので、交換価値は無用になる。製品やサービスは使用価値やシェア価値を有する一方、交換価値を失うのだ。

稀少性や交換価値ではなく、潤沢さや使用価値・シェア価値を中心に経済生活を構成するという考え方は、経済理論や経済活動に対する従来の認識とはあまりにもかけ離れているため、私たちには思い描くことができない。だがそれこそが、経済の幅広い部門で今まさに起こり始めていることなのだ。新たなテクノロジーが、財やサービスの生産量を一ユニット増やすためのコストをほぼ消し去る。効率性と生産性が高まり、初期投資と諸経費以外にコストがかからなくなるのだ。

潤沢を定義する

「潤沢（abundance）」とは捉えどころのない言葉だ。元来これは、豊かな生活を確保するための資源を十分に手に入れられることを意味した。生物学者によれば、肉体的な健康を維持するために、平均的な人で一日に二〇〇〇～二五〇〇キロカロリー程度が必要だという[1]。現在、この水準未満のエネルギーしか摂取できずに暮らす人は二〇億を超え、そのうち一〇億人が栄養不良に分類されている[2]。二〇五〇年までに地球の人口は三五パーセント、つまり二五億人増加することが見込まれており、国連食糧農業機関（FAO）の見解によると、すべての人の健康を「十分に」確保するために必要な栄養を供給するには、食糧だけでも七割の増産が欠かせないという[3]。

その一方で、アメリカ人は一日に平均で三七四七キロカロリーを摂取している[4]。仮に現在地球で暮らしている七〇億人すべてが、平均的アメリカ人に匹敵する量の資源を消費することで生命を「維持」するとしたら、地球があと四、五個必要だろう。富める者も貧しい者も含め、全人類は目下のところ、地球一・五個分の資源を食い潰している〔後述のエコロジカル・フットプリントの総計が、地球のバイオキャパシティ（地球の再生産能力）の一・五倍に当たるということ〕——

言い換えれば、私たちが一年間に消費するものを再生産するのに、およそ一年半かかるということだ。人口増加と消費動向が現状のままであれば、世界の貧しい人々の生活の質に大きな変化がなくとも、二〇三〇年には、私たちの資源消費を賄うには、地球が二個必要になるだろうと国連は予測している[5]。

以上から、潤沢さの意味は見る人次第と言える。だが、地球の持続可能性はそうではない。潤沢さと持続可能性に折り合いをつける際には、「地球はあらゆる人の必要を満たすほどのものを提供してくれるが、あらゆる人の強欲を満たすことはできない」という、第6章で引用したガンディーの言葉が今なお絶対的な拠り所となる[6]。

ガンディーは持続可能性の何たるかを直観的に理解していた。今日では、持続可能性は精緻な指標を用いて明確に評価することができる。その指標は、「エコロジカル・フットプリント」と呼ばれる。持続可能性は、全人類の生命を維持するための資源の使用量が、廃棄物をリサイクルしたり、資源を補充したりする自然の能力を超えない、比較的安定した状態と定義できる。エコロジカル・フットプリントは、人間の活動が生物圏にかける負荷を直接測定する手段だ。より正確には、現行のテクノロジーと資源管理の慣行の下で、一個人あるいは一集団が消費するあらゆる資源を生産し、また彼らが排出する廃棄物を吸収するために必要な生態学的生産力を有する土地および水域面積を算出する。続いてその面積を、バイオロジカル・キャパシティ(バイオキャパシティ)、すなわち、そうした資源の産出と、廃棄物の吸収のために実際に利用しうる生産力のある地表の面積と比較する[7]。

過去半世紀にわたる人間のエコロジカル・フットプリントの増大は、前代未聞の勢いだ。一九六一年には、人類のエコロジカル・フットプリントは、地球のバイオキャパシティの半分程度だった。つまり、会計用語を当てはめれば、「生態利息」は引き出しているものの、元本にまでは手をつけていない状態だ。だが二〇〇八年には、当時地球上で暮らしていた六七億人の人類のエコロジカル・フットプリントは、一八二億グローバルヘクタール〔一グローバルヘクタールは、平均的なバイオキャパシティを持つ土地一ヘクタールのこと〕にのぼり、一人当たりのエコロジカル・フットプリントは平均二・七グローバルヘクタールとなった。一方で、利用可能な地球のバイオキャパシティは一二〇億グローバルヘクタールで、一人当たり一・八グローバルヘクタールだった。私たちは、地球がリサイクルしたり補充したりできるよりも速いペースで、そのバイオキャパシティを消費していたのだ。世界人口の四パーセントを占めるにすぎないアメリカだけでも、利用可能な地球のバイオキャパシティの二一パーセントを使用し、平均的アメリカ人のエコロジカル・フットプリントは、じつに一〇グローバルヘクタールにも及んだ[8]。

エコロジカル・フットプリントに関する統計は、世界の高所得者層と低所得者層との比較においては、いっそう顕著な結果を示す。上位一〇億人の裕福な消費者（一人当たりの国民総所得が一万二二九六ドル以上の層）が、一人当たり三・〇六グローバルヘクタール相当のバイオキャパシティを使用しているのに対して、所得の低い下位一三億の人々（一人当たりの国民総所得が九九五ドル以下の層）は、一人当たり一・〇八グローバルヘクタール相当のバイオキャパシティしか使用していない[9]。

潤沢さが持続可能性と関連づけられ、地球のバイオキャパシティの元本ではなく、利息のみに頼って生きるという尺度で測られるのだとしたら、問題は、各人および人類全体の健康や福祉を維持するために必要な生態学的資源を、たえず補充できるだけの生物圏の力を損なわずに、どれほどの人間が快適に暮らせるのか、だ。

ワールド・ウォッチ研究所（人間が地球資源に与える影響を監視している組織）の創立者であるレスター・ブラウンは、答えはどういった食生活を選ぶかによって決まるという。アメリカの食生活を基準にすれば、年間一人当たり平均八〇〇キログラムの穀物を、食糧や家畜の飼料という形で摂取することになる。世界中の誰もがこのような食生活を送っていたら、年間二〇億トンという世界の穀物収穫量では、二五億人の世界人口しか支えられない。これに対して、年間穀物摂取量が一人当たり四〇〇キログラムのイタリア・地中海地方の食生活を基準にすれば、世界の年間穀物収穫量で五〇億の人口を維持できる。さらに、年間穀物摂取量が一人当たり二〇〇キログラムのインドの食生活を基準にすれば、地球は最大で一〇〇億人を養えることになる。

ブラウンは、「食物消費の序列」のあまりにも上位あるいは下位で生活する人は、ほどほどの食生活を送っている人ほど長生きできないことを指摘する。最上位に属する人々が糖尿病や癌、心臓疾患、脳卒中などの富裕病に見舞われる一方で、底辺の人々は栄養不良に陥り、くる病や壊血病、脚気、ニコチン酸欠乏症、貧血症、眼球乾燥症などの貧困病で寿命を縮めている。肉や魚、チーズ、野菜を採り入れた地中海式の食事をとる人のほうが、より健康な生活を送り、長生きできることが、数々の研究で示されている[10]。

人口を地球のバイオキャパシティに調和させて、稀少性の社会から持続可能な潤沢さの社会へと転換するためには、富裕層と貧困層の間に存在するエコロジカル・フットプリントの大きな不均衡の問題に取り組むと同時に、地球上の総人口を減らす必要があるだろう。

何が幸せをもたらすのか?

人間が生物圏の環境収容力に与える衝撃を和らげるために、エコロジカル・フットプリントの概念が説得力に富んだ科学的基準を提供するかたわらで、人々の幸福の源泉に関する研究や調査が近年相次いで実施されており、こちらもエコロジカル・フットプリントを均衡させるための有力な社会学的・心理学的根拠を提供している。

幸福に関する科学的研究はほぼ例外なく、幸福度は古典的なベルカーブ（釣り鐘形曲線）に沿って上下すると結論する。極度の貧困のなか、一日二ドル以下で暮らし、その週その週をどうにか凌いでいる人類の四割超の人々が、ひどく不幸であることは理解できる[11]。彼らは生きるために最低限必要なものにさえ事欠き、我が子に食事や衣服、簡素な住まいすら与えられずに、その生活からは活力も希望も奪われ、失望の日々を送っている。貧しい人々が貧困から抜け出すと、幸せを実感し始める。収入や財産、安全が増すごとに、幸福感も高まる。だが、ここで驚くべきことが起こる。快適で安全な最低限の生活を営めるだけの所得水準に達すると、各人の幸せの度合いは横ばいになり始める。富とそれに伴う消費のさらなる増加は、幸福度全体の限界収益《マージナルリターン》〔一ユニット追加で生産したときの収益の増加分。この文脈では、富と消費が増したときの幸福度の増加分〕の減少を引き起こし、ある段階を境に、幸福度はなんと反転して、人々はしだいに幸せでなくなってゆくのだ。富の蓄積は心の重荷となり、浪費が常習化し、その精神的見返りがわずかで短命になる一方であることを、こうした研究は示している。けっきょくは、所有物が持ち主を所有する始末になる。

快適な水準を超えた富の増大が不満や失望につながる理由を詳細に検証してみると、他者との関係がしだいに社会的地位の介在を受け、羨望や嫉妬によって動かされるものと化してゆくことがわかる。人間関係が皮相的になり、純粋に物質的な意味での損得勘定によってのみ評価されだすという回答が、調査では得られる。

それにもかかわらず、物欲に囚われた人々は、不満の高まりを実感していても、問題は富への執着にあるのではなく、むしろ富が不十分だからだと信じて、物質的利益の追求を加速することのほうがはるかに多い。あと少しだけ物質的な成功を収められれば、地位が向上して他者から揺るぎない称讃が得られ、さらなる消費行動に耽《ふけ》ることで望みどおり心が満たされるはずだという理屈で、これは心理学者が「快楽の踏み車《ヘドニスティック・トレッドミル》」と称する現象だ。ところが実際には、彼らはこの快楽の幻想に足を踏み入れるたびに不満が増し、逃れようのない中毒の悪循環へと引きずり込まれてゆく。踏み車から降りて、幸せへと続く別の道を歩み始めないかぎりは。

世界各地で実施された数々の調査から、物質主義的な価値観と抑鬱《よくうつ》状態と薬物濫用には密接な相関関係があることが明らかになっている。物質主義の人はそうでない人よりも強い独占欲を示したり、狭量で猜疑心が強かったりすることが多い。また、うまく衝動を抑制できなかったり、他者に対して攻撃的であったりもする。

『物質主義の高い代償（*The High Price of Materialism*）』の著者で心理学教授のティム・カッサーは、物質主義的行動に関する長年の研究を通して積み重ねられた決定的事実を以下のように要約している。実質的にすべての研究から言えることがある。

富と財産の追求を非常に重視する人が報告する精神的充足度は、そうした目的にあまり拘泥しない人と比べて低い。……物質主義的な価値観が生活の中心になるにつれて、生活の質は低下する[12]。

数年前、私はイギリスのエコノミストのリチャード・レイヤードを訪ねて話をする機会に恵まれた。彼の著書『幸福とは——新たな科学からの提言（*Happiness: Lessons from a New Science*）』は、エコノミストたちの間でちょっとした物議を醸していた。レイヤードは、ロンドン・スクール・オブ・エコノミクスで私が行なった講演を主催してくれた教授陣の一人だった。彼は私を自分の研究室に招き入れ、社会の富の増加と人々の幸福感の変遷について長年収集してきた興味深いデータを見せてくれた。私がとくに関心を惹かれたのは、アメリカについてのデータだった。それによれば、現在のアメリカ人は一九五七年の二倍の実質収入がありながら、「非常に幸せ」だと感じる人の割合は、三五パーセントから三〇パーセントへと下落しているという[13]。

もっとも、アメリカが例外的なのではない。他の先進工業国で実施された調査からも、ほぼ同様の結果が得られている。レイヤードの研究からは、人々の幸福度は、一人当たりの平均年収が約二万ドル（最低限の快適水準）に達するまでは上昇するが、その後は収入がさらに増加しても、その幸福度への貢献度は減少する結果となることが判明している[14]。

さまざまな調査からは、社会の幸福度が人々の所得格差と直結していることもわかる。一九六〇年には世界一強固な中産階級を誇っていたアメリカだが、その後の半世紀間に勢いが衰え、上位一パーセントの人がさらに豊かになる一方で、中産階級の層は薄くなり、貧困に喘《あえ》ぐ人の数は増した。二〇一二年には、所得格差、すなわち富裕層と貧困層の格差に関して、アメリカは経済協力開発機構（OECD）に属する三〇か国中二八位となり、下にはメキシコとトルコだけという屈辱的な地位に甘んじることになった[15]。

拡大する所得格差が社会全体の幸福度の下落につながったことに、何ら不思議はない。幸福度の調査からは、富裕層と貧困層の乖離の幅が小さい国ほど、全体としての幸福感や満足感が高いことが判明している。その理由の一端は、貧困の増大が不幸を生むという事実にある。だが、それに劣らず重要なのは、持てる者と持たざる者との乖離が、不信を育てる温床になるという点だ。両者が乖離すると、富裕層は貧窮した大衆からの報復を恐れて、しだいに自らの富や財産の保護を強化するようになり、心理的な砦が築かれてゆく。

二〇年近く前に、妻とともにメキシコシティで経験したことを、私はよく覚えている。私たちは装甲した自動車の後部座席に座り、経済界の名だたる人々を聴衆として行なった講演会を終えたばかりの会場から、メキシコでも指折りの裕福な名家で催される夕食会に向かっていた。夕食会の主催者は、国内の貧しい人々の現状を改善することに人生の大半を捧げてきた同国の著名な社会改革家だったが、武装した運転手と隣り合う助手席に座っていた。至る所で警察官が警戒に当たっている、メキシコシティでも最悪の部類のスラム街をようやく抜けて、富裕層が寄り集まって暮らす、警備員に守られた要塞のような高級ゲーテッドコミュニティ〔ゲートや塀などによって囲み、出入りを制限して、防犯性を高めた住宅地〕に入ると、彼はこの皮肉を評して、メキシコは豊かな者と貧しい者がそれぞれ別個に押し込められて暮らすコミュニティから成る国家へと徐々に変貌しつつあり、互いに相手の思惑に対して疑心暗鬼になっていると述べた。アメリカがメキシコに似てくるにつれて、不信感も同じように高まってきた。一九六〇年代には、五六パーセントのアメリカ人が、大半の人は信用できると答えていたが、今なおそう答える人は、全体の三分の一に満たない[16]。

物質主義がこれほどの害をなすのは、私たち人類を駆り立てる一次的動因である共感という本質をそれが奪うからだ。進化生物学や神経科学の進展により明らかになってきたのだが、私たちが過去数百年にわたって教えられてきた人間像は、真の人間の本性とは異なる。啓蒙主義の哲学者たちは、近代の幕開けに際して、理性的、利己的、物質主義的、功利主義的で、自主の欲求に衝き動かされるものとして人間の本性を描いた。これらはどれも、より多くの財産を築き、完全に自立した存在になるよう私たちを仕向ける。ところが、新しい科学的研究が物語るのは別の話だ。人間は最も社会性の強い生物だという。私たちは親交に飢え、社会に根を下ろすことを切望する。社交性の大部分は、私たちの神経回路に強固に組み込まれているわけではなく、文化の影響により育まれることも、失われることもある。

一九九〇年代に、科学者たちは人間にミラーニューロンが存在することを発見した。俗に「共感ニューロン」と呼ばれるものだ。人間に近い数種の霊長類やゾウも共感ニューロンを有するが、その他の種についてはまだわかっていない。ミラーニューロンとその他の神経回路が相まって、私たちは他者の感情を自分のものとして経験することができる――理性的にだけでなく、生理的にも、情動的にも。たとえば、誰かの腕をクモが這い上がってゆくのを眺めていたら、私も自分の神経回路網で、クモが自分の腕を這い上がっているかのように感じるだろう。私たちはこうした日常的な感覚を当たり前だと思っているが、他者を自分自身として経験する――その喜びや恥ずかしさ、嫌悪感、苦しみ、恐れを感じる――この生理的能力こそ、私たちを現在のような社会的存在にしているという事実は、ようやく理解され始めたばかりだ。共感を覚える能力があればこそ、私たちはしっかりと統合された社会に組み込まれ、自分の延長として相手に接することができる。共感という感覚をまったく欠き、他者への思いやりや配慮がまったく見受けられない振る舞いをする人物の話を聞くと、私たちは人間味がないと思う。社会病質者《ソシオパス》は、究極のつまはじき者となるのだ。

物質主義的行動と、共感という動因の抑圧もしくは消失に密接な相互関係があることは、さまざまな調査によって繰り返し示されている。冷淡で自分勝手、サディスティックで思いやりに欠ける親の元で育ったり、精神的虐待や体罰を受けたりした子供たちは、長じて攻撃的になって人を利用したり、逆に殻に閉じこもって孤立したりする場合が多い。そうした子供の共感の働きは抑え込まれ、恐れや不信、見捨てられたという感覚に取って代わられる。対照的に、愛情深く、相手に敏感に反応しながら幼児を養育でき、自我の発達を促す安全な環境を子供に提供できる親は、共感性の開花に欠かせない社会的信頼感を伸ばしてやれる。

共感に触れる機会を持たずに成長した子供たちは、大人になったときに他者に共感を示せない場合が多い。最も基本的なレベルで他者と関係を築くことができず、彼らはまったく孤立無援の存在になる。物質主義は彼らにとって、喪失感を埋めるためのささやかな代替手段となる。モノへの執着が、人間に対する愛着の喪失を埋めるのだ。物質的成功や名声、注目されることへのこだわりもまた、社会に受け容れてもらうための方策となる。

物質主義に人生を規定されるようになると、人間関係の形成にもその支配力が及ぶ。物質的成功に駆り立てられた世界では、あらゆる関係がその目的に向かって前進するための手段となる。他者は方便として扱われ、さらなる財を成すための道具にすぎなくなる。物質主義の世界が「我がもの」vs.「汝がもの」という二つの領域に分割されると、求めてやまない人間的な温かみや愛情は、ますます手に入りにくくなる。チャールズ・ディケンズの『クリスマス・キャロル』（村岡花子訳、新潮文庫、二〇一一年、他）に登場する欲深いエベニーザー・スクルージは、嫌われかつ哀れまれ、世間からのけ者扱いされる。

物質主義者にとって、広告は中毒を煽る強力な薬物となる。広告は人々の不足感や孤独感を食い物にする。そして、製品を買ったりサービスを利用したりすれば、各人の人格やアイデンティティが高まり、より興味深く魅力的な人物となって、人々に受け容れられると謳う。ドイツの哲学者ゲオルク・ヴィルヘルム・フリードリヒ・ヘーゲルは、資本主義精神の揺籃期に成人に達する、新たな物質主義的人間を定義した。ヘーゲルの説によると、財産は実用的な価値や物質的な価値を持つにとどまらず、持ち主の人格《ペルソナ》の発現ともなるという。自分の意思を事物に込めることによって、各人は自らの固有のペルソナを外界に投影し、仲間の人間たちの間に存在感を創出する。そうであれば、各人の人格自体が、当人が我がものと主張するいっさいのものの中に存在しているわけだ。私たちの財産は、私たちの人格と区別できなくなる。私の所有物はすべて、私という固有の存在とその影響圏を拡大し、他者が私を知る手段となる。

哲学者のウィリアム・ジェイムズは、物質主義に満ち満ちた文化で暮らすほとんどの人にとって、不快ながら身に覚えのある観点から、消費者の人格を描き出した。ジェイムズは以下のように記している。

> ある人が「私」と呼ぶものと、単に「私のもの」と呼ぶものの間の線引きが難しいのは明らかだ。私たちは特定の所有物に関しては、自分自身に関してとまったく同じように感じたり、振る舞ったりする。名声や子供、自らの手になる作品などには、自分の身体と同じような愛着を抱き、それが傷つけられた場合には、身体を傷つけられたときと同じような報復の感情が湧き、同じような行動をとるのではなかろうか。……しかしながら、可能なかぎり広い意味で言えば、人間の自己とは、自分のものと呼ぶことの「できる」ものすべての総体なのだ。そこには、身体や精神的能力だけでなく、衣服や家、妻子、先祖や友人、評判や業績、土地や馬、ヨットや銀行口座も含まれる。これらはどれも、当人に同じ情動を呼び起こす。それらが増大したり栄えたりすれば、持ち主は得意になり、衰えたり失われていったりすれば、意気消沈し……自分のものに対する私たちの感情の大部分は、自分のものを他の何よりも身近に置いて暮らし、それゆえ深く十分に堪能しているという事実に起因している[17]。

広告は、財産こそ人間を測る物差しであるという見方を巧みに利用し、世の中で各自のアイデンティティを確立するために必須のものとして製品やサービスを売りつける。二〇世紀の大半を通じて広告は、財産は所有者の人格の延長であるという見解を喧伝して、私たちの心の奥底に入り込み、何世代もの人々を次々に物質主義的文化に誘導してきた。一九九〇年代には、子供たちは「外出にかける時間と同じだけの時間を買い物に、読書や教会に通う時間の二倍、屋外で遊ぶ時間の五倍を買い物に[18]」費やしていたと、ボストンカレッジの社会学者ジュリエット・ショアは指摘する。さらに気がかりなことがある。子供たちは「他のほとんどのことをするよりも、買い物をして過ごすほうがよい」と言い、半数を超える者が「大きくなったとき、お金が多ければ多いほど幸せになれる[19]」と信じているのだ。

物質主義の薄まるミレニアル世代

こうした調査が実施されてから一五年が過ぎた。その間に、ミレニアル世代が成年に達し、共感から物質主義へと連なるスペクトルのどこに若者たちが位置するのかをめぐる問題については、相矛盾する証拠が挙がってきている。心理学者や社会学者、政治学者、人類学者などが報告書や調査結果を公表しているが、そこには大きな食い違いが見られる。

一九七九年から二〇〇九年にかけて、ミシガン大学社会調査研究所によって一万四〇〇〇人の大学生を対象に実施された大規模な研究は、「性格特性に関する標準検査を用いた計測結果によると、二、三〇年前の大学生と比較した場合、今日の大学生の共感性は約四割低い[20]」と結論した。同じ三〇年という期間にアメリカの大学生に関して行なわれた七二件の研究結果を統合して、メタ分析〔「分析の分析」の意味で、複数の研究結果を系統的・総合的・定量的に評価し、全体的に見られるパターンを探すもの〕研究を行なったミシガン大学の研究員であるサラ・コンラスによると、現在の大学生のほうが「私はときおり、友人に対する理解を深めようとして、相手の視点からは物事がどのように見えるのかを想像する」とか、「私は自分よりも恵まれていない人々に対して、優しい気遣いの感情をよく抱く[21]」とかいった記述に同意する率が低いという。

だが、ミレニアル世代に関する研究には、これとは反対の傾向を示していると思しきものもある。X世代とは異なり、ミレニアル世代は「同じ集団に属する他の人々に共感を抱き、相手の立場を理解しようとする傾向がはるかに強い[22]」という。さまざまな調査の結果は、ミレニアル世代のほうが、自分の属する仲間集団の他者の意見にも同じ重みづけをし、協働して物事に取り組むことを好み、全体のコンセンサスが得られるよう努力する傾向にあることも示している。こうした行動にはみな、共感的な心配りが求められる。

共感性を育む上で欠かせない他者への信頼という点に関して、ミレニアル世代は政府やビジネス界、ありとあらゆる種類の専門家たちに対してはひどく懐疑的である一方、インターネット上の協働者には多大な信頼を寄せ、すでに述べたとおり、仲間の意見やレヴューや格付け、さらには大勢の人の集合知を積極的に信頼する。

ミレニアル世代は、女性や有色人種、ゲイやレズビアン、障害のある人など、これまで社会で差別待遇を受けてきた人々の法的・社会的権利の擁護に関して、歴史上最も偏見がなく、共感の強い世代であることも、数々の調査からわかっている。彼らはまた、外国人に対する反感も少ない。アメリカの大学生の約二三パーセントは外国で学んだ経験があり、ミレニアル世代の七三パーセントが寛大な移民政策を支持しているが、これに対して、他世代の成人の支持率は三九〜五七パーセントだった[23]。

私の見るところでは、ミレニアル世代は一枚岩というよりはむしろ、さまざまな矛盾の混成だ。彼らのナルシシズムや物質主義はよく知られ、それを裏づける証拠がある一方で、共感に基づく関与の増加を示す証拠もある。また、彼らのナルシシズムや物質主義の傾向は、今世紀初頭の大景気後退を受けて徐々に衰えているのではなかろうか。最近の多くの調査もこれを裏づけている。二〇一三年一二月、「ニューヨーク・タイムズ」紙はその「サンデーレヴュー」欄に、研究者たちによる新たな発見を報じるトップ記事を掲載した。記事によれば、大景気後退とグローバル経済の停滞により深刻な影響を受けたミレニアル世代の精神面での優先事項が、物質的な成功から有意義な人生を送ることに移行し始めているという。職業諮問委員会〔雇用機会に影響を与えるさまざまな要因についての研究・助言を行なう、デヴライ大学に設置された機関〕の委託により作成された報告では、二一〜三一歳のミレニアル世代の間では、大金を稼ぐよりも有意義なキャリアを築くほうが優先されることが判明した。スタンフォード大学経営大学院でマーケティングの教授を務めるジェニファー・L・アーカーとその同僚たちは経時的な調査を実施し、数百人のアメリカ人を一か月にわたって追跡し、彼らが「有意義」という言葉で何を意味するのかを調べた。その結果、有意義な生活を送っていると答えたミレニアル世代の若者のほうが、「自分を他者志向だと見なしている――より具体的には、与える者であるがゆえにそう考えている」ことが判明した。他者のために何かをすることが自分にとって重要だと言う人々のほうが、「自分の人生にはより大きな意義がある[24]」と答えた。

さらに多くを物語るのが、二〇一三年に全国高校優等生協会が九〇〇〇人の成績優秀な高校生を対象に実施した調査で、生徒たちは二〇〇以上の企業や組織のリストから、自分が働きたいと思う場所を選ぶよう求められた。すると、選ばれた上位二五位のうち、保健医療事業や病院、政府機関が一四を占めた。アメリカで最も優秀で聡明な高校生たちが最も多く選択したのは、聖ユダ小児研究病院だった。全国高校優等生協会会長のジェイムズ・W・ルイスはこの調査結果を要約して、「他者を支援するという視点に、ミレニアル世代は反応しているのだ[25]」と語った。

すでに述べたが、共感性に乏しい人ほど物質主義的である傾向が強い。ミレニアル世代がそれ以前の世代よりも共感性が高いのだとしたら、その傾向は、過去一〇年にわたる彼らの物質主義に対する見方の変遷から窺えるはずだ。変化はすでに始まりつつある。二〇一三年の夏に「ソーシャル・サイコロジカル・アンド・パーソナリティ・サイエンス」誌に掲載されたある研究で、研究者たちは過去四〇年近くの間に、合計で何十万人もの高校の最上級生の考え方を追った数々の調査結果を精査して、二〇〇八年の大景気後退の始まりとともに、価値観に驚くべき逆転現象が起こっていることを発見した。年々他者への共感が薄まり、物質主義が勢いを増していたが、二〇〇八年を境にミレニアル世代の若者の間でその傾向は突如反転し、「他者への心配りが増して、財への興味が薄まった[26]」という回答がなされるようになった。最近の研究では、ミレニアル世代の生活では、物質主義的なトレンドを追いかけることへの興味は薄れ、強迫的な消費に傾倒する度合いも減っていることが明らかになっている。

こうした調査結果は、協働型消費や共有型経済の急拡大とぴたりと合致する。若い世代は世界中で、自転車や自動車、住まい、衣服をはじめとする無数の品をシェアし、所有よりもアクセスを選ぶようになっている。デザイナーブランドを避け、ノーブランドや理念を重視するブランドを好み、モノの交換価値やステイタスよりも、使用価値にはるかに大きな関心を向けるミレニアル世代が増えている。協働型のプロシューマーから成る共有型経済は、まさにその本質上、より共感性が高く、物質志向が弱いのだ。

物質主義的精神の衰退は、持続可能性や環境保全の取り組みの拡大にも反映されている。物質主義者たちが仲間の人間だけでなく、地球の生物や地球環境全般にもあまり共感を示さないとしても、驚くには当たらない。彼らはあくまで功利的な立場から、自然を利用するべき資源と捉え、保全すべきコミュニティとは見なさない。彼らにとって、環境は他者との関係と同じく、有用性と市場価値によってのみ評価されるもので、その本質的な価値は一顧だにされない。

ロチェスター大学の研究者たちは、八〇名の学生を対象に、物質主義的な価値観が天然資源を利用する際の選択にどのような影響を与えるのかを調べる実験を行なった。まず学生たちを、物質主義的価値観の強いグループと非物質主義的な価値観を有するグループに分けた。続いて、ゲームに参加してもらった。ゲームでは、製材会社の社長として、二〇〇ヘクタールの国有林の伐採をめぐる入札でライバル企業と競い合った。それぞれの企業は、毎年最大で一〇ヘクタールまでの伐採を入札できるが、伐採した森は一年に一割ずつしか回復しないことを頭に入れておかなくてはならない。数ヘクタールしか伐採しないという入札を行なえば、利益は少ない。だが広い面積の伐採を入札すれば、利益は増えるものの森林資源は短期間で枯渇してしまう。

予想に違わず、物質主義者のグループは、非物質主義者のグループよりもはるかに多くの樹木伐採の入札をし、手早く目先の利益を手にしたが、それには同じように短期間で森林も消滅するという代償が伴った。彼らは一貫して、長期的な保全の実施よりも短期的な金銭的利益を重視した。だが非物質主義者のグループのほうが、森林がより長く持ち堪えたおかげで、長期的には多くの利益を手にした[27]。

この実験で示された種類の価値観の志向は、現実の世界でも見受けられる。ミレニアル世代はそれ以前の世代に比べて物質的志向が弱いばかりでなく、環境保全の意識も高い。首都ワシントンに本拠を置くシンクタンクのセンター・フォー・アメリカン・プログレスが二〇〇九年に実施したある調査によると、化石燃料から再生可能エネルギーへの転換を支持すると答えたミレニアル世代は、七五パーセントにのぼった——これは、他のどの成人世代よりも高い数字だ[28]。数年前に行なわれたギャラップ調査は、さらに衝撃的だ。というのも、一八~二九歳の若者のおよそ五八パーセントが、「経済成長に水を差す危険を冒しても」環境保護はアメリカの国家的優先事項であるべきだと回答したのだ[29]。

では、以上のような実験や研究、調査から何が言えるだろうか？　第一に、お金では幸せは買えないということだ。貧困は絶望を生むが、富の増加もまた、ささやかな快適さが得られたあとは、絶望を増大させる。第二に、蔓延する物質主義は幸せを増すどころか、人々をいっそう疎外し、恐れを抱く、不信感に満ちた孤独な存在にしてしまう。

第三に、人間の主たる動因は、エコノミストが私たちに信じ込ませようと願うような、飽くことなき物質的欲望ではなく、他者との親交の追求にある。物質的な快適さに対する最低限の要求さえ満たされていれば、愛情や人との親交にこそ、私たちは幸せを感じる。私たちは所有し貪りたいのではなく、仲間でありたいのだ。これらの点を考え合わせると、経済を支配する二つの前提に疑問が湧いてくる。すなわち、人間が人生で最も手に入れたいと願うものはみな稀少で、私たちの欲望はとどまるところを知らないという前提だ。だが実際には、私たちが最も望むもの、すなわち他者からの愛情や受容、認知は稀少ではなく、限りなく潤沢なのだ。エコノミストにはわかっていないとしても、広告業界はそれを理解している。毎年何千億ドルもの広告費が、この奥深い動因に訴えかけるために投じられる。広告業界は、そうした欲求を満たすには、より多くのモノを購入し、貯め込み、消費するのがいちばんであるという趣旨を、言葉を取り繕って語りながら、その裏では、そうしたでっち上げの欲望が実際には、私たちをコミュニティの探求からますます遠ざけることを十分承知している。広告業界が突然、私たちの日常生活から姿を消したとしたら、人々の行動がどれだけ早く一変するかを想像してみてほしい。物質主義への執着はたちまち薄れて心の余裕が生まれ、モノではなくお互いを求める気持ちに私たちは再び気づくはずだ。

持続可能性のカギは電力

とはいえ、限界費用がほぼゼロの社会、すなわち、誰もが自分の欲しいものの多くを、好きなときに、ほぼ無料で手に入れられる社会では、人間は残された資源をこれまで以上に早く使い果たし、地球を破滅に追い込むだろうという議論についてはどうだろうか？　その可能性は低い。人を過剰消費に駆り立てるのは稀少性であって、潤沢さではない。万人の物質的な欲求が満たされた世界では、手に入らないことへの不安感は消える。貯め込んだり、むやみに消費したりしたいという飽くなき欲求は、ほとんど意味を失う。他者からできるだけ多くのものを奪いたいという欲求も同様だ。さらに、万人の欲求がおおむね満たされた世界では、財産の多寡に基づいた社会的な区別も、妥当性を減じることになる。社会はもはや、「我がもの」vs.「汝がもの」という基準のみで分割されず、各人の価値もその持てるものによって決定されることはなくなる。

だからといって、潤沢さの時代が人類をユートピアに導くと主張しているわけではない。人間の本性の邪悪な面が私たちの文化的なＤＮＡから突然消滅するだろうと信じるほど、誰しも単純ではない。ここで言いたいのは、潤沢さが稀少性に取って代われば、明日がどうなるか不安で、なんとしてもより多くのモノを手に入れようとする執拗なまでの衝動から、人間の気質のかなりの部分が解放される可能性が高いということだ。稀少性の経済を潤沢さの経済に転換するという発想は一見したところ、地球に残された恵みを手当たり次第に消費し尽くす事態を招く危険性を想起させるかもしれないが、実際には、これまでに述べた数々の理由により、地球上で私たち人類が持続可能な未来を確実に手に入れるための、唯一の有効な道である可能性が高い。

分散型・協働型でピアトゥピアのネットワークに媒介された新しい世界で成長してきた若い世代の

少なくとも一部は、資本主義時代の経済生活の大きな特徴であった物質主義症候群から抜け出しつつある。そして、これまでより物質主義色が薄くて持続可能性が高く、功利的でなく共感に溢れた共有型経済を生み出そうとしている。彼らの生活はおもに、資本主義市場よりもグローバルなコモンズで送られる。新たに登場したシェアの精神は、先進工業国の経済で生きる若い世代のエコロジカル・フットプリントに、無視できない影響を及ぼし始めたところだ。

物質主義から持続可能で質の高い生活へのこの転換は、地球上で最も豊かな人々のエコロジカル・フットプリントを劇的に減少させる可能性を開く。そして、世界で最も貧しい人々が貧困から抜け出し、生活水準を向上させ、最低限の必要性を満たして快適さを獲得することで手に入る幸せを享受できるように、より多くの地球の恵みを役立てられる。だが、地球環境の元本には手をつけずに利息だけに頼って、全人類が持続可能な質の高い生活を送れる快適な世界への入口に、富める者と貧しい者がともにたどり着くことができるかどうかは、まだわからない。

ここへきて、読者の多くはきっと、それだけで十分なのかと疑問に思っていることだろう。所得の上位四割を占める人々がエコロジカル・フットプリントを削減しても、下位四割を占める貧しい人々の数が増えて、エコロジカル・フットプリントを増大させたら、たいした慰めにもならない。それには私も同感だ。潤沢な地球が差し出すことのできる実りを人類全体で享受したいのであれば、私たちは富裕層のエコロジカル・フットプリントを削減するだけでなく、貧困層の人口増加の波も抑制しなくてはならない。

コンドームを配布して、出生数を減らすよう助言するのは、貧困から抜け出せない家庭に対しては無駄な試みだ。世界の最貧国においては、大家族は実質的に保険のようなもので、たとえ子供のなかに若くして命を落とす者がいても、その仕事を引き受けられる他の担い手を確保できることを意味する。発展途上国の貧しいコミュニティの女性や子供は、荷役を担う家畜に等しい。はっきり言えば、家族が間違いなく生き延びるために必要なわずかな資源の大部分を集めるロバなのだ。それではどのように、家族を減らすことを勧めればよいのか？

地球上の人口を安定させるには、電気へのアクセスがカギとなることがわかり始めている。国連事務総長の潘基文《パンギムン》が在任中の経済開発課題の中心に、電力へのユニバーサル・アクセスを据えたのは、まさにそのためだ。

二〇世紀に入って、ヨーロッパやアメリカをはじめとする国々で女性を解放したのは、電力だった。年季奉公人さながらの待遇で家庭に縛りつけられていた女性たちは、電力のおかげで家事の軛から解放された。また、男の子だけでなく女の子も、勉学に勤しみ、自らの運命を切り拓く時間を手に入れられた。女性が自立して一家の稼ぎ手にまでなると、その生活はより安定し、出生数は大幅に下落した。現在、ほぼ例外なく、先進工業国の出生率は人口維持に必要な、女性一人当たり二・一人以下に落ちている。世界の豊かな国々ではどこでも、人口は急激に減少してきた[30]。

今なお、人類の二割は電気のない生活を送り、二割は利用できる電力がごくわずかで不安定だ。こうした人々が住むのが、最も人口増加が急激な国々でもある。国連工業開発機関（ＵＮＩＤＯ）は、地域住民を支援して、一五億人の貧困層にグリーンエネルギーを供給できる第三次産業革命のインフラの敷設実現に力を注いでいる。二〇一一年に、発展途上国における第三次産業革命の構築を支援するＵＮＩＤＯの国際会議において、私は同機関の事務局長で国連エネルギー〔国連のエネルギー関連の諸機関の政策を調整し、その実施のために民間企業や非政府組織を活用することを目的とした会議〕の議長を務めていたカンデ・ユムケラー〔二〇一三年に事務局長を退任〕と同席した。ユムケラーはこう述べた。「私たちは今、第三次産業革命の幕開けに臨んでいると思われるので、ＵＮＩＤＯのすべての加盟国に、このメッセージを聞いて、『どうすればこの革命の一翼を担えるか』という重要な問題について考えていただきたかった[31]」。目標は、二〇三〇年までに誰もが電力を利用できるようにすることだ。地球上のあらゆるコミュニティに電力が供給されれば、世界の貧しい人々が貧困から抜け出し、万人がまともな生活の質を保てる程度の快適さを手に入れるための弾みとなるだろう。

電力へのユニバーサル・アクセスを実現する活動が進展してゆけば、電化によって国民が赤貧から救われた他のすべての国々と同じように、最貧国における人口の急増に歯止めがかかるだろう。今世紀なかばには、右肩下がりの出生率は世界各地で一世帯当たり二・一人に近づいて、緩やかな人口逓減の始まりを告げ、最終的に世界の総人口は五〇億人にまで減少する可能性が高い——この数字であれば間違いなく、人類は生態系の利息で暮らし、潤沢さの経済を享受してゆける。

破局を招きうる二つの不確定要素

富裕層のエコロジカル・フットプリントを減らし、人類の四割を占める人々を貧困から救い出し、人口を安定させ、さらには縮小して、私たち人類が地球のバイオキャパシティの元本に手をつけることなく、その利子で暮らしてゆけるようにするという試みは、困難ではあるものの不可能ではない。とはいえこの課題をさらに難しくする二つの不確定要素がある。そのどちらも、この惑星に与えてきた負荷を埋め合わせ、稀少性を潤沢さに置き換えようとする私たちの懸命な努力を損ないかねない。

工業化が招いた気候変動は今や生態系を脅かし、人類と他のすべての生き物の生存も危うくしている。この問題だけでさえ手に余るほどなのに、それに追い撃ちをかけるように、人類を結びつけてシェアに基づく潤沢さの経済を生み出そうとしているＩＴやインターネットのテクノロジーそのものをサイバーテロリストが利用し、発展しつつあるＩｏＴ（モノのインターネット）のインフラを破壊しようと企てる例が増加している。このような事態は、現代文明の崩壊や何億もの人の死を招きかねず、壊滅的な打撃となる危険を孕んでいる。

温暖化する地球

気候学者の報告によると、世界の大気中の二酸化炭素濃度は、過去六五万年にわたって一八〇〜三〇〇ｐｐｍの範囲で推移してきたが、工業化時代の幕開け直前に二八〇ｐｐｍだった値は、二〇一三年には四〇〇ｐｐｍに上昇したという[32]。残る二種類の強力な地球温暖化ガスであるメタンと亜酸化窒素の大気中濃度も、同じように急激な上昇軌道を描いている[33]。

二〇〇九年一二月にコペンハーゲンで開催された世界的な気候サミットで、欧州連合（ＥＵ）は、二〇五〇年までに世界各国の二酸化炭素排出量を、大気中濃度が四五〇ｐｐｍ以下となるように抑制することを提案した。この目標が達成できれば、地球の気温上昇を摂氏で二度分に抑えられるかもしれないと期待してのことだ。とはいえ、二度の上昇でも、数百万年前の鮮新世の地球の気温に戻ることになり、生態系や人々の暮らしに壊滅的な結果をもたらすと思われる[34]。

だが、このＥＵの提案は黙殺された。あれから四年たった現在、炭素系燃料の使用は急増して、大気中の二酸化炭素濃度を、以前のモデルに基づく予測よりもはるかに速く押し上げており、地球の気温上昇は目標の二度をあっという間に超えて、二一〇〇年には四・五度以上に達する可能性がある――そのときに到達する気温は、何百万年も地球が経験したことのないものとなる[35]（思い出してほしいのだが、解剖学的に見た現生人類、すなわち最も新しい人類が地球上に暮らすようになってから、一七万五〇〇〇年ほどしかたっていない）。

こうした地球の気温の劇的な上昇が深刻な脅威となるのは、地球全体の水循環が根本的に変わってしまうからだ。私たちは水の惑星に暮らしている。地球の多様な生態系は、降水パターンとの直接的な関係を通じて、長い年月をかけて進化してきた。気温が摂氏で一度上昇するごとに、大気の最大容水量は七パーセント増大する[36]。この変化は水の分布に激変をもたらし、降雨はより集中的となるが、その継続時間や頻度は減少する。その影響はすでに、世界各地の生態系に現れ始めている。冬の降雪はひどくなり、春の嵐や洪水は威力を増し、夏の旱魃は長期化して、山火事や森林火災の件数は増え、より激しいハリケーン〔カテゴリー三〜五〕が到来し、大山岳地帯の山頂を覆う氷帽は解け、海面が上昇するといった事態に、私たちは直面している。

地球の生態系は、このような短期間に生じた水循環の破壊的変化に遅滞なく再適応することができずにおり、各地で増大する負荷にさらされて、崩壊の危機に瀕している所もある。世界中の生態系のダイナミクスの不安定化により、生物圏は今や過去四億五〇〇〇万年にわたる地球の生命の歴史で六度目の絶滅へと向かいつつある。これまでに起こった五度の絶滅の際には、地球の気候が決定的な臨界点に達して、生態系は正のフィードバック・ループ〔変化が一方向に加速する循環〕に放り込まれ、この惑星の生物多様性はほどなく一掃された。失われた生物多様性を回復するには、平均で一〇〇〇万年以上を要した。生物学者によれば、人類は今世紀末までに地球上の生物種の半数が絶滅するのを目の当たりにし、その後数百万年にわたって新たな不毛の時代が続く可能性もあるという[37]。

アメリカ航空宇宙局〔NASA〕ゴダード宇宙科学研究所の前所長で、政府の主要な気候学者でもあるジェイムズ・ハンセンは、現在から今世紀末までに、地球の気温は六度上昇し、それに伴って、私たちが慣れ親しんでいる人類の文明は終わりを告げると予見する。ハンセンによれば、唯一の望みは、大気中の二酸化炭素濃度を現在の三八五ppmから三五〇ppm以下に削減することだという。

これは目下のところ、どの国の政府も、EUでさえも提案していない水準だ[38]。

ここでの不確定要素とは、気候変動や水循環の変化が農業生産やインフラに及ぼすことが見込まれる影響だ。洪水や旱魃の劇的な増加は、世界各地で広範にわたって農業用地に甚大な被害をもたらしている。二〇一三年一一月、田植えの季節を迎えるフィリピンの農地を史上最強クラスの台風「ハイエン」が襲い、何十万ヘクタールもの耕作可能地を荒廃させ、この国の米の生産を台無しにした。そのわずか一か月前には、同程度の破壊力を持ったサイクロン「ファイリン」がインド東部を襲っていた。オリッサとビハールの二州だけで、農作物の損失額は概算で四五〇億ドルにのぼった[39]。二〇一三年六月に中欧を襲った集中豪雨は、各地で川の氾濫を招き、農地を水浸しにした。ドナウ、イン、イルツの三つの川が合流するドイツのパッサウでは、氾濫した水は最高で深さ四二・三フィート（約一二・九メートル）に達し、一五〇一年にこの地方で記録された過去最悪の洪水を上回った[40]。私はフランクフルト空港から古都ワイマールへ向かう途中に、この荒廃の様子を直接目にした。沿道の耕作地は水に没していた。農業生産物の被害額は、一六五億ドルを超えると見られる[41]。

ドイツの都市キールにあるヘルムホルツ海洋研究センターの気候学者モジブ・ラティフは、気候変動に起因した世界の気温上昇が降水現象を激化させるなかでは、二〇〇二年と二〇一三年にヨーロッパが経験したような、これまでにないほどの猛烈な嵐や洪水が今後は当たり前のことになってゆくだろうと警告する。ラティフは、「私たちがこのところよく目にする」猛烈な嵐や洪水は、「一世紀前に比べて二倍の頻度で起こっている[42]」と述べている。

旱魃も世界各地で大幅に増加しており、農業生産の減少に拍車をかけている。ここ数年、アメリカ西部は繰り返し旱魃に襲われ、農業生産高は劇的に下落した。国内農業の純利益の四割を占め、世界で最も豊かな農業地帯である西部一七州が、今後数十年のうちに気候変動によって砂漠に変わってしまうのではないかという懸念が募っている。二〇一二年には、アメリカの郡の半数に当たる一五〇〇を超える郡がひどい旱魃に見舞われ、国から災害地域に指定された。こうした農業地帯ではここ数年、長期的な平均値と比べて五・五～一一度高い気温が続いている。二〇一三年には、気温は約四〇・五度に達したが、これは温帯性の作物の大半にとって、限界値より五・五度も高い数字だ。アメリカ西部では、地表水と地下水の両方が急激に減少し、水を国内の他の地域から調達してこなければならず、ただでさえ高いエネルギーコストがさらに増大している[43]。アメリカ国立大気研究センターの二〇一一年の研究によると、現在の気候変動は、一九三〇年代に猛烈な砂塵嵐を引き起こした旱魃よりも一段と深刻な旱魃を、アメリカで誘発する可能性が高いという[44]。

気候変動に起因する旱魃は、世界の他の地域でも増加しており、農業生産高をますます低下させている。ある最近の研究は、全世界における旱魃の発生頻度が、二一世紀なかばまでに二倍、世紀末までに三倍に増加すると予測している[45]。

発展途上国の農業に対する気候変動の影響について、二〇〇九年に国際食糧政策研究所が公表した報告書は、背筋が寒くなるような内容だった——この予測は、気温が三度しか上昇しないという古い推定値に基づいているのだからなおさらだ。二〇五〇年までに最も大きな打撃を受ける可能性が高いのは南アジアで、気候変動の影響によって、二〇〇〇年の水準に比べて小麦と米とトウモロコシの生産高は、それぞれ五〇パーセント、一七パーセント、六パーセント減少すると推測される。東アジアと太平洋地域では、二〇五〇年までに米が二〇パーセント、大豆が一三パーセント、小麦が一六パーセント、トウモロコシが四パーセント、生産量が減少するだろう。気候変動により、二〇五〇年までに摂取可能なカロリー値は平均で一五パーセントも急落し、穀物消費量も二四パーセント減少すると予想される。栄養不良の子供の数は、南アジアで五九〇〇万人、東アジアと太平洋地域で一四〇〇万人に上昇すると見込まれている[46]。

すでに世界で最も貧しい地域であるサハラ以南のアフリカも、自然の降雨に頼った農業を行なっているために、同じような食糧生産量の激減に直面すると考えられる。二〇五〇年までに、米は一四パーセント、小麦は二二パーセント、トウモロコシは五パーセント、平均の生産高が減少するだろう。もともと栄養不良の蔓延するサハラ以南のアフリカでは、気候変動によって二〇五〇年までに、各人の一日当たりのエネルギー摂取可能量はさらに五〇〇キロカロリー下落すると予想されており、これは一人当たりの食糧消費量にして、二一パーセントの減少に相当する。栄養不良の子供の数は、今後三八年で三三〇〇万人から四二〇〇万人に増加する見通しだが、気候変動の影響を加味すると、この数字は五二〇〇万人にまで膨れ上がる[47]。

気候変動によって今後四〇年間に中東と北アフリカの農業が受けるであろう影響も、同じように気がかりだ。米は三〇パーセント、トウモロコシは四七パーセント、小麦は二〇パーセント、生産高が減少すると思われる。サハラ以南のアフリカ諸国同様、一日当たりの食糧摂取量は、平均的な人で五〇〇キロカロリー減少し、その結果、栄養不良の子供は二〇五〇年までに二〇〇万人を超えるだろう[48]。

ラテンアメリカとカリブ海地域はいくぶんましで、米は六・四パーセント、トウモロコシは三パーセント、大豆は三パーセント、小麦は六パーセント、生産高が減少するにとどまる見込みだ。食糧摂取量は平均で一日当たり三〇〇キロカロリー、すなわち、総摂取量で一二パーセントの減少となり、この地域の栄養不良の子供は二〇五〇年までに六四〇万人になるだろう[49]。

北半球の先進工業諸国の農業生産にも、気候変動は悪影響を及ぼすことになる。アメリカのトウモロコシと大豆の生産は今世紀末までに、二酸化炭素排出量の増加率が低い場合で三〇～四六パーセント、高い場合は六三～八二パーセント落ち込むと推測される。最近のデータで二酸化炭素排出量の増加率が高まる可能性が大きいとされていることを思えば、後者の数字の持つ意味はいっそう重みを増す。八割以上という、アメリカのトウモロコシや大豆の減産予測は、同国が世界有数の穀物輸出国であるという事実に照らせば、壊滅的な結果を招く危険がある[50]。

ハンセンをはじめとする気候学者たちが、気候変動の進行を遅らせるために必要だと主張する水準まで、地球温暖化ガス排出量を劇的に削減できないかぎり、潤沢さの経済の創出（とくに食糧に関して）は、次の一世紀、あるいは一〇〇〇年とは言わないまでも数世紀の間は望むべくもないだろう。

気候変動は二一世紀中に、私たちのインフラにも右記に劣らぬ甚大な影響を及ぼすと思われる。鉄砲水や河川の氾濫を引き起こすカテゴリー三～五のハリケーンや集中豪雨は、不穏なほどの割合で増加しており、インフラにも壊滅的な打撃を与えている。カテゴリー三のハリケーン「カトリーナ」は、二〇〇五年にニューオーリンズやメキシコ湾沿岸地域を直撃し、この地域のインフラや経済に一四八〇億ドルの損害を与え、一八三三人の命を奪った。この嵐で住宅一二万六〇〇〇棟以上が全壊し、さらに一二〇万棟が損害を受けた。そして、八州で三〇〇万人が停電に見舞われ、そのうちには数週間も電気が届かなかった人もいた。また六〇万世帯が住む場所を失い、なかにはその状態で数か月間過ごす世帯もあった[51]。

同じくカテゴリー三のハリケーン「サンディ」は、二〇一二年に東海岸に上陸し、ニュージャージー、ニューヨークの両州からニューイングランド地方に至る地域で、生命線であるインフラを破壊した。カトリーナのときほど深刻ではなかったものの、サンディも進路に沿って大きな爪痕を残しており、その修復には数年を要するだろう。約八五一万人が停電に見舞われ、住宅三〇万五〇〇〇棟が損壊し、ニューヨーク市の公共交通機関は麻痺状態に陥った。ニューヨーク、ニュージャージーの両州だけで、被害推定額は七一〇億ドルを超えた[52]。

送電網や幹線道路、電気通信網、上下水道などは、激しさを増す水循環の猛威に耐えられるようには設計されていないので、世界各地で機能不全に陥っている。なかでもエネルギー・インフラはとくに脆弱だ。川沿いや沿岸地域に建つ発電所は、激しい嵐に見舞われるとなす術もない場合が多い。二〇一一年に日本の東海岸を襲った津波は、福島県の原子力施設を徹底的に破壊し、六基の原子炉のうち少なくとも三基が炉心溶融を起こし、本州全域に核放射能を拡散させて、発電所の周囲六二平方マイル（約一六〇平方キロメートル）は数十年、悪くすれば数世紀にわたって居住不可能になった[53]。世界各地の沖合の石油採掘装置も、ひどい時化《しけ》で浸水してたびたび損壊し、運転停止や石油の流出といった被害が出ている。陸上の石油のパイプラインも、異常気象に関連した事象の悪影響を受けている[54]。

旱魃は、発電所向けの冷却水の供給をもしだいに脅かしつつある。フランスでは、毎年消費される淡水の総量の四三パーセントが、原子炉の冷却に使用されている。熱せられた水が排出されると、すでに旱魃に悩まされている生態系はさらに干上がり、農業生産高に響く。何よりも、気候変動による異常な暑さで水の温度があまりにも高くなると、原子炉の冷却にはもはや使用できなくなり、原子力発電所は運転の減速や停止を余儀なくされる。二〇〇九年の夏には、フランス全土を襲った熱波により冷却水不足が生じて、国内の原子力発電所の三分の一が稼働停止に追い込まれた[55]。ＥＵは電力供給量の二八パーセントを原子力発電に頼っているので、気候変動に起因する気温の上昇は、今後ヨーロッパの発電に大混乱をもたらすことが予想される[56]。

猛烈な荒天で送電線も損傷し、電力供給が頻繁に支障を来して、記録的な回数の電圧低下や停電を招く事態となっている。電力が失われると、他のインフラにも連鎖的に影響が拡がる。というのも、通信、浄水場や下水処理場、揚水場、情報通信テクノロジー設備、給油ポンプなど、さまざまな施設を維持するために電力が必要だからだ。

水に関連した激烈な事象は、道路にも損害を及ぼし、貨物輸送や通勤の車を立ち往生させて、経済に深刻な打撃を与えている。鉄道輸送も、線路を水で押し流されるという被害に遭っている。地下鉄は洪水に弱い。ハリケーン「サンディ」が地下鉄構内にまで襲いかかり、ロワー・マンハッタン全域のトンネル内を水で満たしたニューヨークの場合が好例だ。一部の路線は、数日あるいは数週間にわたって運行を停止した[57]。

猛烈な風雨により空港が閉鎖され、空路で接続された地域全体の航空輸送の停滞を招く事例もしだいに増えている。海港や内陸の水路も同様に、洪水や旱魃、さらには濃霧の増加のせいで、しばしば運用停止の憂き目を見ている。

水関連のインフラは、水循環の変化に対して非常に脆弱だ。降雨パターンの変化は多様な影響を及ぼし、その一つである旱魃は、貯水池の可採量を減少させる。降水量の変化は排水設備にも負荷をかけ、水の流れが停滞したり、水が溢れたりという事態を招く。平均水温の上昇もまた、生物学的処理過程と飲用水の質に悪影響を及ぼす[58]。

インフラに回される公共支出の総額は、アメリカだけでも年間三〇〇〇億ドルを超える[59]。異常気象によってインフラが被る損害が増大する煽りを受けて、この数字は今後数十年で劇的に上昇すると思われる。エコノミストのなかには、人類の文明を維持するための価格は法外なものになり、私たちは想像もつかないような新世界に追いやられると主張する人まで現れ始めた。

厳しさを増す気候に耐えうるように、既存の化石燃料のインフラを補強するというのは、工業社会が大気中に大量の二酸化炭素を排出し続けるかぎり、不毛な取り組みに終わるだろう。炭素系燃料システムの綻びを繕えば、私たちは異常気象との闘いに打ち勝って、激化する気候変動の襲撃を効果的に阻むことができると考えるのは、愚かとしか言いようがない。

むしろ私たちは、炭素系燃料に依存した構造から抜け出すことに、何よりも力を注ぐべきなのだ。ＩｏＴインフラは、化石燃料エネルギーを再生可能エネルギーに速やかに置き換えて、気候変動に歯止めをかけるという望みに現実味を持たせる。問題は、気候変動が地球の水循環システムを破壊し尽くして手遅れになってしまう前に、この新たなインフラを迅速に世界中に敷設して、二酸化炭素その他の温室効果ガスの排出量を大幅に削減できるかどうかだ。

サイバーテロリストはすぐそこに

持続可能な潤沢さの経済への移行に向けた取り組みを台無しにしかねない第二の不確定要素は、サイバーテロリズムだ。サイバーテロリストによるインフラを狙った攻撃の拡大に、世界中の政府や企業が警戒を強めており、社会運営に欠かせない重要なサービスの多くが、サイバーテロによって損なわれたり停止したりして、壊滅的なハイテク決戦と文明の崩壊につながるのではないかと、高まる懸念を表明している。

二〇〇九年には、北朝鮮国内奥深くに身を潜めたハッカーたちが、アメリカの財務省やシークレットサービス（財務省検察局）、連邦取引委員会のウェブサイトをダウンさせることに成功した。同じ年には、ハッカーによってアメリカの送電網に高度なソフトウェアが組み込まれ、後日、好きなときにシステムを破壊できる手筈が整っていたことも発覚している[60]。

それ以来、政府や企業、インフラを狙ったサイバーテロは急増しており、混乱や損害をもたらす能力も高まっている。単なる悪ふざけだったハッキングは今やテロ活動の一環となり、二〇世紀後半に人々が核兵器の拡散に対して抱いていた懸念によく似た恐怖を、大衆の間に生んでいる。

サイバーテロリストは、バーチャルスペースと現実の物理的空間の双方に被害を及ぼしうるソフトウェア・プログラムを使用する。戦略国際問題研究所の定義では、サイバーテロとは「コンピューター・ネットワーク・ツールを使用して、(エネルギーや交通、行政運営といった)国家基盤を成す重要なインフラの機能を停止させたり、政府や一般市民を威圧あるいは脅迫したりすること[61]」を指す。

二〇一三年三月、アメリカンエキスプレスカードの会員がオンライン口座にアクセスしようとしたところ、画面には何も表示されなかった。同社のウェブサイトは二時間以上にわたってダウンした。アメリカンエキスプレスへのサイバー攻撃は、半年前から続く周到に計画された一連の攻撃の一つにすぎず、バンク・オブ・アメリカやJPモルガン・チェース、ウェルズ・ファーゴといった世界の大手金融機関数社も、一時的にとはいえ、この攻撃に屈した。「イッザディーン・アル力ッサーム・サイバー戦士団」と称するグループがこのサイバー攻撃について犯行声明を出し、攻撃はユーチューブで公開された反イスラムの動画に対する報復だと述べた。このグループは、イラン政府の関連組織である可能性が疑われた。アメリカとイスラエルも同じように、インターネットを駆使したハッキングによって、イランの核濃縮施設の大半の機能を停止させることに成功した。雪辱を果たそうと、イランは国家主導の報復戦略として「サイバー部隊」なる組織を設立したことを表明した[62]。

サイバー攻撃に対する懸念の高まりは、巨大なサイバーセキュリティ産業を生み出した。モルガン・スタンレーの行なった調査では、世界のサイバーセキュリティ市場は、二〇一二年にはすでに六一一億ドル規模に成長しており、二〇三〇年には一〇〇〇億ドル超に拡大することが見込まれている[63]。

各国政府は、送電網を狙った攻撃を最も危惧している。アメリカのある政府委員会が発表した報告には、以下のように記されていた。

電力は、それ以外の決定的に重要なインフラ（水・食糧・燃料の供給と流通、通信、運輸、金融取引、救急サービス、行政サービス、さらには国家の経済や国民の福祉を担うその他のあらゆるインフラを含む）を支えるために不可欠である［64］。

もし送電網の主要部分がサイバー攻撃を受けて破壊されるような事態になれば、その国では数か月、悪くすれば一年以上にわたって停電が続く恐れがある。電力がなければ、現代社会では上水道、ガスのパイプライン、下水処理、運輸、暖房、照明をはじめ、ほぼすべての機能が停止する。大規模な停電が数週間続けば、社会は大混乱に陥ることが、いくつもの研究で明らかになっている。食糧や水、その他の基本的サービスの欠如によって、何百万もの人が命を落とすだろう。政府の機能は麻痺し、軍も自ら介入して秩序を回復することはできない。死にたくなければ田園地方に避難して、何とかぎりぎりの生活で命をつないでゆく努力をせざるをえなくなる。国民は産業革命以前の時代に逆戻りを余儀なくされるというわけだ。

委員会の報告はこう結論した。「電力インフラのかなりの部分が、ある程度の期間失われるような事態になれば……壊滅的な結果を招く可能性が高く、人口の密集した都市部と郊外のコミュニティでは生命を維持するために必要な基本的要素の欠如によって、最終的には多くの人が命を落としかねない［65］」

アメリカの送電網はどれほど脆弱なのか?

アメリカ国内で大量に送電するために電気を高圧に変電したり、エンドユーザーに配電するために電圧を下げたりする役割を担う特注の変圧器およそ二〇〇〇基が、サイバー攻撃によって破壊されるようなことがあれば、深刻な状況に陥るだろう。そうした変圧器の大部分が国外で生産されているからだ[66]。

二〇〇〇基の変圧器を製作してアメリカに輸送し、設置するには、一年以上かかる可能性がある。しかもこれは、サイバー攻撃の対象がアメリカの変圧器だけで、ヨーロッパやその他の国の変圧器に被害がないことを前提としている。アメリカ社会全体の電力や基本的な行政サービスや商業サービスが、一年以上にわたって停止したところを想像してみてほしい。復旧を迎えるはるか以前に、私たちの知るアメリカは姿を消しているだろう。

二〇一二年六月に、国土安全保障省（DHS）の元長官マイケル・チャートフと国家安全保障局（NSA）の元長官マイケル・ヘイデン大将ら、国内屈指の安全保障の専門家数名が、脆弱なアメリカのインフラを保護するためのサイバーセキュリティ法案を成立させるよう上院に要請した。彼らは、既存の諜報機関をもっとうまく活用できていれば、九・一一同時多発テロは阻止できたかもしれないことを指摘し、「『サイバー版九・一一』を企てられた場合に、同じ轍は踏みたくない」と戒めた。そして、「問題は、それが起こるかどうかではなく、いつ起こるかだ[67]」との警告で発言を締めくくった。

アメリカ科学アカデミーは二〇一二年に発行した詳細な報告書の中で、変圧器の脆弱性に詳細な検討を加えつつ、国内の送電網に対するサイバー攻撃の潜在的脅威について注意を喚起した。二〇一二年三月、技術者たちは緊急事態に備えた訓練を行ない、三基の変圧器をセントルイスからヒューストンに輸送して設置し、国内の変圧器に対するサイバー攻撃に迅速に対応する能力を査定した[68]。電力研究所（EPRI）のリチャード・J・ローダンによると、国内の電力部門はどれほどの数の変圧器を備蓄・保管する必要があるかを検討し始め、国内の送電網に一斉にサイバー攻撃が仕掛けられた場合に、重大な損害を受けた地域に予備の変圧器を輸送・設置する最善の方法を模索しているという[69]。

議会やEPRI、アメリカ科学アカデミー、政府の諸委員会、民間の団体などが脅威の大きさに注意を喚起した点は評価できるが、その対応策は十分とは言えない。というのも、彼らが仮定するさまざまな「緊急事態シナリオ」では、発電を化石燃料と原子力に依存し、中央集中型の発電所から何百万ものエンドユーザーへ送り届けるようにだけ設計された送電線を通して電気を流通させるという、旧態依然の送電網を前提とし続けているからだ。もし中央集中型のスマートグリッドが実用化されたならば、送電網へのサイバー攻撃に対する潜在的脆弱性を高める結果にしかならないだろう。

残念ながら、アメリカは中央集中型のスマートグリッドを支持することで、サイバーテロリストの術中にすっぽりとはまりつつある。対照的に、EUやその他の国々では、分散型のスマートグリッド、すなわちエネルギー・インターネットの整備が始まり、大規模なサイバー攻撃によって被る恐れのある脅威や損害は低減している。変圧器が炎上したとしても、エネルギー・インターネットが十分に機能し、国内各地で稼働できていれば、地域コミュニティは中央の送電網に頼らず、自力でグリーン電力を生産して、近隣住民や地元企業とマイクロ送電網を通じてシェアし、最悪の場合でも、社会が機能し続けられる程度の時間は、電源や照明を確保できるだろう。

アメリカの通信ネットワークの脆弱性に関する同様の懸念が、少なくともインターネット誕生のきっかけの一つであったことは興味深い。一九六〇年代、ランド研究所のポール・バランと同僚の研究者たちは、核攻撃を受けた場合にも、途切れることなく確実に国内の通信ネットワークを稼働させ続けるための方策の立案にとりかかった。そしてバランらは、中央交換盤を設けることなく、複数のホストコンピューターをつないだ分散型ネットワークを構想し始めた。これならば、核攻撃によって国内の通信システムの一部が破壊されたとしても、ネットワークは機能し続けられるからだ。システムのどの部分が機能を失っても別の部分が完全に停止することがないように、データを複数の異なるルートで宛先まで伝送できる通信システムを構築するというのが、彼らの発想だった。実験的なネットワークが、国防総省の高等研究計画局（ARPA、現国防高等研究計画局＝DARPA）の資金提供を受けて開発され、「アーパネット（ARPAnet）」と名づけられた。主要大学に設置された数台のコンピューターをつないだこのネットワークが、後にインターネットへと変貌したのだ[70]。

エネルギー・インターネットの分散型の構造にも、サイバー攻撃に耐えうる同様の力が備わっている。問題は、アメリカだけでなくEUやその他の国々の多くの地域でも、太陽光や風力などを利用する既存のマイクロ発電施設が主要電力網の軛につながれ、各地で生産した電力をより大きなシステムに一方的に供給することを余儀なくされている点にある。主要システムがダウンした場合、マイクロ発電も停止し、設置場所では何の役にも立たなくなる。このような仕組みになっている背景には、電力などの公益事業の運営側が、送電網を通しての電力の流通を制御できるようにするという狙いがある。運営側が危惧しているのは、価格設定の動向をモニターする計測機器がすべてのマイクロ発電施設に設置できるようになり、刻々と変化する電気の買取価格を小規模発電の実施者たちに通知して、彼らが、価格が上がったときにだけ主要電力網に電力を売り渡し、好きなときに電力網から切り離して自分の電力を使えるように、設備をプログラムすることだ。

主要電力網につながっているシステムの欠点は、ハリケーン「サンディ」の襲撃を受けて、ロングアイランドとニュージャージー州の沿岸地域で停電が発生したときに明らかになった。住宅やオフィスの多くが、屋根の上に設置したソーラーパネルを活用できなかったのだ。エド・アントニオは、ロングアイランドのクイーンズ地区に自宅を構え、七万ドルを投じて四二枚のソーラーパネルから成る太陽光発電システムを設置していたが、この地域の同種のグリーンなマイクロ発電システム同様、使用できなくなった。アントニオの自宅と同様の住宅では、「電力は屋根の上の設備から、インバーター経由で自宅の配電盤に供給されており、余剰分が一般の送電網に送られる[71]」。ところが停電が発生すると、電力会社の職員が電線を修復している間に、けっして電気が流れることのないように、インバーターは停止する。

とはいえ、現在では新しいシステムが利用可能になり、マイクロ発電施設は送電線で停電が発生したあとも稼働し続けられるようになった。独立した配電盤と高性能のインバーターを導入すれば、電力を自宅だけに送り、生活に不可欠な家電製品や照明、暖房に利用することが可能となり、電気自動車を充電することさえできる。

アメリカ軍は、マイクロ送電網テクノロジーの研究、開発、配備の大部分を先導している。大規模な停電により、自国の軍隊が機能停止に陥ることを懸念して、国防総省とエネルギー省は、「エネルギーの信頼性および安全確保のためのスマート発電インフラ実証実験（SPIDERS）」と称する三〇〇〇万ドルのプロジェクトに着手した。グリーンなマイクロ送電網インフラが現在、ハワイ州キャンプ・H・M・スミス、コロラド州フォート・カーソン、ハワイ州パールハーバー・ヒッカム統合基地の三か所の軍事施設で敷設中だ。SPIDERSによりこの三基地は、サイバー攻撃を受けて主要送電網が作動しなくなったとしても、基地内で生産されたグリーン電力を利用して、主要な機能をすべて維持することができるようになる[72]。

地球温暖化は農業とインフラに大きな打撃を与えている。そして、地球の生態系を徹底的に破壊しかねない勢いで加速している気温の変化と、臨界点に達する前に社会の炭素依存を断ち切るための、協働型ＩｏＴインフラの早急な整備の間で、競り合いが続いているが、巧妙さを増すサイバーテロリストと分散型の発電の支持者の間でも、同じような鍔《つば》迫り合いが演じられている。問題は、何億基もの各地のマイクロ発電施設を必要に応じて主要送電網から切り離して稼働できるように、エネルギー・インターネットを迅速に実用化し、国内の送電システムを狙ったサイバー攻撃が行なわれたときに、経済活動を継続して攻撃に有効に対処できるかどうかだ。

気候変動とサイバーテロというこれら二つの不確定要素はどちらも、人類を安全保障上の甚大な脅威に直面させる。だがそれと同時に、持続可能性が高くてより公平な脱炭素時代に移行するための、困難ながらも大きな機会をもたらしてもくれる。とはいえ、脅威をチャンスに変えるには、実効性のある経済プラン以上のものが必要になる。私たちには、そうしたプランの構想も、それを実施するためのテクノロジーのノウハウもある。だがそのどちらも、人間の意識が根本的に変化しないかぎり、何の役にも立たないだろう。私たちはこれまでの偏狭な心を捨て去り、共通の生物圏で暮らす一つの大家族の一員として考え、行動し始める必要がある。人類が今後も生き延びて繁栄しようと思うなら、さしあたり緊急に求められるのは、この地球での新たな暮らし方だ。

第16章 生物圏のライフスタイル

現在出現しつつあるＩｏＴ（モノのインターネット）のおかげで極限生産性が達成され、たとえそれが限界費用がほぼゼロに向けて経済を加速させて、協働型コモンズの速やかな台頭を促すとしても、最終的にはその極限生産性を資本主義体制に吸収できるだろうと、守旧派のエコノミストの多くは今なお考えている。だが、その逆の展開になる可能性のほうがはるかに高い。つまり二つの経済は、どちらかといえばハイブリッドの協調関係を保ちながら機能するようになってゆくものの、二一世紀なかばまでに協働型コモンズがしだいに優位に立ち、資本主義経済はより補助的な役割に落ち着くだろう。

それを目指して揺るぎない取り組みを続け、手痛い誤りや挫折がなく、多少の幸運に恵まれれば、新しい経済パラダイムへと向かうレースは勝利に終わるはずだ。私はなにも単なる直感や希望的観測から言っているのではなく、これには歴史的な比較やこれまでの経緯に基づく根拠がある。アメリカでもヨーロッパでも、第一次・第二次産業革命のどちらのときも、インフラは初期の整備に三〇年、成熟にさらに二〇年を要している。

第三次産業革命は、いちだんと速いペースで進展している。ワールドワイドウェブが実用化したのは一九九〇年だが、二〇一四年には早くも成熟し、限界費用がほぼゼロで稼働するコミュニケーション媒体を通じて、人類の大部分を結びつけている。コミュニケーション・インターネットを二五年足らずで構築しえたのと同じ指数関数的な勢いに乗り、エネルギー・インターネットも同様のペースで発展しており、二五年のうちに多くの国のほぼ全域で、限界費用がほぼゼロでグリーン電力を生産できるようになる見通しだ。輸送インターネットはまだ揺籃期にあるものの、急速に前進しそうだ。3Dプリンティングはすでに、コミュニケーション・インターネットが同程度の進展段階にあったときと比較して、さらに速い成長の軌跡をたどっている。

また、IoT上でプロシューマーが急増し、ピア・プロダクションが指数関数的に拡大して、財とサービスの生産やマーケティング、流通のコストが下がるのと時を同じくして、コモンズにおけるソーシャルエコノミーの進展がいっそう急激に加速するという現状も、私たちは目の当たりにしてきた。プロシューマーと社会的企業はすでに、経済活動において少なからぬシェアを握りつつあり、第二次産業革命型の企業のただでさえ薄い利幅をさらに圧縮して、多くの企業を廃業に追い込んでいる。慎重に見守る必要はあるが、限界費用がほぼゼロの社会は、二一世紀なかばまでに、稀少性の経済から持続可能な潤沢さの経済へと人類を導くことができるのではないかと、私は期待している。この期待の根拠はテクノロジーにだけでなく、人類の物語《ナラティブ》の歴史にもある。以下にその理由を示そう。

共感する《ホモ・エンパチクス》ヒト

人類史における経済の大パラダイムシフトは、コミュニケーション革命とエネルギー体制を新しい強力な形態に統合し、社会の経済生活を一転させるだけではない。新たなコミュニケーション／エネルギー／輸送マトリックスは必ずや、人間の意識をも転換し、共感の動因を時間的・空間的により広い領域へと拡大して、いちだんと大きな比喩的家族や相互依存を深めた社会という形で人々を団結させるはずだ。

初期の狩猟採集社会では、エネルギーの源は人間の身体そのものであり、エネルギーの保有体として動物を家畜化することも、風や水流のエネルギーを採取することもなかった。狩猟採集社会はいずれも、連携して狩猟や採集を行なったり、社会生活を営んだりするために、何らかの形態の音声言語を編み出していた。さらに狩猟採集社会は例外なく――今日わずかに残る狩猟採集社会でさえも――「神話的意識」を有していた。狩猟採集社会では、共感の動因が、血縁や部族の絆を超えて拡がることはなかった。狩猟採集社会に関する研究からは、まとまりあるコミュニティを維持できる社会集団の規模が、五〇〇人を超えるのは稀だったことが判明している――これは、血縁関係で結ばれた拡大家族に属する者の数であり、この数までなら成員どうしは社会関係を常時保ち、社会的信頼を寄せ合い、ある程度の親密さを抱くことができた[1]。ある部族が渡り歩く領域にときおり侵入してくる他の部族は、人間ではない存在と見なされたり、悪魔とさえ考えられたりした。

紀元前三五〇〇年ごろに中東で、紀元前三九五〇年ごろに中国の長江流域で、紀元前二五〇〇年ごろに南アジアのインダス川流域で出現した、いずれも大河に育まれた巨大文明は、新たなコミュニケーション／エネルギー／輸送マトリックスをもたらした。水路を用いた集中制御型の灌漑農業体制を構築し、維持するには、多大な労働力と専門技能が必要とされた[2]。貯蔵された穀物という新しいエネルギー体制から都市生活が誕生し、穀物倉や道路網、貨幣、市場、遠隔地との取引が姿を現した。穀物の生産、貯蔵、分配を管理する統治組織も形成された。このような広範囲にわたる灌漑農業事業の中央集中化した管理が可能になったのは、ひとえに新たな形態のコミュニケーション、すなわち書字（文字を書くこと）の発明による。

灌漑農業による生産と書字の出現が相まって、人間の心は神話的意識から「神学的意識」に移行した。世界の主要な宗教のいくつかは、「枢軸時代」と呼ばれる時期（紀元前八〇〇年ごろ〜西暦一〇〇年ごろまで）に形成された。中東でユダヤ教とキリスト教が、インドで仏教が、中国で儒教（精神的探究）が誕生したのだ。

神話的意識から神学的意識への移行に伴って、共感の動因も血縁による絆から宗教上のアイデンティティに基づく新たな架空の家族へと急拡大した。血のつながりはなくとも、ユダヤ教徒は架空の家族として他のユダヤ教徒との一体感を持ち始めた。仏教徒も同様だった。西暦一世紀のローマでは、初期のキリスト教への改宗者たちは、互いの頬にキスをして、兄弟姉妹として接した――家族とはつねに、血縁関係にある者に限られていた過去の世代の人々には、まったく理解できない考え方だ。

枢軸時代の主要宗教はどれも、「人にしてもらいたいと思うことを人にもしなさい」という黄金律を生んだ。このように、共感という感性が宗教的帰属を基礎にした架空の拡大家族にまで拡がったおかげで、灌漑農業による生産と書字が一つになって誕生した、時間的・空間的に以前よりずっと広い新たな文明の領域全体で、多くの人々が社会的な絆を育むことが可能になった。

一九世紀に入ると、石炭を燃料とする蒸気印刷や新たな工場、鉄道輸送システムが時を同じくして登場し、「イデオロギー的意識」が誕生した。新たなコミュニケーション／エネルギー／輸送マトリックスは、地域市場から国内市場への通商拡大を可能にし、新しい経済パラダイムを管理する統治形態として、国民国家を確立した。各人は自らを自国の市民であると考え、同胞たちを拡大家族の成員と見なし始めた。各国が自国の歴史的な物語《ナラティブ》を編み出し（その大部分は創作だった）、それに重大な出来事や歴史的苦難、国民全体の記念祭、国家的祝事などをちりばめた。どれも血縁や宗教的絆を超えて、国家全体の結びつきにまで共感という感性を拡大するためだった。フランスの人々は、互いを兄弟姉妹のように捉え始め、拡大家族として共感を寄せ合った。その家族は、フランスの工業社会を支えるコミュニケーション／エネルギー／輸送マトリックスを構成する国内市場や政治的国境の新たな時間的・空間的領域全体に及んでいた。ドイツでも、イタリアでも、イギリスやアメリカ、その他の国々でも、共感の動因の範囲は拡がり、国土全体を包含するまでになった。

二〇世紀には、中央集中型の電化、石油、自動車輸送が結びつき、大量消費社会が台頭し、またしても新たな認識上の移行、すなわちイデオロギー的意識から「心理的意識」への移行をもたらすことになった。私たちにとって、セラピーのように自らを省みることや、内面世界と外界の双方を同時に生きていると考えることは（それが人づき合いや日々の生活にたえず影響を及ぼしているのだが）、しごく当たり前になった。そのため、私たちはつい、祖父母以前の人々は誰一人として（厳密には、歴史上傑出したごくわずかの例外者を除いては）、心理的観点から考えることなどできなかったという事実を失念してしまう。私の祖父母はイデオロギー的観点や神学的観点、あるいは神話的観点からさえ、物事を眺められたが、心理的観点に立つことはまったく不可能だったのだ。

心理的意識により、共感の動因は政治的な境界を超えて拡大し、さまざまな共通点から発する結びつきまでを含むものとなった。人類は、職業や専門分野、文化的嗜好など、幅広い特性に基づくさらに大きな架空の拡大家族どうしで共感を抱き始め、そうした大家族は国境を超えて社会的信頼の境界を拡張し、コミュニケーション／エネルギー／輸送マトリックスや市場がグローバルになりつつある世界において、似たような考え方をする他者への親近感をも含むことになった。

新たなコミュニケーション／エネルギー／輸送マトリックスとそれに伴う経済パラダイムは、それ以前の各時期の意識や共感の範囲を捨て去りはしない。それらは変わらず残るものの、より広い共感の領域の一部になる。神話的意識、神学的意識、イデオロギー的意識、心理的意識はどれも、各人の心の中やあらゆる文化の中に、それぞれの文化に特有の異なる比率や程度で今なお存在し、さらには一体化して共存している。世界にはごくわずかながら、狩猟採集民が神話的意識を持って暮らしている場所もある。また、もっぱら神学的意識に囚われている社会もある。さらには、すでにイデオロギー的意識に移行していて、今度は心理的意識に向かっている社会もある。

意識の変化はまた、機械的・直線的に進展してきたわけでもない。その途上で暗澹たる時期や退行も経験し、ある種の意識が覆い隠され、忘れ去られて、後に再び見出されることもあった。イタリアのルネサンスや北方ルネサンスは、過去の意識形態を再発見した好例だ。

それでもなお、人類の進化にはあるパターンをはっきりと認めることができる。そのパターンは、不規則ながらも紛れようのない人間の意識の変容と、それに伴う共感の動因の拡大の中に捉えられている。共感の対象は、ますます複雑で相互に依存したコミュニケーション／エネルギー／輸送マトリックスと経済パラダイムの中でまとまりを見せる、より大きな架空の家族へと拡がってゆくのだ。

進化のこうした遍歴が意外に感じられるとしたら、それは歴史家が概して、人類の歴史物語の節目となるような異常な出来事、たとえば社会の激変や戦争、大量虐殺《ジェノサイド》、自然災害、権力闘争、社会の不満の是正などばかりを年代順に記録してきたからにほかならない。彼らが人類の歩みの負の側面に囚われるのは理解できる。そうした例外的で異常な出来事は目を惹くからだ。それらは非常に珍しく、日常生活を大きく揺るがすという単純な理由から、私たちの集合的記憶に消えることのない印を刻みつけるのだ。

だが、人類の歴史の大半が本来異常な出来事や破壊的な事件から成り立っており、生物種としての私たちの本質が略奪を旨とし、凶暴で、攻撃的で、激しやすく、怪物のように恐ろしいものですらあるとしたら、人類ははるか昔に滅んでいただろう。

三〇年以上も前になるが、私はゲオルク・ヴィルヘルム・フリードリヒ・ヘーゲルが人類史の性質について書いた論評を読んだ覚えがある。私は彼の言葉に衝撃を受け、『共感の文明――危機に瀕した世界におけるグローバル意識への競争（*The Empathic Civilization: The Race to Global Consciousness in a World in Crisis*）』に示したいくつかの見解を思いついたのだった。ヘーゲルは、「幸福な時代は……歴史からすっぽりと抜け落ちている」、というのもそれは「調和の時代だからだ[3]」と述べている。

まさにそのとおりだろう。人類の歴史的なナラティブには別の側面がある――人間の意識の進化と、より広く包括的な領域への共感の拡大こそがそれだ。記録にこそ残されてはいないが、人類史には、たえず自己の枠を超えて、いっそうの進化を遂げた社会的枠組みの中にアイデンティティを見出そうとする人間の衝動によってもたらされた、幸福で調和のとれた時代が含まれている。こうした枠組みに後押しされて、私たちは社会関係資本を生み出し、人類の歩みの意味を探究し、事物の壮大な枠組みの中に自分の居場所を見つける。共感を抱くとはすなわち、文明化することであり……文明化するとは、共感を抱くことにほかならない。じつのところ、両者は不可分なのだ。

人類の歩んだ歴史を振り返ると、幸福は物質主義ではなく、共感に満ちたかかわりの中に見出されることがわかる。人生の黄昏時を迎えて来し方を振り返ったとき、記憶の中にはっきりと浮かび上がるのが物質的な利得や名声、財産であることはほとんどないだろう。私たちの存在の核心に触れるのは、共感に満ち溢れた巡り会いの瞬間――自分自身の殻を抜け出して、繁栄を目指す他者の奮闘を余すところなく、我がことのように経験するという超越的な感覚が得られた瞬間なのだ。

共感の意識は、ユートピア的な理想主義と混同されることがままあるが、それは実際には正反対のものだ。あなたや私が、他の人間であれ他の生物であれ他者に共感を抱くとき、そこには相手にいずれ訪れる死の気配と、目の前に存在する命に対する称讃が漂っている。相手の喜び、悲しみ、希望、恐れを感じ取っている間、私たちの命はどれも心もとないものであることが、私にはしきりに思い出される。他者に共感するとは、自分の命に対するのと同じように相手の唯一無二の命を認識すること――それが文明社会を生きる人間であれ、森の中で暮らすシカであれ、彼らの時間も自分の時間と同じく、巻き戻しも繰り返しもできず、生ははかなく、不完全で、困難なものであると理解することだ。共感を抱いているとき、私は相手の存在の脆《もろ》さとはかなさを感じる。共感を抱くとは、他者が繁栄するよう応援し、相手の短い生涯に秘められた可能性のすべてを自ら実感することだ。思いやりとはすなわち、地球上で生命の旅をする仲間として連帯の絆を認めて、互いの存在を祝福する私たちなりの方法なのだ。

天国に共感は必要なく、ユートピアに共感の入り込む余地はない。というのも、こうした異世界には、悩みも苦しみも、弱さも欠点もなく、完璧さと不死があるのみだからだ。共感溢れる文明社会で仲間とともに生きるということは、互いの力になり、思いやりを通して、不完全な世界で繁栄に向かって邁進する互いの奮闘をたえず称え、それによって、私たちがはかない存在であるという現実を認め合うことを意味する。最高に幸せな瞬間とはつねに、最も大きな共感を覚える瞬間にほかならないことを、ほんのわずかでも疑う者がいるだろうか?

生物圏意識

こうした事柄はどれも、人類の個人としての幸福と集団としての幸福を推進するという問題に、私たちを立ち返らせる。人類の将来の見通しに、そして種として存続する能力についてさえもはや希望を抱けない人々——加えて、ある程度の集団的な幸福の確保となるといっそう心もとない人々には、私はこう問いかけてみたい。どうしてここで歩みを止めるのか？　人々が共感に満ち溢れて関与し、協働して管理する、より包括的な領域へ私たちを導いてきた旅路に終止符を打つことなどできるだろうか、と。私たちが神話的意識から神学的意識へ、さらにはイデオロギー的意識、心理的意識へと移り変わり、共感の動因を血縁から宗教的つながりへ、そして国民としてのアイデンティティ、共通点を持つ人々のコミュニティへと拡大してきたのだとしたら、人類の旅路における次の飛躍を思い描くことも可能ではないか——生物圏意識に移行し、共感の対象を拡大して、人類全体を自らの家族とするのみならず、進化上の家族の延長として仲間の生物たちも含めることができるのではないだろうか？

双方向型のコミュニケーション、エネルギー、輸送の各インターネットから成る新たなスマートインフラは、Ｗｉ－Ｆｉのようにノードを介して地域から地域へと拡がり、大陸をまたいで社会を結びつけ、広範に及ぶグローバルなニューラルネットワークを形作りつつある。ＩｏＴであらゆるモノをあらゆる人と結びつけるのは、人類史を転換する一大事件で、人類全体が史上初めて、人間という一つの大家族として共感し合い、親交を持つことを可能にする。若い世代はスカイプを通してグローバルな教室で学んでいる。また、フェイスブック上で世界中の仲間と交流し、ツイッターで何億もの人々と噂話に興じる。コミュニケーション・インターネットを使って、オンラインで住まいや衣服をはじめ、ほぼあらゆるものをシェアし、エネルギー・インターネットを通じて、各大陸全土でグリーンエネルギーを生産してシェアし、発展し始めた輸送インターネットで、自動車や自転車、公共交通機関をシェアしようとしている。そしてその過程で、私たち人類の進むべき道は、とどまるところを知らない物質的成長に揺るぎない忠誠を尽くすことから、持続可能な経済成長に一丸となって献身することへと移行しつつある。こうした転換には、人間心理の変化が伴う——つまり、生物圏意識と協働の時代への飛躍だ。

協働の感性とは、各人の存在は相互に密接に結びついており、個人の福祉は最終的に、私たちが暮らすより広いコミュニティの福祉にかかっていることを認識する能力だ。この協働の精神は今や生物圏へと拡がりつつある。世界中の子供たちが、自らの「エコロジカル・フットプリント」について学んでいる。彼らは、人間のあらゆる行為、さらに言えばあらゆる生物の行為が、エコロジカル・フットプリントを残し、地球という生物圏のどこか別の場所で、他の人々あるいは他の生き物たちの繁栄に影響を及ぼすことを理解しだしている。さらに、いくつもの事実をつなぎ合わせて、生物はみな、生物圏全体の各生態系において、無数の共生関係や協働関係に深く根差しており、そのシステム全体が適切に機能するためには、それぞれの部分が持続可能な関係を保つ必要があると認識し始めている。若い世代は、生物圏こそ私たちの全地球的コミュニティで、その健全性と繁栄が自分自身の健康と繁栄を決定することに気づきつつある。

バーチャルスペースでも現実の世界でも相互に結びついた今日の若者たちは、今なお残るイデオロギー上、文化上、ビジネス上の境界を急速に消滅させている。こうした境界は、私有財産関係や市場交換、国境などを介した資本主義体制において、長い間「我がもの」を「汝がもの」から隔ててきた。ところが親や祖父母とは根本的に異なる視点から権力関係を捉える世代にとっては、「オープンソース」がスローガンになっている。地政学の世界で交わされる会話では、保守から革新まで幅広い意見が聞かれ、生産手段を誰が所有し支配すべきかという問題に、ある者は資本主義を擁護する立場から、またある者は社会主義の立場から迫る。ミレニアル世代は、保守対革新、あるいは資本主義対社会主義について論じることはまずない。政治行動を判断するときにミレニアル世代の念頭には、大きく異なる政治のスペクトルがある。彼らが問うのは、政府であれ、政党であれ、企業であれ、教育制度であれ、組織や機関がとる行動が中央集中的、トップダウン式、強権的、閉鎖的、専有的といった性格なのか、それとも分散型・協働型で、開かれていて、透明性が高く、ピアトゥピアであり、水平型の力の表れなのかという点だ。若者たちは、資本主義市場を利用し続けながらも、その先に進みつつある。彼らはネットワーク化された協働型コモンズで経済生活の大半を営み、市場経済と並行して、ソーシャルエコノミーでかかわり合うことに心地良さを感じている。

若者たちが新たに見出した開放性は、性別や社会階級、人種、民族、性的指向などによって長い間人々を隔ててきた壁を打ち壊しつつある。共感という感性は、グローバルなネットワークがあらゆる人々を結びつけるのと同じ速さで、水平に拡大中だ。共感が、社会が真に民主的であるかどうかを判定する究極の試金石となった今、何億もの、いやことによると数十億もの人が、「他者」を「自分自身」として経験し始めつつある。そこまでは目にはつかないものの、何百万もの人、とりわけ若者たちは、極地をさまようペンギンやホッキョクグマから、わずかに残された手つかずの原初の生態系に暮らす絶滅の危機に瀕した種に至るまで、人間の同胞たる動物たちにも、その共感の動因を拡大する方向に動きだしている。若者たちは、生物圏というコミュニティに心地良く収まった共感の文明を構築する機会の一端を、ようやく目にし始めたところだ。現段階では、実現の見通しはおおむね予期というより希望に近い。それでもなおそこには、十分可能性があるという手応えがはっきりと感じられるのだ。

岐路に立つ日本

日本は、限界費用ゼロ社会へのグローバルな移行における不確定要素だ。この国は今、中途半端な状態にある。その苦境を理解するには、日本の現状をドイツの現状と比べてみさえすればよい。両国はグローバル市場における、世界一流のプレイヤーだ。日本経済は世界第三位、ドイツ経済は世界第四位に位置する[1]。ところが、ドイツがスマートでグリーンなＩｏＴ（モノのインターネット）インフラへと急速に移行することで共有型経済と限界費用がゼロの社会を迎え入れようとしているのに対して、日本は過去との訣別を恐れ、確固たる未来像を抱けず、岐路に立たされている。

二〇〇五年、アンゲラ・メルケルはドイツの首相になると、就任後数か月のうちに私をベルリンに招いた。在任中に彼女の政権が、どのようにドイツ経済を成長させ、新しい企業や職を創出するかという問題に取り組むのを手伝ってほしいというのだ。私はベルリンに着くと新首相に「この大工業化時代の最終段階にあるドイツ経済を、さらに言えば、欧州連合の経済やグローバルな経済を、あなたはどう成長させるおつもりですか？」と真っ先に尋ねた。そして、中央集中型の電気通信、化石燃料と原子力、内燃機関を用いた路上・鉄道・航空・水上輸送を特徴とする第二次産業革命がすでに成熟し、生産能力を出し尽くし、ドイツもヨーロッパも世界も、時代遅れで瀕死の経済パラダイムの中でもがき苦しむ羽目に陥ってしまっていることを指摘した。

ドイツ滞在中、私は新たに始まりつつある第三次産業革命の要点を次のように概説した。既存のコミュニケーション・インターネットが、創成期にあるデジタル化された再生可能エネルギー・インターネットや、自動化されたGPS誘導（で、まもなく自動運転となる）輸送／ロジスティクス・インターネットと一体化してスーパーインターネットができ上がり、ドイツ経済のバリューチェーンに沿って、経済生活を「管理」し、それに「動力を供給」して「動かす」ようになる。間もなく、IoTと呼ばれる新しいプラットフォームに支えられながら、このスーパーインターネットが「核」となり、あらゆる機器が他のあらゆる機器や、あらゆる人間とつながり、経済と社会で起こっていることに関する情報を、誰もがシェアできるようになる。当時、IoTは依然として概念段階にあり、センサーはようやくほんの一握りの機器に組み込まれ始めたところだった。だが、近い将来、IoTのおかげでドイツの家庭や企業は、国内各地で起こっているあらゆる経済活動に関するリアルタイムのデータに、一日中いつでも好きなときにほぼゼロの限界費用でアクセスできるようになるだろうと、私は述べた。収集されたビッグデータを分析技術を用いて調べれば、アルゴリズムやアプリケーションを生み出すことができ、個人も企業も、それぞれのバリューチェーンにおけるすべての段階で総効率〔第5章に出てきた「総エネルギー効率」に同じ〕を劇的に増し、それによって大幅に生産性を上げ、限界費用を減らし、新興のスマートな第三次産業革命の経済パラダイムの中で、ドイツは世界一生産的な経済システムになることができる。

ドイツと日本の比較

メルケルが首相に就任した二〇〇五年の時点でさえ、早くも一部の財とサービスの限界費用はゼロに近づいており、インターネット・ユーザーは揺籃期の共有型経済において、ほぼ無料でモノを生産し、交換することが可能になっていた。デジタル世代はすでに音楽や動画、ブログニュース、ソーシャルメディア、無料の電子書籍、自動車サービス、家やアパート、3Dプリントした製品、その他の財やサービスを、低い限界費用あるいはゼロに近い限界費用で生み出し、シェアしていた。

私は次のように首相に説明した。IoTはピアトゥピアという特性を持っているので、ドイツの中小企業や社会的企業、それに個人が集まって財やサービスを生み出し、直接交換することになり、第二次産業革命を通してドイツで限界費用を高く保ち続けてきた中間業者の生き残りを一掃できるだろう。経済活動の仕組みと拡がり方にかかわるこのテクノロジー上の根本的な転換は、少数の人から多数の人へと経済力が移り、経済生活が大衆化する大規模な変化の前兆なのだ。

ただし、第二次産業革命から第三次産業革命への移行は一夜にして起こるわけではなく、三〇〜四〇年をかけて実現することを忘れないようにと、私は警告した。今日のグローバル企業の多くは、旧来の第二次産業革命のビジネス手法を守りながらも、第三次産業革命の新しい分散型・協働型のビジネスモデルをも採用することで、首尾良くこの移行を果たすだろう。今後、資本主義企業は、垂直統合型の市場で個々の製品やサービスを販売するよりも、水平展開型のネットワークをまとめ、管理することに、より大きな価値を見出す可能性が高い。

会見を終えるにあたって、首相はこう言った。「ミスター・リフキン、私はドイツのために、この第三次産業革命を実現させたいです」。私が理由を訊くと、第三次産業革命のインフラは分散型・水平展開型なので、自国の政治地理に打ってつけだからだという。なにしろドイツは連邦であり、各地方がそれぞれある程度の自治権を持ちながらも協働して、ドイツ全体のコミュニティの福祉を増進してきた歴史を持っている。デジタル方式でつながり、ネットワーク化したドイツという発想は、ドイツ国民にはおおいに納得がゆくものだとの見解を、首相は示した。

第三次産業革命とは実質的には、デジタルによる計算と記録の方法の普及に伴って一九六〇年代に始まったデジタル革命が長期にわたって展開してゆくことにほかならず、あらゆる機器をあらゆる人間とつなぎ、グローバルな形で相互接続したスマートな世界を生み出すべく設計されたデジタル方式のＩｏＴが構築されることで、今やこの革命は完成しつつある。二〇一二年、ボッシュ社とドイツ工学アカデミーのエンジニアたちが、「インダストリー４・０」と呼ぶ計画をドイツの連邦政府に提示し、スマートな工場へのＩｏＴの導入は、第四次産業革命の表れだと主張した。第四次と謳って注目を集めようとしたのだろう。その動機はともかく、ＩｏＴはけっして第四次産業革命の表れなどではなく、第三次産業革命のスマートインフラの構築によって、社会全般にデジタルテクノロジーを普遍的に応用することでしかない。この点に関しては、エコノミストもエンジニアも政策主導者も広く意見が一致している。

さて、日本では二〇一一年三月一一日、巨大な地震と津波が福島の原子力発電所を破壊し、放射性物質が放出されて広範な土地が汚染され、一九八六年のチェルノブイリの原発事故以来、最悪の核災害が起こった。その後日本政府は、全国の原子力発電所の運転をすべて一時的に停止した[2]。

福島の原子力発電所の事故が引き起こした政治的な衝撃波は全世界に及んだ。ドイツではメルケル首相が二〇二二年までに国内の原子力発電所をすべて段階的に稼働停止にし[3]、分散型の再生可能エネルギー体制への移行をただちに加速するという驚くべき発表を行ない、事実上、グリーンな第三次産業革命のパラダイムへの転換を速めた。二〇一一年九月、世界第三五位の企業であるドイツの製造大手シーメンス社が、今後、原子力発電所の建設には関与しないと発表した[4]。

今日、ドイツがＩｏＴによる第三次産業革命の土台を築き、資本主義市場と共有型経済の両方から成るハイブリッドの経済体制に向かおうとしているのに対して、日本は、老朽化しつつある原子力産業を断固として復活させる決意でいる堅固な業界と、日本経済を方向転換させて、スマートでグリーンなＩｏＴ時代への移行によってもたらされる厖大な数の新たな機会を捉えようとする、新しいデジタル企業や業界との板挟みになってもがいている。本稿を書いている時点で、両国の根本的な違いは、二〇世紀の化石燃料と原子力を脱し、限界費用がほぼゼロで採取できる分散型の再生可能エネルギーへと迅速に移行するのが、将来ドイツが経済的に成功するカギであることを、ドイツの政府も産業もシビル・ソサエティもすでに理解するに至った点にある。

まだ日本は気づいていないが、台頭しつつあるＩｏＴは、これまでの歴史上のあらゆる経済革命を特徴づけてきた三つの決定的に重要な要素から成り立っている。その三つとはすなわち、経済活動をより効率的に管理する新しいコミュニケーション・テクノロジー、経済活動により効率的に動力を提供する新しいエネルギー源、経済活動をより効率的に動かす新しい輸送手段だ。仮に日本が従来の道を進み、ユニバーサル・サービスの高速ブロードバンドと自動運転輸送だけを推進し、おもに原子力と化石燃料のエネルギーに頼り続けたなら、限界費用がほぼゼロのグリーンエネルギーで動く経済がもたらす、総効率と生産性の著しい向上や限界費用の削減を達成することはできないだろう。ドイツはこの点を理解しているのだ。

これに劣らず重要なのだが、ＩｏＴのプラットフォームは、第一次・第二次産業革命のインフラとは構造設計が根本的に異なることも、ドイツは理解している。過去二つの産業革命のコミュニケーションとエネルギーと輸送の様式は、中央集中型で専有的なものとなるべく設計されており、規模の経済によって総効率と生産性を最適化する、垂直統合型の企業に有利なビジネスモデルを伴っていた。それとは対照的に、ＩｏＴはすでに論じたとおり分散型で、開かれた透明な形で稼働し、協働によって機能し、水平展開型のビジネスモデルを伴い、第一次・第二次産業革命で達成されたものよりもはるかに高い水準の総効率と生産性を実現し、限界費用を劇的に削減する。ＩｏＴプラットフォームによって旧来のビジネスモデルは脇へ押し退けられるので、日本の起業家たちは、もしスマートでデジタル化したグローバル経済への移行を生き延びて成功したいなら、自らのビジネス手法を再考せざるをえなくなる。

この新たな現実が最も如実に表れているのが、新しい再生可能エネルギーへの移行だ。すでに述べたように、ドイツでは再生可能エネルギーの大半が、いっしょになって電力協同組合を結成した何百万もの家庭と何千、何万もの企業によって、おのおのの場所で生み出されている。そのグリーン電力はデジタル化されたエネルギー・インターネット全体でシェアされる。これはピアトゥピアのエネルギー生産・流通という新時代の始まりを告げている。

ドイツを動かしている電力は、二〇二五年には、その四五パーセントが太陽光と風力のエネルギーから生み出され、二〇三五年には六割が再生可能エネルギーによって生産され、二〇五〇年にはその数字は八割に達する見通しだ[5]。言い換えれば、ドイツは、財とサービスの生産・流通における電力生産の限界費用がしだいにほぼゼロに近づく、スマートでグリーンなデジタル経済への道を順調に進んでおり、生産性は劇的に上がり、限界費用は減少し、グローバル経済での競争で優位に立てるだろう。一方日本は、中央集中型でますますコストのかかる原子力と化石燃料のエネルギー体制におおむね執着しているので、日本企業は国際舞台での競争力を失う一方だ。

皮肉にも、日本の主要産業の多くは、ＩｏＴインフラの導入を切望している。ＩｏＴインフラは新たなビジネスモデルやビジネス手法を助長し、利益を生み、厖大な新規雇用機会を創出しうるからだ。ところが、これらの産業は電力業界に手足を縛られている。電力業界は、古い原子力発電所をなんとしても再稼働させ、日本を輸入化石燃料に依存させ続ける気でいる。だが、日本の電気通信企業や情報通信テクノロジー企業、家庭用電化製品メイカー、輸送・物流企業、製造業者、生命科学企業、建設・不動産業界、小売部門、金融業界などは、これまで語られなかった、新しいデジタル経済パラダイムへの移行に伴うチャンスを理解し始めている。

現在日本はドイツの後塵を拝しているとはいえ、二〇世紀後半の第二次産業革命で挙げた目覚ましい業績からは、限界費用ゼロ社会へのデジタル・パラダイムシフトにおいても、先進工業国の間で圧倒的優位に立つ潜在能力があることが窺える。

日本企業は過去半世紀にわたって、生産性を上げて限界費用を減らす上で総効率が果たす役割を直感的に理解してきた。一般には知られていないが、二〇世紀最後の数十年間には、総効率の向上の点で、日本はアメリカを凌いでいた。総効率は、第二次産業革命のインフラが成熟するのに伴い、二〇世紀の最後の二五年間に、アメリカでも日本でも頂点に達した。アメリカの総効率は約一三パーセントで横ばいになり、日本では二〇パーセントほどで頭打ちになった。それ以後、生産性は両国でも世界各国でも伸びが鈍った。第二次産業革命のコミュニケーション／エネルギー／輸送プラットフォームが、四半世紀以上前に生産性の限界に達したからだ。

だが今、第三次産業革命のデジタル化されたコミュニケーション・インターネット、再生可能エネルギー・インターネット、輸送／ロジスティクス・インターネットの構築により、今後三〇年間に総効率を四〇パーセント以上へと伸ばし、極限生産性を実現して、限界費用がほぼゼロの社会へと、かつてないほど近づく見込みが出てきた。日本には過去に総効率を上げた高度な専門的知識が備わっているのだから、スマートでグリーンなＩｏＴを急速に拡大する上で、潜在的な強みがある。日本は世界を次の素晴らしい経済の時代へと導くのを助けられるのだ。

日本の進むべき道

原子力産業と電力の公益企業が非妥協的態度を崩さないにもかかわらず、日本のさまざまな業界は、台頭する限界費用ゼロ社会のために、密やかに基礎を固めている。最優先の課題は、コミュニケーション・インターネットを、揺籃期の再生可能エネルギー・インターネットおよび、新生の、自動化されたＧＰＳ誘導自動運転輸送／ロジスティクス・インターネットと統合して、単一の稼働システムにし、ＩｏＴプラットフォームに接続した何十億という機器が生み出すビッグデータの流れを処理し、経済活動をより効率的に管理し、そこに動力を供給して動かせるようにすることだ。

日本は、ユニバーサル・サービスの超高速ブロードバンド接続でコミュニケーション・インターネットの性能を高める点では、すでに飛び抜けており、ＩｏＴプラットフォームにおけるビッグデータの流れと処理の総効率を上げることが可能になっている。そして日本は今、毎秒一〇ギガビットのインターネット速度を家庭と企業に導入する計画を立て、ブロードバンド接続を次なる段階に導こうとしている。このコミュニケーション・チャンネルが実現すれば、現在アメリカに存在するものの数百倍の速さを持つことになる[6]。シスコ社に言わせれば、「この高速接続は重要だ。なぜなら、ＩｏＥ（万物のインターネット）の普及が速まり、日本は他の国々よりも迅速にその恩恵に与ることが可能になるからだ[7]」。

日本は独特の地理的利点にも恵まれており、そのおかげで、より迅速に再生可能エネルギー・インターネットへと移行することができる。日本の一般大衆にとってさえ意外かもしれないが、日本は先進工業国のうちで再生可能エネルギー源（太陽光、風、地熱）を最も豊富に有している。ロッキーマウンテン研究所の共同創立者でチーフ・サイエンティストのエイモリー・B・ロビンスが指摘しているように、日本はドイツの九倍の再生可能エネルギー資源を持っていながら、そうしたエネルギー源による発電量はドイツの九分の一しかない。たとえば、「日本はドイツと比べて、国土は五パーセント、人口は六八パーセント、GDPは七四パーセント多く、太陽光や風もはるかに豊富だが、二〇一四年二月までに増やした太陽光発電量はドイツのおよそ五分の一にすぎず、風力の利用の増加はないに等しい[8]」。

日本を引き留めているのは、やはり、一握りの垂直統合型の巨大な電力公益企業で、これらの企業は日本では途方もない影響力を振るっており、原子力発電を断念することを頑として望まない。福島の惨事のときに日本の首相の座にあった菅直人は、二〇一五年八月、震災以来初めて川内原子力発電所が運転を再開したことを、「大きな誤り」と評した。菅はさらに、「原子力発電は二〇世紀のテクノロジーであり……長期的観点に立てば、エネルギー源としては劣っている[9]」と述べた。

とはいえ日本は、デジタル化された分散型の再生可能エネルギー・インターネットの確立に向けて、ゆっくりと慎重に前進している。日本の経済産業省が二〇一五年六月に発表した、新しいエネルギー長期計画は、二〇三〇年までに全エネルギーのうちに再生可能エネルギーの占める割合を二二〜二四パーセントにするという、控えめと呼ぶのがせいぜいの増加を求めるにとどまった[10]が、三菱電機、東芝、パナソニックなどの日本企業は自ら、しだいに積極的なマーケティングを行なって、家庭用ソーラーパネルの設置を促進し、スマートな家庭エネルギー・システム実現に向けた戦略を展開している。

断続的なエネルギーに依存する分散型の再生可能エネルギー・インターネットで電力のピーク負荷とベース負荷を効果的に管理するには、当然ながら、最先端の電力貯蔵技術が必要とされる。この分野では日本は世界をリードしている。二〇一五年までに日本全国で、地産エネルギーを貯蔵するために設置された家庭用水素燃料電池の数は一〇万に達した[11]。福島の原発事故のあと、エネルギー貯蔵は日本政府にとって喫緊の課題となっている。政府はエネルギー貯蔵設備の拡充のために、水素テクノロジーに的を絞り、七億ドルを刺激策に充てることにした。

総効率と生産性の劇的改善——繰り返しになるが、日本の得意分野だ——のための、送電網のデジタル化の面でも、日本は前進している。日本は今後一〇年間に八〇〇〇万台のスマート電力メーターを設置するという目標を掲げた[12]。日本最大の公益企業である東京電力は、首都圏だけでも二七〇〇万台のスマートメーターを設置する計画だ[13]。経済産業省も、断続的な再生可能エネルギーの流入量増大対策として、電力網のデジタル化に約六億八〇〇〇万ドルを投入することを決めた[14]。経済産業省はまた、中小の企業や工場におけるエネルギー効率向上用機器の設置を奨励するために、さらに七億七九〇〇万ドルを割り当てた[15]。これも、生産性を上げるためにたゆまず総効率を最適化する、日本の昔からの傾向を示す別の例と言える。

日本では、デジタル化されたコミュニケーション・インターネットと再生可能エネルギー・インターネットが一体化することで、GPS誘導型の自動運転輸送／ロジスティクス・インターネットの創出が可能になりつつある。電気自動車と燃料電池車による輸送への移行では、日本の自動車メイカーはドイツのメイカーと張り合っている。トヨタは一八年以上前、初のハイブリッド車プリウスを導入して競合企業の先頭に立ち、電気自動車輸送のリーダーとなった[16]。今やトヨタとホンダと日産が手を組んで、水素燃料電池を搭載した自動車、バス、トラックを導入するための土台を築いている。これらの車両は、すでに生産が始まっている。

日本政府は、持続可能性への傾倒をますます深める若い世代を惹きつけようと、一台の購入につきおよそ二万ドルという巨額の補助金を出すことで、燃料電池車への移行を加速している[17]。これに加えて東京都は二〇二〇年のオリンピックに向けて、燃料電池車への補助と、水素ステーション三五か所の建設のために三億八五〇〇万ドルを費やす予定で、これは二〇二〇年には路上に出ている見込みの燃料電池車六〇〇〇台に対応するためだ。燃料電池車用水素ステーションの建設費の八割近くが、東京都の補助金で賄われることになる[18]。

電気自動車と燃料電池車への移行は、輸送部門の改編を引き起こし始めている変動の一部にすぎない。日本の都市部でカーシェアリング・サービスが普及するにつれ、インターネットの使用に長けたミレニアル世代は、自動車の所有から移動手段へのアクセスへと急速に関心を移してもいる。カーシェアリング・サービスは、指数曲線を描きながら、芽生えつつある共有型経済で急成長している。二〇〇九年から二〇一四年の間に、カーシェアリング・サービスの登録者数は、六三九六人から四六万五二八〇人に、カーシェアリングに供される自動車の数は五六三台から一万二三七三台に、それぞれ増えた[19]。

日本の政府と輸送・物流業界はすでに、移動手段革命の次なる段階の計画を練っており、これは台頭してくる、デジタル化された輸送/ロジスティクス・インターネットでGPS誘導によって動く自動運転車の配備を伴うものだ。インターネットサービス会社のDeNAは、自動運転車テクノロジーを開発する日本の新規企業ZMPと提携し、自動運転車を日本の路上で走らせるためのジョイントベンチャーを展開している[20]。日本の主要自動車メイカーであるトヨタ、ホンダ、日産は、ドイツの自動車メイカーに後れをとっていることに気づき、自動運転車を商業市場に持ち込むために、今や自らも大急ぎで手を打っている。限界費用がほぼゼロの再生可能エネルギーで動く自動運転の電気自動車や燃料電池車が、自動化された輸送グリッド上で稼働するＩｏＴのスマート社会で十分な競争力を獲得することを願っての対応だ。二〇一五年、日産は二〇一六年から二〇二〇年の間に自動運転テクノロジーを市場に出すために、アメリカ航空宇宙局（ＮＡＳＡ）と提携することを発表した[21]。

一方、日本政府は、台頭しつつあるデジタル化された輸送／ロジスティクス・インターネットにおける、自動運転テクノロジーの普及に向けたグローバル標準の確立で、ヨーロッパとアメリカの自動車メイカーに先を越されることを懸念し、この方面にも介入してきた。日本の国土交通省は、国内の三大自動車メイカーを動かし、日立、パナソニック、デンソーなどの部品供給業者や、名古屋大学と東京大学の研究機関と手を組んで、安全規則と部品仕様書のための規約や規制、基準を協働して定めるよう促している[22]。これと並行して、日本政府はドイツの競争相手に追いつくために、自動運転車の試験道路の建設用にも八三〇〇万ドルを注ぎ込んでいる[23]。

コミュニケーション、エネルギー、輸送／ロジスティクスを統合し、ＩｏＴプラットフォーム上で稼働する単一のシステムにまとめ上げたスーパーインターネットが出現することにより、日本全国でいわゆる「スマートシティ」創出のためのインフラが整う。現在日本には、京都・大阪・奈良にまたがるけいはんな学研都市、横浜市、北九州市、豊田市の四つのスマートシティ・プロジェクトがある[24]。これらのプロジェクトは、あらゆるスマート器具・機械・家電製品を互いにつなぎ、あらゆる家庭、近隣地域、オフィス、工場、倉庫、自動車、道路網、小売店とも接続し、リアルタイムでビッグデータを提供するというものだ。分析技術を用いてそのビッグデータを調べれば、アルゴリズムやアプリケーションが作成できるので、これらの都市圏における無数のバリューチェーンでの経済活動を管理し、それに動力を供給して動かすにあたり、個人、家庭、企業、政府機関は総効率と生産性を劇的に上げ、限界費用を減らすことができる。日本のスマートシティは極限生産性の実現を可能にするので、日本企業はデジタルで限界費用の低いグローバル経済で競争力を維持できる。これも、生産性を高める上で不可欠の総効率向上に対する、日本人のこだわりを示すさらなる例だ。

スマートシティが日本中に広まるにつれ、しだいに多くの財とサービスの限界費用がゼロにさえ迫り、共有型経済は従来の資本主義市場と並んで成長し、繁栄することが可能になる。日本人、わけても若いミレニアル世代は、新世代のアプリを活用し始めており、そのおかげで、バーチャルとリアルの両方の財とサービスを低い限界費用やほぼゼロの限界費用でシェアできるようになってきている。若者たちは音楽やブログニュース、ユーチューブの動画、電子書籍、ウィキペディア上の情報、大規模公開オンライン講座MOOC（ムーク）を生み出してシェアしており、しだいに相互接続してゆくデジタルスペースで、まさに今、有形の財の生産とシェアを始めている。

二〇二〇年の東京オリンピックに向けて観光事業を促進するために、日本政府は経済成長の青写真を用意し、自宅所有者やアパートの住人がホームシェアリング・サービスで観光客に住まいをシェアしやすくしようとしている[25]。エアビーアンドビーだけでも、シェア可能な家やアパートをすでに一万件以上ウェブサイトに載せている[26]。SUSTINAは衣類のシェアサービスで、月額五八〇〇円の料金を払えば、シェア用の再利用衣類の厖大な在庫に自由にアクセスできる[27]。シブカサは東京の、傘シェアリングのウェブ・プラットフォームだ。にわか雨に見舞われた人は、このサイトのスマートフォン用アプリを利用し、この共有ネットワークに所属する最寄りのレストラン、店舗、劇場を見つけ、傘を借りられる。ユーザーはこのサイトに登録した他のどの場所でも、あとで傘を返すことができる[28]。これらは、日々登場する新しいアプリの、ほんの数例にすぎない。このようなアプリは、提供者と利用者を結びつけて、いわば一つの社会的な大家族にまとめ、日本全国でモノをシェアできるようにする。

ＩｏＴは日本にとっても世界にとっても、現状を根本から覆すものだ。シスコ社の調査によると、ＩｏＴがもたらすグローバルな価値のうち、今後一〇年間における日本のシェアは七六一〇億ドル（グローバルな価値の合計の五パーセント）になる見通しだという。その内訳は、市場での売買の時間短縮を含むイノベーションが二三九〇億ドル、新たな顧客の獲得が二一三〇億ドル、サプライチェーンとロジスティクスにおける無駄の削減が一八一〇億ドル、資産活用コストの減少が八二〇億ドル、労働効率の向上が残る四六〇億ドルだ[29]。

これらの数字が示す価値の増加は、しだいに自動化され、相互接続が進むスマート経済における、旧来の資本主義市場で達成されるだろう。だが、シスコ社の調査には反映されていないものがある。それは、成長する共有型経済においてＩｏＴインフラが可能にする価値の増加だ。バーチャルな世界と従来型の経済の両方において、限界費用がほぼゼロでシェアされる無料の財とサービスの増加は、ＧＤＰの値に表れないものの、日本の厖大な数の人、とくに若いインターネット世代の生活の質を一変させるだろう。

ＩｏＴの世界と限界費用ゼロ社会における日本の将来を評価するにあたり、高齢化する人口がこの国の展望に与える影響をめぐって高まる不安を、無視するわけにはゆかない[30]。労働人口が減れば必然的に日本の生産性が落ち、成長能力が損なわれるというのが一般的な見方だ。だが、歴史の流れは人口動態で決まり、将来性があるのはつねに、人口再生産率が最も高い社会であるという考え方はもはや通用せず、高度に自動化されたスマート経済においては、人口動態あるいは人口再生産率は、経済的健全性の唯一の指標ではなくなるかもしれない。第一次・第二次産業革命の両方で総効率と生産性を向上させた日本の幅広い歴史的経験は、日本が舵を切り、第三次産業革命を迎え入れるためのスマートIoTインフラへと向かう上で、強みとなりうる。資本主義市場と共有型経済の両方から成る、完全に自動化されたハイブリッド経済の創出は、極限生産性がもたらすものであり、今後、より少ない人口で比類のないほど質の高い生活を享受することを可能にしうる。

日本は今、歴史上の岐路に立たされている。もし日本が、汚染の根源、すなわち持続不可能な二〇世紀のビジネスモデルの特徴である、古いコミュニケーション・テクノロジーやエネルギー様式、輸送/ロジスティクスから抜け出せなければ、その将来の展望は暗い。実際、日本は急速に零落して、今後三〇年のうちに二流の経済に成り下がるかもしれない。だが、日本がもし時を移さず起業家の才を発揮し、エンジニアリングの専門技術を動員し、それに劣らず潤沢な文化的資産――効率性向上への情熱や非常に意欲の高い未来志向の活力を含む――を活かせれば、限界費用ゼロ社会と、より平等主義的で豊かで、生態学的に持続可能な時代へと、世界を導くことに十分貢献できるだろう。

謝辞

本書『限界費用ゼロ社会――〈モノのインターネット〉と共有型経済の台頭（*The Zero Marginal Cost Society: The Internet of Things and the Rise of the Sharing Economy*）』の作業に目を配り、編集に当たってくれたリサ・マンコウスキーとショーン・ムアヘッドの抜群の仕事ぶりに謝意を表したい。本というものは総じて協働の成果だ。書き手がどれだけ思いどおりにものを伝えられるかは、原稿を用意するときにいっしょに取り組む人々に大きく左右される。ミスター・ムアヘッドとミズ・マンコウスキーは、いわばドリーム・チームだ。ミスター・ムアヘッドは、本書を通じてテーマとコンセプトの詳細が適切な統一性を保つよう、格別の注意を払ってくれた。ミズ・マンコウスキーは、話が終始滑らかに流れ、提示のされ方が一貫するように、もっぱら心を砕いてくれた。このプロジェクトに対する彼らの献身、鋭い編集上のアドバイス、賢明な助言があったからこそ、本書の中身は完成を見た。二人の貢献の跡は、でき上がったこの本のどのページにも見つけることができる。

本書の編集を手伝ってくれただけでなく、出版に向けてマーケティングと外部への働きかけの洗練されたキャンペーンも展開してくれたクリスチャン・ポラードにも感謝したい。

本書完成までの二年に及ぶ期間には、非常に才能のあるインターンたちと仕事をする機会に恵まれた。彼らの貢献は、最終作品の価値を大いに高めてくれた。ダン・ミシェル、アレグザンドラ・マーティン、ジャレド・マッデン、エリザベス・オルテガ、ジェイムズ・パートロウ、シューヤン・

〝チェリー〟・ユー、ジェイムズ・ナジャリアン、ダニエル・マガウアン、ギャノン・マッケンリー、ケヴィン・ガードナー、ジャスティン・グリーン、スタン・コズロウスキーの諸君、ありがとう。

私の担当編集者、パルグレイヴ・マクミラン社のエミリー・カールトンにも、このプロジェクトへの熱意と、数々の見識ある編集上の提案に対してお礼を言いたい。彼女のおかげで、原稿に磨きがかかった。終始衰えることのない支援を続けてくれた、発行者のカレン・ウォルニーにも謝意を表す。

最後に、いつもながら、妻のキャロル・グリューネワルトにも感謝したい。本書を準備している間に彼女と実り多い会話を何度も重ねたおかげで、私の考えがまとまり、本文中の論述が引き締まった。率直に言って、キャロルほど編集や言葉の扱いに長けた人は他に知らない。

本書の執筆は大きな喜びであり、心底好きだからこそやった仕事だった。私が執筆を楽しんだのと同じぐらい、読者のみなさんに本書を楽しんでいただけることを願っている。

「特別章」は日本版に向けて著者が書き下ろしたものです。

参考文献

- Adams, Richard Newbold. *Energy and Structure: A Theory of Social Power*. Austin: University of Texas Press, 1924.
- Anderson, Benedict. *Imagined Communities: Reflections on the Origin and Spread of Nationalism*. London: Verso, 1983［邦訳：『想像の共同体――ナショナリズムの起源と流行』（白石隆・白石さや訳、リブロポート、1987年）］.
- Anderson, Chris. *Free: How Today's Smartest Businesses Profit By Giving Something For Nothing*. New York: Hyperion, 2009［邦訳：『フリー――〈無料〉からお金を生みだす新戦略』（小林弘人監修・解説、高橋則明訳、NHK出版、2009年）］.
- ———. *Makers*. London: Random House, 2012［邦訳：『MAKERS――21世紀の産業革命が始まる』（関美和訳、NHK出版、2012年）］.
- Anderson, Robert. *Fundamentals of the Petroleum Industry*. Norman: University of Oklahoma Press, 1984.
- Anielski, Mark. *The Economics of Happiness*. Gabriola Island BC, CA: New Society Publishers, 2007.
- Appleby, Joyce. *The Relentless Revolution*. New York: W.W. Norton, 2010.
- Aries, Philippe. *The Hour of Our Death*. New York: Oxford University Press, 1981.
- Axelrod, Robert. *The Evolution of Cooperation*. New York: Basic Books, 1984.
- Ayres, Robert and Edward Ayres. *Crossing The Energy Divide*. Upper Saddle River, NJ: Wharton School Publishing, 2010.
- Ayres, Robert and Benjamin Warr. *The Economic Growth Engine: How Energy and Work Drive Material Prosperity*. Laxenburg: The International Institute for Applied Systems Analysis, 2010.
- Bakan, Joel. *The Corporation: The Pathological Pursuit of Profit and Power*. New York: Free Press, 2004.
- Banks, James A. and Cherry A. McGee Banks, eds. *Multicultural Education: Issues and Perspectives*. 6th ed. Hoboken, NJ: John Wiley & Sons, 2007.
- Barlow, Maude and Tony Clarke. *Blue Gold*. New York: The New Press, 2002.
- Barnes, Peter. *Who Owns The Sky?* Washington, DC: Island Press, 2001.
- Belgin, Stephen and Bernard Lietaer. *New Money for a New World*. Boulder, CO: Qiterra Press, 2005.
- Beniger, James R. *The Control Revolution: Technological and Economic Origins of the Information Society*. Cambridge, MA: Harvard University Press, 1986.
- Benkler, Yochai. *The Wealth of Networks: How Social Production Transforms Markets and Freedom*. New Haven, CT: Yale University Press, 2006.
- Bentham, Jeremy and Etienne Dumont. *Theory of Legislation*. London: K. Paul, Trench, Trubner & Company Limited, 1908.
- Berle, Adolf A. and Gardiner C. Means. *The Modern Corporation & Private Property*. New Brunswick: Transaction Publishers, 2010.
- Blanning, Tim. *The Romantic Revolution*. New York: Modern Library, 2011.
- Bok, Derek. *The Politics of Happiness*. Princeton, NJ: Princeton University Press, 2010.
- Bollier, David. *Silent Theft: The Private Plunder of Our Common Wealth*. New York: Rutledge, 2003.
- ———. *Viral Spiral*. New York: The New Press, 2008.
- Bonpasse, Morrison. *The Single Global Currency*. Newcastle, ME: Single Global Currency Association, 2006.
- Borbely, Anne-Marie and Jan F. Kreider. *Distributed Generation: The Power Paradigm for the New Millennium*. Washington, DC: CRC Press, 2001.
- Botsman, Rachel and Roo Rogers. *What's Mine Is Yours: The Rise of Collaborative Consumption*. New York: HarperCollins, 2010［邦訳：『シェア――〈共有〉からビジネスを生みだす新戦略』（小林弘人監修・解説、関美和訳、NHK出版、2010年）］.
- Boyle, James. *Cultural Environmentalism and Beyond*. San Francisco: Creative Commons, 2007.
- Brewer, Richard. *Conservancy: The Land Trust Movement in America*. Hanover, NH: Dartmouth College Press, 2003.
- Brock, Gerald W. *The Telecommunications Industry: The Dynamics of Market Structure*. Cambridge, MA: Harvard University Press, 1981.
- Bryant, John. *Thermodynamics: A Thermodynamic Approach to Economics*. 2nd ed. Herts, UK: VOCAT International Ltd, 2011.

- Brynjolfsson, Erik and Andrew McAfee. *Race Against the Machine: How the Digital Revolution Is Accelerating Innovation, Driving Productivity, and Irreversibly Transforming Employment and the Economy*. Lexington, MA: Digital Frontier Press, 2011［邦訳：『機械との競争』（村井章子訳、日経 BP 社、2013年）］.
- Burger, Christoph and Jens Weinmann. *The Decentralized Energy Revolution*. New York: Palgrave Macmillan, 2013.
- Carr, Nicholas. *The Big Switch*. New York: W.W. Norton, 2009.
- Chambers, Ann. *Distributed Generation*. Tulsa: PennWell Corporation, 2001.
- Chandler Jr., Alfred D. *The Visible Hand: The Managerial Revolution in American Business*. Cambridge, MA: The Belknap Press of Harvard University Press, 1977［邦訳：『経営者の時代――アメリカ産業における近代企業の成立　上下』（鳥羽欽一郎・小林袈裟治訳、東洋経済新報社、1979年）].
- Chesbrough, Henry. *Open Innovation*. Boston: Harvard Business School Press, 2006.
- Christman, John. *The Myth of Property: Toward an Egalitarian Theory of Ownership*. New York: Oxford University Press, 1994.
- Daly, Herman. *Beyond Growth*. Boston: Beacon Press, 1996.
- Daly, Hermen E. and John Cobb Jr. *For The Common Good*. Boston: Beacon Press, 1999.
- Danielian, Noobar Retheos. *AT&T: The Story of Industrial Conquest*. New York: Vanguard Press, 1939.
- Darwin, Charles. *The Variation of Animals and Plants Under Domestication*. Vol. 1. London: John Murray, 1899［邦訳：『家畜・栽培植物の変異　上下』（永野為武・篠遠喜人訳、白揚社、1938-39年）他］.
- Debeir, Jean-Claude, Jean-Paul Deléage, and Daniel Hémery. *In the Servitude of Power: Energy and Civilization Through the Ages*. London: Zed Books, 1992.
- De Forest Sackett, Ross. *Time, Energy, and the Indolent Savage: A Quantitative Cross-Cultural Test of the Primitive Affluence Hypothesis*. Los Angeles: University of California, 1996.
- De Grazia, Sebastian. *Of Time, Work, and Liesure*. Garden City, NJ: Anchor Books, 1964.
- De Soto, Hernando. *The Mystery of Capital*. New York: Basic Books, 2011.
- Dobb, Maurice. *Studies in the Development of Capitalism*. New York: International Publishers, 1947［邦訳：『資本主義発展の研究　一・二』（京大近代史研究会訳、岩波現代叢書、1954-55年）他］.
- Doctorow, Cory. *Over Clocked: Stories of the Future Present*. New York: Thunder's Mouth Press, 2007.
- Dugger, William and James Peach. *Economic Abundance: An Introduction*. New York: M.E. Sharpe, 2009.
- Dunbar, Robin. *Grooming, Gossip, and the Evolution of Language*. Cambridge, MA: Harvard University Press, 1998［邦訳：『ことばの起源――猿の毛づくろい、人のゴシップ』（松浦俊輔・服部清美訳、青土社、1998年）］.
- Eisenstein, Charles. *Sacred Economics: Money, Gift and Society in the Age of Translation*. Berkeley, CA: Evolver Editions, 2011.
- Eisenstein, Elizabeth L. *The Printing Revolution in Early Modern Europe*. Cambridge: Cambridge University Press, 1983［邦訳：『印刷革命』（別宮貞徳監訳、小川昭子・家本清美・松岡直子・岩倉桂子・国松幸子訳、みすず書房、1987年）］.
- Elkington, John. *The Zeronauts: Breaking the Sustainability Barriers*. Washington, DC: EarthScan, 2012.
- Epstein, S. R. and Maarten Prak. *Guilds, Innovation and the European Economy, 1400-1800*. Cambridge: Cambridge University Press, 2008.
- Faraone, Chris. *99 Nights With the 99 Percent*. United States: Write To Power, 2012.
- Ford, Martin. *The Lights in the Future*. United States: Acculant Publishing, 2009.
- Frey, Bruno S. *Happiness: A Revolution in Economics*. Cambridge, MA: MIT Press, 2010.
- Frieden, Jeffry A. *Global Capitalism*. New York: W.W. Norton, 2006.
- Frischmann, Brett M. *Infrastructure: The Social Value of Shared Resources*. USA: Oxford University Press, 2013.
- Fyfe, Aileen. *Steam-Powered Knowledge: William Chambers and The Business of Publishing, 1820-1860*. Chicago: University of Chicago Press, 2012.
- Ganksky, Lisa. *The Mesh*. New York: Penguin Portfolio, 2010.
- Gershenfeld, Neil. *Fab*. New York: Basic Books, 2005.
- Ghosh, Rishab. *Code*. Cambridge, MA: MIT Press, 2005.
- Gimpel, Jean. *The Medieval Machine: The Industrial Revolution of the Middle Ages*. London: Penguin, 1977［邦訳：『中世の産業革命』（坂本賢三訳、岩波モダンクラシックス、2010年）他］.
- Graham, Carol. *The Pursuit of Happiness: An Economy of Well-Being*. Washington, DC: Brookings Institution, 2011.
- Greco Jr., Thomas H. *Money: Understanding and Creating Alternatives to Legal Tender*. White River Junction,

VT: Chelsea Green, 2001.
- Gupta, Shanti. *The Economic Philosophy of Mahatma Gandhi*. New Delhi: Concept Publishing Company, 1994.
- Haber, Samuel. *Efficiency and Uplift: Scientific Management in the Progressive Era 1890-1920*. Chicago: University of Chicago Press, 1964.
- Habermas, Jurgen. *The Structural Transformation of the Public Sphere*. Cambridge, MA: MIT Press, 1991［邦訳：『公共性の構造転換』（細谷貞雄訳、未来社、1973年）］.
- Haidt, Jonathan. *The Happiness Hypothesis*. New York: Basic Books, 2006.
- Hannesson, Rognvaldur. *The Privatization of the Oceans*. Cambridge, MA: MIT Press, 2004.
- Hart, Sura and Victoria Kindle Hodson. *The Compassionate Classroom: Relationship Based Teaching and Learning*. Encinitas, CA: Puddle Dancer Press, 2004.
- Havelock, Eric A. *Preface to Plato*. Cambridge, MA: Belknap Press, 1963.
- Hawken, Paul, Amory Lovins, and L. Hunter Lovins. *Natural Capitalism*. New York: Little, Brown and Company, 1999.
- Hegel, Georg Wilhelm Friedrich. *Lectures on the Philosophy of World History*. Cambridge: Cambridge University Press, 1975［邦訳：『歴史哲学講義　上下』（長谷川宏訳、岩波文庫、1994年）他］.
- Henderson, Hazel. *Ethical Markets*. White River Junction, VT: Chelsea Green, 2006.
- Hess, Charlotte and Elinor Ostrom, eds. *Understanding Knowledge as a Commons: From Theory to Practice*. Cambridge, MA: MIT Press, 2007.
- Hippel, Eric Von. *Democratizing Innovation*. Cambridge, MA: MIT Press, 2005.
- Hobsbawm, E. J. *The Age of Capital 1848-1875*. London: Penguin, 1980［邦訳：『資本の時代――1848-1875　一・二』（柳父圀近・松尾太郎・山崎清訳、みすず書房、1981-2年）］.
- Hobsbawm, E. J. *The Age of Empire 1875-1914*. New York: Vintage Books, 1987.
- Hobsbawm, E. J. *The Age of Revolution 1789-1848*. New York: Mentor, 1962［邦訳：『市民革命と産業革命――二重革命の時代』（安川悦子・水田洋訳、岩波書店、1968年）］.
- Hoeschele, Wolfgang. *The Economics of Abundance: A Political Economy of Freedom, Equity, and Sustainability*. Surrey, UK: Gower, 2010.
- Hoyt, Robert S. *Europe in the Middle Ages*. 2nd ed. New York: Harcourt, Brace & World, 1966.
- Hume, David. *An Enquiry Concerning the Principles of Morals*. London: Printed for A. Millar, 1751［邦訳：『道徳原理の研究』（渡部峻明訳、哲書房、1993年）］.
- Jackson, Tim. *Prosperity Without Growth: Economics for a Finite Planet*. Washington, DC: Earthscan, 2009.
- James, William. *The Principles of Psychology*. Vol. 1. New York: Henry Holt, 1890.
- Kanigel, Robert. *The One Best Way: Frederick Winslow Taylor and the Enigma of Efficiency*. New York: Penguin, 1997.
- Keen, Andrew. *The Cult of the Amateur*. New York: Doubleday, 2007.
- Kellmereit, Daniel, and Daniel Obodovski. *The Silent Intelligence: The Internet of Things*. San Francisco: DND Ventures LLC, 2013.
- Keynes, John Maynard. *The General Theory of Employment, Interest, and Money*. San Diego: Harcourt Brace, 1964［邦訳：『雇用、利子および貨幣の一般理論　上下』（間宮陽介、岩波文庫、2008年）他］.
- Kleindorfer, Paul R. and Wind Yorman with Robert E. Gunther. *The Network Challenge*. Upper Saddle River, NJ: Wharton School Publishing, 2009.
- Klinenberg, Eric. *Going Solo*. New York: Penguin Press, 2012.
- Kramer, Matthew H. *John Locke and the Origins of Private Property*. Cambridge: Cambridge University Press, 1997.
- Kropotkin, Petr. *Mutual Aid: A Factor of Evolution*. Boston: Extending Horizons Books, 1914.
- Kumar, C. Arvind. *Welcome to the 'Free' World: A Free Software Initiative*. Andhra Pradesh: Indian Universities Press, 2011.
- Kurzweil, Ray. *The Singularity is Near*. New York: Viking, 2005［邦訳：『ポスト・ヒューマン誕生――コンピュータが人類の知性を超えるとき』（井上健監訳、小野木明恵・野中香方子・福田実訳、NHK出版、2007年）］.
- Lane, Robert E. *The Loss of Happiness in Market Democracies*. New Haven: Yale University Press, 2000.
- Lanier, Jaron. *You Are Not a Gadget*. New York: Vintage Books, 2011.
- Layard, Richard. *Happiness: Lessons From a New Science*. New York: Penguin Press, 2005.
- Lefebvre, Georges, et al. *The Transition from Feudalism to Capitalism*. London: Versa, 1976.

- Le Goff, Jacques. *Time, Work, & Culture in the Middle Ages*. Chicago: University of Chicago Press, 1980.
- Lessig, Lawrence. *The Future of Ideas*. New York: Random House, 2001［邦訳：『コモンズ――ネット上の所有権強化は技術革新を殺す』（山形浩生訳、翔泳社、2002年）］.
- Linebaugh, Peter. *The Magna Carta Manifesto*. Berkeley: University of California Press, 2008.
- Locke, John. *Two Treatises of Government*. London: Printed for Whitmore and Fenn, Charing Cross; and C. Brown, Duke Street, Lincoln's-Inn-Fields, 1821［邦訳：『市民政府論』（角田安正訳、光文社古典新訳文庫、2011年）他］.
- Louv, Richard. *The Nature of Money*. Chapel Hill, NC: Algonquin Paperbacks, 2011.
- Lovelock, James. *Gaia: A New Look at Life on Earth*. Oxford: Oxford University Press, 1995［邦訳：『地球生命圏――ガイアの科学』（星川淳訳、工作舎、1985年）］.
- ―――. *The Ages of Gaia: A Biography of Our Living Earth*. Oxford: Oxford University Press, 1988［邦訳：『ガイアの時代――地球生命圏の進化』（星川淳訳、工作舎、1990年）］.
- Lovins, Amory and The Rocky Mountain Institute. *Reinventing Fire*. White River Junction, VT: Chelsea Green, 2011.
- Lukacs, John. *Historical Consciousness: The Remembered Past*. New Brunswick, NJ: Transaction, 1994.
- MacKinnon, Rebecca. *Consent of the Networked*. New York: Basic Books, 2012.
- Macpherson, Crawford B. *Democratic Theory*. Oxford University Press, 1973.
- Margulis, Lynn. *Symbiotic Planet*. New York: Basic Books, 1998［邦訳：『共生生命体の30億年』（中村桂子訳、草思社、2000年）］.
- Marsh, Peter. *The New Industrial Revolution*. London: Yale University Press, 2012.
- Marvin, Carolyn. *When Old Technologies Were New: Thinking About Electric Communication in the Late Nineteenth Century*. New York: Oxford University Press, 1988［邦訳：『古いメディアが新しかった時――19世紀末社会と電気テクノロジー』（吉見俊哉・水越伸・伊藤昌亮訳、新曜社、2003年）］.
- Marx, Karl. *Capital*. Oxford, UK: Oxford University Press, 1995［邦訳：『資本論　一～九』（向坂逸郎訳、岩波文庫、1969-1970）他］.
- Mason, Paul. *Why It's Kicking Off Everywhere*. London: Verso, 2012.
- May, Christopher. *A Global Political Economy of Intellectual Property Rights*. New York: Routledge, 2000.
- McKean, Margaret A. *Proceedings of the Conference on Common Property Resource Management*. Washington, DC : National Academy Press, 1986.
- McMahon, Darren M. *Happiness: A History*. New York: Grove Press, 2006.
- More, Thomas. *Utopia*. Rockville, MD: Arc Manor, 2008［邦訳：『ユートピア』（平井正穂訳、岩波文庫、1957年）他］.
- Noble, David F. *Forces of Production: A Social History of Industrial Automation*. Oxford: Oxford University Press, 1984.
- Nye, David E. *Electrifying America: Social Meanings of a New Technology, 1880-1940*. Cambridge, MA: MIT Press, 1991.
- Ollman, Bertell. *Alienation: Marx's Conception of Man in Capitalist Society*. London: Cambridge University Press, 1971.
- Ong, Walter J. *Orality and Literacy*. New York: Methuen, 2002.
- Ostrom, Elinor. *Governing the Commons: The Evolution of Institutions for Collective Action*. Cambridge: Cambridge University Press, 1990.
- Ostrom, Elinor, et al., eds. *The Drama of the Commons*. United States: National Academy of Sciences, 2002.
- Packard, Vance. *The Hidden Persuaders*. Brooklyn: Pocket Books, 1980.
- Petrini, Carlo. *Terra Madre*. White River Junction, VT: Chelsea Green, 2009.
- Polanyi, Karl. *The Great Transformation: The Political and Economic Origins of Our Time*. Boston: Beacon Press, 1944［邦訳：『「新訳」大転換――市場社会の形成と崩壊』（野口建彦・栖原学訳、東洋経済新報社、2009年）他］.
- Randall Jr., John Herman. *The Making of the Modern Mind: A Survey of the Intellectual Background of the Present Age*. Cambridge, MA: Riverside Press, 1940.
- Raymond, Eric. *The Cathedral and the Bazaar: Musing on Linux and Open Source by an Accidental Revolutionary*. Sebastopol, CA: O'Reilly Media, 2001.
- Rifkin, Jeremy. *Biosphere Politics*. New York: Crown, 1991［邦訳：『地球意識革命――聖なる地球をとりもどす』（星川淳訳、ダイヤモンド社、1993年）］.
- ―――. *The Age of Access: The New Culture of Hypercapitalism Where All of Life Is a Paid-For Experience*. New York:

Tarcher/Putnam, 2000［邦訳：『エイジ・オブ・アクセス』（渡辺康雄訳、集英社、2001年）］.
- ———. *The Biotech Century*. New York: Tarcher/Putnam, 1998［邦訳：『バイテク・センチュリー——遺伝子が人類、そして世界を改造する』（鈴木主税訳、集英社、1999年）］.
- ———. *The Empathic Civilization: The Race to Global Consciouness in a World in Crisis*. New York: Penguin, 2009.
- ———. *The End of Work*. New York: Penguin, 1995［邦訳：『大失業時代』（松浦雅之訳、TBSブリタニカ、1996年）］.
- ———. *The Third Industrial Revolution*. New York: Palgrave Macmillan, 2011［邦訳：『第三次産業革命——原発後の次代へ、経済・政治・教育をどう変えていくか』（田沢恭子訳、インターシフト、2012年）］.
- Rowe, Jonathon. *Our Common Wealth*. San Francisco: Berret-Koehler, 2013.
- Sahlins, Marshall. *Stone Age Economics*. New York: Aldine De Gruyter, 1972.
- Sandel, Michael. *What Money Can't Buy*. New York: Farrar, Straus and Giroux, 2012［邦訳：『それをお金で買いますか——市場主義の限界』（鬼澤忍訳、早川書房、2012年）］.
- Schewe, Phillip F. *The Grid*. Washington, DC: Joseph Henry Press, 2007.
- Schlatter, Richard. *Private Property: The History of an Idea*. New Brunswick, NJ: Rutgers University Press, 1951.
- Schor, Juliet B. *Born to Buy: The Commercialized Child and the New Consumer Culture*. New York: Scribner, 2004［邦訳：『子どもを狙え！——キッズ・マーケットの危険な罠』（中谷和男訳、アスペクト、2005年）］.
- ———. *Plenitude: The New Economics of True Wealth*. New York: Penguin Press, 2010.
- Schuler, Douglas and Peter Day. *Shaping the Network Society*. Cambridge, MA: MIT Press, 2004.
- Sedlacek, Thomas. *Economics of Good and Evil: The Quest for Economic Meaning from Gilgamesh to Wall Street*. Oxford: Oxford University Press, 2011.
- Shiva, Vandana. *Water Wars: Privatization, Pollution, and Profit*. Cambridge, MA: South End Press, 2002.
- Simmel, Georg. *The Philosophy of Money*. London: Routledge, 2004［邦訳：『貨幣の哲学』（居安正訳、白水社、1999年）］.
- Slater, Gilbert. *The English Peasantry and the Enclosure of the Commons*. New York: A.M. Kelley, 1968.
- Smith, Adam. *An Inquiry into the Nature and Causes of the Wealth of Nations*. Edinburgh: Thomas Nelson, 1843［邦訳：『国富論　一〜四』（大河内一男監訳、玉野井芳郎・田添京二・大河内暁男訳、中公クラシックス、2010年）他］.
- Sobel, Robert. *Panic on Wall Street: A History of America's Financial Disasters*. Washington, DC: Beard Books, 1999.
- Solomon, Elinor Harris. *Virtual Money*. New York: Oxford University Press, 1997.
- Spence, Michael. *The Next Convergence*. New York: Farrar, Straus and Giroux, 2011.
- Spencer, Herbert. *The Principles of Biology*. Vol. 1. London: Williams and Norgate, 1864.
- Sperber, Jonathan. *The European Revolutions, 1848-1851*. Cambridge: Cambridge University Press, 1994.
- Stein, Janice Gross. *The Cult of Efficiency*. Toronto: Anansi, 2001.
- Steinberg, Theodore. *Slide Mountain*. Berkeley: University of California Press, 1995.
- Steiner, Christopher. *Automate This: How Algorithms Came to Rule Our World*. New York: Penguin Group, 2012.
- Stover, John F. *American Railroads*. Chicago: University of Chicago Press, 1961.
- Suarez-Orozco, Marcelo, ed. *Learning in the Global Era: International Perspectives on Globalization and Education*. Berkeley: University of California Press, 2007.
- Surowiecki, James. *The Wisdom of Crowds*. New York: Doubleday, 2004.
- Tapscott, Don and Anthony Williams. *MacroWikinomics: Rebooting Business and the World*. New York: Portfolio Penguin, 2010.
- Tawney, R. H. *Religion and the Rise of Capitalism*. New Brunswick, NJ: Transaction, 2011.
- ———. *The Acquisitive Society*. New York: Harcourt, Brace & Co., 1920.
- The Dalai Lama and Howard Cutler. *The Art of Happiness*. London: Hodder and Stoughton, 2009.
- Thirsk, Joan. *Tudor Enclosures*. London: Historical Association, 1958.
- Thompson, E. P. *The Making of the English Working Class*. New York: Vintage Books, 1966.
- Tobey, Ronald C. *Technology as Freedom: The New Deal and the Electrical Modernization of the American Home*. Berkeley: University of California Press, 1996.

- Turkle, Sherry. *Alone Together*. New York: Perseus Books, 2011.
- Turner, Frederick Jackson. *The Frontier in American History*. Tucson: University of Arizona Press, 1994.
- Useem, Micheal. *Investor Capitalism*. New York: Basic Books, 1996.
- Vietor, Richard H. K. *Contrived Competition: Regulation and Deregulation in America*. Cambridge, MA: Harvard University Press, 1994.
- Walljasper, Jay. *All That We Share*. New York: New Press, 2010.
- Wann, David. *Simple Prosperity*. New York: St. Martin's Press, 2007.
- Weber, Max. *Economy and Society: An Outline of Interpretive Sociology*. Berkeley: University of California Press, 1978.
- ———. *The Protestant Ethic and the Spirit of Capitalism*. New York: Charles Scribner's Sons, 1958［邦訳：『プロテスタンティズムの倫理と資本主義の精神』（大塚久雄訳、岩波文庫、1989年）他］.
- Weber, Steven. *The Success of Open Source*. Cambridge, MA: Harvard University Press, 2004.
- White, Leslie A. *Modern Capitalism Culture*. Walnut Creek, CA: Left Coast Press, 2008.
- White Jr., Lynn. *Medieval Technology and Social Change*. London: Oxford University Press, 1962［邦訳：『中世の技術と社会変動』（内田星美訳、思索社、1985年）］.
- Wilson, Edward O. *The Social Conquest of Earth*. New York: Liveright, 2012.
- Wu, Tim. *The Master Switch*. New York: Vintage Books, 2009.
- Yergin, Daniel. *The Prize*. New York: Simon and Schuster, 1991［邦訳：『石油の世紀——支配者たちの興亡　上下』（日高義樹・持田直武訳、NHK出版、1991年）］.

原注

第 1 章　市場資本主義から協働型コモンズへの一大パラダイムシフト

1. Jean-Baptiste Say, *A Treatise on Political Economy* (Philadelphia: Grigg & Elliot, 1843)［邦訳：『経済学 上下』（増井幸雄訳、岩波書店、1926-29年）］, 134-35.
2. Dale Dougherty, "How Many People Will Own 3-D Printers?," *Make* [Blog], April 5, 2013, http://makezine.com/2013/04/05/how-many-people-will-own-3d-printers/（2013年7月1日にアクセス）.
3. Chris Anderson, "Free! Why $0.00 Is the Future of Business," *Wired*, February 25, 2008, http://www.wired.com/techbiz/it/magazine/16-03/ff_free?currentPage=all（2013年3月7日にアクセス）.
4. Oskar Lange, "On the Economic Theory of Socialism: Part Two," *Review of Economic Studies* 4(2) (1937): 129.
5. 同上、129-30.
6. 同上、130.
7. John Maynard Keynes, *Essays in Persuasion* (Project Gutenberg eBook, 2011), 358-74, http://gutenberg.ca/ebooks/keynes-essaysinpersuasion/keynes-essaysinpersuasion-00-h.html（2013年1月23日にアクセス）.
8. 同上.
9. J. Bradford DeLong and Lawrence H. Summers, "The 'New Economy': Background, Historical Perspective, Questions and Speculations," *Economic Policy for the Informational Economy* (2001): 16.
10. 同上、35.
11. 同上.
12. 同上、16.
13. 同上.
14. 同上.
15. 同上.
16. 同上、16, 38.
17. Thomas S. Kuhn, *The Structure of Scientific Revolutions* (Chicago: University of Chicago Press, 1962)［邦訳：『科学革命の構造』（中山茂訳、みすず書房、1971年）他］.
18. Isaac Asimov, "In the Game of Energy and Thermodynamics You Can't Even Break Even," *Smithsonian*, August 1970, 9.
19. Viktor Mayer-Schönberger and Kenneth Cukier, *Big Data: A Revolution That Will Transform How We Live, Work, and Think* (Boston: Houghton Mifflin Harcourt, 2013)［邦訳：『ビッグデータの正体――情報の産業革命が世界のすべてを変える』（斎藤栄一郎訳、講談社、2013年）］59.
20. 同上、89.
21. Steve Lohr, "The Internet Gets Physical," *New York Times*, December 17, 2011, http://www.nytimes.com/2011/12/18/sunday-review/the-internet-gets-physical.html?pagewanted=all&_r=0（2013年11月19日にアクセス）.
22. 同上.
23. 同上.
24. 同上.
25. Lester Salamon, "Putting the Civil Society Sector on the Economic Map of the World," *Annals of Public and Cooperative Economics* 81(2) (2010): 198, http://ccss.jhu.edu/wp-content/uploads/downloads/2011/10/Annals-June-2010.pdf（2013年8月8日にアクセス）; "A Global Assembly on Measuring Civil Society and Volunteering," Johns Hopkins Center for Civil Society Studies, September 26, 2007, 6, http://ccss.jhu.edu/wp-content/uploads/downloads/2011/10/UNHB_GlobalAssemblyMeeting_2007.pdf（2013年7月8日にアクセス）.
26. Salamon, "Putting the Civil Society Sector," 198.
27. "Collaborative [1800-2000], English," Google Books Ngram Viewer, http://books.google.com/ngrams/（2013年6月12日にアクセス）; "Google Books Ngram Viewer," University at Buffalo, http://libweb.lib.buffalo.edu/pdp/index.asp?ID=497（2013年12月16日にアクセス）.
28. "The World's Top 50 Economies: 44 Countries, Six Firms," Democratic Leadership Council, July 14,

2010, http://www.dlc.org/ndol_cie5ae.html?kaid=10（2013年5月19日 に ア ク セ ス）; "Fortune Magazine Releases Its Annual Fortune Global 500 List of Companies Winning Top Rankings by Making Money and Marketing Well," *PRWeb*, July 10, 2012, http://www.prweb.com/releases/fortune-global-500/money-and-marketing/prweb9684625.htm（2013年5月18日 に ア ク セ ス）; "2011 Economic Statistics and Indicators," Economy Watch, http://www.economywatch.com/economic-statistics/year/2011/（2013年5月21日にアクセス）.

第 2 章　ヨーロッパにおける囲い込みと市場経済の誕生

1. T. W. Schultz, "New Evidence on Farmer Responses to Economic Opportunities from the Early Agrarian History of Western Europe," *Subsistence Agriculture and Economic Development*, ed. Clifton R. Wharton, Jr. (New Brunswick, NJ: Transaction Publishers, 1969), 108.
2. Richard Schlatter, *Private Property: The History of an Idea* (New York: Russell & Russell, 1973), 64.
3. Gilbert Slater, *The English Peasantry and the Enclosure of the Commons* (New York: A. M. Kelley, 1968), 1.
4. Karl Polanyi, *The Great Transformation: The Political and Economic Origins of Our Time* (Boston: Beacon Press, 1944)［邦訳：『「新訳」大転換——市場社会の形成と崩壊』（野口建彦・栖原学訳、東洋経済新報社、2009年）他］, 35; Richard L. Rubenstein, *The Age of Triage: Fear and Hope in an Overcrowded World* (Boston: Beacon Press, 1983), 10.
5. Rubenstein, *The Age of Triage*, 43; Slater, *The English Peasantry and the Enclosure of Commons*, 6.
6. Thomas More, *Utopia* (Rockville, MD: Arc Manor, 2008)［邦訳：『ユートピア』（平井正穂訳、岩波文庫、1957年）他］, 20.
7. Rubenstein, *The Age of Triage*, 46.
8. Lynn White, *Medieval Technology and Social Change* (London: Oxford University Press, 1962)［邦訳：『中世の技術と社会変動』（内田星美訳、思索社、1985年）］, 129.
9. Karl Marx, *The Poverty of Philosophy* (Chicago: Charles H. Kerr, 1920)［邦訳：『哲学の貧困』（山村喬訳、岩波文庫、1950年）他］, 119.
10. Karl Marx, "Division of Labour and Mechanical Workshop: Tool and Machinery," in Marx and Engels, *Collected Works* (New York: International Publishers, 1991), 33: 387-477, http://www.marxists.org/archive/marx/works/1861/economic/ch35.htm（2013年8月8日にアクセス）.
11. Jean-Claude Debeir, Jean-Paul Deléage, and Daniel Hémery, *In the Servitude of Power: Energy and Civilization through the Ages* (London: Zed Books, 1992), 75.
12. 同上、76.
13. White, *Medieval Technology and Social Change*［前掲『中世の技術と社会変動』］, 87.
14. Debeir, Deléage, and Hémery, *In the Servitude of Power*, 79.
15. Jean Gimpel, *The Medieval Machine: The Industrial Revolution of the Middle Ages* (London: Penguin, 1977)［邦訳：『中世の産業革命』（坂本賢三訳、岩波モダンクラシックス、2010年）他］, 16.
16. E. M. Carus-Wilson, "An Industrial Revolution of the Thirteenth Century," *Economic History Review* 11 (1941): 39.
17. E. M. Carus-Wilson, "The Woollen Industry," in *The Cambridge Economic History*, vol. 2: *Trade and Industry in the Middle Ages*, eds. M. Postan and E. E. Rich (Cambridge: Cambridge University Press, 1952), 409.
18. Debeir, Deléage, and Hémery, *In the Servitude of Power*, 90.
19. White, *Medieval Technology and Social Change*［前掲『中世の技術と社会変動』］, 128-29.
20. Michael Clapham, "Printing," in *A History of Technology*, vol. 3: *From the Renaissance to the Industrial Revolution*, eds. Charles Singer, E. G. Holmyard, A. R. Hall, and Trevor Williams (Oxford: Oxford University Press, 1957), 37.
21. Robert L. Heilbroner, *The Making of Economic Society* (Englewood Cliffs, NJ: Prentice-Hall, 1962)［邦訳：『経済社会の形成』（菅原歩訳、丸善出版、2014年）他］, 36-38, 50.
22. S. R. Epstein and Maarten Prak, *Guilds, Innovation, and the European Economy, 1400-1800* (Cambridge: Cambridge University Press, 2008), 31.
23. 同上、44.

第 3 章　資本主義と垂直統合の蜜月

1. Yujiro Hayami and Yoshihisa Godo, *Development Economics: From the Poverty to the Wealth of Nations* (New

York: Oxford University Press, 2005)［邦訳：『新版　開発経済学――諸国民の貧困と富』（速水佑次郎著、創文社、2000年）］, 341.
2. Maurice Dobb, *Studies in the Development of Capitalism* (New York: International Publishers, 1947)［邦訳：『資本主義発展の研究　一・二』（京大近代史研究会訳、岩波現代叢書、1954-55年）他］, 143.
3. Adam Smith, *An Inquiry into the Nature and Causes of the Wealth of Nations* (Edinburgh: Thomas Nelson, 1843)［邦訳：『国富論　一～四』（大河内一男監訳、玉野井芳郎・田添京二・大河内暁男訳、中公クラシックス、2010年）他］, 20.
4. 同上 .
5. 同上、1.
6. 同上、22.
7. Carl Lira, "Biography of James Watt," May 21, 2013, http://www.egr.msu.edu/~lira/supp/steam/wattbio.html（2014年1月7日にアクセス）.
8. Jean-Claude Debeir, Jean-Paul Deléage, and Daniel Hémery, *In the Servitude of Power: Energy and Civilization through the Ages* (London: Zed Books, 1992), 101-104.
9. Eric J. Hobsbawm, *The Age of Capital, 1848-1875* (New York: Charles Scribner's Sons, 1975)［邦訳：『資本の時代――1848-1875　一・二』（柳父圀近・松尾太郎・山崎清訳、みすず書房、1981-2年）］, 40.
10. Eric J. Hobsbawm, *The Age of Revolution, 1789-1848* (New York: Vintage Books, 1962)［邦訳：『市民革命と産業革命――二重革命の時代』（安川悦子・水田洋訳、岩波書店、1968年）］, 298.
11. Alfred D. Chandler Jr., *The Visible Hand: The Managerial Revolution in American Business* (Cambridge, MA: Belknap Press of Harvard University Press, 1977)［邦訳：『経営者の時代――アメリカ産業における近代企業の成立　上下』（鳥羽欽一郎・小林袈裟治訳、東洋経済新報社、1979年）], 83.
12. 同上、86.
13. 同上、90.
14. 同上、88.
15. A. Hyma, *The Dutch in the Far East* (Ann Arbor, MI: George Wahr, 1953).
16. Chandler, *The Visible Hand*［前掲『経営者の時代』], 153; "Our History,"Canadian Pacific, http://www.cpr.ca/en/about-cp/our-past-present-and-future/Pages/our-history.aspx（2013年6月13日にアクセス）.
17. Chandler, *The Visible Hand*［前掲『経営者の時代』］, 120.
18. Randall Collins, "Weber's Last Theory of Capitalism: A Systematization," *American Sociological Review* 45(6) (1980): 932.
19. Angela E. Davis, *Art and Work: A Social History of Labour in the Canadian Graphic Arts Industry in the 1940s* (Montreal: McGill-Queen's University Press,1995), 21.
20. "Printing Yesterday and Today," Harry Ransom Center, University of Texas at Austin, http://www.hrc.utexas.edu/educator/modules/gutenberg/books/printing/（2013年10月16日にアクセス）.
21. Aileen Fyfe, *Steam-Powered Knowledge: William Chambers and the Business of Publishing, 1820-1860* (Chicago: University of Chicago Press, 2012), 64.
22. Yochai Benkler, *The Wealth of Networks: How Social Production Transforms Markets and Freedom* (New Haven: Yale University Press, 2006), 188.
23. Paul F. Gehl, "Printing," *Encyclopedia of Chicago*, http://www.encyclopedia.chicagohistory.org/pages/1010.html（2013年6月12日にアクセス）.
24. "R. R. Donnelley & Sons Company," *International Directory of Company Histories*, 2001, Encyclopedia.com, http://www.encyclopedia.com/doc/1G2-2844200093.html（2013年6月12日にアクセス）.
25. Chandler, *The Visible Hand*［前掲『経営者の時代』］, 230.
26. 同上、232.
27. 同上、245.
28. Paul Lewis, "Ambitious Plans for Iraqi Oil," *New York Times*, July 30, 1994, http://www.nytimes.com/1994/07/30/business/ambitious-plans-for-iraqi-oil.html（2013年6月30日にアクセス）.
29. "Energizing America: Facts for Addressing Energy Policy," API (June 2012):17, http://www.api.org/~/media/files/statistics/energizing_america_facts.ashx（2013年4月19日にアクセス）.
30. Robert Anderson, *Fundamentals of the Petroleum Industry* (Norman: University of Oklahoma Press, 1984), 279, 286, 289.
31. 同上、19, 20, 22.
32. Venu Gadde, "U.S. Oil & Gas Exploration & Production (E&P)," Henry Fund Research, February 8,

2012, 3, https://tippie.uiowa.edu/henry/reports12/oil_gas.pdf（2013年1月13日にアクセス）.
33. Narayan Mandayam and Richard Frenkiel, "AT&T History," Rutgers University, http://www.winlab.rutgers.edu/~narayan/Course/Wireless_Revolution/LL1-%20Lecture%201%20reading-%20ATT%20History.doc（2013年10月16日にアクセス）.
34. Adam Thierer, "Unnatural Monopoly: Critical Moments in the Development of the Bell System Monopoly," *Cato Journal* 14(2) (1994): 270.
35. 同上、272.
36. "Milestones in AT&T History," AT&T, http://www.corp.att.com/history/milestones.html.
37. Thierer, "Unnatural Monopoly," 274.
38. Richard H. K. Vietor, *Contrived Competition: Regulation and Deregulation in America* (Cambridge, MA: Harvard University Press, 1994), 171-72.
39. Noobar Retheos Danielian, *AT&T: The Story of Industrial Conquest* (New York: Vanguard Press, 1939), 252.
40. Gerald W. Brock, *The Telecommunications Industry: The Dynamics of Market Structure* (Cambridge, MA: Harvard University Press, 1981), 161.
41. "Wireline Local Market Concentration," The Columbia Institute for Tele-Information, http://www4.gsb.columbia.edu/filemgr?file_id=739241（2013年6月19日にアクセス）.
42. Carolyn Marvin, *When Old Technologies Were New: Thinking about Electric Communication in the Late Nineteenth Century* (New York: Oxford University Press, 1988)［邦訳：『古いメディアが新しかった時——19世紀末社会と電気テクノロジー』（吉見俊哉・水越伸・伊藤昌亮訳、新曜社、2003年)］, 164.
43. David E. Nye, *Electrifying America: Social Meanings of a New Technology, 1880-1940* (Cambridge, MA: MIT Press, 1991), 239.
44. 同上、186.
45. Henry Ford and Samuel Crowther, *Edison as I Know Him* (New York: Cosmopolitan Books, 1930)［邦訳：『自動車王フォードが語るエジソン成功の法則』（鈴木雄一訳・監修、言視舎、2012年)］, 30.
46. Nye, *Electrifying America*, 186.
47. Daniel Yergin, *The Prize* (New York: Simon and Schuster, 1991)［邦訳：『石油の世紀——支配者たちの興亡　上下』（日高義樹・持田直武訳、NHK出版、1991年)］, 208.
48. Q. A. Mowbray, *Road to Ruin* (Philadelphia: Lippincott, 1969), 15.
49. Kenneth R. Schneider, *Autokind vs. Mankind* (Lincoln, NE: Authors Choice Press, 2005)［邦訳：『自動車対人類——暴君自動車の分析・反乱への提言・再建への計画』（木原武一訳、自然社、1975年)］, 123.
50. "The Dramatic Story of Oil's Influence on the World," *Oregon Focus* (January 1993): 10-11.
51. New Housing Units: Completed, United States Census Bureau, 2012, http://www.census.gov/construction/nrc/historical_data/（2013年10月30日にアクセス）; Shopping Centers: Numbers and Gross Leasable Area, United States Census Bureau, http://www.census.gov/compendia/statab/2012/tables/12s1061.pdf（2013年10月30日にアクセス）.
52. "Electric Generation Ownership, Market Concentration, and Auction Size" (Washington, DC: U.S. Environmental Protection Agency, Office of Air and Radiation), July 2010, 4, http://www.epa.gov/airtransport/pdfs/TSD_Ownership_and_Market_Concentration_7-6-10.pdf（2013年4月7日にアクセス）.
53. "What's Moving: U.S. Auto Sales," *Wall Street Journal*, May 1, 2013, http://online.wsj.com/mdc/public/page/2_3022-autosales.html.
54. Erick Schonfeld, "What Media Company Gained the Most Market Share in 2007? (Hint: It Starts with a G)," *TechCrunch*, March 14, 2008, http://techcrunch.com/2008/03/14/what-media-company-gained-the-most-market-share-in-2007-hint-it-starts-with-a-g/（2013年6月8日にアクセス）.
55. Andrea Alegria, Agata Kaczanowska, and Lauren Setar, "Highly Concentrated: Companies That Dominate Their Industries," *IBIS World*, February 2012, 1-2, 4, http://www.ibisworld.com/Common/MediaCenter/Highly%20Concentrated%20Industries.pdf（2013年2月22日にアクセス）.
56. "Global IB Revenue Ranking—01 Jan-10 Jun 2013," Dealogic, http://fn.dealogic.com/fn/IBRank.htm（2013年6月14日にアクセス）.
57. "The World's Top 50 Economies: 44 Countries, Six Firms," Democratic Leadership Council, http://www.dlc.org/ndol_cie5ae.html?kaid=10（2013年7月14日にアクセス）.

第 4 章　資本主義のレンズを通して眺めた人間の本性

1. Robert S. Hoyt, *Europe in the Middle Ages*, 2nd ed. (New York: Harcourt, Brace & World, 1966), 300.
2. Max Weber, *The Protestant Ethic and the Spirit of Capitalism* (1930; reprint, London: Routledge, 2005)［邦訳：『プロテスタンティズムの倫理と資本主義の精神』（大塚久雄訳、岩波文庫、1989年）他］.
3. John Locke, *Two Treatises of Government* (London: Printed for Whitmore and Fenn, Charing Cross; and C. Brown, Duke Street, Lincoln's-Inn-Fields, 1821)［邦訳：『市民政府論』（角田安正訳、光文社古典新訳文庫、2011年）他］, § 27.
4. 同上.
5. 同上、§ 37.
6. Adam Smith, *An Inquiry into the Nature and Causes of the Wealth of Nations*, ed. Edwin Cannan (London: Methuen, 1961)［前掲『国富論』］, 1:475.
7. R. H. Tawney, *The Acquisitive Society* (New York: Harcourt, Brace, 1920), 13, 18.
8. Max Weber, *From Max Weber: Essays in Sociology*, eds. and trans. H. H. Gerth and C. Wright Mills (New York: Oxford University Press, 1946), 51.
9. Richard Schlatter, *Private Property: The History of an Idea* (New Brunswick, NJ: Rutgers University Press, 1951), 185.
10. David Hume, *An Enquiry Concerning the Principles of Morals* (London: Printed for A. Millar, 1751)［邦訳：『道徳原理の研究』（渡部峻明訳、晢書房、1993年）］.
11. Schlatter, *Private Property*, 242.
12. Jeremy Bentham, "Pannomial Fragments," in *The Works of Jeremy Bentham, Now First Collected; Under the Superintendence of His Executor, John Bowring—Part IX*, ed. John Bowring (Edinburgh: William Tait, 1839), 221; Jeremy Bentham, "Principles of the Civil Code," in *The Works of Jeremy Bentham, Now First Collected; Under the Superintendence of His Executor, John Bowring—Part II*, ed. John Bowring (Edinburgh: William Tait, 1839), 309.
13. Charles Darwin, *The Descent of Man: And Selection in Relation to Sex*, Project Gutenberg［邦訳：『人間の進化と性淘汰　一・二』（長谷川眞理子訳、文一総合出版、1999-2000年）他］, 1999, http://www.gutenberg.org/cache/epub/2300/pg2300.html（2013年6月20日にアクセス）.
14. 同上.
15. Herbert Spencer, *The Principles of Biology* (London: Williams and Norgate, 1864), 1:444-45.
16. Charles Darwin, *The Variation of Animals and Plants under Domestication* (London: John Murray, 1899)［邦訳：『家畜・栽培植物の変異　上下』（永野為武・篠遠喜人訳、白揚社、1938-39年）他］, 1:6.
17. Stephen Jay Gould, "Darwin's Untimely Buria," in *Philosophy of Biology*, ed. Michael Ruse (New York: Prometheus Books, 1998), 93-98.
18. Janet Browne, *Charles Darwin: The Power of Place* (Princeton, NJ: Princeton University Press, 2002), 2:186.
19. Thomas Paine, "Rights of Man: Being an Answer to Mr. Burke's Attack on the French Revolution," in *The Political Works of Thomas Paine* (New York: C. Blanchard, 1860)［邦訳：『人間の権利』（西川正身訳、岩波文庫、1971年）］.

第 5 章　極限生産性とモノのインターネットと無料のエネルギー

1. "Solar 101: Solar Economics," States Advancing Solar, http://www.statesadvancingsolar.org/solar-101/solar-economics（2014年1月31日にアクセス）; "Wind Energy Payback Period Workbook," National Renewable Energy Laboratory, April 1, 2001, http://www.nrel.gov/wind/docs/spread_sheet_Final.xls（2013年10月22日にアクセス）.
2. "Productivity," Merriam-Webster, http://www.merriam-webster.com/dictionary/productivity.
3. Moses Abramovitz, *Thinking about Growth: And Other Essays on Economic Growth and Welfare* (Cambridge: Cambridge University Press, 1989), 133.
4. Robert U. Ayres and Edward H. Ayres, *Crossing the Energy Divide: Moving from Fossil Fuel Dependence to a Clean-Energy Future* (Upper Saddle River, NJ: Wharton School Publishing, 2010), 14.
5. Rachael Larimore, "Why 'You Didn't Build That' Isn't Going Away," *Slate*, August 30, 2012, http://www.slate.com/articles/news_and_politics/politics/2012/08/_you_didn_t_build_that_it_doesn_t_matter_what_obama_meant_to_say_but_what_people_heard_.html（2013年7月13日にアクセス）.

6. Robert U. Ayres and Benjamin Warr, *The Economic Growth Engine: How Energy and Work Drive Material Prosperity* (Northampton, MA: Edward Elgar Publishing, 2009), 334-37.
7. John A. "Skip" Laitner, Steven Nadel, R. Neal Elliott, Harvey Sachs, and Siddiq Khan, "The Long-Term Energy Efficiency Potential: What the Evidence Suggests," American Council for an Energy-Efficient Economy, January 2012, http://www.garrisoninstitute.org/downloads/ecology/cmb/Laitner_Long-Term_E_E_Potential.pdf, 2（2013年9月21日にアクセス）.
8. 同上、66.
9. "How Many Smart Meters Are Installed in the US and Who Has Them?," *US Energy Information Administration*（最終更新日2013年1月10日）, http://www.eia.gov/tools/faqs/faq.cfm?id=108&t=3（2013年10月12日にアクセス）.
10. Brian Merchant, "With a Trillion Sensors, the Internet of Things Would Be the 'Biggest Business in the History of Electronics,'" Motherboard, November 2013, http://motherboard.vice.com/blog/the-internet-of-things-could-be-the-biggest-business-in-the-history-of-electronics（2013年11月14日にアクセス）.
11. "Data, Data Everywhere," *Economist*, February 25, 2012, http://www.economist.com/node/15557443（2013年9月18日にアクセス）; Joe Hellerstein, "Parallel Programming in the Age of Big Data," *Gigaom*, November 9, 2008, http://gigaom.com/2008/11/09/mapreduce-leads-the-way-for-parallel-programming/（2013年9月18日にアクセス）.
12. S. Mitchell, N. Villa, M.S. Weeks, and A. Lange, "The Internet of Everything for Cities," Cisco, 2013, http://www.cisco.com/web/about/ac79/docs/ps/motm/IoE-Smart-City_PoV.pdf（2013年10月31日にアクセス）.
13. Peter C. Evans and Marco Annunziata, "Industrial Internet: Pushing the Boundaries of Minds and Machines," General Electric, November 26, 2012, http://www.ge.com/sites/default/files/Industrial_Internet.pdf, 4（2013年1月5日にアクセス）.
14. 同上、24.
15. "The Internet of Things Business Index: A Quiet Revolution Gathers Pace," *The Economist Intelligence Unit* (2013), 10, http://www.arm.com/files/pdf/EIU_Internet_Business_Index_WEB.PDF（2013年10月29日にアクセス）.
16. 同上.
17. "The Difference Engine: Chattering Objects," *Economist* (August 13, 2010), http://www.economist.com/blogs/babbage/2010/08/internet_things（2013年9月5日にアクセス）.
18. 同上.
19. 同上.
20. 同上.
21. "Conclusions of the Internet of Things Public Consultation," Digital Agenda for Europe, A Europe 2020 Initiative, February 28, 2013, http://ec.europa.eu/digital-agenda/en/news/conclusions-internet-things-public-consultation（2013年3月21日にアクセス）.
22. "Internet of Things Factsheet Privacy and Security: IoT Privacy, Data Protection, Information Security," Digital Agenda for Europe, A Europe 2020 Initiative, February 28, 2013 : 1, http://ec.europa.eu/digital-agenda/en/news/conclusions-internet-things-public-consultation（2013年3月21日にアクセス）.
23. 同上、5.
24. 同上、7.
25. "The Internet of Things Business Index," 11.
26. 同上.
27. 同上、14, 16.
28. Gordon E. Moore, "Cramming More Components onto Integrated Circuits," *Electronics* 38(8) (April 19, 1965): 115.
29. Michio Kaku, "Tweaking Moore's Law: Computers of the Post-Silicon Era," *Big Think*, March 7, 2012, http://bigthink.com/dr-kakus-universe/tweaking-moores-law-computers-of-the-post-silicon-era-2（2013年10月1日にアクセス）.
30. Gail Robinson, "Speeding Net Traffic with Tiny Mirrors," *EE Times*, September 26, 2000, http://www.eetimes.com/document.asp?doc_id=1142186（2013年11月6日にアクセス）.
31. "Early Computers 1960's," *Pimall*, 2006, http://www.pimall.com/nais/pivintage/burroughscomputer.html（2013年11月7日にアクセス）; "Study: Number of Smartphone Users Tops 1 Billion," *CBS News*,

October 17, 2012, http://www.cbsnews.com/8301-205_162-57534583/ (2013年11月7日 にアクセス).

32. Robert D. Atkinson et al., "The Internet Economy 25 Years After.Com," *The Information Technology & Innovation Foundation*, March 2010, 9, http://www.itif.org/files/2010-25-years.pdf (2013年8月13日にアクセス).
33. Fred Kaplan, *1959: The Year Everything Changed* (Hoboken, NJ: John Wiley, 2009), 82; Mark W. Greenia, *History of Computing: An Encyclopedia of the People and Machines that Made Computer History*, Lexikon Services, January 1, 1998; "Reference /FAQ /Products and Services," IBM, http://www-03.ibm.com/ibm/history/reference/faq_0000000011.html (2013年11月7日にアクセス).
34. "The Raspberry Pi in Scientific Research," *Raspberry Pi*, April 25, 2013, http://www.raspberrypi.org/archives/tag/research (2013年9月19日にアクセス).
35. "Cray 1-A: 1977-1989," Computer and Information Systems Laboratory, 2009, http://www.cisl.ucar.edu/computers/gallery/cray/cray1.jsp (2013年3月7日にアクセス).
36. Ramez Naam, "Smaller, Cheaper, Faster: Does Moore's Law Apply to Solar Cells?," *Scientific American* (blog), March 16, 2011, http://blogs.scientificamerican.com/guest-blog/2011/03/16/smaller-cheaper-faster-does-moores-law-apply-to-solar-cells (2013年6月19日にアクセス).
37. "Sunshot Vision Study—February 2012," U.S. Department of Energy, February 2012, http://www1.eere.energy.gov/solar/pdfs/47927.pdf, 74 (2013年4月8日 にアクセス); Eric Wesoff, "First Solar Surprised with Big 2013 Guidance, 40 Cents per Watt," *Greentech Media*, April 9, 2013, http://www.greentechmedia.com/articles/read/First-Solar-Surprises-With-Big-2013-Guidance-40-Cents-Per-Watt-Cost-by-201 (2013年5月6日にアクセス).
38. Hariklia Deligianni, Shafaat Ahmed, and Lubomyr Romankiw, "The Next Frontier: Electrodeposition for Solar Cell Fabrication," Electrochemical Society (summer 2011): 47.
39. Naam, "Smaller, Cheaper, Faster."
40. Peter Hockenos, "Germany's Grid and the Market: 100 Percent Renewable by 2050?," *Renewable Energy World*, November 21, 2012, http://www.renewableenergyworld.com/ rea/blog/post/2012/11/ppriorities-germanys-grid-and-the-market (2013年11月1日 にアクセス); Jeevan Vasagar, "German Farmers Reap Benefits of Harvesting Renewable Energy," *Financial Times*, December 2, 2013, http://www.ft.com/intl/cms/s/0/f2bc3958-58f4-11e3-9798-00144feabdc0.html#axzz2nMj6ILk2 (2013年12月13日にアクセス).
41. Josiah Neeley, "Texas Windpower: Will Negative Pricing Blow Out the Lights? (PTC vs. Reliable New Capacity)," *MasterResource*, November 27, 2012, https://www.masterresource.org/texas/texas-negative-pricing-ptc/ (2013年8月2日にアクセス).
42. Rachel Morison, "Renewables Make German Power Market Design Defunct, Utility Says," *Bloomberg*, June 26, 2012, http://www.bloomberg.com/news/2012-06-26/renewables-make-german-power-market-design-defunct-utility-says.html (2013年4月29日にアクセス).
43. Nic Brisbourne, "Solar Power—A Case Study in Exponential Growth," *The Equity Kicker*, September 25, 2012, http://www.theequitykicker.com/2012/09/25/solar-powera-case-study-in-exponential-growth/ (2013年5月27日にアクセス).
44. Max Miller, "Ray Kurzweil: Solar Will Power the World in 16 Years," *Big Think*, March 17, 2011, http://bigthink.com/think-tank/ray-kurzweil-solar-will-power-the-world-in-16-years (2013年6月1日 にアクセス).
45. Eric Wesoff, "Mainstream Media Discovers Solar Power and Moore's Law," *Greentech Media*, November 8, 2011, http://www.greentechmedia.com/articles /read/Mainstream -Media-Discovers-Solar-Power-and-Moores-Law (2013年10月9日にアクセス).
46. Cristina L. Archer and Mark Z. Jacobson, "Evaluation of Global Wind Power," *Journal of Geophysical Research* 110, June 30, 2005, http://www.stanford.edu/group/efmh/winds/2004jd005462.pdf (2013年3月3日にアクセス).
47. Rudolf Rechsteiner, "Wind Power in Context—A Clean Revolution in the Energy Sector," EnergyWatchGroup, December 2008, http://www. energywatchgroup. org/fileadmin/global/pdf/2009 01_Wind_Power_Report.pdf (2013年11月4日にアクセス).
48. "Wind Power Experiencing Exponential Growth Globally," *Renewable Energy Worldwide*, January 30, 2009, http://www.renewableenergyworld.com/rea/news/article /2009/01/wind-power-experiencing-exponential-growth-globally-54631 (2013年1月9日にアクセス).

49. Miller, "Ray Kurzweil."
50. Greg Price, "How Much Does the Internet Cost to Run?," *Forbes*, March, 14, 2012, http://www.forbes.com/sites/quora/2012/03/14/how-much-does-the-internet-cost-to-run/（2013年7月18日 に ア ク セス）.
51. "UN Projects 40% of World Will Be Online By Year End, 4.4 Billion Will Remain Unconnected," UN News Centre, October 7, 2013, http://www.un.org/apps/news/story.asp?NewsID=46207&Cr=internet&Cr1#（2013年11月7日にアクセス）.
52. "The Hidden Expense of Energy—Print Is Costly, Online Isn't Free," *Scholarly Kitchen*, January 19, 2012, http://scholarlykitchen.sspnet.org/2012/01/19/the-hidden-expense-of-energy-costs-print-is-costly-online-isnt-free/（2013年8月21日にアクセス）.
53. Jonathan Koomey, "Growth in Data Center Electricity Use 2005 to 2010," *Analytics Press* (2011): iii; Gerad Hoyt, "The Power Hungry Internet," *Energy Manager Today*,（最終更新日2012年11月21日）, http://www.energymanagertoday.com/the-power-hungry-internet-087256/（2013年10月4日にアクセス）.
54. "The Hidden Expense of Energy."
55. "Report to Congress on Server and Data Center Energy Efficiency," U.S. Environmental Protection Agency ENERGY STAR Program, August 2, 2007, 5, http://www.energystar.gov/ia/partners/prod_development/downloads/EPA_Datacenter_Report_Congress_Final1.pdf（2013年10月16日 に ア ク セス）.
56. James Glanz, "Power, Pollution and the Internet," *New York Times*, September 22, 2012, http://www.nytimes.com/2012/09/23/technology/data-centers-waste-vast-amounts-of-energy-belying-industry-image.html?pagewanted=all（2013年11月3日にアクセス）.
57. Rich Miller, "How Many Data Centers? Emerson Says 500,000," *Data Center Knowledge*, December 14, 2011, http://www.datacenterknowledge.com/archives/2011/12/14/how-many-data-centers-emerson-says-500000/（2013年11月3日にアクセス）.
58. "Report to Congress on Server and Data Center Energy Efficiency," 7.
59. Glanz, "Power, Pollution and the Internet."
60. Krishna Kant, "Challenges in Distributed Energy Adaptive Computing," *ACM SIGMETRICS Performance Evaluation Review* 37(3) (January 2010): 3-7.
61. "Apple Facilities: Environment Footprint Report," Apple, 2012, 8, https://www.apple.com/environment/pdf/Apple_Facilities_Report_2013.pdf（2013年11月10日にアクセス）.
62. "McGraw-Hill and NJR Clean Energy Ventures Announce Largest Solar Energy Site of Its Kind in the Western Hemisphere," *McGraw-Hill Financial*, June 13, 2011, http://investor.mcgraw-hill.com/phoenix.zhtml?c=96562&p=RssLanding&cat=news&id=1573196（2013年10月25日にアクセス）.
63. "Apple Facilities," 7.
64. Nick Goldman, Paul Bertone, Siyuan Chen, Christophe Dessimoz, Emily M. LeProust, Botond Sipos, and Ewan Birney, "Towards Practical, High-Capacity, Low-Maintenance Information Storage in Synthesized DNA," *Nature* 494 (February 7, 2013): 77-80.
65. Malcolm Ritter, "Study: Digital Information Can Be Stored in DNA," *Huffington Post*, January 23, 2013, http://www.huffingtonpost.com/huff-wires/20130123/us-sci-dna-data/#（2013年11月6日 に ア ク セス）.
66. Derik Andreoli, "The Bakken Boom—A Modern-Day Gold Rush," Oil Drum, December 12, 2011, http://www.theoildrum.com/node/8697（2013年10月30日にアクセス）; A. E. Berman, "After the Gold Rush: A Perspective on Future U.S. Natural Gas Supply and Price," Oil Drum, February 8, 2012, http://www.theoildrum.com/node/8914（2013年10月30日にアクセス）.
67. Ajay Makan and Javier Blas, "Oil Guru Says US Shale Revolution Is 'Temporary,'" *Financial Times*, May 29, 2013, http://www.ft.com/cms/s/0/281b118e-c870-11e2-acc6-00144feab7de.html#axzz2UbJC9Zz1（2013年10月17日にアクセス）.
68. Matthew L. Wald, "Shale's Effect on Oil Supply Is Forecast to Be Brief," *New York Times*, November 12, 2013, http://www.nytimes.com/2013/11/13/business/energy-environment/shales-effect-on-oil-supply-is-not-expected-to-last.html?_r=0（2013年11月13日にアクセス）.

第6章　3Dプリンティング——大量生産から大衆による生産へ

1. Mark Richardson and Bradley Haylock, "Designer/Maker: The Rise of Additive Manufacturing, Domestic-Scale: Production and the Possible Implications for the Automotive Industry," *Computer Aided Design and Applications* (2012): 35.
2. Ashlee Vance, "3-D Printers: Make Whatever You Want," *Bloomberg Businessweek*, April 26, 2012, http://www.businessweek.com/articles/2012-04-26/3d-printers-make-whatever-you-want（2013年8月23日にアクセス）.
3. "Wohlers Associates Publishes 2012 Report on Additive Manufacturing and 3-D Printing: Industry Study Shows Annual Growth of Nearly 30%," Wohlers Associates, May 15, 2012, http://wohlersassociates.com/press56.htm（2013年8月16日にアクセス）.
4. Richardson and Haylock, "Designer/Maker."
5. Irene Chapple, "Dickerson: Etsy Is Disrupting Global Supply Chains," CNN, June 5, 2013, http://edition.cnn.com/2013/06/05/business/etsy-leweb-craft-disrupting（2013年6月28日にアクセス）.
6. "A Brief History of 3D Printing," T. Rowe Price, December 2011, http://individual.troweprice.com/staticFiles/Retail/Shared/PDFs/3D_Printing_Infographic_FINAL.pdf（2013年11月2日にアクセス）.
7. "Definition: Hacker," Search Security, October 2006, http://searchsecurity.techtarget.com/definition/hacker（2013年10月15日にアクセス）.
8. Chris Anderson, "In the Next Industrial Revolution, Atoms Are the New Bits," *Wired*, January 25, 2010, http://www.wired.com/magazine/2010/01/ff_newrevolution/（2013年8月8日にアクセス）.
9. J. M. Pearce, C. Morris Blair, K. J. Laciak, R. Andrews, A. Nosrat, and I. Zelenika-Zovko, "3-D Printing of Open Source Appropriate Technologies for Self-Directed Sustainable Development," *Journal of Sustainable Development* 3(4) (2010): 18.
10. "Fab Lab FAQ," MIT Center for Bits and Atoms, http://fablab.cba.mit.edu/about/faq/（2013年6月27日にアクセス）.
11. "MIT Fab Lab: The New Technology Revolution," Cardiff School of Art and Design, August 27, 2013, http://cardiff-school-of-art-and-design.org/magazine/mit-fab-lab-the-new-technology-revolution/（2013年11月14日にアクセス）; Alison DeNisco, "Fab Lab Beginnings," District Administration (December 2012), http://www.districtadministration.com/article/fab-lab-beginnings（2013年11月14日にアクセス）; "FabLab," Fab Education Bremen, http://www.fabeducation.net/en/fablab-2.html（2013年11月14日にアクセス）.
12. Katherine Ling, "'Fab Labs' Out Front in U.S. Push to Make Manufacturing Cool," Environment & Energy Publishing, September 18, 2013, http://www.eenews.net/stories/1059987450（2013年11月14日にアクセス）.
13. Andy Greenberg, "The Fab Life," *Forbes*, August 13, 2008, http://www.forbes.com/2008/08/13/diy-innovation-gershenfeld-tech-egang08-cx_ag_0813gershenfeld.html（2013年4月1日にアクセス）.
14. Cory Doctorow, story in *Overclocked: Stories of the Future Present* (New York: Thunder's Mouth Press, 2007), 4.
15. Chris Waldo, "Will We 3-D Print Renewable Energy?," *3d Printer*, June 5, 2012, http://www.3dprinter.net/3d-printing-renewable-energy（2013年7月30日にアクセス）.
16. "Print Me the Head of Alfredo Garcia," *Economist*, August 10, 2013, http://www.economist.com/news/science-and-technology/21583238-new-low-cost-way-making-things-print-me-head-alfredo-garcia（2013年8月18日にアクセス）.
17. Markus Kayser, "Solar Sinter," MarkusKayser, 2011, http://www.markuskayser.com/work/solarsinter/（2013年1月11日にアクセス）.
18. "Plastic, Fantastic! 3-D Printers Could Recycle Old Bottles," *Tech News Daily*, January 18, 2012, http://www.technewsdaily.com/5446-filabot-3d-printing-material-recycled-plastic.html（2013年2月2日にアクセス）; "Filabot Wee Kit Order Form," Filabot: The Personal Filament Maker, http://www.filabot.com/collections/filabot-systems/products/filabot-wee-kit-welded（2013年2月2日にアクセス）.
19. David J. Hill, "3-D Printing Robot Produces Chairs and Tables from Recycled Waste," *Singularity Hub*, April 23, 2012, http://singularityhub.com/2012/04/23/3d-printing-robot-produces-chairs-and-tables-from-recycled-waste/（2013年4月4日にアクセス）.
20. Jason Dorrier, "3-D Printed Homes? Here's the Scoop," *Singularity Hub*, August 22, 2012, http://singularityhub.com/2012/08/22/3d-printers-may-someday-construct-homes-in-less-than-a-day/（2013年8月30日にアクセス）.
21. Jordan Cook, "The World's First 3-D-Printed Building Will Arrive in 2014 (and It Looks Awesome),"

TechCrunch, January 20, 2013, http://techcrunch.com/2013/01/20/the-worlds-first-3d-printed-building-will-arrive-in-2014-and-it-looks-awesome/（2013年1月26日にアクセス）.

22. "Dutch Architect to Build 'Endless' House With 3-D Printer," *3ders*, January 15, 2013, http://www.3ders.org/articles/20130115-dutch-architect-to-build-endless-house-with-3d-printer.html（2013年1月26日にアクセス）.
23. "Foster + Partners Works with European Space Agency to 3-D Print Structures on the Moon," Foster and Partners press release, January 31, 2013, http://www.fosterandpartners.com/news/foster-+-partners-works-with-european-space-agency-to-3d-print-structures-on-the-moon/（2013年2月18日にアクセス）.
24. 同上；"Building a Lunar Base with 3-D Printing," European Space Agency, January 31, 2013, http://www.esa.int/Our_Activities/Space-Engineering-Technology/Building_a_lunar_base_with_3D_printing（2013年2月18日にアクセス）.
25. Edwin Kee, "Urbee 2 to Cross Country on Just 10 Gallons of Ethanol," *Ubergizmo*, March 1, 2013, http://www.ubergizmo.com/2013/03/urbee-2-to-cross-country-on-just-10-gallons-of-ethanol/（2013年9月4日にアクセス）.
26. "Automotive Case Studies: Prototyping Is the Driving Force behind Great Cars," *Stratasys*, http://www.stratasys.com/resources/case-studies/automotive/urbee（2013年6月27日にアクセス）.
27. Henry Ford and Samuel Crowther, *My Life and Work* (Garden City, NY: Garden City Publishing, 1922)［邦訳：『我が一生と事業――ヘンリー・フォード自叙伝』（加藤三郎訳、文興院、1924年）］, 72.
28. Alexander George, "3-D Printed Car Is as Strong as Steel, Half the Weight, and Nearing Production," *Wired*, February 27, 2013, http://www.wired.com/autopia/2013/02/3d-printed-car/（2013年6月2日にアクセス）.
29. Mary Beth Griggs, "3-D Printers Spit Out Fancy Food, Green Cars, and Replacement Bones," *Discover Magazine*, March 26, 2012, http://discovermagazine.com/2012/mar/31-3-d-printers-spit-out-fancy-food-and-green-cars#.UnvIBPmkoSU（2013年11月7日にアクセス）.
30. "Manitoba's Kor Ecologic Debuts Hybrid Urbee," *Canadian Manufacturing*, November 2, 2012, http://www.canadianmanufacturing.com/designengineering/news/manitobas-kor-ecologic-debuts-hybrid-urbee-11992（2013年11月1日にアクセス）.
31. Stewart Brand and Matt Herron, "Keep Designing—How the Information Economy Is Being Created and Shaped by the Hacker Ethic," *Whole Earth Review* (May, 1985): 44.
32. Deborah Desrochers-Jacques, "Green Energy Use Jumps in Germany," *Der Spiegel*, August 30, 2011, http://www.spiegel.de/international/crossing-the-20-percent-mark-green-energy-use-jumps-in-germany-a-783314.html（2013年8月7日にアクセス）；"Germany's Energy Transformation: Energiewende," *Economist*, July 28, 2012, http://www.economist.com/node/21559667（2013年10月1日にアクセス）.
33. "The Strategic Cooperation between Daimler and the Renault-Nissan Alliance Forms Agreement with Ford," Daimler, January 28, 2013, http://www.daimler.com/dccom/0-5-7153-1-1569733-1-0-0-0-0-0-16694-0-0-0-0-0-0-0-0.html（2013年3月31日にアクセス）.
34. Marcel Rosenbach and Thomas Schulz, "3-D Printing: Technology May Bring New Industrial Revolution," *Der Spiegel*, January 4, 2013, http://www.spiegel.de/international/business/3d-printing-technology-poised-for-new-industrial-revolution-a-874833.html（2013年8月5日にアクセス）.
35. Goli Mohammadi, "Open Source Ecology: Interview with Founder Marcin Jakubowski," *Makezine*, February 11, 2011, http://blog.makezine.com/2011/02/11/open-source-ecology-interview-with-founder-marcin-jakubowski/（2013年6月17日にアクセス）.
36. Rohan Pearce, "Open Source Ecology: Can Open Source Save the Planet?," *Computerworld Techworld*, December 15, 2011, http://www.techworld.com.au/article/410193/open_source_ecology_can_open_source_save_planet_/（2013年9月9日にアクセス）.
37. "Marcin Jakubowski: Open-Sourced Blueprints For Civilization," *Huffington Post*, December 19, 2011, http://www.huffingtonpost.com/2011/12/19/wiki-diy-civilization_n_1157895.html?view=print&comm_ref=false（2013年9月12日にアクセス）.
38. Helen Pidd, "Indian Blackout Held No Fear for Small Hamlet Where the Power Stayed On," *Guardian*, September 10, 2012, http://www.guardian.co.uk/world/2012/sep/10/india-hamlet-where-power-stayed-on（2013年9月29日にアクセス）.
39. 同上.

40. Peerzada Abrar, "Gram Power: Yashraj Khaitan's 'Smart Microgrid' Produces, Stores Renewable Energy on Location," *Economic Times*, July 6, 2012, http://articles.economictimes.indiatimes.com/2012-07-06/news/32566187_1_renewable-energy-innovation-pilferage（2013年9月29日にアクセス）.
41. Pidd, "Indian Blackout Held No Fear for Small Hamlet Where the Power Stayed On."
42. "From Micro-Grids to Smart Grids," *Kidela*, November 20, 2012, http://www.kidela.com/resources/blackout-from-micro-grids-to-smart-grids/（2013年9月30日にアクセス）.
43. 同上.
44. "Mahatma Gandhi on Mass Production," interview, May 16, 1936, http://www.tinytechindia.com/gandhiji2.html（2013年4月21日にアクセス）.
45. Surur Hoda, *Gandhi and the Contemporary World* (Indo-British Historical Society, 1997).
46. "Mahatma Gandhi on Mass Production."
47. 同上.
48. 同上.
49. Hoda, *Gandhi and the Contemporary World.*
50. "Mahatma Gandhi on Mass Production."
51. Hoda, *Gandhi and the Contemporary World.*
52. *The Collected Works of Mahatma Gandhi*, vol. 83, June 7, 1942-January 26, 1944 (New Delhi: Publications Division of the Government of India, 1999), 113, http://www.gandhiserve.org/cwmg/VOL083.PDF（2013年11月14日にアクセス）.
53. Mahatma Gandhi, *The Mind of Mahatma Gandhi: Encyclopedia of Gandhi's Thoughts*, eds. R. K. Prabhu and U. R. Rao (Ahmedabad, India: Jitendra T Desai Navajivan Mudranalaya, 1966), 243-44.
54. Adam Smith, *An Inquiry into the Nature and Causes of the Wealth of Nations*, ed. Edwin Cannan (London: Methuen, 1961)［前掲『国富論』］, 1: 475.
55. "Mahatma Gandhi's Views," TinyTech Plants, http://www.tinytechindia.com/gandhi4.htm（2013年6月14日にアクセス）.
56. Pyarelal, *Mahatma Gandhi: Poornahuti*, vol. 10: *The Last Phase*, part 2 (Ahmedabad, India: Navajivan Trust, 1956), 522.

第7章　MOOCと限界費用ゼロ教育

1. "Skype in the Classroom," Skype, 2013, https://education.skype.com/（2013年11月6日にアクセス）; Sarah Kessler, "Skype CEO: Our Goal Is to Connect 1 Million Classrooms", *Mashable*, September 21, 2011, http://mashable.com/2011/09/21/skype-in-the-classroom-tony-bates/（2013年11月12日にアクセス）.
2. "Curriki at a Glance," Curriki homepage, April 2012, http://www.curriki.org/welcome/wp-content/uploads/2012/06/Curriki-At-a-Glance-04.04.12-update.pdf（2013年4月23日にアクセス）.
3. "Einstein Middle School, 8th Grade," *Facing the Future*, http://www.facingthefuture.org/TakeAction/StudentsTakingAction/EinsteinMiddleSchool/tabid/165/Dcfault.aspx#.Ubj2AaIkLE1（2013年4月18日にアクセス）.
4. Jennifer Rebecca Kelly and Troy D. Abel, "Fostering Ecological Citizenship: The Case of Environmental Service-Learning in Costa Rica," *International Journal for the Scholarship of Teaching and Learning* 6(2) (2012), http://digitalcommons georgiasouthern.edu/cgi/viewcontent.cgi?artticle=1330&context=int_jtl（2013年11月8日にアクセス）.
5. "Study Finds Environmental Education Programs Leads to Cleaner Air, " Air Quality Partnership, April 13, 2009, http://www.airqualityaction.org/news.php?newsid=84（2013年4月11日にアクセス）.
6. Kelly and Abel, "Fostering Ecological Citizenship."
7. "Campus Compact Annual Membership Survey Results," Campus Compact, 2011, http://www.compact.org/wp-content/uploads/2008/11/2010-Annual-Survey-Exec-Summary-4-8.pdf（2013年5月5日にアクセス）.
8. William Morgan, "Standardized Test Scores Improve with Service-Learning," National Service-Learning Clearinghouse, 2000, http://www.servicelearning.org/library/resource/4752（2013年5月1日にアクセス）.
9. Andrew Martin and Andrew W. Lehren, "A Generation Hobbled by the Soaring Cost of College," *New York Times*, May 12, 2012, http://www.nytimes.com/2012/05/13/business/student-loans-weighing-

down-a-generation-with-heavy-debt.html?pagewanted=all&_r=0（2013年5月19日にアクセス）.
10. Carole Cadwalladr, "Do Online Courses Spell the End for the Traditional University?," *Guardian*, November 10, 2012, http://www.theguardian.com/education/2012/nov/11/online-free-learning-end-of-university（2013年11月1日にアクセス）.
11. Tamar Lewin, "College of Future Could Be Come One, Come All," *New York Times*, November 19, 2012, http://www.nytimes.com/2012/11/20/education/colleges-turn-to-crowd-sourcing-courses.html?pagewanted=all（2013年11月1日にアクセス）.
12. Richard Pérez-Peña, "Harvard Asks Graduates to Donate Time to Free Online Humanities Class," *New York Times*, March 25, 2013, http://www.nytimes.com/2013/03/26/education/harvard-asks-alumni-to-donate-time-to-free-online-course.html?_r=0（2013年11月1日にアクセス）.
13. Kathryn Ware, "Coursera Co-founder Reports on First 10 Months of Educational Revolution," *UVA Today*, February 21, 2013, http://curry.virginia.edu/articles/coursera-co-founder-reports-on-first-10-months-of-educational-revolution（2013年11月8日にアクセス）; "Courses," Coursera, 2013, https://www.coursera.org/courses（2013年11月12日にアクセス）.
14. Cindy Atoji Keene, "A Classroom for the Whole World," *Boston Globe*, May 19,2013, http://www.bostonglobe.com/business/specials/globe-100/2013/05/18/edx-president-anant-agarwal-aims-reach-billion-students-around-world/Kv5DZOiB0ABh84F4oM8luN/story.html（2013年10月30日にアクセス）; Thomas L. Friedman, "Revolution Hits the Universities," *New York Times*, January 26, 2013, http://www.nytimes.com/2013/01/27/opinion/sunday/friedman-revolution-hits-the-universities.html?_r=0（2013年10月31日にアクセス）.
15. Cadwalladr, "Do Online Courses Spell the End."
16. 同上.
17. Josh Catone, "In the Future, The Cost of Education Will Be Zero," *Mashable*, July 24, 2009, http://mashable.com/2009/07/24/education-social-media/（2013年8月6日にアクセス）.
18. Tamar Lewin, "Universities Team with Online Course Provider," *New York Times*, May 30, 2013, http://www.nytimes.com/2013/05/30/education/universities-team-with-online-course-provider.html（2013年11月1日にアクセス）.
19. "Costs for University of Maryland College Park," CollegeCalc, http://www.collegecalc.org/colleges/maryland/university-of-maryland-college-park/（2013年6月28日にアクセス）.
20. Geoffrey A. Fowler, "An Early Report Card on Massive Open Online Courses," *Wall Street Journal*, October 8, 2013, http://online.wsj.com/news/articles/SB10001424052702303759604579093400834738972（2013年11月25日にアクセス）.
21. Tamar Lewin, "Universities Reshaping Education on the Web," *New York Times*, July 17, 2012, http://www.nytimes.com/2012/07/17/education/consortium-of-colleges-takes-online-education-to-new-level.html?pagewanted=all（2013年10月28日にアクセス）.
22. Kevin Carey, "Into the Future with MOOC's," *Chronicle of Higher Education*, September 3, 2012, http://chronicle.com/article/Into-the-Future-With-MOOCs/134080/（2013年10月28日にアクセス）.

第8章　最後の労働者

1. Jeremy Rifkin, *The End of Work* (New York: G.P. Putnam's Sons, 1995), xv［邦訳：『大失業時代』（松浦雅之訳、TBSブリタニカ、1996年）］.
2. Jacob Goldstein and Lam Thuy Vo, "22 Million Americans Are Unemployed Or Underemployed," NPR, April 4, 2013, http://www.npr.org/blogs/money/2013/04/04/175697813/23-million-americans-are-unemployed-or-underemployed（2013年11月12日にアクセス）.
3. Jenny Marlar, "Global Unemployment at 8% in 2011," Gallup World, April 17, 2012, http://www.gallup.com/poll/153884/global-unemployment-2011.aspx（2013年10月15日にアクセス）.
4. "Global Employment Trends 2013," International Labor Organization, 2013, 10, http://www.ilo.org/wcmsp5/groups/public/---dgreports/---dcomm/---publ/documents/publication/wcms_202326.pdf（2013年7月7日にアクセス）.
5. "Difference Engine: Luddite Legacy," *Economist*, November 4, 2011, http://www.economist.com/blogs/babbage/2011/11/artificial-intelligence（2013年7月9日にアクセス）.
6. 同上.
7. Michaela D. Platzer and Glennon J. Harrison, "The U.S. Automotive Industry: National and State

Trends in Manufacturing Employment," Cornell University ILR School, August 2009, 8, http://digitalcommons.ilr.cornell.edu/cgi/viewcontent.cgi?article=1671&context=key_workplace（2013年7月7日にアクセス）.

8. James Sherk, "Technology Explains Drop in Manufacturing Jobs," Heritage Foundation, October 12, 2010, http://www.heritage.org/research/reports/2010/10/technology-explains-drop-in-manufacturing-jobs（2013年8月10日にアクセス）.
9. Mark J. Perry, "The US Economy Is Now Producing 2.2 % More Output than Before the Recession, But with 3.84 Million Fewer Workers," American Enterprise Institute, November 6, 2012, http://www.aei-ideas.org/2012/11/the-us-economy-is-now-producing-2-2-more-output-than-before-the-recession-but-with-3-84-million-fewer-workers/（2013年9月3日にアクセス）.
10. Boerje Langefors, "Automated Design,"in Robert Colborn, *Modern Science and Technology* (Princeton, NJ: Princeton University Press, 1965), 699.
11. *Management Report on Numerically Controlled Machine Tools* (Chicago: Cox and Cox Consulting, 1958).
12. Alan A. Smith to J. O. McDonough, September 18, 1952, N/C Project Files, MIT Archives.
13. Peter Joseph, Roxanne Meadows, and Jacque Fresco, "The Zeitgeist Movement: Observations and Responses," *Zeitgeist Movement*, February 2009, http://www.bibliotecapleyades.net/sociopolitica/zeitgeist08.htm（2013年6月13日にアクセス）.
14. Caroline Baum, "So Who's Stealing China's Manufacturing Jobs?," *Bloomberg*, October 14, 2003, http://www.bloomberg.com/apps/news?pid=newsarchive&sid=aRI4bAft7Xw4（2013年7月1日にアクセス）.
15. John Markoff, "Skilled Work, Without the Worker," *New York Times*, August 18, 2012, http://www.nytimes.com/2012/08/19/business/new-wave-of-adept-robots-is-changing-global-industry.html?pagewanted=all&_r=0（2013年7月1日にアクセス）.
16. 同上.
17. "World Robotics 2012 Industrial Robots," International Federation of Robotics, http://www.ifr.org/industrial-robots/statistics/（2013年5月26日にアクセス）.
18. Russell Roberts, "Obama vs. ATMs: Why Technology Doesn't Destroy Jobs," *Wall Street Journal*, June 22, 2011, http://online.wsj.com/article/SB10001424052702304070104576399704275939640.html（2013年5月26日にアクセス）.
19. Katie Drummond, "Clothes Will Sew Themselves in Darpa's Sweat-Free Sweatshops," *Wired*, June 8, 2012, http://www.wired.com/dangerroom/2012/06/darpa-sweatshop/（2013年6月1日にアクセス）.
20. Bernard Condon, "Millions of Middle-Class Jobs Killed by Machines in Great Recession's Wake," *Huffington Post*, January 23, 2013, http://www.huffingtonpost.com/2013/01/23/middle-class-jobs-machines_n_2532639.html?view=print&comm_ref=false（2013年7月21日にアクセス）.
21. Joseph G. Carson, "US Economic and Investment Perspectives—Manufacturing Payrolls Declining Globally: The Untold Story (Part 2)," *AllianceBernstein* (October 2003).
22. "Postal Service Flexes Its Workforce Flexibility," USPS Office of Inspector General, June 10, 2013, http://www.uspsoig.gov/blog/postal-service-flexes-its-workforce-flexibility/（2013年6月13日にアクセス）.
23. "Occupational Employment and Wages News Release," U.S. Bureau of Labor Statistics, March 29, 2013, http://www.bls.gov/news.release/ocwage.htm（2013年8月3日にアクセス）.
24. Condon, "Millions of Middle-Class Jobs Killed by Machines in Great Recession's Wake."
25. Alana Semuels, "Retail Jobs Are Disappearing as Shoppers Adjust to Self-Service," *Los Angeles Times*, March 4, 2011, http://articles.latimes.com/print/2011/mar/04/business/la-fi-robot-retail-20110304（2013年7月13日にアクセス）.
26. Bill Siwicki, "Wal-Mart Expands Self-Checkout in Stores via Its iPhone App," *Internet Retailer*, February 20, 2013, http://www.internetretailer.com/2013/02/20/wal-mart-expands-self-checkout-stores-its-iphone-app（2013年11月3日にアクセス）.
27. Ricardo Sanchez, "Brick and Mortar vs. Online Retailers, A Decade Later, ...," *On Techies*, January 31, 2012, http://ontechies.com/2012/01/31/brick-and-mortar-vs-online-retailers-a-decade-later/（2013年6月17日にアクセス）.
28. 同上.
29. Sun Joo Kim, "How Will Brick and Mortar Stores Survive?," *Smart Planet*, October 19, 2012, http://www.smartplanet.com/blog/bulletin/how-will-brick-and-mortar-stores-survive/3122（2013年6月19日にアクセス）.

30. Barney Jopson, "Shoes Stores Sock It to Online Buyers," *Financial Times*, May 5, 2013, http.//www.ft.com/cms/s/0/42893492-b385-11e2-b5a5-00144feabdc0.html#axzz2W1rGveQo（2013年11月7日にアクセス）.
31. Campbell Phillips, "Fit-lifters' Give Showrooming Shoe Browsers a Bad Name," *Power Retail*, May 6, 2013, http://www.powerretail.com.au/multichannel/fit-lifters-give-showrooming-a-bad-name/（2013年7月6日にアクセス）.
32. Jason Perlow, "In the Battle of Clicks Versus Bricks, Retail Must Transform or Die," *ZDNet*, December 8, 2011, http://www.zdnet.com/blog/perlow/in-the-battle-of-clicks-versus-bricks-retail-must-transform-or-die/19418（2013年8月3日にアクセス）.
33. "Occupational Employment and Wages News Release," U.S. Bureau of Labor Statistics, March 29, 2013, http://www.bls.gov/news.release/ocwage.htm（2013年6月8日にアクセス）.
34. John Markoff, "Armies of Expensive Lawyers, Replaced by Cheaper Software," *New York Times*, March 4, 2011, http://www.nytimes.com/2011/03/05/science/05legal.html?pagewanted=all（2013年10月20日にアクセス）.
35. 同上.
36. Christopher Steiner, "Automatons Get Creative," *Wall Street Journal*, August 17, 2012, http://online.wsj.com/news/articles/SB10000872396390444375104577591304277229534#printprin（2013年6月30日にアクセス）.
37. 同上.
38. "IBM Watson: Ushering in a New Era of Computing," IBM, http://www-03.ibm.com/innovation/us/watson/（2013年10月22日にアクセス）.
39. Brian T. Horowitz, "IBM, Nuance to Tune Watson Supercomputer for Use in Health Care," *EWeek*, February 17, 2011, http://www.eweek.com/c/a/Health-Care-IT/IBM-Nuance-to-Tune-Watson-Supercomputer-for-Use-in-Health-Care-493127/（2013年10月22日にアクセス）.
40. Associated Press, "Watson's Medical Expertise Offered Commercially," *Telegram*, February 8, 2013, http://www.telegram.com/article/20130208/NEWS/102089640/0（2013年10月22日にアクセス）.
41. "Lionbridge Language Solution Provider Expands Opportunities with Translation Technology," Microsoft Case Studies, July 9, 2013, http://www.microsoft.com/casestudies/Bing/Lionbridge/Language-Solution-Provider-Expands-Opportunities-with-Translation-Technology/710000001102（2013年9月4日にアクセス）.
42. Niko Papula, "Are Translators Losing Their Jobs Because of Machine Translation?," Multilizer Translation Blog, April 13, 2011, http://translation-blog.multilizer.com/are-translators-losing-their-jobs-because-of-machine-translation/（2013年9月6日にアクセス）.

第9章　生産消費者《プロシューマー》の台頭とスマート経済の構築

1. Harold Hotelling, "The General Welfare in Relation to Problems of Taxation and of Railway and Utility Rates," *Econometrica* 6(3) (July, 1938): 242.
2. 同上、258.
3. 同上、260-61.
4. 同上、242.
5. Ronald H. Coase, "The Marginal Cost Controversy," *Economica* 13(51) (August, 1946): 180.
6. 同上、173.
7. John F. Duffy, "The Marginal Cost Controversy in Intellectual Property," *University of Chicago Law Review* 71(1) (2004): 38.
8. Robert S. McIntyre, Matthew Gardner, Rebecca J. Wilkins, and Richard Phillips,"Corporate Taxpayers & Corporate Tax Dodgers 2008-10," Citizens for Tax Justice and the Institute on Taxation and Economic Policy, November, 2011, http://www.ctj.org/corporatetaxdodgers/CorporateTaxDodgersReport.pdf（2013年10月7日にアクセス）.
9. "ICT Facts and Figures: The World in 2013," ICT Data and Statistics Division of the International Telecommunication Union, February 2013, 2, http://www.itu.int/en/ITU-D/Statistics/Documents/facts/ICTFactsFigures2013-e.pdf（2013年10月2日にアクセス）.
10. United Nations Environment Programme, "Feed in Tariffs as a Policy Instrument for Promoting Renewable Energies and Green Economies in Developing Countries," eds. Wilson Rickerson, Chad

Laurent, David Jacobs, Christina Dietrich, and Christina Hanley, 2012, 4, http://www.unep.org/pdf/UNEP_FIT_Report_2012F.pdf（2013年10月21日にアクセス）.
11. 同上.
12. Geert De Clercq, "Renewables Turn Utilities into Dinosaurs of the Energy World," Reuters, March 8, 2013, http://www.reuters.com/article/2013/03/08/us-utilities-threat-idUSBRE92709E20130308（2013年8月30日にアクセス）.
13. Dave Toke, "Community Wind Power in Europe and in UK," *Wind Engineering* 29(3) (2005).
14. De Clercq, "Renewables Turn Utilities into Dinosaurs of the Energy World."
15. 同上.
16. 同上.
17. "Smart Grid Investment Grant Program: Progress Report," U.S. Department of Energy, July, 2012, ii, http://www.smartgrid.gov/sites/default/files/doc/files/sgig-progress-report-final-submitted-07-16-12.pdf（2014年2月3日にアクセス）.
18. Litos Strategic Communication, "The Smart Grid: An Introduction," U.S. Department of Energy, 2008, 5, http://energy.gov/sites/prod/files/oeprod/DocumentsandMedia/DOE_SG_Book_Single_Pages.pdf（2013年9月3日にアクセス）.
19. "Technology," Transphorm, Inc., http://www.transphormusa.com/technology（2013年6月6日にアクセス）.
20. "Estimating the Costs and Benefits of the Smart Grid: A Preliminary Estimate of the Investment Requirements and the Resultant Benefits of a Fully Functioning Smart Grid," Electric Power Research Institute, March 2011, 4, http://ipu.msu.edu/programs/MIGrid2011/presentations/pdfs/Reference Material-Estimating the Costs and Benefits of the Smart Grid.pdf（2014年2月3日にアクセス）.
21. Michael Bame, "USS Gerald Ford Aircraft Carrier," About.com, 2013, http://defense.about.com/od/Navy/a/Uss-Gerald-Ford-Aircraft-Carrier.htm（2013年6月17日にアクセス）; "Building an Energy Future: Annual Report," Royal Dutch Shell, December 31, 2012, 10, http://reports.shell.com/annual-review/2012/servicepages/downloads/files/entire_shell_review_12.pdf（2014年2月3日にアクセス）.
22. Vaclav Smil, "Moore's Curse and the Great Energy Delusion," *American*, November 19, 2008, http://www.american.com/archive/2008/november-december-magazine/moore2019s-curse-and-the-great-energy-delusion（2013年6月6日にアクセス）.
23. Scott DiSavino, "U.S. Smart Grid to Cost Billions, Save Trillions," Reuters, May 24, 2011, http://www.reuters.com/article/2011/05/24/us-utilities-smartgrid-epri-idUSTRE74N7O420110524（2013年6月7日にアクセス）; "Estimating the Costs and Benefits of the Smart Grid: A Preliminary Estimate," Electric Power Research Institute, March 2011, 21.
24. "Growing International Co-Operation Driving the Spread of Smart Grids," *GlobalData* (June, 2012): 1-7.
25. Katie Fehrenbacher, "For the Smart Grid, the Wireless Debates Are Over," *Gigaom*, January 23, 2012, http://gigaom.com/2012/01/23/for-the-smart-grid-the-wireless-debates-are-over/（2013年7月5日にアクセス）.
26. Dave Karpinski, "Making the 'Smart Grid' Smarter with Broadband Wireless Networks and the Internet," *Crain's Cleveland Business*, September 11, 2012, http://www.crainscleveland.com/article/20120911/BLOGS05/309119999（2013年7月7日にアクセス）.
27. 同上.
28. Sunil Paul and Nick Allen, "Inventing the Cleanweb," *MIT Technology Review*, April 2, 2012, http://www.technologyreview.com/news/427382/inventing-the-cleanweb/（2013年8月17日にアクセス）.
29. Paul Boutin, "The Law of Online Sharing," *MIT Technology Review*, January/February 2012.
30. Yuliya Chernova, "New York's Cleanweb Hackathon Sparks Green Ideas Where Clean-Tech and IT Intersect," *Wall Street Journal*, October 2, 2012, http://blogs.wsj.com/venturecapital/2012/10/02/new-yorks-cleanweb-hackathon-sparks-green-ideas-where-clean-tech-and-it-intersect/（2013年9月3日にアクセス）; Martin LaMonica, "Cleanweb Hackers Get Busy with Energy Data," *CNET*, January 23, 2012, http://news.cnet.com/8301-11128_3-57363873-54/cleanweb-hackers-get-busy-with-energy-data/（2013年9月3日にアクセス）.
31. Paul and Allen, "Inventing the Cleanweb."
32. "Green Button Data: More Power to You," U.S. Department of Energy, May 18, 2012, http://energy.gov/articles/green-button-data-more-power-you（2013年9月10日にアクセス）.

33. “Statements of Support for Green Button Initiative,” White House Office of Science and Technology Policy（最終更新日2012年3月22日）, http://www.whitehouse.gov/administration/eop/ostp/pressroom/03222012-support（2013年8月22日にアクセス）.
34. “Check Out the Social Energy App by Facebook, NRDC, Opower,” *Alliance to Save Energy*（最終更新日2012年3月20日）, http://www.ase.org/cfficiencynews/preview-social-energy-app-facebook-nrdc-opower（2013年7月19日にアクセス）.
35. Dominic Basulto, “The Cleanweb: Green Energy Meets Moore’s Law,” *Big Think*, May 15, 2012, http://bigthink.com/endless-innovation/the-cleanweb-green-energy-meets-moores-law（2013年7月19日にアクセス）.
36. Cecilia Kang, “Tech, Telecom Giants Take Sides as FCC Proposes Public Wi-Fi Networks,” *Cullman Times*, February 4, 2013, http://www.cullmantimes.com/local/x1303538507/Tech-Telecom-Giants-Take-Sides-as-FCC-Proposes-Public-Wi-Fi-Networks（2013年11月3日にアクセス）.
37. 同上.
38. 同上.
39. 同上.
40. 同上.
41. 同上.
42. “Radio Act of 1927,” United States Early Radio History, February 23, 1927, http://earlyradiohistory.us/sec023.htm#part090（2013年10月22日にアクセス）.
43. “The Communications Act of 1934,” U.S. Department of Justice, June 19, 1934, http://it.ojp.gov/default.aspx?area=privacy&page=1288#contentTop（2013年10月22日にアクセス）.
44. “Unlicensed Spectrum Subcommittee Report,” U.S. Department of Commerce, National Telecommunications and Information Administration, January 6, 2010, 4.
45. 同上.
46. 同上.
47. Carmela Aquino and Sarah Radwanick, “2012 Mobile Future in Focus,” ComScore, February 2012, http://www.comscore.com/Insights/Presentations_and_Whitepapers/2012/2012_Mobile_Future_in_Focus（2013年10月23日にアクセス）.
48. “Cisco Visual Networking Index: Global Mobile Data Traffic Forecast Update, 2010-2015,” Cisco, February 1, 2011, 10, http://newsroom.cisco.com/ekits/Cisco_VNI_Global_Mobile_Data_Traffic_Forecast_2010_2015.pdf（2014年2月3日にアクセス）.
49. “Cisco Visual Networking Index: Global Mobile Data Traffic Forecast Update, 2012-2017,” Cisco, February 6, 2013, 11, http://www.cisco.com/en/US/solutions/collateral/ns341/ns525/ns537/ns705/ns827/white_paper_c11-520862.html（2014年2月3日にアクセス）.
50. Yochai Benkler, “Open Wireless vs. Licensed Spectrum: Evidence from Market Adoption,” *Harvard Journal of Law and Technology* 26(1) (2012), http://cyber.law.harvard.edu/publications/2012/unlicensed_wireless_v_licensed_spectrum（2013年10月23日にアクセス）.
51. “Auction,” U.S. Federal Communications Commission, http://www.fcc.gov/topic/auctions（2013年6月4日にアクセス）.

第**10**章　コモンズの喜劇

1. Garrett Hardin, “The Tragedy of the Commons,” *Science* 162(3859) (December 13, 1968): 1244.
2. 同上、1243-48.
3. Garrett Hardin, “Political Requirements for Preserving Our Common Heritage,”in *Wildlife and America*, ed. Howard P. Brokaw (Washington, DC: Council on Environmental Quality, 1978), 310-17.
4. Carol Rose, “The Comedy of the Commons,” *University of Chicago Law Review* 53(3) (1986): 720.
5. Crawford B. Macpherson, *Democratic Theory* (Oxford: Clarendon Press, 1973), 123-24.
6. Rose, “The Comedy of the Commons,” 767.
7. 同上、768.
8. 同上、774.
9. 同上.
10. Elinor Ostrom, *Governing the Commons: The Evolution of Institutions for Collective Action* (Cambridge: Cambridge University Press, 1990), 58.

11. Hardin, "The Tragedy of the Commons," 1244.
12. Ostrom, *Governing the Commons*, 59.
13. 同上.
14. 同上、61-62.
15. 同上、62.
16. Robert McC. Netting, "What Alpine Peasants Have in Common: Observations on the Communal Tenure in a Swiss Village," *Human Ecology* 4(2) (1976): 135-46.
17. Ostrom, *Governing the Commons*, 62.
18. 同上、62-63.
19. Netting, "What Alpine Peasants Have in Common."
20. Ostrom, *Governing the Commons*, 64.
21. Margaret A. McKean, "The Japanese Experience with Scarcity: Management of Traditional Common Lands," *Environmental Review* 6(1982), 63-88; Margaret A. McKean, "Management of Traditional Common Lands in Japan," in *Proceedings of the Conference on Common Property Resource Management*, (Washington, DC : National Academy Press, 1986), 533-89.
22. Ostrom, *Governing the Commons*, 91-102.
23. Elinor Ostrom, "Beyond Markets and States: Polycentric Governance of Complex Economic Systems," Nobel Prize lecture, Workshop in Political Theory and Policy Analysis from Indiana University, Bloomington, IN, December 8, 2009, 424, 425, http://www.nobelprize.org/nobel_prizes/economic-sciences/laureates/2009/ostrom_lecture.pdf（2013年11月3日にアクセス）.
24. 同上.
25. Douglas Robinson and Nina Medlock, "Diamond v. Chakrabarty: A Retrospective on 25 Years of Biotech Patents," *Intellectual Property and Technology Law Journal* 17(10) (2005): 12.
26. Leonard S. Rubenstein, "Brief on Behalf of the Peoples Business Commission, Amicus Curiae," regarding *Diamond v. Chakrabarty*, no. 79-136, December 13, 1979, http://www.justice.gov/atr/public/workshops/ag2010/015/AGW-14399-a.doc（2013年11月1日にアクセス）.
27. 同上.
28. "New Forms of Life Can Be Patented U.S. Court Rules," *Montreal Gazette* (Associated Press), June 17 1980, http://news.google.com/newspapers?nid=1946&dat=19800617&id=OokxAAAAIBAJ&sjid=dKQFAAAAIBAJ&pg=3169,3065019（2013年7月20日にアクセス）.
29. "A History of Firsts," Genentech, 2012, http://www.gene.com/media/company-information/chronology（2013年6月19日にアクセス）.
30. Keith Schneider, "Harvard Gets Mouse Patent, A World First," *New York Times*, April 13, 1988, http://www.nytimes.com/1988/04/13/us/harvard-gets-mouse-patent-a-world-first. html? pagewanted=print&src=pm（2013年6月25日にアクセス）.
31. Marcy Darnovsky and Jesse Reynolds, "The Battle to Patent Your Genes," *American Interest*, September/October 2009, http://www.the-american-interest.com/article-bd.cfm?piece=653（2013年7月20日にアクセス）.
32. "Porto Alegre Treaty to Share the Genetic Commons," UK Food Group, February 1, 2002, http://www.ukabc.org/genetic_commons_treaty.htm（2013年7月21日にアクセス）.
33. John Roach, "'Doomsday' Vault Will End Crop Extinction, Expert Says," *National Geographic*, December 27, 2007, http://news.nationalgeographic.com/news/2007/12/071227-seed-vault.html（2013年4月28日にアクセス）.
34. Aaron Saenz, "Costs of DNA Sequencing Falling Fast—Look at These Graphs!," Singularity University, March 5, 2001, http://singularityhub.com/2011/03/05/costs-of-dna-sequencing-falling-fast-look-at-these-graphs/（2013年6月19日にアクセス）.
35. David Altshuler, John Bell, Todd Golub, et al., "Creating a Global Alliance to Enable Responsible Sharing of Genomic and Clinical Data," *Broad Institute*, June 3, 2013, http://www.broadinstitute.org/files/news/pdfs/GAWhitePaperJune3.pdf（2013年11月8日にアクセス）.
36. Ariana Eunjung Cha, "Glowing Plants Illuminate Regulatory Debate," *Washington Post*, October 4, 2013, http://www.washingtonpost.com/national/health-science/glowing-plant-project-on-kickstarter-sparks-debate-about-regulation-of-dna-modification/2013/10/03/e01db276-1c78-11e3-82ef-a059e54c49d0_story.html（2013年11月8日にアクセス）.
37. 同上.

38. Jeremy Rifkin, *The Biotech Century* (New York: Jeremy P. Tarcher/Putnam Books, 1998)［邦訳：『バイテク・センチュリー――遺伝子が人類、そして世界を改造する』（鈴木主税訳、集英社、1999年）］, 9.
39. Kendall Haven, *One Hundred Greatest Science Discoveries of All Time* (Westport, CT: Libraries Unlimited, 2007), 221.
40. Lydia Nenow, "To Patent or Not to Patent: The European Union's New Biotech Directive," *Houston Journal of International Law* 23(3) (2001): 25, http://www.thefreelibrary.com/To+patent+or+not+to+patent%3A+the+European+Union's+new+biotech . . . -a075908314（2013年11月7日にアクセス）.

第 11 章　協働主義者は闘いに備える

1. William Henry Gates III, "An Open Letter to Hobbyists," February 3, 1976, http://www.blinkenlights.com/classiccmp/gateswhine.html（2014年2月3日にアクセス）.
2. "What Is Free Software?," GNU Project—Free Software Foundation, June 18, 2013, http://www.gnu.org/philosophy/free-sw.html（2013年6月26日にアクセス）.
3. 同上.
4. C. Arvind Kumar, *Welcome to the 'Free' World: A Free Software Initiative* (Hyderabad: Indian Universities Press, 2011), 28.
5. Lawrence Lessig, "Code Is Law: On Liberty in Cyberspace," *Harvard Magazine*, January-February 2000, http://harvardmagazine.com/2000/01/code-is-law-html（2013年6月13日にアクセス）.
6. Eben Moglen, "Anarchism Triumphant: Free Software and the Death of Copyright," *First Monday* 4(8) (August 2, 1999), http://pear.accc.uic.edu/ojs/index.php/fm/article/view/684/594（2013年6月10日にアクセス）.
7. Steven J. Vaughan-Nichols, "Fast, Faster, Fastest: Linux Rules Supercomputing," *ZDNet*, June 19, 2012, http://www.zdnet.com/blog/open-source/fast-faster-fastest-linux-rules-supercomputing/11263（2013年6月13日にアクセス）; Roger Parloff, "How Linux Conquered the Fortune 500," CNN Money, May 6, 2013, http://money.cnn.com/2013/05/06/technology/linux-500.pr.fortune/（2013年11月13日にアクセス）.
8. Moglen, "Anarchism Triumphant."
9. 同上.
10. "History of the OSI," Open Source Initiative, September 2012, http://opensource.org/history（2013年6月13日にアクセス）.
11. Richard Stallman, "Why 'Open Source' Misses the Point of Free Software,"*Communications of the ACM* 52(6) (2009): 31.
12. 同上.
13. 同上、33.
14. Eric Steven Raymond, "The Cathedral and the Bazaar," Unterstein.net, August 22, 2001, http://www.unterstein.net/su/docs/CathBaz.pdf（2013年6月13日にアクセス）.
15. Jeremy Rifkin, *The Empathic Civilization: The Race to Global Consciouness in a World in Crisis* (New York: Penguin Books, 2009), 266.
16. Elizabeth L. Eisenstein, *The Printing Revolution in Early Modern Europe* (Cambridge: Cambridge University Press, 1983)［邦訳：『印刷革命』（別宮貞徳監訳、小川昭子・家本清美・松岡直子・岩倉桂子・国松幸子訳、みすず書房、1987年）］, 95.
17. Lawrence Lessig, "Culture Wars: Getting to Peace," in *Copyright Future Copyright Freedom: Marking the 40th Anniversary of the Commencement of Australia's Copyright Act of 1968*, eds. Brian Fitzgerald and Benedict Atkinson (Sydney: Sydney University Press, 2011), 116.
18. "ICT Facts and Figures: The World in 2013," ICT Data and Statistics Division of the International Telecommunication Union, February 2013, http://www.itu.int/en/ITU-D/Statistics/Documents/facts/ICTFactsFigures2013-e.pdf（2013年6月20日にアクセス）.
19. Lawrence Lessig, "Getting Our Values around Copyright Rights," *Educause Review* 45(2) (March/April 2010): 36.
20. 同上.
21. "History," Creative Commons, June 2013, http://creativecommons.org/about/history（2013年6月13日にアクセス）.

22. "200 Million Creative Commons Photos and Counting!," Flickr, October 5, 2011, http://blog.flickr.net/en/2011/10/05/200-million-creative-commons-photos-and-counting（2013年6月26日にアクセス）.
23. Dara Kerr, "YouTube Breaks Records with 4M Creative Commons Videos," CNET, July 25, 2012, http://news.cnet.com/8301-1023_3-57480300-93/youtube-breaks-records-with-4m-creative-commons-videos/（2013年6月23日にアクセス）.
24. "History," Creative Commons.
25. "Personal Genome Project—Homepage," Personal Genome Project, 2013, http://www.personalgenomes.org/（2013年6月23日にアクセス）.
26. 同上. David Ewing Duncan, "On a Mission to Sequence the Genomes of 100,000 People," *New York Times*, June 7, 2010, http://www.nytimes.com/2010/06/08/science/08church.html（2013年11月13日にアクセス）.
27. "Sharing Policies," Personal Genome Project, 2013, http://www.personalgenomes.org/sharing（2013年6月23日にアクセス）.
28. Lessig, "Getting Our Values around Copyright Rights," 42.
29. James Boyle, "The Second Enclosure Movement and the Construction of the Public Domain," *Law and Contemporary Problems* 66(33) (2003): 37.
30. 同上、40.
31. 同上、48.
32. Nicholas Polunin and Jacques Grinevald, "Vernadsky and Biosphere Ecology," *Environmental Conservation* 15(2) (Summer 1988): 117-122.
33. 同上.
34. James E. Lovelock and Lynn Margulis, "Atmospheric Homeostasis By and For the Biosphere: The Gaia Hypothesis," *Tellus* 26 (1-2) (1974): 2-10.
35. Geoffrey Lean, "Focus: Trade Wars—The Hidden Tentacles of the World's Most Secret Body," *Independent*, July 18, 1999, http://www.independent.co.uk/life-style/focus-trade-wars-the-hidden-tentacles-of-the-worlds-most-secret-body-1107215.html（2013年7月1日にアクセス）.
36. Kim Murphy and Lynn Marshall, "WTO Protesters Return to Seattle without the Violence of Last Year," *Los Angeles Times*, December 1, 2000, http://articles.latimes.com/2000/dec/01/news/mn-59763（2013年10月22日にアクセス）.
37. Sonny Bono Copyright Term Extension Act, PL 105-298, 105th Congress, 2nd Session, October 27, 1998, http://www.gpo.gov/fdsys/pkg/PLAW-105publ298/pdf/PLAW-105publ298.pdf（2013年6月13日にアクセス）.
38. Digital Millennium Copyright Act, PL 105-304, 105th Congress, 2nd Session, October 28, 1998, http://www.gpo.gov/fdsys/pkg/PLAW-105publ304/pdf/PLAW-105publ304.pdf（2013年6月13日にアクセス）.
39. Jay Walljasper, "From Middle East to Wall Street, Justice Depends on Public Spaces," *Commons Magazine*, June 25, 2012, http://onthecommons.org/magazine/middle-east-wall-street-justice-depends-public-spaces（2013年11月7日にアクセス）.
40. 同上.
41. Jonathan Rowe, "The Hidden Commons," *Yes! Magazine*, June 30, 2001, http://www.yesmagazine.org/issues/reclaiming-the-commons/the-hidden-commons（2013年6月16日にアクセス）.
42. Mike Bergin, "The American Commons," 10,000 Birds, August 6, 2007, http://10000birds.com/the-american-commons.htm（2013年7月2日にアクセス）.
43. Yochai Benkler, "Coase's Penguin, or, Linux and The Nature of the Firm," *Yale Law Journal* 112(369) v.04.3 (August 2002): 1-2, http://www.benkler.org/CoasesPenguin.PDF（2013年6月26日にアクセス）.
44. Peter Barnes, *Capitalism 3.0: A Guide to Reclaiming the Commons* (San Francisco: Berrett-Koehler Publishers, 2006), xiv.

第 **12** 章　インテリジェント・インフラの規定と支配をめぐる争い

1. Yochai Benkler, *The Wealth of Networks: How Social Production Transforms Markets and Freedom* (New Haven, CT: Yale University Press, 2006), 470.

2. Brett M. Frischmann, "Cultural Environmentalism and the Wealth of Networks," *University of Chicago Law Review* 74(1083) (2001): 1132.
3. 同上、1133.
4. "Internet Corporations for Assigned Names and Numbers: Board of Directors,"ICANN, 2013, http://www.icann.org/en/groups/board（2013年6月13日にアクセス）.
5. "Who Governs the Internet," Global Partners and Associates, 3, http://www.global-partners.co.uk/wp-content/uploads/who-governs-internet_web2.pdf（2013年6月13日にアクセス）.
6. 同上.
7. Chengetai Masango, "About the Internet Governance Forum," Internet Governance Forum, October 17, 2011, http://www.intgovforum.org/cms/aboutigf（2013年6月13日にアクセス）.
8. "Who Governs the Internet," 4.
9. 同上、7.
10. 同上、8.
11. Patricia O'Connelled ed. "Online Extra: At SBC, It's All about Scale and Scope," *Bloomberg Businessweek*, November 6, 2005, http://www.businessweek.com/stories/2005-11-06/online-extra-at-sbc-its-all-about-scale-and-scope.
12. Kevin O'Brien, "Limiting Data Use in Germany," *New York Times*, May 12, 2013, http://www.nytimes.com/2013/05/13/technology/deutsche-telekom-data-use-and-net-neutrality.html.
13. 同上.
14. "Open Internet," Federal Communications Commission, http://www.fcc.gov/openinternet#rules.
15. Brett Frischmann, *Infrastructure: The Social Value of Shared Resources* (NewYork: Oxford University Press, 2013), 349.
16. Tim Berners-Lee, "Long Live the Web: A Call for Continued Open Standards and Neutrality," *Scientific American*, November 22, 2010, http://www.scientificamerican.com/article.cfm?id=long-live-the-web&print=true.
17. 同上.
18. 同上.
19. 同上.
20. Matt Beswick, "Google Search Queries by the Numbers," *STAT*, July 27, 2012, http://getstat.com/blog/google-search-queries-the-numbers/.
21. "Internet and Search Engine Usage by Country," Globalization Partners International, 2011, http://ptgmedia.pearsoncmg.com/images/9780789747884/supplements/9780789747884_appC.pdf（2013年6月13日にアクセス）.
22. Glenn Chapman, "Google 2012 Revenue Hits $50 Billion, Profits Up," *Dawn*, January 23, 2013, http://beta.dawn.com/news/780915/google-2012-revenue-hits-50-billion-profits-up.
23. "Social Media Market Share," KarmaSnack, 2013, http://www.karmasnack.com/about/social-media-market-share/（2013年6月14日にアクセス）; "Number of Active Users at Facebook Over the Years," *Yahoo! News* (Associated Press), May 1, 2013, http://news.yahoo.com/number-active-users-facebook-over-230449748.html.
24. Alexis C. Madrigal, "The Case for Facebook," *Atlantic*, May 29, 2012, http://www.theatlantic.com/technology/archive/2012/05/the-case-for-facebook/257767/.
25. Robert Hof, "Poof! $1 Billion Slashed from 2012 Facebook Revenue Forecast," *Forbes*, August 30, 2012, http://www.forbes.com/sites/roberthof/2012/08/30/poof-1-billion-slashed-from-2012-facebook-revenue-forecast/.
26. Lisa O'Carroll, "Twitter Active Users Pass 200 Million," *Guardian*, December 18, 2012, http://www.guardian.co.uk/technology/2012/dec/18/twitter-users-pass-200-million.
27. Jonathan Erlichman and Brian Womack, "Twitter Said to Expect $1 Billion in Ad Revenue in 2014," *Bloomberg*, June 2, 2012, http://www.bloomberg.com/news/2012-06-01/twitter-said-to-expect-1-billion-in-sales-in-2014-on-ad-growth.html.
28. Hal Singer, "Who Competes with Google Search? Just Amazon, Apple, and Facebook," *Forbes*, September 18, 2012, http://www.forbes.com/sites/halsinger/2012/09/18/who-competes-with-google-in-search-just-amazon-apple-and-facebook/.
29. "Inside Amazon," Amazon.com, http://india.amazon.com/InsideAmazon.html（2013年6月28日にアクセス）.

30. Justus Haucap and Ulrich Heimeshoff, "Google, Facebook, Amazon, eBay: Is the Internet Driving Competition or Market Monopolization?," Düsseldorf Institute for Competition Economics, no. 83, January 2013.
31. Alex Wilhelm, "eBay Beats Expectations with Q4 Revenues of $3.99 Billion, EPS of $0.70 on Back of Strong PayPal Performance," *TNW*, January 16, 2013, http://thenextweb.com/insider/2013/01/16/ebays-hitsmisses-with-q4-revenue-of-earnings-per-share-of/.
32. Paul Sawers, "Facebook, Twitter, iTunes, and Google: The Rise of Digital Monopolies," *TNW*, October 2, 2011, http://thenextweb.com/insider/2011/10/02/facebook-twitter-itunes-and-google-the-rise-of-digital-monopolies/.
33. Tim Wu, "In the Grip of the New Monopolists," *Wall Street Journal*, November13, 2010, http://online.wsj.com/article/SB10001424052748704635704575604993311538482.html.
34. 同上.
35. Lam Thuy Vo, "Another Ridiculous Number from the Patent Wars," *NPR Planet Money*, April 27, 2012, http://www.npr.org/blogs/money/2012/04/27/151357127/another-ridiculous-number-from-the-patent-wars.
36. Angus Johnston, "Still More Questions about Why Wikileaks Hasn't Trended on Twitter," *Student Activism*, December 5, 2010, http://studentactivism.net/2010/12/05/wikileaks-twitter-3/.
37. Tarleton Gillespie, "Can an Algorithm Be Wrong? Twitter Trends, the Specter of Censorship, and Our Faith in the Algorithms around Us," *Social Media Collective*, October 19, 2011, http://socialmediacollective.org/2011/10/19/can-an-algorithm-be-wrong/.
38. 同上.
39. Zeynep Tufekci, "Google Buzz: The Corporatization of Social Commons," *Technosociology*, February 17, 2010, http://technosociology.org/?p=102.
40. "From the New Deal to a New Century," Tennessee Valley Authority, http://www.tva.com/abouttva/history.htm（2013年6月14日にアクセス）; Phillip F. Schewe, *The Grid* (Washington, DC: Joseph Henry Press, 2007), 101.
41. Harold Hotelling, "The General Welfare in Relation to Problems of Taxation and of Railway and Utility Rates," *Econometrica* 6(3) (July, 1938): 258.
42. 同上.
43. 同上.
44. 同上.
45. 同上、258-59.
46. R. H. Coase, "The Marginal Cost Controversy," *Economica* 13(51) (August 1946): 176.
47. "Rural Electrification Administration," Next New Deal, February 25, 2011, http://www.nextnewdeal.net/rural-electrification-administration.
48. "Tennessee Valley Authority," United States History, http://www.u-s-history.com/pages/h1653.html.
49. "Vote for Republican Congressmen," *Chicago Tribune*, November 4, 1934, 46.
50. David E. Nye, *Electrifying America: Social Meanings of a New Technology, 1880-1940* (Cambridge, MA: MIT Press, 1991), 317.
51. 同上、318.
52. 同上、320.
53. 同上、322.
54. Ronald C. Tobey, *Technology as Freedom: The New Deal and the Electrical Modernization of the American Home* (Berkeley: University of California Press, 1996), 6.
55. Nye, *Electrifying America*, 321.
56. "Path to Prosperity," SEIU, January 2009, 9-10, http://www.seiu.org/images/pdfs/Path_to_Prosperity.pdf.
57. "Rural Energy Savings Program: Frequently Asked Questions," *Assistant Democratic Leader*, http://assistantdemocraticleader.house.gov/index.cfm?a=Files.Serve&File_id=c77509d5-0838-4371-bc47-d7e20f509375（2013年10月28日にアクセス）.
58. "Rural Electric," University of Wisconsin Center for Cooperatives, Research on the Economic Impact of Cooperatives, http://reic.uwcc.wisc.edu/electric/.
59. "Co-op Facts & Figures," National Rural Electric Cooperative Association, 2013, http://www.nreca.coop/members/Co-opFacts/Pages/default.aspx.

60. 同上．
61. "Cooperative Principles and Values," International Cooperative Alliance, 2011, http://www.cdi.coop/icaprinciples.html.
62. 同上．
63. "The Rochdale Principles," Rochdale Pioneers Museum, http://www.rochdalepioneersmuseum.coop/about-us/the-rochdale-principles.
64. "Cooperative Facts and Figures," International Cooperative Alliance, http://ica.coop/en/whats-co-op/co-operative-facts-figures（2013年9月4日 にアクセス）; "Cooperatives Around the World," 2012 International Year of Cooperatives, 2012, http://usa2012.coop/about-co-ops/cooperatives-around-world（2013年11月12日アクセス）．
65. Paul Hazen, "Remarks of Paul Hazen—White House Meeting, June 2, 2011," National Cooperative Business Association, June 2, 2011, http://www.ncba.coop/component/content/article/6-what-we-do/1087-remarks-of-paul-hazen-white-house-meeting-june-2-2011.
66. Joan Sanstadt, "Cooperatives Have Important Worldwide Role," *Agri-View*, October 11, 2012, http://www.agriview.com/news/regional/cooperatives-have-important-worldwide-role/article_09b0b020-13f1-11e2-ae03-001a4bcf887a.html.
67. 同上．
68. "Welcome to Land O'Lakes, Inc.," Land O'Lakes Inc., 2011, http://www.landolakesinc.com/company/default.aspx（2013年6月19日 にアクセス）; "National Grape Cooperative," Welch's International, 2012, http://www.welchsinternational.com/resources/coop.shtml（2013年6月19日にアクセス）．
69. "Profiles of a Movement: Co-operative Housing around the World," CECODHAS Housing Europe, April 2012, http://www.housingeurope.eu/issue/2577.
70. David Rodgers, "Housing Co-Operative: Some Comparative Statistics," Northern Ireland Co-operative Forum, May 9, 2012, http://nicoop-forum.co.uk/wp-content/ ... /David-Rodgers-9th-May-20121.ppt.
71. "Profiles of a Movement."
72. 同上．
73. Hans Groeneveld and August Sjauw-Koen-Fa, "Co-Operative Banks in the New Financial System," Rabobank Group, October 2009, http://www.globalcube.net/clients/eacb/content/medias/publications/external_studies/cb_financial_system_Rabobank_2009.pdf.
74. Giselle Weybrecht, "2012 International Year of Cooperatives and Management Education—Introduction (part 1)," *Prime Time*, November 27, 2012, http://primetime.unprme.org/2012/11/27/2012-international-year-of-cooperatives-and-management-education-introduction-part-1/.
75. "International Co-operatives," *Year Book Australia*, 2012, http://www.abs.gov.au/ausstats/abs@.nsf/Lookup/by%20Subject/1301.0~2012~Main%20Features~International%20co-operatives~291.
76. "Statement for the Record of the House Financial Services Committee Hearing on Financial Literacy and Education: The Effectiveness of Governmental and Private Sector Initiatives," Credit Union National Association, April 15, 2008, http://ow.ly/mdE4I.
77. Catherine New, "Credit Union Deposits Outpaced Banks since WaMu Failure, Study," *Huffington Post*, August 2, 2012, http://www.huffingtonpost.com/2012/08/02/credit-union-deposits_n_1733448.html.
78. "Credit Union Industry Assets Top $1 Trillion," National Credit Union Administration, March 2012, http://www.ncua.gov/News/Pages/NW20120601AssetsTrillion.aspx（2013年11月13日にアクセス）．
79. Clare Taylor, "Renewable Energy Cooperatives: Power to the People," *The Energy Collective*, February 15, 2013, http://theenergycollective.com/claretaylor/186416/power-people-growth-renewable-energy-cooperatives.
80. Bernward Janzing, "Energy Cooperatives Are Booming in Germany," *DW*, July 6,2012, http://www.dw.de/energy-cooperatives-are-booming-in-germany/a-16076317.
81. Jeevan Vasagar, "German Farmers Reap Benefits of Harvesting Renewable Energy," *Financial Times*, December 2, 2013, http://www.ft.com/intl/cms/s/0/f2bc3958-58f4-11e3-9798-00144feabdc0.html#axzz2nMj6ILk2（2013年12月13日にアクセス）．
82. Janzing, "Energy Cooperatives Are Booming in Germany."
83. "About Middelgrunden Wind Cooperative," Middelgrundens Vindmollelaug Windfarm, 2003, http://www.middelgrunden.dk/middelgrunden/?q=en/node/35.
84. Peter Jacob Jørgensen, "Samsø: A Renewable Energy Island," *PlanEnergi* (2007): 7, 50, http://sallan.org/pdf-docs/Samso.pdf.

85. Tildy Bayar, "Community Wind Arrives Stateside," *Renewable Energy World*, July 5, 2012, http://www.renewableenergyworld.com/rea/news/article/2012/07/community-wind-arrives-stateside.
86. Megan McKoy, "Tackling Climate Change: Renewing Innovation," *Rural Missouri*, May 2009, http://www.ruralmissouri.org/NRECAClimateChange/ClimateChange11.html.
87. Susan Kraemer, "Rural Electric Cooperative Completes $240 Million Wind Farm in 4 Months," *Clean Technica*, January 1, 2010, http://cleantechnica.com/2010/01/01/rural-electric-cooperative-completes-240-million-wind-farm-in-4-months/.
88. 同上.
89. "Electric Cooperatives and Renewable Energy: Our Commitment to America," National Rural Electric Cooperative Association, March 2012, http://www.touchstoneenergy.com/about/Documents/RenewableEnergyBrochure.pdf.
90. Jakob Müller and Jens Rommel, "Is There a Future Role for Urban Electricity Cooperatives? The Case of Greenpeace Energy," University of Berlin, http://academia.edu/603390/IS_THERE_A_FUTURE_ROLE_FOR_URBAN_ELECTRICITY_COOPERATIVES_THE_CASE_OF_GREENPEACE_ENERGY.
91. "Facts at a Glance," Public Transportation Takes Us There, http://www.publictransportation.org/news/facts/Pages/default.aspx; "Statistics," International Association of Public Transport, http://www.uitp.org/statistics.
92. Benoit Montreuil, "Towards a Physical Internet: Meeting the Global Logistics Sustainability Grand Challenge," CIRRELT, January 2011, 2, https://www.cirrelt.ca/DocumentsTravail/CIRRELT-2011-03.pdf.
93. "Potential for Energy Efficiency Improvement beyond the Light-Duty-Vehicle Sector," Office of Energy Efficiency and Renewable Energy, February 2013, http://www.nrel.gov/docs/fy13osti/55637.pdf, 12, 13.
94. "Manufacturing and Trade Inventories and Sales—April 2013," *U.S. Census Bureau News*, June 13, 2013, http://www.census.gov/mtis/www/data/pdf/mtis_current.pdf.
95. Montreuil, "Towards a Physical Internet," 5.
96. 同上、2.
97. 同上.
98. "Path to Prosperity," SEIU, 4, http://www.seiu.org/images/pdfs/Path_to_Prosperity.pdf.
99. Montreuil, "Towards a Physical Internet," 2-5.
100. 同上.
101. 同上、15.
102. Josie Garthwaite, "Smarter Trucking Saves Fuel over the Long Haul," *National Geographic*, September 23, 2011, http://news.nationalgeographic.com/news/energy/2011/09/110923-fuel-economy-for-trucks/.

第 **13** 章　所有からアクセスへの転換

1. Amy Chozick, "As Young Lose Interest in Cars, G.M. Turns to MTV for Help," *New York Times*, March 22, 2012, http://www.nytimes.com/2012/03/23/business/media/to-draw-reluctant-young-buyers-gm-turns-to-mtv.html（2013年5月29日にアクセス）.
2. Stephanie Steinberg and Bill Vlasic, "Car-Sharing Services Grow, and Expand Options," *New York Times*, January 25, 2013, http://www.nytimes.com/2013/01/26/business/car-sharing-services-grow-and-expand-options.html?_r=0（2013年5月29日にアクセス）.
3. "Growing Awareness of Peer-to-Peer Car Sharing Will Boost Car Sharing Rentals in Less Populated Areas in Europe, Says Frost & Sullivan," Frost & Sullivan, August 22, 2012, http://www.frost.com/（2013年5月29日にアクセス）; "Car Sharing—Driving the Way to a Greener Future, Says Frost & Sullivan," Frost & Sullivan, February 18, 2010, http://www.frost.com/prod/servlet/press-release.pag?Src=RSS&docid=193331843（2013年5月29日にアクセス）; Danielle Sacks, "The Sharing Economy," *Fast Company*, May 2011, http://www.fastcompany.com/1747551/sharing-economy（2013年3月19日にアクセス）.
4. Elliot Martin and Susan Shaheen, "The Impact of Carsharing on Household Vehicle Ownership," *ACCESS* 38 (Spring 2011): 24.
5. David Zhao, "Carsharing: A Sustainable and Innovative Personal Transport Solution with Great

Potential and Huge Opportunities," Frost & Sullivan, January 28, 2010, https://www.frost.com/sublib/display-market-insight.do?id=190795176（2013年5月29日にアクセス）.
6. Elliot Martin and Susan Shaheen, "The Impact of Carsharing on Public Transit and Non-Motorized Travel: An Exploration of North American Carsharing Survey Data," *Energies* 4 (2011): 2094-2114.
7. Susan A. Shaheen et al., "Public Bikesharing in North America: Early Operator and User Understanding," Mineta Transportation Institute, June 2012, 1.
8. Susan A. Shaheen et al., "Bikesharing in Europe, the Americas, and Asia: Past, Present, and Future," *Transportation Research Record: Journal of the Transportation Research Board* 2143 (October 2010): 159-167.
9. Susan A. Shaheen et al., "Public Bikesharing in North America," 27.
10. 同上、16.
11. Anita Hamilton, "Will Car-Sharing Networks Change the Way We Travel?," *Time*, February 7, 2012, http://www.time.com/time/specials/packages/article/0,28804,2094921_2094923_2106141,00.html（2013年5月29日にアクセス）.
12. Adam Cohen, Susan Shaheen, and Ryan McKenzie, "Carsharing: A Guide for Local Planners," *PAS Memo* (2008), http://pubs.its.ucdavis.edu/download_pdf.php?id=1240（2014年2月3日にアクセス）.
13. "Autolib' Brings Intelligent Car-Sharing to the Streets of Paris and Suburbs," Microsoft News Center, February 12, 2013, http://www.microsoft.com/en-us/news/Features/2013/Feb13/02-12autolib.aspx（2013年5月29日にアクセス）.
14. Dave Zhao, "Carsharing: A Sustainable & Innovative Personal Transport Solution with Great Potential and Huge Opportunities," Frost and Sullivan, January 28, 2010, http://www.frost.com/prod/servlet/market-insight-print.pag?docid=190795176（2013年11月12日にアクセス）.
15. Jeff Cobb, "GM Partners on Ground Floor Opportunity with RelayRides Carsharing," GM-Volt. com, October 10, 2011, http://gm-volt.com/2011/10/10/gm-partners-on-ground-floor-opportunity-with-relayrides-carsharing/（2013年5月29日にアクセス）.
16. "GM Enters Carsharing Business; Teams Up with RelayRides," GM News, October 5, 2011, http://media.gm.com/media/us/en/gm/news.detail.html/content/Pages/news/us/en/2011/Oct/1005_relay.html（2013年5月29日にアクセス）.
17. Lawrence Burns, "A Vision of Our Transport Future," *Nature* 497 (May 9, 2013): 181-82.
18. 同上.
19. Joann Muller, "With Driverless Cars, Once Again It Is California Leading the Way," *Forbes*, September 26, 2012, http://www.forbes.com/sites/joannmuller/2012/09/26/with-driverless-cars-once-again-it-is-california-leading-the-way/（2013年6月2日にアクセス）.
20. Chris Urmson, "The Self-Driving Car Logs More Miles on New Wheels," *Google Blog*, August 7, 2012, http://googleblog.blogspot.com/2012/08/the-self-driving-car-logs-more-miles-on.html（2013年6月2日にアクセス）.
21. Mary Slosson, "Google Gets First Self-Driven Car License in Nevada," Reuters, May 8, 2012, http://www.reuters.com/article/2012/05/08/uk-usa-nevada-google-idUSLNE84701320120508（2013年6月3日にアクセス）.
22. Alex Hudson, "Will Driverless Cars Mean Computer Crashes?," BBC News, October 1, 2012, http://news.bbc.co.uk/2/hi/programmes/9755210.stm（2013年6月2日にアクセス）.
23. John Markoff, "Google Cars Drive Themselves, in Traffic," *New York Times*, October 9, 2010, http://www.nytimes.com/2010/10/10/science/10google.html?pagewanted=all&_r=0（2013年6月2日にアクセス）.
24. "2012 U.S. Automotive Emerging Technologies Study," J.D. Power and Associates, April 26, 2012, http://autos.jdpower.com/content/press-release/gGOwCnW/2012-u-s-automotive-emerging-technologies-study.htm（2013年6月3日にアクセス）.
25. Jack Ewing, "A Benz with a Virtual Chauffeur," *New York Times*, May 16, 2013, http://www.nytimes.com/2013/05/19/automobiles/a-benz-with-a-virtual-chauffeur.html?pagewanted=all&_r=0（2013年5月28日にアクセス）.
26. Emi Kolawole, "A Win For Google's Driverless Car: Calif. Governor Signs a Bill Regulating Autonomous Vehicles," *Washington Post*, September 25, 2012, http://www.washingtonpost.com（2013年6月2日にアクセス）.
27. Jeremy Rifkin, *The Age of Access: The New Culture of Hypercapitalism Where All of Life Is a Paid-For Experience* (New York: Tracher/Penguin, 2000)［邦訳：『エイジ・オブ・アクセス』（渡辺康雄訳、集英社、

2001年)］, 6, 14.
28. Matthew Ruben, "Forgive Us Our Trespasses? The Rise of Consumer Debt in Modern America," *ProQuest*, February 2009, http://www.csa.com/discoveryguides/debt/review.php (2014年2月3日にアクセス).
29. Danielle Sacks, "The Sharing Economy," Fast Company, May 2011, http://www.fastcompany.com/1747551/sharing-economy (2013年11月12日にアクセス).
30. Rachel Botsman and Roo Rogers, *What's Mine Is Yours: The Rise of Collaborative Consumption* (New York: HarperCollins, 2010) ［邦訳：『シェア――〈共有〉からビジネスを生みだす新戦略』(小林弘人監修・解説、関美和訳、NHK出版、2010年)］, xv-xvi.
31. Bruce Upbin, "Airbnb Could Have More Rooms than Hilton by 2012," *Forbes*, June 29, 2011, http://www.forbes.com/sites/bruceupbin/2011/06/29/airbnb-could-have-more-rooms-than-hilton-by-2012/ (2013年6月18日にアクセス).
32. "Airbnb at a Glance," https://www.airbnb.com/about (2013年6月18日にアクセス).
33. "Airbnb Global Growth," https://www.airbnb.com/global-growth (2013年6月18日にアクセス).
34. Andrew Cave, "Airbnb Plans to Be World's Largest Hotelier," *Telegraph*, November 16, 2013, http://www.telegraph.co.uk/finance/newsbysector/retailandconsumer/leisure/10454879/Airbnb-plans-to-be-worlds-largest-hotelier.html (2013年11月26日にアクセス).
35. "Couchsurfing: Statistics," Couchsurfing, 2013, https://www.couchsurfing.org/statistics (2013年6月19日にアクセス).
36. Cody Kittle, "Adventures in Couch Surfing: One Sojourner's Truth," *Time*, February 15, 2011, http://www.time.com/time/printout/0,8816,2045092,00.html# (2013年6月19日にアクセス).
37. "Couchsurfing: Sharing Your Life," Couchsurfing, 2013, https://www.couchsurfing.org/n/about (2013年6月19日にアクセス).
38. Cody Kittle, "Adventures in Couch Surfing."
39. "Couchsurfing: Statistics."
40. Katherine Boyle, "Why Buy that Dress, Movie, Car or Bike When You Can Rent?," *Washington Post*, March 4, 2012, http://articles.washingtonpost.com/2012-03-04/lifestyle/35449189_1_zipcar-rent-ties (2013年6月15日にアクセス).
41. "History and Background," The Freecycle Network, http://www.freecycle.org/about/background (2013年6月27日にアクセス).
42. Sarah Perez, "Kids' Clothing Consignment Service ThredUP Prepares to Take on Threadflip, Poshmark & More with Move into Women's Apparel," TechCrunch, February 20, 2013, http://techcrunch.com/2013/02/20/kids-clothing-consignment-service-thredup-prepares-to-take-on-threadflip-poshmark-more-with-move-into-womens-apparel/ (2013年6月18日にアクセス).
43. "ThredUP Jobs with Part-Time, Telecommuting, or Flexible Working," FlexJobs, http://www.flexjobs.com/jobs/telecommuting-jobs-at-thredup (2013年6月18日にアクセス).
44. Sarah Perez, "Kids' Clothing Consignment Service ThredUP."
45. Benny Evangelista, "S.F.'s Yerdle: Sharing Not Shopping," *San Francisco Chronicle*, November 24, 2012, http://www.sfgate.com/technology/article/S-F-s-yerdle-sharing-not-shopping-4063638.php (2013年6月18日にアクセス).
46. Neal Gorenflo, "How Big Retail Could Mainstream Collaborative Consumption Overnight," *Shareable*, June 6, 2012, http://www.shareable.net/blog/how-big-retail-could-mainstream-collaborative-consumption-overnight (2013年6月19日にアクセス).
47. 同上.
48. 同上.
49. 同上.
50. Alex Pasternack, "SharedEarth.com: A Landshare Grapevine Linking Gardeners with Gardens," TreeHugger, April 29, 2010, http://www.treehugger.com/green-food/sharedearthcom-a-landshare-grapevine-linking-gardeners-with-gardens.html (2013年6月21日にアクセス).
51. 同上.
52. 同上.
53. Charlotte Howard, "The Temporary Calm," *Economist*, January 9, 2013, http://www.economist.com/blogs/democracyinamerica/2013/01/health-care-spending (2013年6月18日にアクセス).
54. Sarah Arnquist, "Research Trove: Patients' Online Data," *New York Times*, August 24, 2009, http://www.nytimes.com/2009/08/25/health/25web.html?pagewanted=all&_r=0 (2013年6月18日にアクセス).

55. Gilles J. Frydman, "Patient-Driven Research: Rich Opportunities and Real Risks," *Journal of Participatory Medicine* 1 (October 2009), http://www.medscape.com/viewarticle/713872（2013年6月19日にアクセス）.
56. 同上.
57. Bruce Upbin, "PatientsLikeMe is Building a Self-Learning Healthcare System," *Forbes*, March 1, 2013, http://www.forbes.com/sites/bruceupbin/2013/03/01/building-a-self-learning-healthcare-system-paul-wicks-of-patientslikeme/（2013年6月19日にアクセス）; Frydman, "Patient-Driven Research."
58. "PatientsLikeMe Social Network Refutes Published Clinical Trial," PatientsLikeMe, April 25, 2011, http://news.patientslikeme.com/press-release/patientslikeme-social-network-refutes-published-clinical-trial（2013年6月20日にアクセス）.
59. 同上.
60. Frydman, "Patient-Driven Research."
61. "Wikipedians," Wikipedia, https://en.wikipedia.org/wiki/Wikipedia:Wikipedians（2013年6月18日にアクセス）.
62. Dan Hoch and Tom Ferguson, "What I've Learned from E-Patients," *PLOS Medicine* 2(8)(2005), http://www.plosmedicine.org/article/info:doi/10.1371/journal.pmed.0020206（2013年6月19日にアクセス）.
63. 同上.
64. 同上.
65. "Vice President Biden Announces Availability of Nearly $1.2 Billion in Grants to Help Hospitals and Doctors Use Electronic Health Records," White House Statements and Releases, August 20, 2009, http://www.whitehouse.gov/the-press-office/vice-president-biden-announces-availability-nearly-12-billion-grants-help-hospitals（2013年6月20日にアクセス）.
66. Tim Carmody, "Google and CDC Show US Flu Epidemic among Worst in a Decade," *Verge*, January 10, 2013, http://www.theverge.com/2013/1/10/3861538/google-cdc-show-us-flu-epidemic-among-worst-in-decade（2013年6月19日にアクセス）.
67. Brooke Jarvis, "Twitter Becomes a Tool for Tracking Flu Epidemics and Other Public Health Issues," *Washington Post*, March 4, 2013, http://articles.washingtonpost.com/2013-03-04/national/37429814_1_twitter-data-tweets-mark-dredze（2013年6月19日にアクセス）.
68. Claire Barrett, "One Day It Will Be Possible to 3-D-Print a Human Liver," *Dezeen*, May 19, 2013, http://www.dezeen.com/2013/05/19/3d-printing-organs-medicine-print-shift/（2013年7月12日にアクセス）.
69. Scott Smith, "Coming Soon to a 3-D Printer near You: Human Tissue and Organs," *Quartz*, April 30, 2013, http://qz.com/78877/how-soon-will-we-be-able-to-3-d-print-entire-human-organs-sooner-than-you-think/（2013年7月11日にアクセス）.
70. Stuart Gray, "3-D Printing Creates Synthetic 'Tissue,'" ABC Science, April 5, 2013, http://www.abc.net.au/science/articles/2013/04/05/3729985.htm（2013年7月12日にアクセス）.
71. Laura Ungar, "Researchers Closing in on Printing 3-D Hearts," *USA Today*, May 29, 2013, http://www.usatoday.com/story/tech/2013/05/29/health-3d-printing-organ-transplant/2370079/（2013年7月11日にアクセス）.
72. Mikayla Callen, "Scientists Advance 3-D Printing toward Fabrication of Living Tissues and Functional Organs," *Objective Standard*, May 9, 2013, http://www.theobjectivestandard.com/blog/index.php/2013/05/scientists-advance-3d-printing-toward-fabrication-of-living-tissues-and-functional-organs/（2013年7月11日にアクセス）.
73. "The Text of President Bush's Address Tuesday Night, after Terrorist Attacks on New York and Washington," CNN, September 11, 2001, http://archives.cnn.com/2001/US/09/11/bush.speech.text.
74. "Magna Global Advertising Forecast 2013," *Magna Global*, http://news.magnaglobal.com/magna-global/press-releases/advertising-growth-2013.print.
75. Katherine A. MacKinnon, "User Generated Content vs. Advertising: Do Consumers Trust the Word of Others over Advertisers?," *Elon Journal of Undergraduate Research in Communications* 3 (Spring 2012): 14.
76. Myles Anderson, "Study: 72% of Consumers Trust Online Reviews as Much as Personal Recommendations," *Search Engine Land*, March 12, 2012, http://searchengineland.com/study-72-of-consumers-trust-online-reviews-as-much-as-personal-recommendations-114152.
77. Kate Brown, "Review Websites: Is It a Genuine Review or Advertising in Disguise?," *Choice: The People's Watchdog*, January 23, 2013, http://www.choice.com.au/reviews-and-tests/money/shopping-and legal/

shopping/review%20sites.aspx.
78. MacKinnon, "User Generated Content vs. Advertising."
79. Anderson, "Study."
80. "About," Consumr: The People's Product Guide, http://www.consumr.com/about（2013年11月4日にアクセス）; "GoodGuide Delivered to Your Phone," *GoodGuide*, 2011, http://www.goodguide.com/about/mobile（2013年6月19日にアクセス）.
81. MacKinnon, "User Generated Content vs. Advertising," 18.
82. Michael Learmonth, "As Fake Reviews Rise, Yelp, Others Crack Down on Fraudsters," *Advertising Age*, October 30, 2012, http://adage.com/article/digital/fake-reviews-rise-yelp-crack-fraudsters/237486/.
83. "Craigslist Factsheet," Craigslist, updated March 27, 2013, http://www.craigslist.org/about/factsheet.
84. Jeff Jarvis, "When Innovation Yields Efficiency," *BuzzMachine*, June 12, 2009, http://buzzmachine.com/2009/06/12/when-innovation-yields-efficiency/.
85. "Craigslist Factsheet."
86. Saul J. Berman, Bill Battino, Louisa Shipnuck, and Andreas Neus, "The End of Advertising as We Know It," IBM Global Business Services, 2007, 8, http://www-05.ibm.com/de/media/downloads/end-of-advertising.pdf.
87. Eric Clemons, "Why Advertising Is Failing on the Internet," *TechCrunch*, March 22, 2009, http://techcrunch.com/2009/03/22/why-advertising-is-failing-on-the-internet/.
88. 同上.
89. "The End of the Free Lunch—Again," *Economist*, March 19, 2009, http://www.economist.com/node/13326158.
90. "Magna Global Advertising Forecast 2013"; "IAB Internet Advertising Revenue Report—2012 Full Year Results," PricewaterhouseCoopers, April 2013, http://www.iab.net/media/file/IAB_PWC_Internet_Advertising_Revenue_Report_FY_2012_Apr_16_2013.pdf
91. Ki Mae Heussner, "Internet Advertising Still a Growth Business, but Pace Slows," *Gigaom*, October 11, 2012, http://gigaom.com/2012/10/11/internet-advertising-still-a-growth-business-but-pace-slows/.
92. Claire Cain Miller, "Google Grapples with Mobile," *International New York Times*, October 19-20, 2013, 14.
93. 同上.
94. "National Study Quantifies the 'Sharing Economy' Movement," *PRNewswire*, February 8, 2012, http://www.prnewswire.com/news-releases/national-study-quantifies-the-sharing-economy-movement-138949069.html（2013年3月19日にアクセス）.
95. Neal Gorenflo, "The New Sharing Economy," *Shareable*, December 24, 2010, http://www.shareable.net/blog/the-new-sharing-economy（2013年3月19日にアクセス）.
96. Bryan Walsh, "10 Ideas that Will Change the World: Today's Smart Choice: Don't Own. Share," *Time*, March 17, 2011, http://www.time.com/time/specials/packages/article/0,28804,2059521_2059717,00.html（2013年3月19日にアクセス）.
97. Danielle Sacks, "The Sharing Economy," *Fast Company*, April 18, 2011, http://www.fastcompany.com/1747551/sharing-economy（2013年3月19日にアクセス）.
98. Bob Van Voris, "Apple Battles E-Books Pricing Claims in Antitrust Trial,"*Bloomberg*, June 3, 2013, http://www.bloomberg.com/news/2013-06-03/apple-to-fight-e-books-pricing-claims-in-antitrust-trial.html（2013年6月4日にアクセス）.
99. Geert De Clercq, "Renewables Turn Utilities into Dinosaurs of the Energy World," Reuters, March 8, 2013, http://www.reuters.com/article/2013/03/08/us-utilities-threat-idUSBRE92709E20130308（2013年8月30日にアクセス）.

第14章　社会関係資本のクラウドファンディング、民主化する通貨、人間味ある起業家精神、労働の再考

1. Matthew Ericson, Elaine He, and Amy Schoenfeld, "Tracking the $700 Billion Bailout," *New York Times*, June 19, 2009, http://www.nytimes.com/packages/html/national/200904_CREDITCRISIS/recipients.html（2013年3月29日にアクセス）.
2. "Peer-to-Peer Lending: How Zopa Works," Zopa, http://uk.zopa.com/about-zopa/peer-to-peer-lending（2013年6月11日にアクセス）.

3. David Bornstein, "Crowdfunding Clean Energy," *New York Times*, March 6, 2013, http://opinionator.blogs.nytimes.com/2013/03/06/crowd-funding-clean-energy/（2013年3月6日にアクセス）.
4. "Amazon Payment Fees," Amazon, http://www.kickstarter.com/help/amazon（2013年6月11日にアクセス）; "What Is Kickstarter?," Kickstarter, http://www.kickstarter.com/hello?ref=nav（2013年6月11日にアクセス）.
5. "What Is Kickstarter?"
6. "Re-imagining US Solar Financing," Bloomberg New Energy Finance (June 4, 2012) from Bornstein, "Crowdfunding Clean Energy."
7. 同上.
8. 同上.
9. Geert De Clercq, "Analysis: Renewables Turn Utilities into Dinosaurs of the Energy World," Reuters, March 8, 2013, http://www.reuters.com/article/2013/03/08/us-utilities-threat-idUSBRE92709E20130308（2013年3月8日にアクセス）.
10. Deborah L. Jacobs, "The Trouble with Crowdfunding," *Forbes*, April 17, 2013, http://www.forbes.com/sites/deborahljacobs/2013/04/17/the-trouble-with-crowdfunding/（2013年4月18日にアクセス）.
11. "Manipulating Peer2Peer Marketplaces: Controlling What You Aren't Supposed to Control," TaskUs, November 1, 2012, https://www.taskus.com/white_paper/manipulating-peer2peer-marketplaces-controlling-arent-supposed-control/（2013年7月8日にアクセス）.
12. Jenna Wortham, "Trading in Your Old Web Threads on the Web," *New York Times*, October 9, 2009, http://bits.blogs.nytimes.com/2009/10/09/tradin-in-your-old-threads-on-the-web/（2013年5月28日にアクセス）.
13. "FAQ," TrustCloud, https://trustcloud.com/faq（2013年6月11日にアクセス）.
14. Rachel Botsman and Roo Rogers, *What's Mine Is Yours: The Rise of Collaborative Consumption* (New York: HarperCollins, 2010)［前掲『シェア』］, 179.
15. Cait Poynor Lamberton and Randall L. Rose, "When Is Ours Better than Mine? A Framework for Understanding and Altering Participation in Commercial Sharing Systems," *Journal of Marketing* 76(4) (July 1, 2012): 109-25.
16. "Who is the FDIC?," Federal Deposit Insurance Corporation, January 18, 2013, http://fdic.gov/about/learn/symbol/（2013年6月27日にアクセス）.
17. Ben Block, "Local Currencies Grow During Economic Recession," Worldwide Institute, January 8, 2009, http://www.worldwatch.org/node/5978（2013年6月4日にアクセス）.
18. Edgar Cahn, "Time Banking: An Idea Whose Time Has Come?," *Yes! Magazine*, November 17, 2011, http://www.yesmagazine.org/new-economy/time-banking-an-idea-whose-time-has-come（2013年11月13日にアクセス）.
19. Eric Garland, "The Next Money: As the Big Economies Falter, Micro-currencies Rise," *Atlantic*, May 16, 2012, http://www.theatlantic.com/international/archive/2012/05/the-next-money-as-the-big-economies-falter-micro-currencies-rise/257216/（2013年6月4日にアクセス）.
20. Anthony Migchels, "The Swiss WIR, or: How to Defeat the Money Power," Real Currencies, April 19, 2012, http://realcurrencies.wordpress.com/2012/04/19/the-swiss-wir-or-how-to-defeat-the-money-power/（2013年11月13日にアクセス）.
21. "US Community Uses Local Currency to Weather Financial Storms," *Voice of America*, November 6, 2011, http://www.voanews.com/content/us-community-uses-local-currency-to-weather-financial-storms-133374073/163272.html（2013年6月4日にアクセス）.
22. Douglas Rushkoff, "Life Dollars: Finding Currency in Community," *Futurist*, September—October 2010, http://www.wfs.org/content/life-dollars-finding-currency-community（2013年6月5日にアクセス）.
23. "US Community Uses Local Currency to Weather Financial Storms," VOAvideo, 2:31, November 7, 2011, http://www.youtube.com/watch?v=KRID85f-dmQ（2013年6月4日にアクセス）.
24. Helena Smith, "Euros Discarded as Impoverished Greeks Resort to Bartering,"*Guardian*, January 2, 2013, http://www.guardian.co.uk/world/2013/jan/02/euro-greece-barter-poverty-crisis（2013年1月3日にアクセス）; Ariana Eunjung Cha, "Spain's Crisis Spawns Alternative Economy that Doesn't Rely on the Euro," *Guardian*, September 4, 2012, http://www.guardian.co.uk/world/2012/sep/04/spain-euro-free-economy（2013年6月4日にアクセス）.
25. Saabira Chaudhuri, "Bitcoin Price Hits New Record High," *Wall Street Journal*, November 13, 2013,

http://online.wsj.com/news/articles/SB10001424052702303789604579195773841529160（2013年11月13日にアクセス）.
26. Garland, “The Next Money.”
27. 同上.
28. Judith D. Schwartz, “Alternative Currencies Grow in Popularity,” *Time*, December 14, 2008, http://www.time.com/time/business/article/0,8599,1865467,00.html（2013年6月5日にアクセス）.
29. Hugo Martin, “Outdoor Retailer Patagonia Puts Environment Ahead of Sales Growth,” *Los Angeles Times*, May 24, 2012, http://articles.latimes.com/2012/may/24/business/la-fi-patagonia-20120525（2013年2月27日にアクセス）.
30. “What are B Corps?—Legislation,” B Corporation, April 18, 2013, http://www.bcorporation.net/what-are-b-corps/legislation（2013年4月18日にアクセス）.
31. John Elkington, “From the Triple Bottom Line to Zero,” JohnElkington.com, http://www.johnelkington.com/activities/ideas.asp（2013年3月4日にアクセス）.
32. Eleanor Shaw and Sara Carter, “Social Entrepreneurship: Theoretical Antecedents and Empirical Analysis of Entrepreneurial Processes and Outcomes,” *Journal of Small Business and Enterprise Development* 14(3) (2007): 418-34, http://www.emeraldinsight.com/journals.htm?articleid=1621426&show=abstract（2013年5月3日にアクセス）.
33. “Capital Markets with a Conscious,” *Economist*, September 1, 2009, http://www.economist.com/node/14347606（2013年5月3日にアクセス）.
34. “L3Cs—A Hybrid Low Profit Business Entity,” Nolo, s.v., http://www.nolo.com/legal-encyclopedia/l3cs-a-hybrid-low-profit-business-entity.html（2013年5月3日にアクセス）.
35. “Elective Curriculum: Course Descriptions,” Harvard Business School, http://www.hbs.edu/coursecatalog/; “Introduction to Social Entrepreneurship,” Harvard Law School, http://hls.harvard.edu/academics/curriculum/catalog/index.html?o=64904（2013年11月14日にアクセス）.
36. Kate Koch, “The Business of Changing the World,” *Harvard Gazette*, February 27, 2012, http://news.harvard.edu/gazette/story/2012/02/the-business-of-world-changing/（2013年5月3日にアクセス）.
37. “Ashoka: Frequently Asked Questions,” Ashoka, https://www.ashoka.org/facts（2013年5月3日にアクセス）; “Ashoka: About Us,” Ashoka, https://www.ashoka.org/about（2013年11月13日にアクセス）.
38. “Skoll Foundation: About,” Skoll Foundation, http://www.skollfoundation.org/about/（2013年5月3日にアクセス）.
39. Ben Thornley, “Facts on U.S. Social Enterprise,” *Huffington Post*, November 8, 2012, http://www.huffingtonpost.com/ben-thornley/social-enterprise_b_2090144.html（2013年5月4日にアクセス）.
40. Mark Gould, “Taking Social Enterprise to New Heights,” *Guardian*, January 26, 2010, http://www.guardian.co.uk/society/2010/jan/27/peter-holbrook-social-enterprise-coalition（2013年5月4日にアクセス）.
41. Jo Barraket, Nick Collyer, Matt O'Connor, and Heather Anderson, “Finding Australia's Social Enterprise Sector: Final Report,” FASES, June 2010, http://www.socialtraders.com.au/finding-australias-social-enterprise-sector-fases-final-report（2013年5月4日にアクセス）.
42. Lester Salamon, “Putting the Civil Society Sector on the Economic Map of the World,” *Annals of Public and Cooperative Economics* 81(2) (June 2010): 187-88, http://ccss.jhu.edu/wp-content/uploads/downloads/2011/10/Annals-June-2010.pdf（2013年5月3日にアクセス）.
43. 同上.

第 **15** 章　持続可能な「豊穣の角《つの》」

1. Catherine Brahic, “Americans Must Diet to Save Their Economy,” *ABC News*, July 25, 2008, http://abcnews.go.com/Technology/story?id=5443470&page=1#.Ua3tYkDqkb0（2013年6月3日にアクセス）.
2. “Preventing Micronutrient Malnutrition: A Guide to Food-based Approaches,” FAO, 1997, http://www.fao.org/docrep/x0245e/x0245e01.htm（2013年11月13日にアクセス）.
3. “How to Feed the World in 2050,” UN Food and Agriculture Organization, June 2009, 2, http://ftp.fao.org/docrep/fao/012/ak542e/ak542e00.pdf（2013年6月14日にアクセス）.
4. Brahic, “Americans Must Diet to Save Their Economy.”
5. Paul R. Ehrlich and Anne H. Ehrlich, “Can a Collapse of Global Civilization Be Avoided?,” *Proceedings of*

the Royal Society B: Biological Sciences 280 (2013): 2, http://rspb.royalsocietypublishing.org/content/280/1754/20122845.full.pdf+html（2013年2月8日にアクセス）; Monique Gruten et al., "Living Planet Report 2012: Biodiversity, Biocapacity, and Better Choices," World Wildlife Fund, 2012, 6, http://awsassets.panda.org/downloads/1_lpr_2012_online_full_size_single_pages_final_120516.pdf（2013年1月17日にアクセス）.

6. Pyarelal, *Mahatma Gandhi*, vol. 10: *The Last Phase*, part 2 (Ahmedabad, India: Navajivan, 1956), 552.
7. "Ecological Footprint Accounting and Methodology," Global Footprint Network, http://www.footprintnetwork.org/images/uploads/Part_III_Technical_Document.pdf（2013年6月10日にアクセス）.
8. Michael Borucke et al., "National Footprints Accounts, 2011 Edition," Global Footprint Network, 2011, 5, http://www.footprintnetwork.org/images/uploads/NFA_2011_Edition.pdf（2013年6月10日にアクセス）; Tim Radford, "How Many People Can the Earth Support?," *Guardian*, November 11, 2004, http://www.guardian.co.uk/science/2004/nov/11/thisweekssciencequestions1（2013年6月4日にアクセス）.
9. Brad Ewing, David Moore, Steven Goldfinger, Anna Oursler, Anders Reed, and Mathis Wackernagel,"Ecological Footprint Atlas 2010," Global Footprint Network, October 13, 2010, http://www.footprintnetwork.org/en/index.php/GFN/page/ecological_footprint_atlas_2010（2013年6月10日にアクセス）.
10. Lester R. Brown, "Improving Food Security by Strategically Reducing Grain Demand," Earth Policy Institute, November 9, 2010, http://www.earth-policy.org/book_bytes/2010/pb4ch09_ss6（2013年6月19日にアクセス）; Mary Vanderkooi, M.D., *Village Medical Manual: A Layman's Guide to Healthcare in Developing Countries*, vol. 1 (Pasadena, CA: William Carey Library, 2000), 39.
11. Anup Shah, "Poverty Facts and Stats," *Global Issues*, January 7, 2013, http://www.globalissues.org/article/26/poverty-facts-and-stats（2013年1月23日にアクセス）.
12. Tim Kasser, *The High Price of Materialism* (Chester, NJ: Bradford Book, 2002), 5, 14.
13. Alison Grant, "Money = Happiness? That's Rich," *Sun Herald*, January 8, 2005, http://www.unlimitedloveinstitute.org/news/pdf/money_and_happiness.pdf（2013年3月21日にアクセス）.
14. Richard Layard, *Happiness: Lessons from a New Science* (New York: Penguin Press, 2006), 29-30.
15. Peter A. Corning, "The Fair Society: It's Time to Re-Write the Social Contract," *Seattle Journal for Social Justice* 11(1) (July 2012): 205, http://digitalcommons.law.seattleu.edu/sjsj/vol11/iss1/17/（2013年5月4日にアクセス）.
16. Robert D. Putnam, *Bowling Alone: The Collapse and Revival of American Community* (New York: Simon and Schuster, 2001)［邦訳：『孤独なボウリング——米国コミュニティの崩壊と再生』（柴内康文訳、柏書房、2006年）］, 140.
17. William James, *The Principles of Psychology*, vol. 1 (New York: Henry Holt, 1890)［邦訳：『心理学　上下』（今田恵訳、岩波書店、1950年）］, 291, 327.
18. Juliet B. Schor, *Born to Buy: The Commercialized Child and the New Consumer Culture* (New York: Scribner, 2004)［邦訳：『子どもを狙え！——キッズ・マーケットの危険な罠』（中谷和男訳、アスペクト、2005年）］, 31.
19. 同上、37.
20. Diane Swanbrow, "Empathy: College Students Don't Have as Much as They Used To," University of Michigan News Service, May 27, 2010, http://ns.umich.edu/new/releases/7724（2013年4月2日にアクセス）.
21. Swanbrow, "Empathy"; Sara H. Konrath, Edward H. O'Brien, and Courtney Hsing, "Changes in Dispositional Empathy in American College Students over Time: A Meta-Analysis," *Personality and Social Psychology Review* 5(2) (2011): 180-81, http://www.sitemaker.umich.edu/eob/files/konrathetal2011.pdf（2013年4月2日にアクセス）.
22. Morley Winograd and Michael D. Hais, *Millenial Makeover: MySpace, YouTube, and the Future of American Politics* (Piscataway, NJ: Rutgers University Press, 2008)［邦訳：『アメリカを変えたM（ミレニアル）世代——SNS・YouTube・政治再編』（横江公美監訳、岩波書店、2011年）］, 5.
23. Kelsey Sheehy, "10 Colleges Where the Most Students Study Abroad," *U.S. News and World Report*, February 26, 2013, http://www.usnews.com/education/best-colleges/the-short-list-college/articles/2013/02/26/10-colleges-where-the-most-students-study-abroad（2013年2月26日にアクセス）; Judi Lerman et al., "Millennials' Attitudes toward Immigrants and Immigration Policies," *The*

Opportunity Agenda, 2011, 13-14, http://opportunityagenda.org/millennials_attitudes_immigrants（2013年3月14日にアクセス）.

24. Emily Esfahani Smith and Jennifer L. Aaker, "Millenial Searchers," *New York Times*, December 1, 2013.
25. 同上.
26. 同上.
27. Kennon M. Sheldon and Holly A. McGregor, "Extrinsic Value Orientation and the Tragedy of the Commons," *Journal of Personality* 68(2) (2000): 383-411, http://web.missouri.edu/~sheldonk/pdfarticles/JP00trag.pdf（2013年6月16日にアクセス）.
28. David Madland and Ruy Teixeira, "New Progressive America: The Millennial Generation," Center for American Progress, May 13, 2009, http://www.americanprogress.org/issues/progressive-movement/report/2009/05/13/6133/new-progressive-america-the-millennial-generation/（2013年3月14日にアクセス）.
29. 同上.
30. Ronald Lee, "The Demographic Transition: Three Centuries of Fundamental Change," *Journal of Economic Perspectives* 17(4) (Fall 2003): 167-90.
31. "Kandeh K. Yumkella and Jeremy Rifkin Speaking about the Third Industrial Revolution," UNIDO video, 3:27, November 29, 2011, http://www.youtube.com/watch?v=wJYuMTKG8bc（2013年6月6日にアクセス）.
32. Geoffrey Mohan, "Carbon Dioxide Levels in Atmosphere Pass 400 Milestone, Again," *Los Angeles Times*, May 20, 2013, http://www.latimes.com/news/science/sciencenow/la-sci-sn-carbon-dioxide-400-20130520,0,7130588.story（2013年5月21日にアクセス）; "Why Are Humans Responsible for Global Warming?," Environmental Defense Fund, 2013, http://www.edf.org/climate/human-activity-causes-warming（2013年5月21日にアクセス）.
33. "Climate Change Indicators in the United States: Atmospheric Concentrations of Greenhouse Gases," U.S. Environmental Protection Agency, June 13, 2013, http://www.epa.gov/climatechange/science/indicators/ghg/ghg-concentrations.html（2013年6月27日にアクセス）.
34. Susan Joy Hassol, "Emissions Reductions Needed to Stabilize Climate," *Climate Communication* (2011): 1, 4, http://www.climatecommunication.org/wp-content/uploads/2011/08/presidentialaction.pdf（2013年6月28日にアクセス）.
35. 同上、2.
36. Kevin E. Trenberth, "Changes in Precipitation with Climate Change," *Climate Research* 47 (March 2011): 123, http://nldr.library.ucar.edu/repository/assets/osgc/OSGC-000-000-000-596.pdf（2013年6月27日にアクセス）.
37. Julia Whitty, "Gone: Mass Extinction and the Hazards of Earth's Vanishing Biodiversity," *Mother Jones*, May/June 2007, http://www.motherjones.com/environment/2007/05/gone（2013年5月3日にアクセス）.
38. James Hansen et al., "Target Atmospheric CO_2: Where Should Humanity Aim?," *Open Atmospheric Science Journal* 2 (2008): 217, http://pubs.giss.nasa.gov/docs/2008/2008_Hansen_etal.pdf（2013年6月25日にアクセス）.
39. Bruce Campbell, "Serious About Climate Change? Talk About Agriculture," CNN, November 21, 2013, http://globalpublicsquare.blogs.cnn.com/2013/11/21/serious-about-climate-change-talk-about-agriculture/（2013年11月25日にアクセス）.
40. Erica Rex, "Catastrophic European Floods Raise Climate Concerns," *Environment & Energy Publishing*, June 10, 2013, http://www.eenews.net/stories/1059982544/（2013年6月11日にアクセス）.
41. Laura Stevens, "Flooded Europe Towns Brace for New Recovery," *Wall Street Journal*, June 9, 2013, http://online.wsj.com/article/SB10001424127887324904004578535492504355754.html（2013年6月11日にアクセス）.
42. Rex, "Catastrophic European Floods Raise Climate Concerns."
43. Gary Paul Nabham, "Our Coming Food Crisis," *New York Times*, July 21, 2013, http://www.nytimes.com/2013/07/22/opinion/our-coming-food-crisis.html?_r=0（2013年11月25日にアクセス）.
44. Brad Plumer, "What We Know About Climate Change and Drought," *Washington Post*, July 24, 2012, http://www.washingtonpost.com/blogs/wonkblog/wp/2012/07/24/what-we-know-about-climate-change-and-drought/（2013年11月25日にアクセス）.
45. Justin Sheffield, Julio E. Herrera-Estrada, Kelly Caylor, and Eric F. Wood, "Drought, Climate Change

and Potential Agricultural Productivity," NASA, http://www.nasa.gov/pdf/607932main_sheffield_et_al_drought_press_conf.pdf（2013年11月25日にアクセス）.

46. "Impact of Climate Change on Agriculture—Fact Sheet on Asia," International Food Policy Research Institute, 2009, http://www.ifpri.org/publication/impact-climate-change-agriculture-factsheet-asia（2013年2月27日にアクセス）; Lenny Bernstein, Peter Bosch, Osvaldo Canziani et al., "Climate Change 2007: Synthesis Report," Intergovernmental Panel on Climate Change, November 12, 2007, 20-21, http://www.ipcc.ch/pdf/assessment-report/ar4/syr/ar4_syr_spm.pdf（2013年3月3日にアクセス）.
47. "Impact of Climate Change on Agriculture—Fact Sheet on Sub-Saharan Africa," International Food Policy Research Institute, 2009, http://www.ifpri.org/publication/impact-climate-change-agriculture-factsheet-sub-saharan-africa（2013年2月27日にアクセス）.
48. "Impact of Climate Change on Agriculture—Fact Sheet on Middle East and North Africa," International Food Policy Research Institute, 2009, http://www.ifpri.org/publication/impact-climate-change-agriculture-factsheet-middle-east-and-north-africa（2013年2月27日にアクセス）.
49. "Impact of Climate Change on Agriculture—Fact Sheet on Latin America and the Caribbean," International Food Policy Research Institute, 2009, http://www.ifpri.org/publication/impact-climate-change-agriculture-factsheet-latin-america-and-caribbean（2013年2月27日にアクセス）.
50. Wolfram Schlenker and Michael J. Roberts, "Nonlinear Temperature Effects Indicate Severe Damages to U.S. Crop Yields Under Climate Change," *Proceedings of the National Academy of Sciences of the United States of America* 106(37) (September 15, 2009), http://www.ncbi.nlm.nih.gov/pmc/articles/PMC2747166/（2013年7月22日にアクセス）.
51. Andy Newman, "Hurricane Sandy vs. Hurricane Katrina," *New York Times*, November 27, 2012, http://cityroom.blogs.nytimes.com/2012/11/27/hurricane-sandy-vs-hurricane-katrina/（2013年6月11日にアクセス）.
52. 同上.
53. "Status of the Nuclear Reactors at the Fukushima Daiichi Power Plant," *New York Times*, April 29, 2011, http://www.nytimes.com/interactive/2011/03/16/world/asia/reactors-status.html（2013年6月22日にアクセス）; Mitsuru Obe, "Japan Finds Radiation Spread over a Wide Area," *Wall Street Journal*, August 31, 2011, http://online.wsj.com/article/SB10001424053111904332804576540131142824362.html（2013年6月22日にアクセス）.
54. "Transport, Infrastructure, and Building Russia: Vulnerabilities—Pipelines," Centre for Climate Adaption, http://www.climateadaptation.eu/russia/transport-infrastructure-and-building/（2013年5月23日にアクセス）.
55. Dirk Rubbelke and Stefan Vogele, "Impacts of Climate Change on European Critical Infrastructures: The Case of the Power Sector," *Environmental Science and Policy* 14(1) (2011); Anita Elash, "Heat Spells Trouble for France's Nuclear Reactors," NPR, August 21, 2007, http://www.npr.org/templates/story/story.php?storyId=13818689（2013年2月2日にアクセス）.
56. "Six Sources of Energy—One Energy System," Vattenfall, 2013, http://www.vattenfall.com/en/file/Nuclear_power-ENG.pdf_16469558.pdf（2013年11月14日にアクセス）.
57. "New York Subway Repairs Border 'on the Edge of Magic,'" *New York Times*, November 8, 2012, http://www.nytimes.com/2012/11/09/nyregion/new-york-subways-find-magic-in-speedy-hurricane-recovery.html?pagewanted=all（2013年6月11日にアクセス）.
58. "Infrastructure, Engineering and Climate Change Adaptation—Ensuring Services in an Uncertain Future," Engineering the Future (London: Royal Academy of Engineering, 2011), 21, https://www.gov.uk/government/publications/infrastructure-engineering-and-climate-change-adaptation-ensuring-services-in-an-uncertain-future（2013年6月27日にアクセス）.
59. James Neumann, "Adaptation to Climate Change: Revisiting Infrastructure Norms," Resources for the Future Issue Brief 09-15 (December 2009): 4, http://www.rff.org/RFF/Documents/RFF-IB-09-15.pdf（2013年11月14日にアクセス）.
60. Choe Sang-Hun, "Computer Networks in South Korea Are Paralyzed in Cyberattacks," *New York Times*, March 20, 2013, http://www.nytimes.com/2013/03/21/world/asia/south-korea-computer-network-crashes.html（2013年3月21日にアクセス）; Siobhan Gorman, "Electricity Grid in U.S. Penetrated by Spies," *Wall Street Journal*, April 8, 2009, http://online.wsj.com/article/SB123914805204099085.html（2013年3月21日にアクセス）.

61. James A. Lewis, "Assessing the Risks of Cyber Terrorism, Cyber War, and Other Cyber Threats," Center for Strategic and International Studies, 2002, 1, http://csis.org/files/media/csis/pubs/021101_risks_of_cyberterror.pdf（2013年6月15日にアクセス）.
62. Nicole Perlroth and David E. Sanger, "Cyberattacks Seem Meant to Destroy, Not Just Disrupt," *New York Times*, March 28, 2013, http://www.nytimes.com/2013/03/29/technology/corporate-cyberattackers-possibly-state-backed-now-seek-to-destroy-data.html?pagewanted=all&_r=0（2013年3月29日にアクセス）.
63. Jamie Miyazaki, "Power Up on Smart Grid Cyber Security," *Wall Street Journal*, February 25, 2010, http://blogs.wsj.com/source/2010/02/25/power-up-on-smart-grid-cyber-security/（2013年7月16日にアクセス）; "Global Cybersecurity Market to Reach $61 Billion This Year," *Infosecurity*, January 30, 2012, http://www.infosecurity-magazine.com/view/23548/（2013年7月16日にアクセス）.
64. "Report of the Commission to Assess the Threat to the United States from Electromagnetic Pulse (EMP) Attack," EMP Commission, April 2008, vii, http://www.empcommission.org/docs/A2473-EMP_Commission-7MB.pdf（2014年2月3日にアクセス）.
65. 同上.
66. Stew Magnuson, "Feds Fear Coordinated Physical, Cyber-Attacks on Electrical Grids," *National Defense*, September 2012, http://www.nationaldefensemagazine.org/archive/2012/september/Pages/FedsFearCoordinatedPhysical,Cyber-AttacksonElectricalGrids.aspx（2013年7月16日にアクセス）.
67. "Cybersecurity," *Congressional Record* 158, no. 103 (July 11, 2012): 7, http://www.fas.org/irp/congress/2012_cr/whitehouse-cyber2.html（2013年7月16日にアクセス）.
68. Matthew L. Wald, "A Drill to Replace Crucial Transformers (Not the Hollywood Kind)," *New York Times*, March 14, 2012, http://www.nytimes.com/2012/03/15/business/energy-environment/electric-industry-runs-transformer-replacement-test.html（2013年7月16日にアクセス）.
69. Matthew L. Wald, "Terrorist Attack on Power Grid Could Cause Broad Hardship, Report Says," *New York Times*, November 14, 2012, http://www.nytimes.com/2012/11/15/science/earth/electric-industry-is-urged-to-gird-against-terrorist-attacks.html?_r=0（2013年7月16日にアクセス）.
70. April Mara Major, "Norm Origin and Development in Cyberspace: Models of Cybernorm Evolution," *Washington University Law Review* 78(1) (2000): 78-79; "Paul Baran and the Origins of the Internet," RAND Corporation, 2013, http://www.rand.org/about/history/baran.html（2013年11月14日にアクセス）.
71. Diane Cardwell, "Solar Companies Seek Ways to Build an Oasis of Electricity," *New York Times*, November 19, 2012, http://www.nytimes.com/2012/11/20/business/energy-environment/solar-power-as-solution-for-storm-darkened-homes.html（2013年2月2日にアクセス）.
72. "SPIDERS Microgrid Project Secures Military Installations," Sandia National Laboratories, February 22, 2012, https://share.sandia.gov/news/resources/news_releases/spiders/（2013年5月29日にアクセス）.

第**16**章　生物圏のライフスタイル

1. Robin Dunbar, *Grooming, Gossip, and the Evolution of Language* (Cambridge, MA: Harvard University Press, 1998)［邦訳：『ことばの起源――猿の毛づくろい、人のゴシップ』（松浦俊輔・服部清美訳、青土社、1998年）］, 70.
2. Roger B. Beck et al., *World History: Patterns of Interaction* (Boston: McDougal Littell, 2006), 27, http://www.ltisdschools.org/cms/lib/TX21000349/Centricity/Domain/287/Chapter2.pdf（2013年11月6日にアクセス）.
3. Georg Wilhelm Friedrich Hegel, *Lectures on the Philosophy of World History* (Cambridge: Cambridge University Press, 1975)［邦訳：『歴史哲学講義　上下』（長谷川宏訳、岩波文庫、1994年）他］, 79.

特別章　岐路に立つ日本

1. "World's Largest Economies," CNN Money, http://money.cnn.com/news/economy/world_economies_gdp/（2015年8月13日にアクセス）.
2. Amory Lovins, "How Opposite Energy Policies Turned the Fukushima Disaster into a Loss for Japan and a Win for Germany," July 8, 2014, http://blog.rmi.org/blog_2014_07_08_opposite_energy_policies_turned_fukushima_disaster_into_a_loss_for_japan_and_a_win_for_germany（2015年

8月12日にアクセス).
3. Judy Dempsey and Jack Ewing, "Germany, in Reversal, Will Close Nuclear Plants by 2022," *New York Times*, May 30, 2011, Europe sec, http://www.nytimes.com/2011/05/31/world/europe/31germany.html?_r=0(2015年8月12日にアクセス).
4. Judy Dempsey, "Siemens Abandoning Nuclear Power Business," *New York Times*, September 18, 2011, Global Business sec, http://www.nytimes.com/2011/09/19/business/global/19iht-siemens19.html(2015年8月12日にアクセス).
5. Giles Parkinson, "Graphs of the Day: The Success of Germany's Energy Transition," Renew Economy RSS, January 28, 2015, http://reneweconomy.com.au/2015/graphs-of-the-day-the-success-of-germanys-energy-transition-15022(2015年8月13日にアクセス).
6. "After Broadband: Imagining a Future When Connected Networks Are All-pervasive - Knowledge@Wharton," May 23, 2012, http://knowledge.wharton.upenn.edu/article/after-broadband-imagining-a-future-when-connected-networks-are-all-pervasive/(2015年8月13日にアクセス).
7. Joseph Bradley, Joel Barbier, and Doug Handler, "Embracing the Internet of Everything to Capture Japan's Share of $14.4 Trillion," 2013, http://www.cisco.com/web/JP/news/pr/2013/docs/IoE_Economy_VAS_Japan_WP.pdf(2015年8月12日にアクセス).
8. Amory Lovins, "How Opposite Energy Policies Turned the Fukushima Disaster into a Loss for Japan and a Win for Germany," *Forbes*, June 28, 2014, http://www.forbes.com/sites/amorylovins/2014/06/28/how-opposite-energy-policies-turned-the-fukushima-disaster-into-a-loss-for-japan-and-a-win-for-germany/(2015年8月13日にアクセス).
9. Leo Lewis, "Sendai Nuclear Plant Restarts amid Outcry - FT.com," *Financial Times*, August 10, 2015, http://www.ft.com/intl/cms/s/0/449d83f4-4010-11e5-9abe-5b335da3a90e.html#axzz3ihuPINpy(2015年8月13日にアクセス).
10. "Plan Sets out Japan's Energy Mix for 2030," *World Nuclear News*, June 3, 2015, http://www.world-nuclear-news.org/NP-Plan-sets-out-Japans-energy-mix-for-2030-0306154.html(2015年8月13日にアクセス).
11. Jason Deign, "Japan Makes a Big Bet on the Hydrogen Economy," Greentech Media, February 10, 2015, http://www.greentechmedia.com/articles/read/japans-big-bet-on-hydrogen(2015年8月13日にアクセス).
12. "Japan to Install 80m Smart Meters by 2025," Metering International, March 24, 2014, http://www.metering.com/japan-to-install-80m-smart-meters-by-2025/(2015年8月13日にアクセス).
13. 同上.
14. "Japanese Government Announces New Investments for Renewables and Energy Efficiency," Power Clouds, January 14, 2015, http://www.powerclouds.com/index.php/japanese-government-announces-new-investments-for-renewables-and-energy-efficiency/(2015年8月13日にアクセス).
15. Jason Deign, "Japan Plans to Pump $700 Million into Energy Storage," *Greentech Media*, January 20, 2015, http://www.greentechmedia.com/articles/read/japan-pumps-cash-into-energy-storage(2015年8月13日にアクセス).
16. "The Hybrid That Started It All," Toyota Global Site, November 1, 2008, http://www.toyota-global.com/company/toyota_traditions/innovation/nov2008_feb2009_1.html(2015年8月13日にアクセス).
17. Nikki Gordon-Bloomfield, "Japan's $20,000 Hydrogen Fuel Cell Subsidies Make EV Tax Credits Look Tiny," Transport Evolved, July 23, 2014, https://transportevolved.com/2014/07/23/japans-20000-hydrogen-fuel-cell-subsidies-make-ev-tax-credits-look-tiny/(2015年8月13日にアクセス).
18. Yuki Hagiwara and Jie Ma, "Tokyo to Get $385 Million Hydrogen Makeover for Olympics," Bloomberg.com, January 20, 2015, http://www.bloomberg.com/news/articles/2015-01-19/tokyo-to-get-385-million-hydrogen-makeover-for-olympics(2015年8月13日にアクセス).
19. Kazuaki Nagata, "Car Sharing: A Cheaper Alternative to Owning a Car in the City," Japan Times RSS, October 6, 2014, http://www.japantimes.co.jp/news/2014/10/06/reference/car-sharing-cheaper-alternative-owning-car-city/#.Vcy6QvlVhBc(2015年8月13日にアクセス).
20. Alexander Martin, "With Robot Taxi, Japan Firms Eye Driverless Transport," *Wall Street Journal*, May 13, 2015, http://blogs.wsj.com/digits/2015/05/13/with-robot-taxi-japan-firms-eye-driverless-transport/(2015年8月11日にアクセス).
21. Kana Inagaki, "Japanese Carmakers Risk Ceding Self-Driving Car Market to Rivals," *Financial Times*, January 26, 2015, http://www.ft.com/intl/cms/s/0/14d80bec-a297-11e4-9630-00144feab7de.

html#slide0（2015年8月13日にアクセス）.
22. Angelo Young, "Self-Driving Cars: Japan Wants to Establish Global Standard for Autonomous Vehicle Technology, Safety, Infrastructure," *International Business Times*, February 26, 2015, http://www.ibtimes.com/self-driving-cars-japan-wants-establish-global-standard-autonomous-vehicle-technology-1829404（2015年8月11日にアクセス）.
23. 同上.
24. "Japan's Approaches to Smart Grid and Smart Community Deployment," Global Smart Grid Federation, May 28, 2014, http://www.globalsmartgridfederation.org/2014/05/28/japans-approaches-to-smart-grid-and-smart-community-deployment/（2015年8月11日にアクセス）.
25. Nyshka Chandran, "Japan (literally) Opens Its Doors Ahead of Olympics," CNBC, July 1, 2015, http://www.cnbc.com/2015/07/01/japan-literally-opens-its-doors-ahead-of-olympics.html（2015年8月12日にアクセス）.
26. 同上.
27. Yukari Mitsuhashi, "Mining Closets for Unused Items, Japan's Sustina Wants to Create Sharing Economy for Fashion," The Bridge, March 30, 2015, http://thebridge.jp/en/2015/03/sustina-coming-soon（2015年8月11日にアクセス）.
28. Colin Silvester, "The Emerging Collaborative Economy in Japan," Circulate News, April 27, 2015, http://circulatenews.org/2015/04/the-emerging-collaborative-economy-in-japan/（2015年8月11日にアクセス）.
29. Bradley, Barbier, and Handler, "Embracing the Internet of Everything to Capture Japan's Share of $14.4 Trillion."
30. "Demography, Growth and Inequality: Age Invaders," *Economist*, April 26, 2014, http://www.economist.com/news/briefing/21601248-generation-old-people-about-change-global-economy-they-will-not-all-do-so（2015年7月30日にアクセス）.

※ URL は2014年の原書刊行時のものです。

［著者］ **ジェレミー・リフキン** Jeremy Rifkin

文明評論家。経済動向財団代表。欧州委員会、メルケル独首相をはじめ、世界各国の首脳・政府高官のアドバイザーを務めるほか、TIRコンサルティング・グループ代表として協働型コモンズのためのIoTインフラ造りに寄与する。ペンシルヴェニア大学ウォートンスクールの経営幹部教育プログラムの上級講師。『エントロピーの法則』(祥伝社)、『水素エコノミー』『ヨーロピアン・ドリーム』(以上、NHK出版)、『エイジ・オブ・アクセス』(集英社)、『第三次産業革命』(インターシフト) などの著書が世界的ベストセラーとなる。『ヨーロピアン・ドリーム (*The European Dream*)』はCorine International Book Prize受賞。広い視野と鋭い洞察力で経済・社会を分析し、未来構想を提示する手腕は世界中から高い評価を得る。

［訳者］ **柴田裕之** しばた・やすし

翻訳家。早稲田大学・Earlham College卒業。訳書にジェレミー・リフキン『水素エコノミー』『ヨーロピアン・ドリーム』(以上、NHK出版)、ジュリアン・ジェインズ『神々の沈黙』、フランス・ドゥ・ヴァール『道徳性の起源』、サリー・サテル＆スコット・O・リリエンフェルド『その〈脳科学〉にご用心』(以上、紀伊國屋書店)、マイケル・S・ガザニガ『人間らしさとはなにか？』(インターシフト)、ポール・J・ザック『経済は「競争」では繁栄しない』(ダイヤモンド社)、マット・リドレー『繁栄』(共訳)、ウォルター・ミシェル『マシュマロ・テスト』(以上、早川書房) ほか多数。

［校正］ 酒井清一

［本文組版］ 天龍社

［編集協力］ 奥村育美

限界費用ゼロ社会
〈モノのインターネット〉と共有型経済の台頭

2015（平成27）年10月30日　第1刷発行
2015（平成27）年11月20日　第2刷発行

著　者 … ジェレミー・リフキン
訳　者 … 柴田裕之
発行者 … 小泉公二
発行所 … NHK出版
〒150－8081 東京都渋谷区宇田川町41－1
TEL 0570－002－245（編集）
0570－000－321（注文）
ホームページ http: //www.nhk-book.co.jp
振替 00110－1－49701

印　刷 … 亨有堂印刷所／大熊整美堂
製　本 … ブックアート

Printed in Japan ISBN978-4-14-081687-5 C0098

ゼロ・トゥ・ワン
君はゼロから何を生み出せるか

ピーター・ティール
ブレイク・マスターズ
瀧本哲史　序文
関　美和　訳

起業家、投資家・ピーター・ティールによる、スタンフォード大学起業講義録。2015ビジネス書大賞受賞。

MAKERS
21世紀の産業革命が始まる

クリス・アンダーソン
関　美和　訳

3Dプリンタがあれば誰もが自宅で始められる製造業。〈メイカームーブメント〉の可能性を大胆に描く。

Think Simple
アップルを生み出す熱狂的哲学

ケン・シーガル
林　信行　監修・解説
高橋則明　訳

アップルの「Think Different」キャンペーンを成功させ、iMacを命名した著者が語る「シンプル」という哲学。